NCS 기반

version 2024

2D도면작성 | 형상모델링 작업을 위한

AutoCAD 실습

민경호 | 배성환 공저

B.C.Info

Prologue

본 저서는 NCS 학습모듈 **2D도면작업(LM1501020111)**과 **형상모델링 작업(LM150102 0212)**를 기반으로 기계설계에 입문하는 누구나 스스로 2D 도면과 3D 형상모델링 작업을 수행할 수 있도록 작성되었으며, Part 1은 AutoCAD 2024 버전을 활용하여 제도 규칙에 따른 2D 도면을 작성하고 검토하여 가공 및 제작에 필요한 2D 도면 정보를 도출할 수 있고, Part 2는 사용자 작업 환경에 맞도록 설정하고, 3D 모델링 작업을 할 수 있도록 구성하였다.

한 학기의 대학 강의 시수에 맞춰 Part 1 (2D) 13장, Part 2 (3D) 7장으로 총 20장으로 구성되었으며, 자세한 내용은 아래와 같다.

Part 1. 2D Drawing

- 1장은 AutoCAD 기본내용과 사용자 환경 설정, 2장은 작업 환경에 적합한 템플릿을 제작, 도면의 형식 균일화, 3장은 도면 관리와 그리드, 스냅 등 보조 명령 설정, 4장은 원, 간격띄우기, 자르기, 연장 명령이며, 4장의 명령을 잘 활용할 수 있어야 한다.
- 5장은 화면 확대, 축소 및 모깎기, 모따기 등 편집 명령, 6장은 도면 요소의 이동, 복사, 배열, 대칭, 변환 명령, 7장은 다각형, 타원 객체와 그립 설정하고 사용한다.
- 8장은 선 색상, 종류, 굵기 설정과 용도에 따라 도면층 설정, 9장은 무한선, 다중선, 객체 선택하여 무늬, 경계 영역 설정, 10장은 폴리선, 스플라인과 CAD 제도에 사용되는 문자를 설정하고 음영 처리를 한다.
- 11장은 좌표, 길이 등 조사 명령과 규정에 맞는 치수 정보 생성, 12장은 요구되는 형식에 맞도록 인쇄 장치 설정, 도면 출력, 13장은 단축명령을 수정, 초기화한다.

Part 2. 3D Modeling

- 1장은 3D 모델링 개요, 작업 환경설정, 2장은 Primitive 모델링, 3장은 솔리드 모델로 변환 생성하는 명령, 4장은 모깎기와 모따기 등 편집 명령, 5장은 비주얼 스타일과 랜더링, 6장은 파일 표준화 및 이미지 파일, 7장은 도면화 작업을 수행한다.

본 저서의 목적은 독자 스스로 책의 내용을 따라 하며 공부할 수 있도록 작성되었으며, 먼저 명령어 설명을 충분히 이해하고, 그에 따라 마련된 실습 도면을 연습하면서 단계별로 도면작성 방법을 학습할 수 있도록 마련되었다.

따라서 CAD 기초부터 국가기술자격 검정, 실무에 이르기까지 활용될 수 있으며, 특히 국가기술자격 일반기계기사, 기계설계산업기사, 전산응용기계제도기능사, 전산응용건축제도기능사 등을 대비하는 교보재가 되도록 작성하였다.

본 저서를 통하여 기계설계 분야에 입문하는 분에게 조금이나마 도움이 되고 CAD 도면 작성을 충분히 숙지하여 스스로 자신감을 얻고 다양한 산업 분야에서 CAD가 활용되어 나아가 국가 산업발전의 일익에 보탬이 되고자 한다.

CONTENTS

PART 1 2D DRAWING

PART 2 3D MODELING

P.A.R.T 1

2D DRAWING

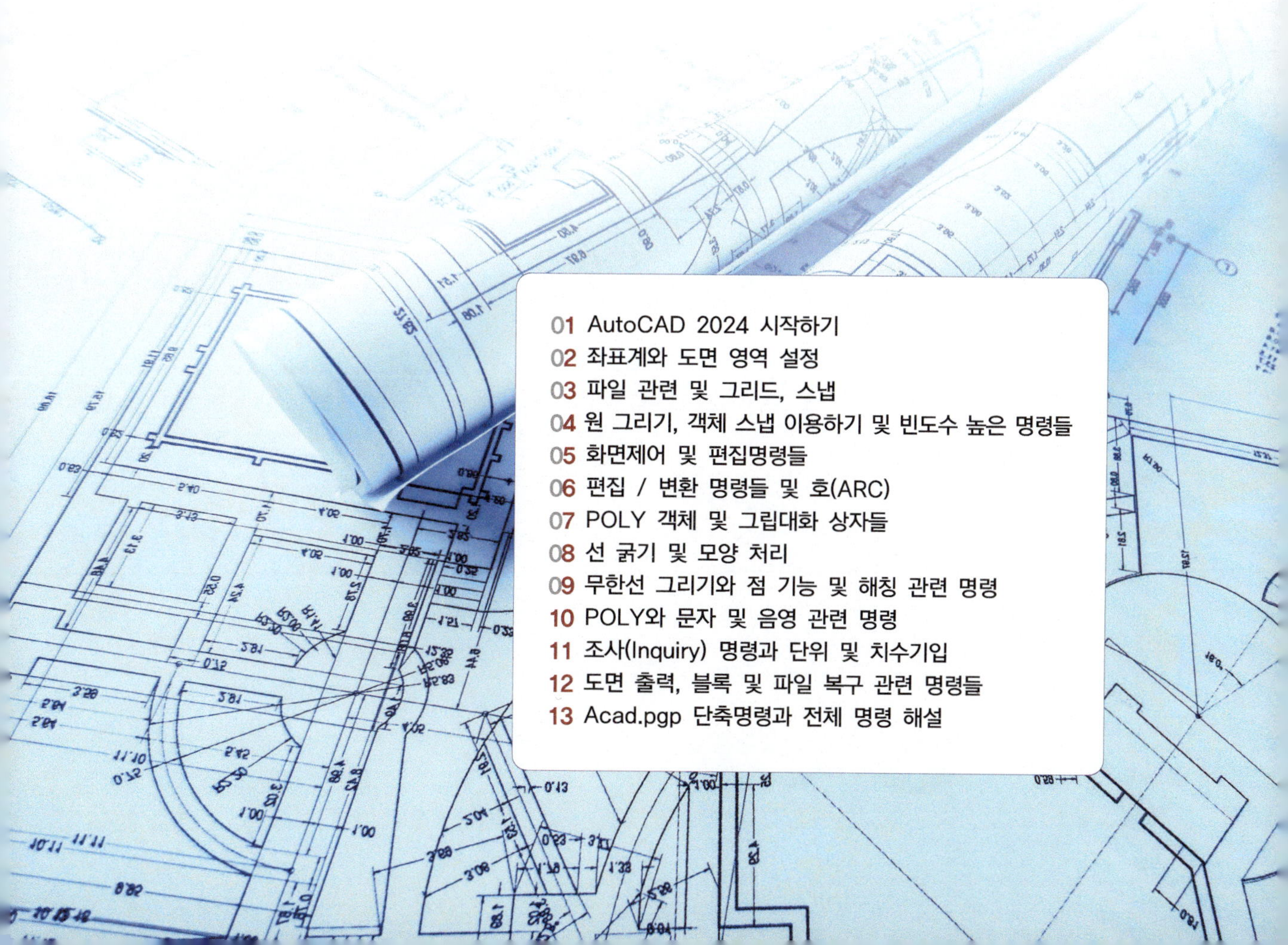

01

2D Drawing

CHAPTER 01

AutoCAD 2024 시작하기

학습목표

- CAD 프로그램의 개요를 이해하고 목적에 맞게 활용할 수 있다.
- 보조 명령어를 이용하여 CAD 프로그램을 사용자 환경에 맞게 설정할 수 있다.
- 도면 작도에 필요한 부가 명령을 설정할 수 있다.

1 캐드(CAD)와 캠(CAM)에 대하여...

캐드(CAD)란 Computer Aided Design 또는 Drafting의 약칭으로 컴퓨터를 이용한 설계(Design) 또는 제도를 말하는 것이며, 기계, 건축, 인테리어, 제품디자인, 전기, 전자 등과 같은 다양한 분야의 도면을 그릴 수 있는 프로그램이다.

캠(CAM)이란 Computer Aided Manufacturing의 약칭으로 컴퓨터를 이용한 가공을 말하는 것이며, 기계분야에서 실제의 제품을 가공할 수 있도록 CNC 공작기계의 가공 데이터를 만드는데 사용하는 프로그램이다.

CAD는 도면을 만능제도기 위에서 1장씩 그리는 것이 아니라, 각각의 물체의 형태를 Display 장치에 구현하여 합성하면서 설계하기 때문에 작업의 생력화(省力化) 및 고속화 등이 가능하다. CAD에 의하여 설계된 내용은 바로 CAM으로 연결되어, CAM을 통해 CNC(수치제어) 공작기계에 정확한 작업동작을 지시함으로써, 생산, 가공, 조립, 검사 등의 제조과정을 컴퓨터로 관리할 수 있으며, 작업의 신속성과 제품의 정밀성을 기하게 된다.

다시 말하면 CAD/CAM 시스템을 사용하는 목적은 CAD/CAM 시스템을 이용하여 모델링하여 설계도면을 제작할 수 있고, 그것으로 NC가공데이터를 만들어 생산자동화를 할 수 있을 뿐만 아니라, 그 입체의 표면적, 체적, 중량, 강도 등 물리적, 기계적 성질 및 공학적 해석까지 자동으로 계산하여 적합한 형태로 최적설계를 하는 데 매우 유용하다.

CAD/CAM 시스템은 1960년대 초 미국의 자동차, 항공기 제조회사 등 몇몇 생산업체들이 수없이 바뀌는 자동차 모델이나 엔진의 설계, 그리고 수십만 종의 부품이 복잡하게 얽힌 자동차, 항공기의 설계 등을 사람의 손에 의존하는데 한계를 느껴 개발한 장비(system)이다.

캐드(CAD)의 활용 목적

(1) 2D(dimension)

2D는 드로잉(drawing) 영역으로 x, y축의 평면을 말하며 주로 도면을 제작할 목적으로 활용된다. 크게 2차원과 2.5차원으로 구분하며 2차원은 평면도법에서도 정투상도로 나타내는 영역을 의미하고, 2.5차원은 xy 평면에서 등각투상도를 나타내기 위한 영역을 의미한다. 그래서 주로 제작도를 만드는 데 활용된다.

(2) 3D(dimension)

3D는 3차원이라도 하며 모델링(Modeling)을 하기 위한 입체 공간을 말한다. 모델링은 실물적인 효과를 내기 위하여 컴퓨터 그래픽으로 입체형상을 만드는 것을 말하며 그 활용 목적은 다음과 같다.

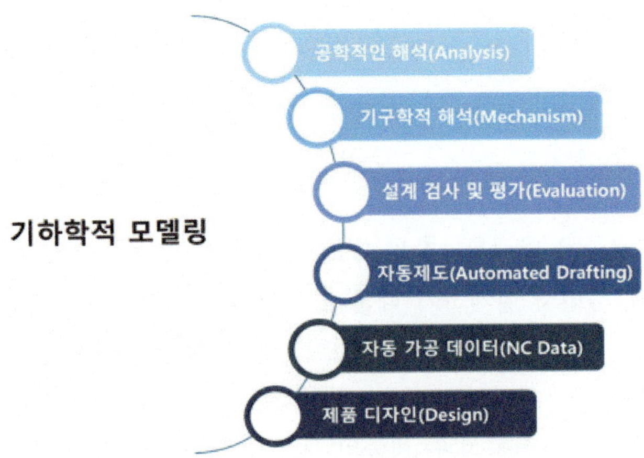

2 AutoCAD에 대하여...

1982년 미국에서 AutoDESK사가 발표한 버전 1.0의 AutoCAD는 하드웨어의 발달과 더불어 지속적인 업그레이드를 통해 최신 버전인 AutoCAD 2024로 발표되었고, 이 AutoCAD 2024 버전은 2D 설계 · 제도 및 3D 설계 도구로써 설계 도면을 신속하고 정확하게 제작 및 수정할 수 있는 강력한 프로그램이며, 세계적으로 캐드 프로그램 중 가장 많이 활용되는 소프트웨어이다.

AutoCAD는 기계, 금형, 공조기계, 건축, 실내건축, 토목, 제품디자인 등의 여러 분야에서 활용될 수 있도록 만들어진 범용 프로그램으로 학교, 학원을 통한 기술교육 및 국가 기술 검정뿐만 아니라 산업현장, 실무에 이르기까지 다양하게 활용되고 있다.

3 AutoCAD 2024 시스템 사양

32비트 또는 64비트 AutoCAD 2024의 시스템 사양은 아래 표에 나타낸 것과 같이 시스템을 구성함으로써 좀 더 안정적인 환경에서 캐드 작업을 수행할 수 있다.

하드웨어		내 용
운영체제(OS)		Microsoft Windows 11 또는 Windows 10 버전 1809 이상
CPU	기본	2.5~2.9 GHz 프로세서(기준) ARM 프로세서는 지원되지 않음
	권장	3 GHz 이상 프로세서(기준), 4 GHz 이상(터보)
메모리(RAM)		기본 8 GB RAM(16 GB 이상 권장)
설치 하드디스크 공간		**설치를 위한 10 GB(SSD 권장) 여유 디스크 공간**
디스플레이 해상도		• 일반 디스플레이: 1920 x 1080(트루컬러) • 고해상도 4K 디스플레이: 최대 해상도 3840 x 2160(지원 디스플레이 카드 탑재)
디스플레이 카드		• 기본: 1GB GPU, 29GB/s 대역폭 및 DirectX 11 호환 • 권장: 4GB GPU, 106GB/s 대역폭 및 DirectX 12 호환 DirectX 12(기능 레벨 12_0)는 음영처리(고속) 및 모서리로 음영처리(고속) 비주얼 스타일에 필요
포인팅 장치		MS 마우스 호환
.NET Framework		*.NET Framework 버전 4.8 이상

4 AutoCAD 2024 시작과 종료

(1) 시작하기

AutoCAD 2024를 시작하려면 바탕화면의 AutoCAD 2024 아이콘을 마우스 왼쪽 버튼으로 더블클릭(두 번 연속 선택)하여 실행한다.

아래 그림은 AutoCAD 실행 시 단위를 선택하는 화면으로 KS 도면에서 미터법을 기본 단위로 사용하기 때문에 기본 설정에서 미터법 클릭, 확인 클릭한다.

☞ 단위 선택 메뉴 나타내는 방법

명령: STARTUP Enter↵
STARTUP에 대한 새 값 입력 〈3〉: 1

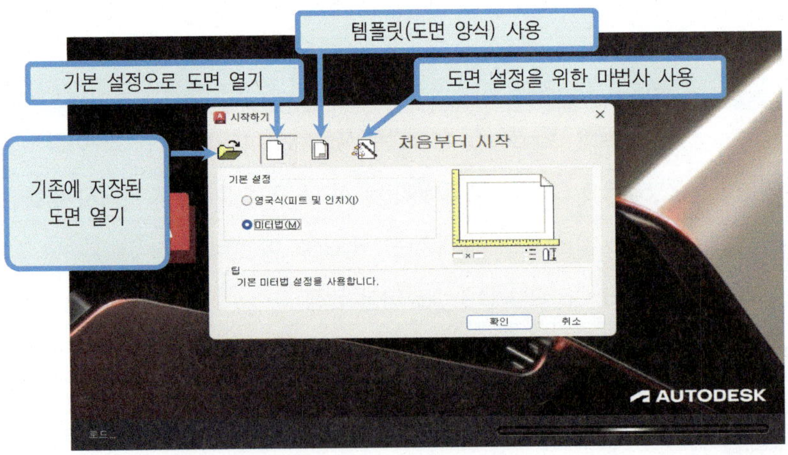

새 도면 작성 - 기본 설정

영국식(피트 및 인치) : 피트_인치 단위의 도면 환경(acad.dwt) 열기
미터법 : 밀리미터 단위의 도면 환경(acadiso.dwt) 열기

> 한국산업규격 기계제도(KSB0001)에서 길이 단위 mm(밀리미터), 각도 단위 °(360도)로 사용함

(2) 종료하기

AutoCAD 2024을 종료하려면...

QUIT

AutoCAD 윈도우(화면)를 종료하는 명령

명령 : QUIT Enter↵

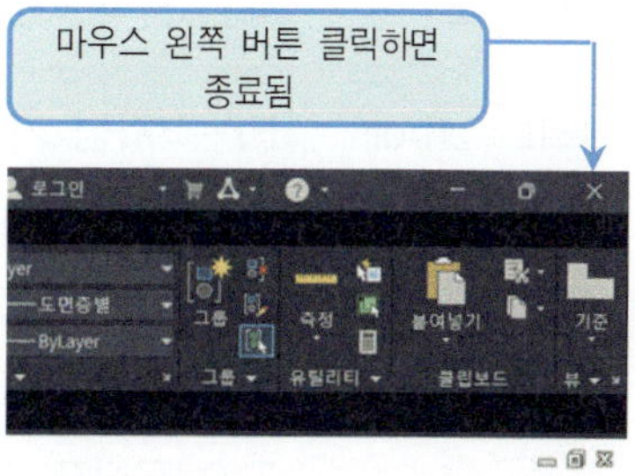

(3) 2D도면작업 화면 구성

2D도면작업을 위한 환경은 "제도 및 주석" 화면에서 CH(PROPERTIES) 명령으로 "특성 창"을 실행하여 화면 좌측에 배치한다. 그리고 명령 입력 창에 menubar Enter↵ "1" 입력하고 풀다운 메뉴, 도구→도구막대→AutoCAD→치수를 클릭하여 우측에 배치한 화면 구성을 소개한다.

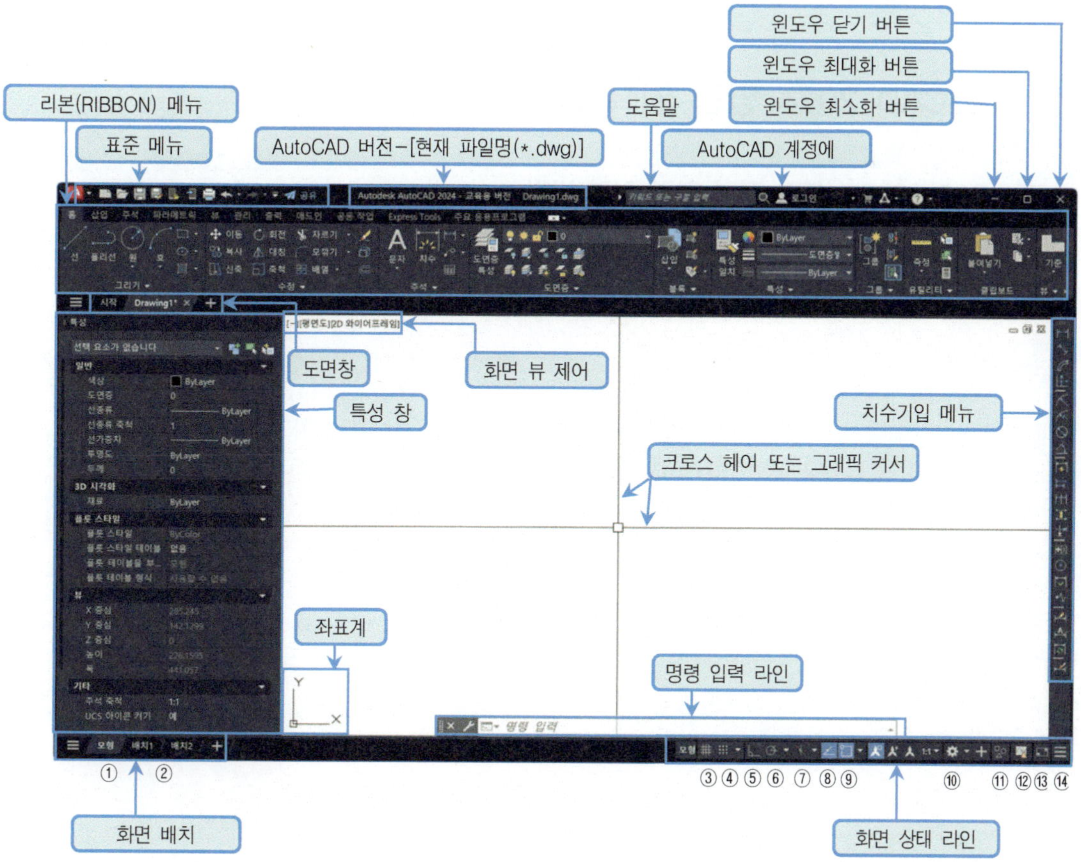

번 호	펑션키–내 용	번 호	내 용
① 모형	모형 영역(도면 작업 영역)	⑧ OTRACK on/off	F11–객체 스냅 추적 켜기/끄기
② 배치 1/2	도면 영역(도면 출력 영역)	⑨ OSNAP on/off	F3–객체 스냅 기능 켜기/끄기
③ 그리드 on/off	F7–격자점 켜기/끄기	⑩ 작업 공간	작업 공간 전환
④ 스냅 on/off	F9–커서의 이동간격 켜기/끄기	⑪ 객체 분리	객체 분리 실행
⑤ 직교 on/off	F8–직교모드 켜기/끄기	⑫ 시스템 변수	시스템 변수 모니터링 실행
⑥ 극좌표 on/off	F10–극좌표 추적 기능 켜기/끄기	⑬ 화면 정리	화면 전체 보기 켜기/끄기
⑦ 등각투영 on/off	F5–등각투영 켜기/끄기	⑭ 사용자화	화면 상태 기능 켜기/끄기

5 AutoCAD 2024 명령 입력 방법

AutoCAD 2024의 도면 작업 명령 입력 방법

① 마우스 왼쪽 버튼으로 리본 메뉴의 아이콘 명령 기능을 클릭하여 명령 입력

② 키보드를 이용하여 명령 입력 라인에 풀 명령이나 단축명령으로 입력

위 두 가지 방법 중 리본 메뉴를 사용하면 명령을 외우지 않아서 편리하게 운영할 수 있지만 드로잉(도면 작업) 시간이 느린 단점이 있다. 하지만 키보드를 사용하여 단축명령을 입력하는 방법은 명령을 익혀야 하는 번거로움은 있지만 커서(크로스헤어)를 좀 더 빠르게 제어하면서 도면 작업을 할 수 있어서 대부분의 캐드 사용자들이 단축명령을 활용하여 도면 작업을 수행한다.

6 입력 장치 활용 방법

(1) 키보드와 마우스의 주요 기능

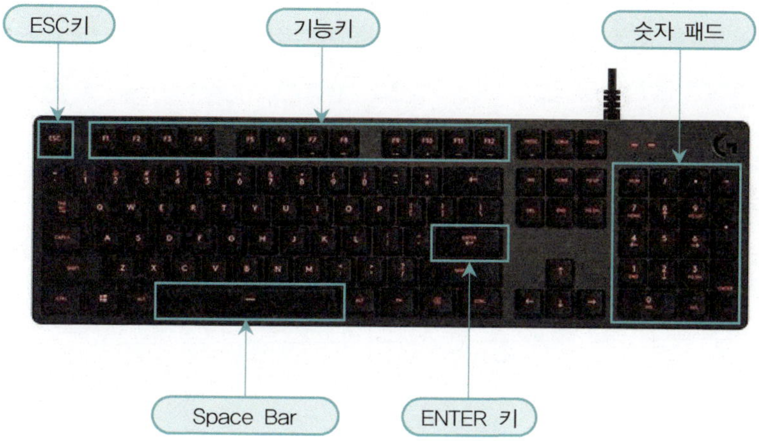

Enter↵ 키 기능

Enter↵는 명령 입력키로 AutoCAD에서 명령을 시작 / 진행 / 종료하는 기능이다.

> Enter↵(명령 입력) 기능은 Enter↵ / SPACE BAR / 마우스 오른쪽 버튼과 같이 세 가지가 있다. 키보드에서 단축명령을 사용하거나 옵션을 선택할 때 Space Bar를 활용하고 마우스로 크로스헤어의 위치를 제어할 때는 마우스 우클릭으로 Enter↵ 기능을 사용하는 것이 자연스러운 자세이다. (단, 문자 쓰기 명령 중에 Enter↵키는 입력 기능으로 활용되고 Space Bar는 공백 한 칸 띄우기 기능이다.)

ESC 키 기능

ESC는 취소키로 현재 진행 중인 명령을 취소(*취소*)한다.

(2) 취소 기능

U(UNDO) 명령

U 명령은 최근에 내려진 명령을 역순으로 취소하는 명령

명령 : U Enter↵ 또는 

> U 명령으로 취소되는 것은 복구되지 않을 수도 있어서 원하지 않는 부분까지 취소되지 않도록 주의하여 사용하는 것이 좋다.

REDO 명령

U 명령으로 취소된 것 1회 복구하는 명령

명령 : REDO Enter↵ 또는 

> 표준 메뉴에서 _mredo 명령은 U 명령으로 취소된 것을 연속적으로 복구할 수 있다.

7 2차원 Drawing을 위한 환경설정

2D도면작업을 보다 빠르고 편리하게 활용하기 위하여 환경설정 창(OPtions)에서 몇 가지 기본 설정을 변경해야 한다.

OPTIONS 명령 실행 방법

리본 메뉴–뷰에서, 인터페이스 화살표 선택

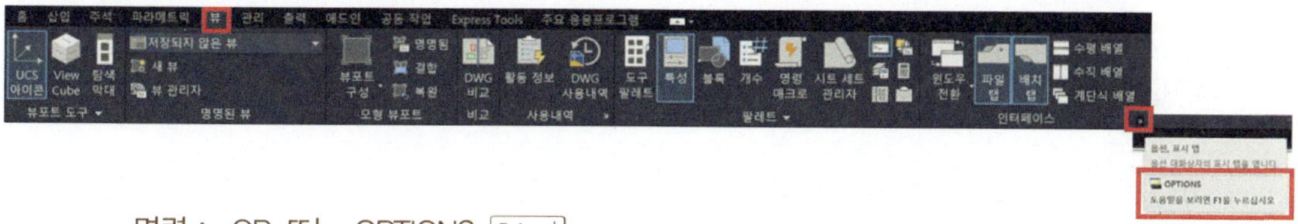

명령 : OP 또는 OPTIONS Enter↵

(1) 옵션에서 파일 선택

파일 탭은 AutoCAD에서 작업하는 파일을 관리하는 페이지이다. 그림에 표시한 자동 저장 파일 위치만 소개한다. 이것은 예기치 않은 프로그램의 오류나 시스템 강제 종료로 인하여 작업 내용을 저장하지 못한 경우 지정된 폴더에 임시 저장파일(*.sv$)로 자동 저장된다.

☞ 1) "자동 저장 파일 위치" 의 +를 클릭하여 사용자가 만든 폴더 지정
2) 임시 저장 파일(*.sv$)을 사용자파일명.dwg로 파일명 및 확장자 변경
3) AutoCAD에서 사용자파일명을 열면 가장 최근에 저장된 파일을 불러올 수 있음

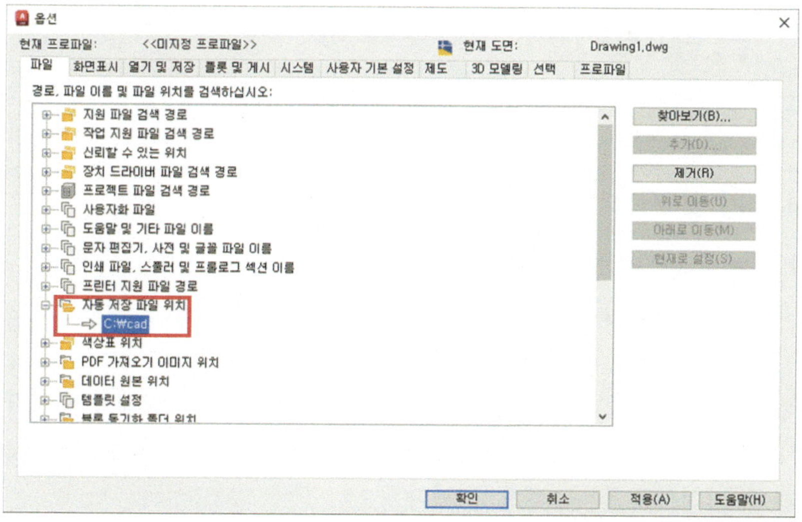

(2) 옵션에서 화면표시

화면표시 탭은 AutoCAD 화면 관리 페이지이다. 그림에 표시한 색상과 십자선 크기만 소개한다. 그림에 사각형으로 표시된 색상 버튼을 이용하여 작업 화면 색상을 변경할 수 있고 십자선 크기는 선택 커서의 크기를 변경 설정할 수 있다. 2D도면작업 시 선택 커서의 크기가 짧은 것보다 긴 것이 유용하다. 선택 커서가 짧으면 투상도나 치수 기입 시 비교 대조가 쉽지 않아 정확한 배치나 작업 속도에 영향을 줄 수 있다. 수제도 할 때 긴 자(스케일)가 필요하듯이 긴 선택 커서는 도면 작업에 유용하다.

☞ 1) "색상" 버튼을 클릭하여 작업 화면 색상 변경
(2D 모형 공간 → 균일한 배경 → 검은색 변경(권장))

2) 십자선(크로스헤어) 크기 기본값 5에서 100 변경(권장)

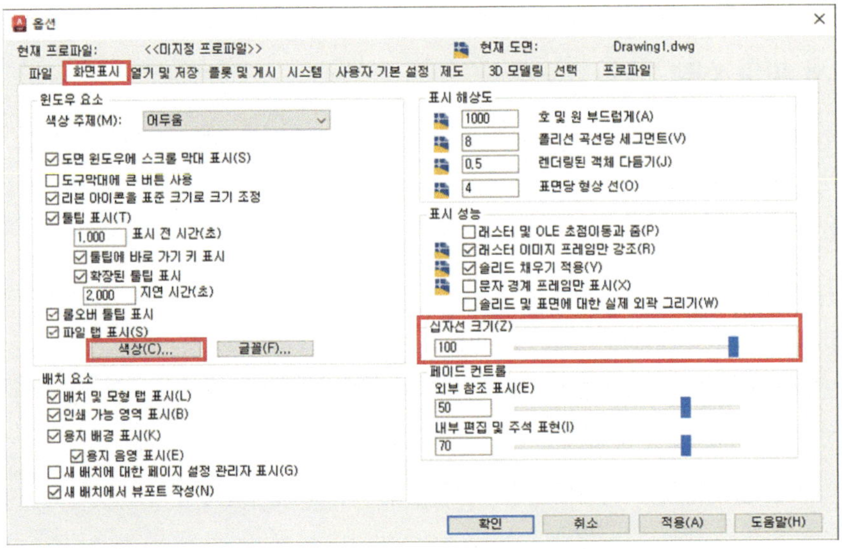

(3) 옵션에서 열기 및 저장

열기 및 저장 탭은 AutoCAD에서 파일 열기 또는 저장파일을 관리하는 페이지이다. 그림에 사각형으로 표시된 다른 이름으로 저장과 자동 저장만 소개한다.

AutoCAD는 파일 열기 할 때 하위 버전에서 저장된 파일은 상위 버전에서 열기가 가능하지만 상위 버전에서 저장된 파일은 하위 버전에서 열기가 안된다. 따라서 "다른 이름으로 저장"에서 저장파일을 하위 버전으로 낮출 필요가 있다.

그리고 자동 저장은 기본값 10분이다. 이곳에 분 단위로 변경 설정할 수 있고 또한 명령 입력란에 "Savetime"으로 자동 저장 시간을 변경 설정할 수 있다. 지정한 시간마다 사용자가 저장하지 않아도 AutoCAD가 현재까지 작업한 내용을 *.sv$ 파일 형식으로 자동 저장한다.

☞ 1) "다른 이름으로 저장" 에서 AutoCAD 2010/LT2010(*.dwg) 변경(권장)
2) "자동 저장" 기본값 10(분)에서 2(분)로 변경(권장)

파일의 크기와 컴퓨터의 성능에 따라서 적당한 시간(분)을 설정하는 것이 유리함

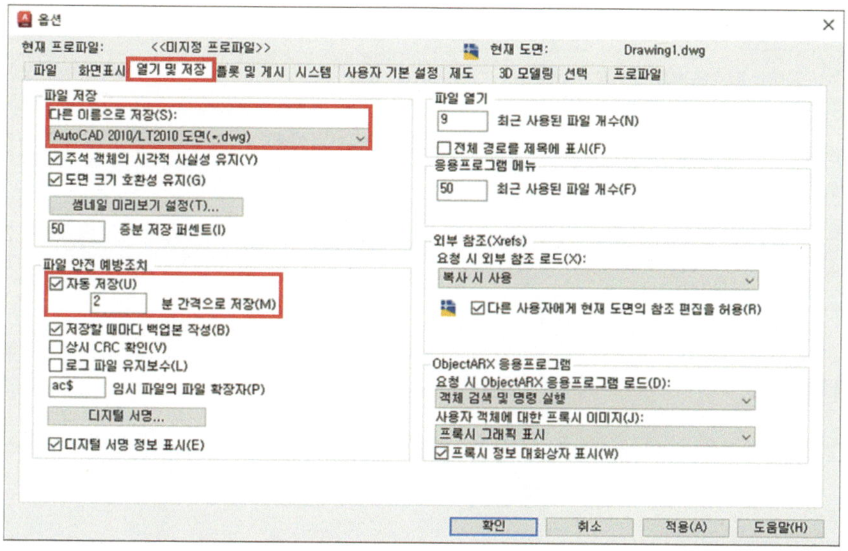

(4) 옵션에서 사용자 기본 설정

사용자 기본 설정 탭은 AutoCAD의 사용자 환경을 관리하는 페이지이다. 그림에 사각형으로 표시된 Windows 표준 동작은 마우스 제어에 대한 것으로 이것만 소개한다.

"두 번 클릭 편집" 기본값은 체크 상태이며 만약 체크가 해제되면 객체의 특성 변경 기능을 사용할 수 없으므로 기본값대로 사용하는 것이 편리하다.

"도면 영역의 바로가기 메뉴" 기본값은 체크 상태이다. 이것은 마우스 우클릭 시 서브메뉴가 활성화 되게 하는 기능으로 유사한 여러 기능을 사용할 수 있게 만든 기능이지만 명령 종료 시 한 번 더 클릭해야 하므로 작업 속도가 느리게 된다. 체크 해제는 마우스 우클릭 시 Enter↵ 기능이 되어 즉시 명령 진행이나 종료되므로 그만큼 작업 시간이 빠를 수 있다.

☞ 1) "두 번 클릭 편집" 체크 (권장)
2) "도면 영역의 바로 가기 메뉴" 체크 해제 (권장)

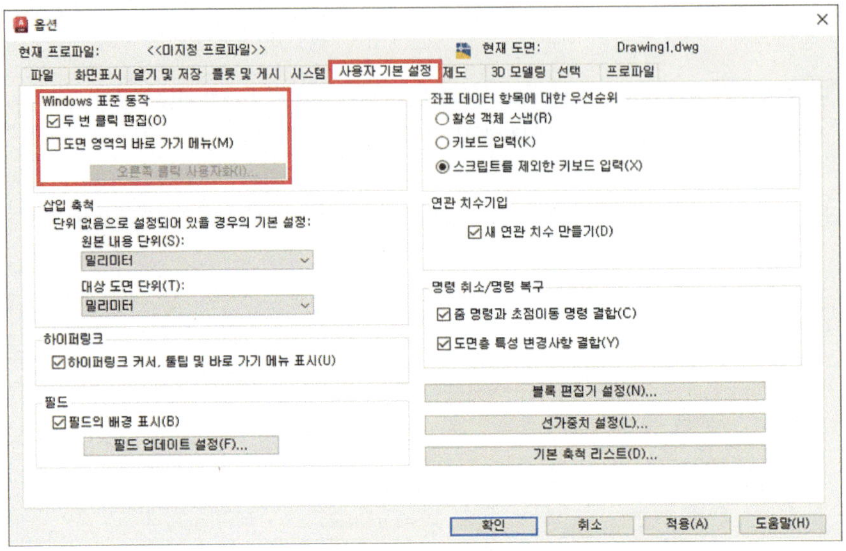

(5) 옵션에서 제도

제도 탭은 AutoCAD에서 객체 스냅 설정을 관리하는 페이지이다. 그림에 사각형으로 표시된 객체 스냅 색상 및 크기 그리고 조준창 크기만 소개한다.

"객체 스냅 색상"은 식별이 어려운 어두운 초록색(국방색)이 기본값이나 식별이 쉬운 색상으로 변경 설정이 필요하다. 또한 표식기 크기는 너무 작으면 불편하므로 크기 조절이 필요하다.

"조준창 크기"는 객체가 조준창에 겹치면 객체 스냅 표식기가 나타난다. 너무 작거나 크면 불편하므로 적당한 크기 조절이 필요하다.

☞ ① "색상" 어두운 초록색(국방색)이 기본값, 식별이 용이한 황토색(30번 색상) 변경 권장
표식기 크기는 우측으로 한 칸 위치 변경 권장((s)자 밑에 위치)
② "조준장 크기" 는 수평바 가운데 위치가 적당(원 위치 그대로 둠)

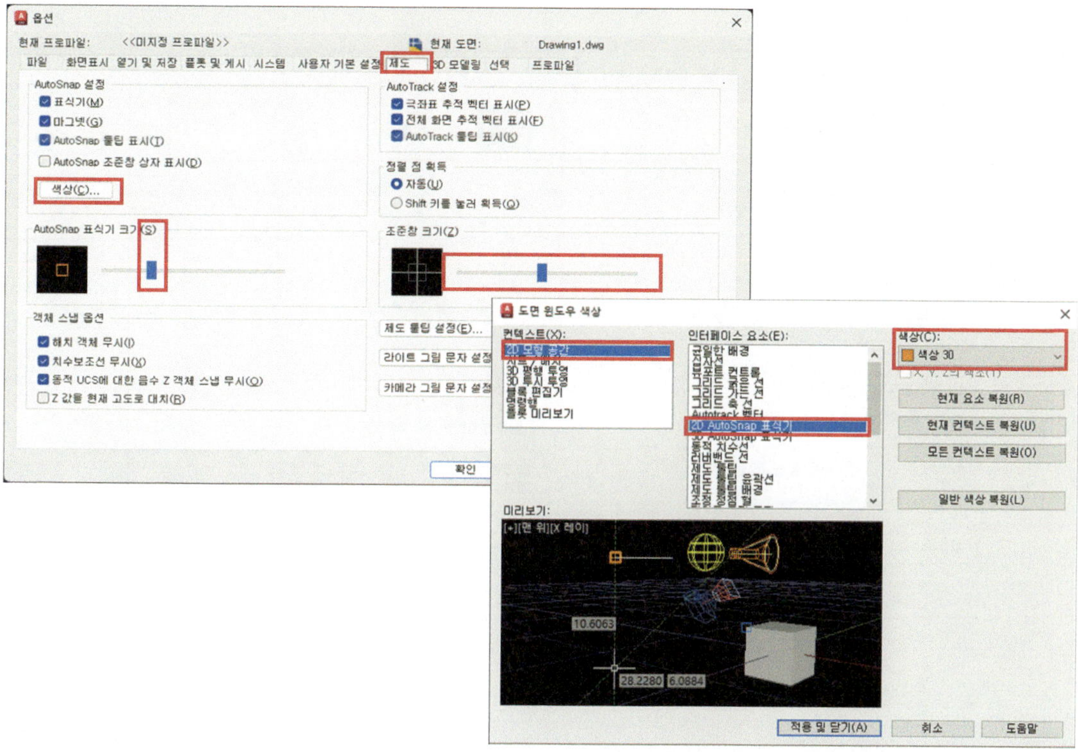

(6) 옵션에서 선택

선택 탭은 AutoCAD에서 요소 선택 상자 크기, 모드와 그립 상자 크기, 모드의 관리 페이지이다. 그림에 사각형으로 표시된 선택 크기 및 선택모드 그립 크기만 소개한다.

"확인란의 크기" 및 "그립 크기"에서 선택하기 쉬운 크기를 설정하는 것이 필요하다. 또한 선택 모드에서 명사/동사 선택, 객체 그룹화, 빈 영역 선택 시 자동 윈도우를 반드시 체크하고 사용한다.

☞ 1) "확인란 크기" 위치는 위 탭 문구 "저" 와 "장" 사이 위치에 놓는 것을 권장
2) "그립 크기" 는 확인란 크기와 동일 크기 권장
3) "명사/동사 선택" 은 체크 상태에서 객체를 선택 후 색상이나 layer 등이 변경 가능
4) "객체 그룹화" 는 그룹으로 묶은 요소를 한 번에 선택하는 기능으로 도면 배치 시 유용하게 사용
5) "빈 영역 선택 시 자동 윈도우" 요소를 걸치기(점선 창 선택 기능)나 윈도우(실선 창 선택 기능)로 선택할 때 사용할 수 있는 기능

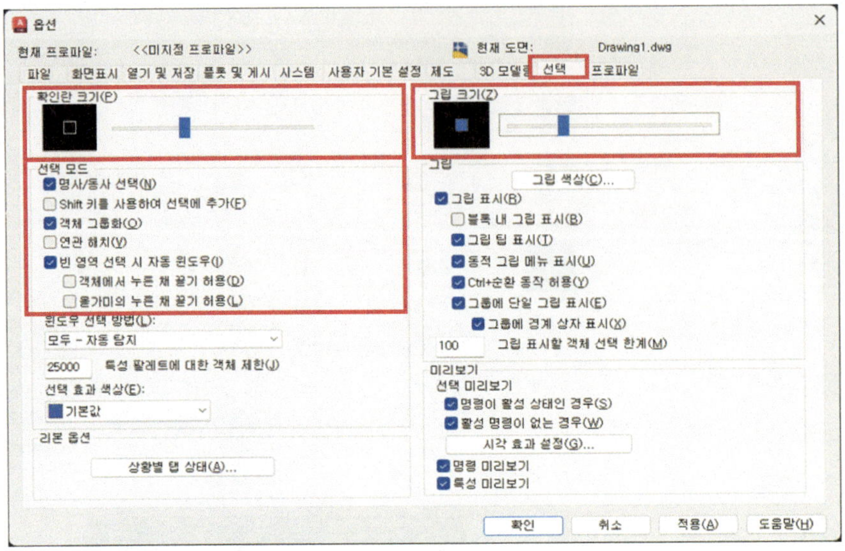
옵션
현재 프로파일:
<<미지정 프로파일>>
현재 도면:
Drawing1.dwg
파일
화면표시
열기 및 저장
플롯 및 게시
시스템
사용자 기본 설정
제도
3D 모델링
선택
프로파일
확인란 크기(P)
그립 크기(Z)
선택 모드
명사/동사 선택(N)
Shift 키를 사용하여 선택에 추가(F)
객체 그룹화(O)
연관 해치(V)
빈 영역 선택 시 자동 윈도우(I)
객체에서 누른 채 끌기 허용(D)
올가미의 누른 채 끌기 허용(L)
윈도우 선택 방법(L):
모두 - 자동 탐지
25000
특성 팔레트에 대한 객체 제한(J)
선택 효과 색상(E):
기본값
리본 옵션
상황별 탭 상태(A)...
그립
그립 색상(C)...
그립 표시(R)
블록 내 그립 표시(B)
그립 팁 표시(T)
동적 그립 메뉴 표시(U)
Ctrl+순환 동작 허용(Y)
그룹에 단일 그립 표시(E)
그룹에 경계 상자 표시(X)
100
그립 표시할 객체 선택 한계(M)
미리보기
선택 미리보기
명령이 활성 상태인 경우(S)
활성 명령이 없는 경우(W)
시각 효과 설정(G)...
명령 미리보기
특성 미리보기
확인
취소
적용(A)
도움말(H)

CHAPTER 02

좌표계와 도면영역 설정

학습목표

- 정확한 치수로 작도하기 위하여 좌표계를 활용할 수 있다.
- 도면 영역의 크기를 설정하고 작도를 제한할 수 있다.
- 작업 환경에 적합한 템플릿을 제작하여 도면의 형식을 균일화시킬 수 있다.
- 도면 요소를 선택하여 작도, 지우기, 복구를 수행할 수 있다.

1 좌표계(coordinates system)에 대하여

정확한 크기로 도면을 그리기 위한 좌표 입력 방법으로 절대 좌표와 상대 좌표, 상대 극좌표가 있고 그 외에 최종점 찾는 좌표와 마우스의 방향과 크기 입력하는 좌표가 사용된다.

(1) 절대 좌표

xy평면에서 원점(0, 0)을 기준으로 x 크기, y 크기로 점(point)의 위치를 나타내기 위한 것

형식 : x, y

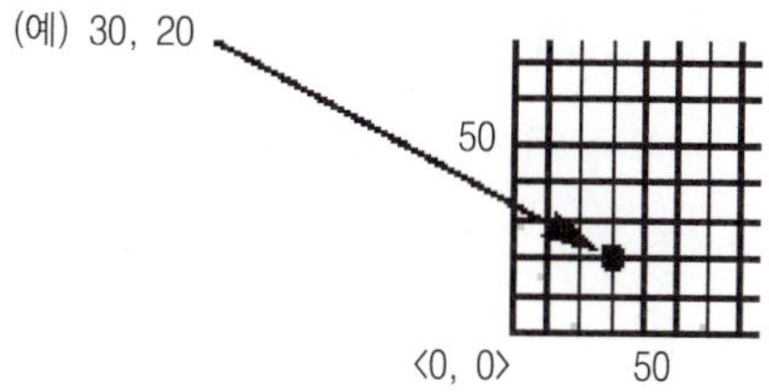

(2) 상대 좌표

현재 점을 기준(0, 0)으로 x 크기의 변형량, y 크기의 변형량으로 점의 위치를 나타내기 위한 것

형식 : @x, y

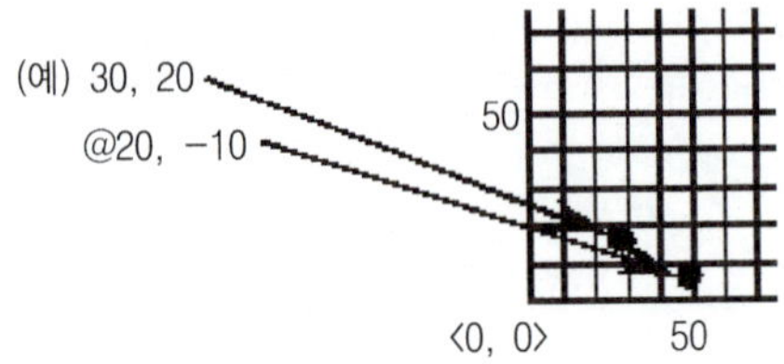

(3) 상대 극좌표

현재 점을 기준(0, 0)으로 거리와 각도(기울기)로 점의 위치를 나타내기 위한 것

형식 : @거리<각도 (예) @20<45

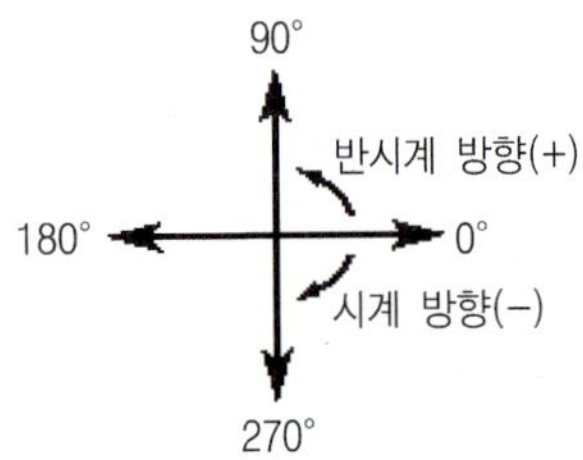

(4) 기타

최종 좌표

마지막 지정된 점을 찾는 좌표로 "@" 를 사용하는 것

자동 좌표

마우스(커서)로 방향을 지정하고 크기만 입력하여 점의 위치를 나타내는 것

2 도면 영역 설정하기

(1) A열 size의 도면 크기

도면 작업을 하기 위해서 가장 먼저, 도면 크기를 설정해야 한다. KS 규격에서 도면 크기는 A열 size를 규격으로 사용하므로 CAD로 도면 영역을 만들 때 제도자는 규격화된 도면 크기를 기억해서 설정해야 한다.

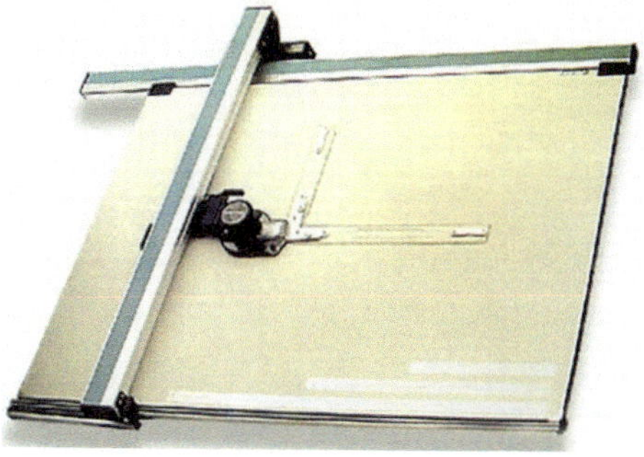

[A열 Size]

	길이(x 크기)	폭(y 크기)	테두리선
A0	1189	841	20
A1	841	594	
A2	594	420	10
A3	420	297	
A4	297	210	

(2) Limits 명령과 Zoom_All 기능

도면 작업에 필요한 도면 크기를 설정하는 명령

명령 : LIMITS Enter↵
모형 공간 한계 재설정:
왼쪽 아래 구석 지정 또는 [켜기(ON)/끄기(OFF)] 〈0.0000,0.0000〉:
오른쪽 위 구석 지정 〈420.0000,297.0000〉: 297,210
ON : AutoCAD는 도면 한계를 벗어나서 점을 입력하려고 할 때 이를 거부하고 다음의 에러 메시지를 나타낸다.
★★ 외부 한계
OFF : 한계 점검을 해제한다.

> Limits 명령으로 도면 영역 설정 후 화면 전환을 하기 위해서는 아래와 같이 Zoom 명령의 All을 실행해야 한다. 화면 전환 시 그리드(Grid)의 화면 표시에도 영향을 준다.

명령 : Z Enter↵
윈도우 구석을 지정, 축척 비율 (nX 또는 nXP)을 입력, 또는
[전체(A)/중심(C)/동적(D)/범위(E)/이전(P)/축척(S)/윈도우(W)/객체(O)] 〈실시간〉: A
모형 재생성 중.

> zoom 명령은 화면제어 명령에서 설명한다.

명령 : REC Enter↵ (RECTANG 사각형 그리는 명령)
첫 번째 구석점 지정 또는 [모따기(C)/고도(E)/모깎기(F)/두께(T)/폭(W)]: 0,0
다른 구석점 지정 또는 [영역(A)/치수(D)/회전(R)]: 297,210

rectang 명령은 poly 객체 명령에서 설명한다.

그림 실행 후

(3) Mvsetup 명령

여러 기능의 복합 명령으로 2D 모형 영역(Model space)에서는 단위 스타일, 도면 축척 비율 및 도면 크기를 설정할 때 편리하고 3D 모델링을 배치 공간(Paper space)에서 입체 모델을 도면화하여 프린트 또는 플로터로 출력하기 위하여 사용하는 명령

명령 : MVSETUP Enter↵
초기화 중...
도면 공간을 사용가능하게 합니까? [아니오(N)/예(Y)] 〈Y〉: N
3D 모델을 프린트하기 위한 편집 영역으로 설정〈Y〉/ 도면 그리는 모델 영역으로 설정〈N〉

단위 유형 입력 [공학(S)/십진(D)/엔지니어링(E)/건축(A)/미터법(M)]: M
단위 선택 : 미터법(Metric) 선택

축척 비율 입력 : 1
척도 선택 : 1(실척 선택)

용지 폭 입력 : 297
도면크기의 길이(x 크기)

용지 높이 입력 : 210
도면크기의 폭(y 크기)

POINT...

미터 축척

(5000)
1:5000
...
(10) 1:10
(5) 1:5

POINT...

A2 size : 594, 420
A3 size : 420, 297
A4 size : 297, 210

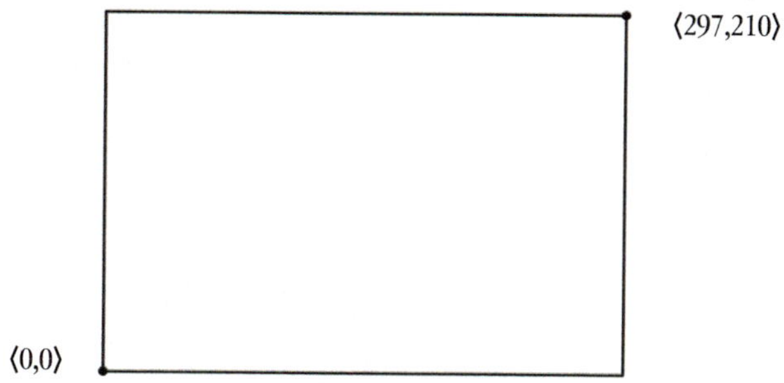

그림 실행 후

> 실행 후 도면 한계/화면 전환/도면 틀 선까지 그리기 때문에 도면 크기 설정으로 매우 유용한 명령이다.

(4) 도면 양식 그리기(윤곽선과 중심마크)

명령 : O 또는 OFFSET Enter↵ ⇨ 윤곽선 그리기
현재 설정: 원본 지우기=아니오 도면층=원본 OFFSETGAPTYPE=0
간격띄우기 거리 지정 또는
[통과점(T)/지우기(E)/도면층(L)] 〈10.0000〉: 10 ⇨ 간격 10mm
간격띄우기할 객체 선택 또는 [종료(E)/명령 취소(U)] 〈종료〉: ⇨ 틀선 선택(P_1)
간격띄우기할 객체 선택 또는 [종료(E)/명령 취소(U)] 〈종료〉: ⇨ 화면 중앙에 한 점(P_2)
간격띄우기할 객체 선택 또는 [종료(E)/명령 취소(U)] 〈종료〉: ⇨ 마우스 우클릭 선택

명령 : 마우스 우클릭 선택 ⇨ 명령 재실행

간격띄우기 거리 지정 또는

[통과점(T)/지우기(E)/도면층(L)] 〈10.0000〉: 5 ⇨ 간격 5mm

간격띄우기할 객체 선택 또는 [종료(E)/명령 취소(U)] 〈종료〉: ⇨ 복사된 틀선 선택(P_3)

간격띄우기할 객체 선택 또는 [종료(E)/명령 취소(U)] 〈종료〉: ⇨ 화면 중앙에 한 점(P_4)

간격띄우기할 객체 선택 또는 [종료(E)/명령 취소(U)] 〈종료〉: ⇨ 마우스 우클릭 선택

그림 실행 후

명령 : L 또는 LINE Enter ⇨ 중심마크선 그리기

첫 번째 점 지정: mid of ⇨ 좌측 틀선의 중간 부분 선택(P_1)

다음 점 지정 또는 [명령 취소(U)]: mid of ⇨ 우측 틀선의 중간 부분 선택(P_2)

다음 점 지정 또는 [명령 취소(U)]: mid of ⇨ 상단 틀선의 중간 부분 선택(P_3)

다음 점 지정 또는 [닫기(C)/명령 취소(U)]: mid of ⇨ 하단 틀선의 중간 부분 선택(P_4)

다음 점 지정 또는 [닫기(C)/명령 취소(U)]: ⇨ 마우스 우클릭 선택

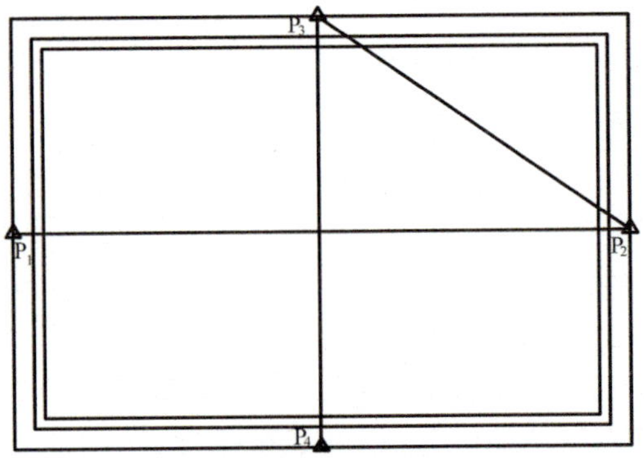

그림 실행 후

명령 : TR 또는 TRIM Enter↵ ⇨ 자르기
현재 설정: 투영=UCS 모서리=없음
절단 모서리 선택 ...
객체 선택 또는 〈모두 선택〉: ⇨ 가장 안쪽선 선택(P_1)
객체 선택: ⇨ 마우스 우클릭(진행)
자를 객체 선택 또는 Shift 키를 누른 채 선택하여 연장 또는
[울타리(F)/걸치기(C)/프로젝트(P)/모서리(E)/지우기(R)/명령 취소(U)]: F
⇨ "F" 누르기
첫 번째 울타리 점 지정: ⇨ 십자선을 자르기(P_2)
다음 울타리 점 지정 또는 [명령 취소(U)]: ⇨ 십자선을 자르기(P_3)
다음 울타리 점 지정 또는 [명령 취소(U)]: ⇨ 마우스 우클릭

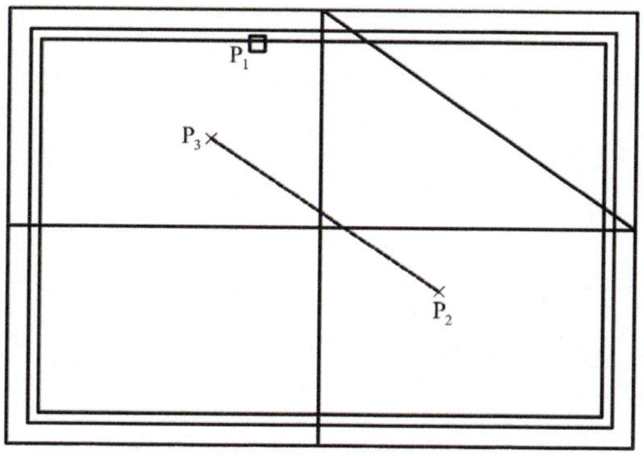

그림 중심마크 자르기

명령 : E 또는 ERASE Enter↵ ⇨ 종이 틀선/경사선 지우기
객체 선택: P_1 ⇨ 화면에서 P_1 지점 선택
반대 구석 지정: P_2 ⇨ 화면에서 P_2 지점 선택
2개를 찾음
객체 선택: P_3 ⇨ 화면에서 P_3 지점 선택
1개를 찾음, 총 3개
객체 선택: ⇨ 마우스 우클릭

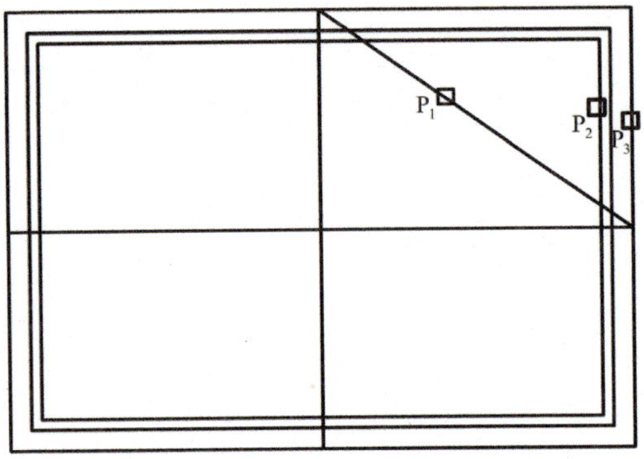

그림 지우기로 정리

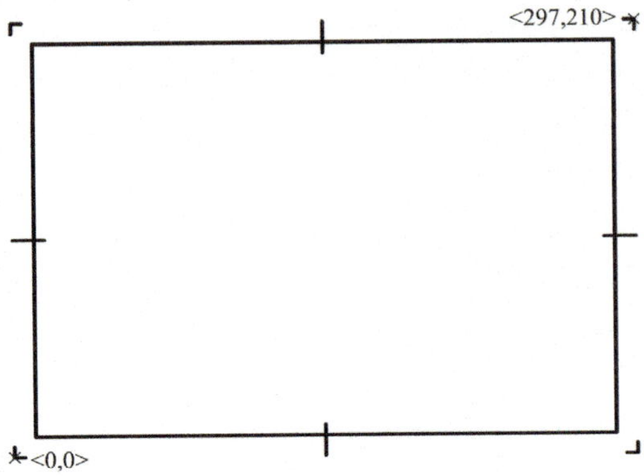

그림 완성

3 선 그리기와 지우기

(1) Line 또는 L(단축명령)

두 점 이상 지정하여 선 그리는 객체(object) 명령

리본 메뉴-홈-그리기에서 선 선택

명령 : L 또는 LINE Enter↵
첫 번째 점 지정: ⇨ 선분의 첫 점 지정
다음 점 지정 또는 [명령 취소(U)]: ⇨ 선분의 다음 점 지정 또는 U로 최종점 취소
다음 점 지정 또는 [명령 취소(U)]: ⇨ 선분의 다음 점 지정 또는 U로 점 최종점 취소
다음 점 지정 또는 [닫기(C)/명령 취소(U)]:
⇨ 선분의 다음 점 지정 또는 C로 닫기 또는 Enter↵로 종료

연속기능(CONTINUOUS : ENTER)

최종점으로부터 연속하여 선 그리기 위한 기능으로 첫 번째 점 지정: ENTER로 실행

취소 기능(Undo)

Line 명령 진행 중 최종점 취소 기능, 첫 점까지 최소 가능

닫기 기능(Close)

세 점 이상 지정 후 첫 점으로 닫고 명령 종료됨

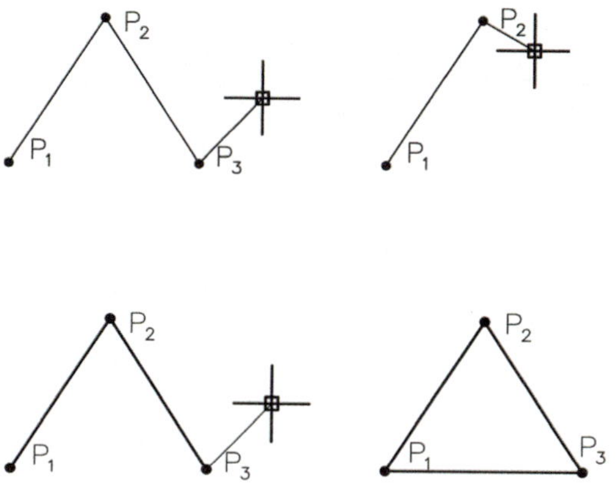

명령 : L
첫 번째 점 지정 : P_1
다음 점 지정 또는 [명령 취소(U)] : P_2
다음 점 지정 또는 [명령 취소(U)] : P_3
다음 점 지정 또는 [닫기(C)/명령 취소(U)] : U
다음 점 지정 또는 [명령 취소(U)] : Enter↵

명령 : 마우스 우클릭
첫 번째 점 지정 : 마우스 우클릭
다음 점 지정 또는 [명령 취소(U)] : P_3
다음 점 지정 또는 [명령 취소(U)] : P_1
다음 점 지정 또는 [명령 취소(U)] :
마우스 우클릭

(2) ERASE 또는 E(단축명령)

선택하는 객체들을 지우는 명령

리본 메뉴–홈–수정에서 지우기(Erase) 선택

명령 : E 또는 ERASE Enter↵
객체 선택 : 객체 선택이나 Selection Set 옵션을 사용하면 편리하게 선택됨
객체 선택 : Enter 키를 누르면 선택된 객체는 지워지고 명령은 종료됨

접근 선택

지울 객체들을 직접 선택함

자동 window(오른쪽에서 왼쪽으로 선택하는 것으로 실선 창이 보임)

실선 창 안으로 완전히 들어간 객체만 선택된다.

자동 crossing(왼쪽에서 오른쪽으로 선택하는 것으로 점선 창이 보임)

점선 창 안으로 들어간 객체, 걸쳐진 객체 모두 선택된다.

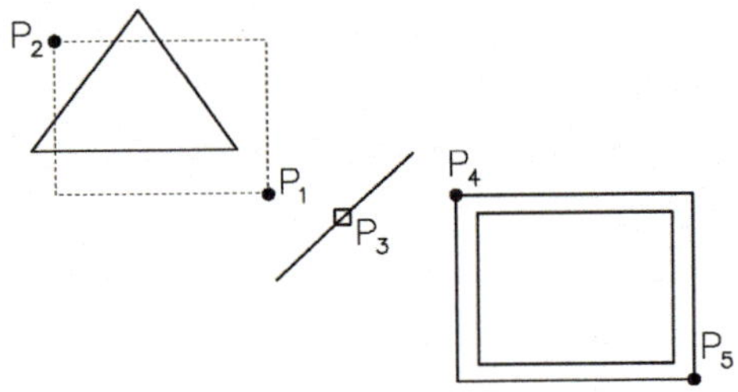

명령 : E
객체 선택 : P_1 선택 후 P_2
객체 선택 : 추가로 P_3 접근 선택
객체 선택 : 마우스 우클릭 또는 Enter↵
명령 : 마우스 우클릭 또는 Enter↵
객체 선택 : P_4 선택 후 P_5
객체 선택 : 마우스 우클릭 또는 Enter↵r

(3) OOPS

지우기(ERASE)로 지워진 객체 1회 되살리는 명령

명령 : OOPS Enter↵

▌과제 도면 그리기

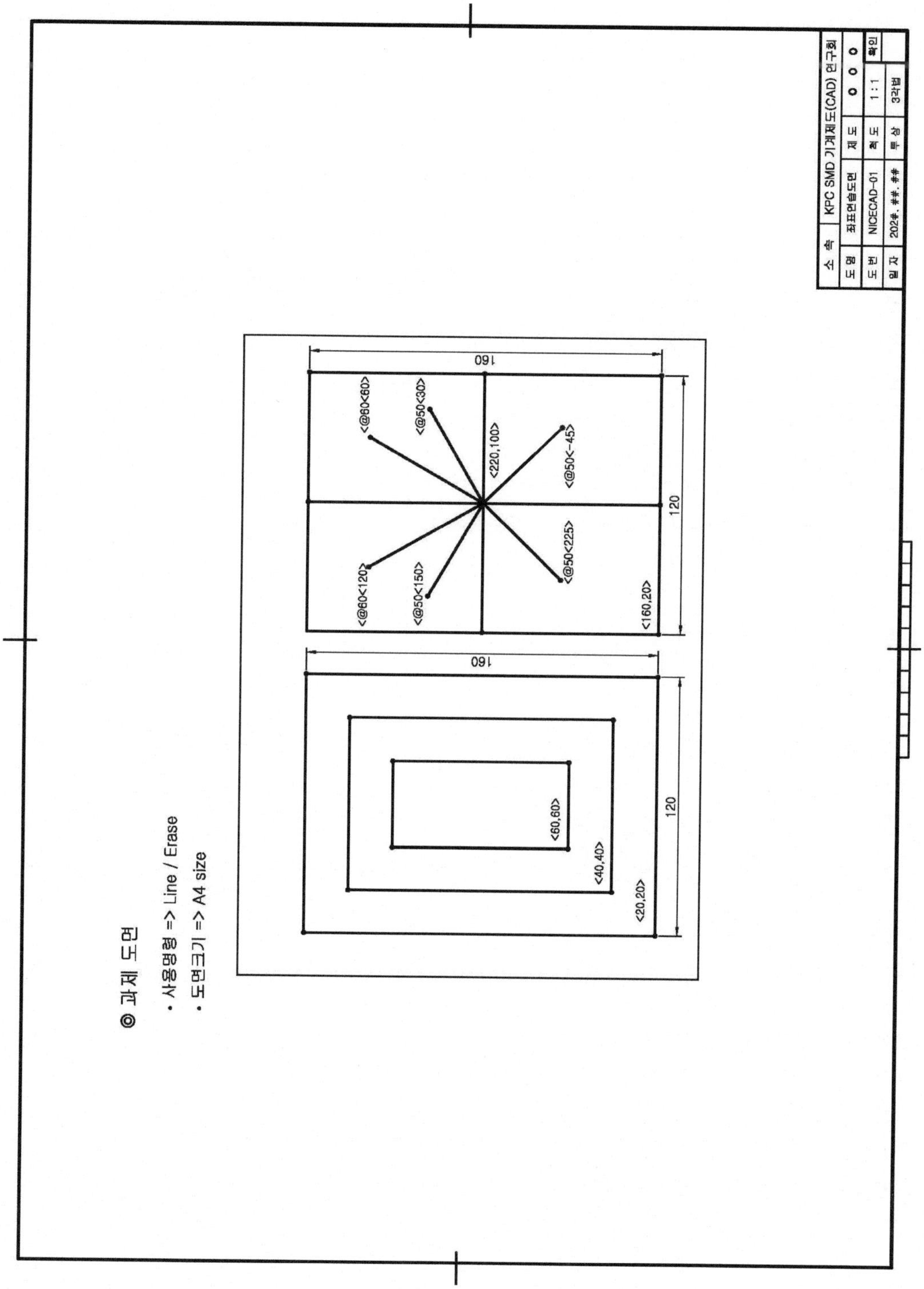

◎ 과제 도면
• 사용명령 => Line / Erase
• 도면크기 => A4 size
160
120
<20,20>
<40,40>
<60,60>
<160,20>
<220,100>
<@60<60>
<@50<30>
<@50<-45>
<@60<120>
<@50<150>
<@50<225>
소 속
KPC SMD 기계제도(CAD) 연구회
도 명
좌표연습도면
제 도
○ ○ ○
도 번
NICECAD-01
척 도
1 : 1
일 자
202#. ##. ##
투 상
3각법
확인

01 도면 크기를 A4 사이즈를 만든다.

02 테두리선과 중심마크를 그린다.

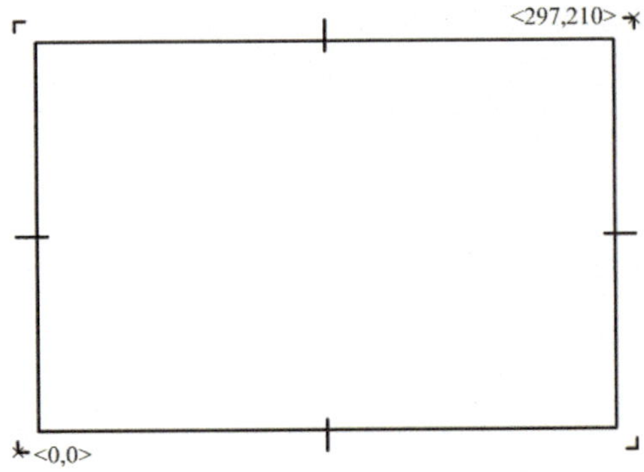

03 **첫 번째 사각형 그리기** : 절대 좌표 연습

명령 : L Enter↵

첫점 지정 : 20, 20

다음 점 지정 또는 [명령 취소(U) : 140, 20

다음 점 지정 또는 [명령 취소(U) : 140, 180

다음 점 지정 또는 [닫기(C)/ 취소(U)] : 20, 180

다음 점 지정 또는 [닫기(C)/ 취소(U)] : C

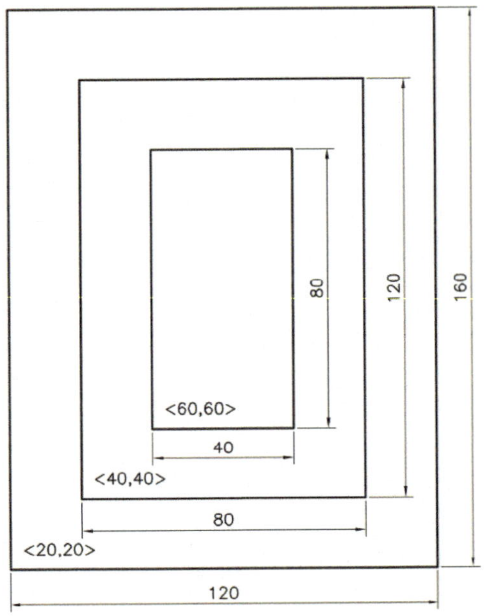

04 **두 번째 사각형 그리기** : 상대 좌표 연습

명령 : Enter↵

LINE 첫점 지정 : 40, 40

다음 점 지정 또는 [명령 취소(U) : @80<0

다음 점 지정 또는 [명령 취소(U) : @0, 120

다음 점 지정 또는 [닫기(C)/ 취소(U)] : @−80, 0

다음 점 지정 또는 [닫기(C)/ 취소(U)] : C

05 **세 번째 사각형 그리기** : 자동 좌표 연습

명령 : Enter↵

LINE 첫점 지정 : 60, 60

다음 점 지정 또는 [명령 취소(U) : F8 〈직교 켜기〉 커서를 오른쪽으로 향하고 40

다음 점 지정 또는 [명령 취소(U) : 커서를 윗쪽으로 향하고 80

다음 점 지정 또는 [닫기(C)/ 취소(U)] : 커서를 왼쪽으로 향하고 40

다음 점 지정 또는 [닫기(C)/ 취소(U)] : 커서를 아랫쪽으로 향하고 80

다음 점 지정 또는 [닫기(C)/ 취소(U)] : 마우스 우클릭

06 네 번째 사각형 그리기 : 자동 좌표 연습

명령 : L Enter↵
LINE 첫점 지정 : 160, 20
다음 점 지정 또는 [명령 취소(U) :
커서를 오른쪽으로 향하고 120
다음 점 지정 또는 [명령 취소(U) :
커서를 윗쪽으로 향하고 160
다음 점 지정 또는 [닫기(C)/ 취소(U)] :
커서를 왼쪽으로 향하고 120
다음 점 지정 또는 [닫기(C)/ 취소(U)] : C

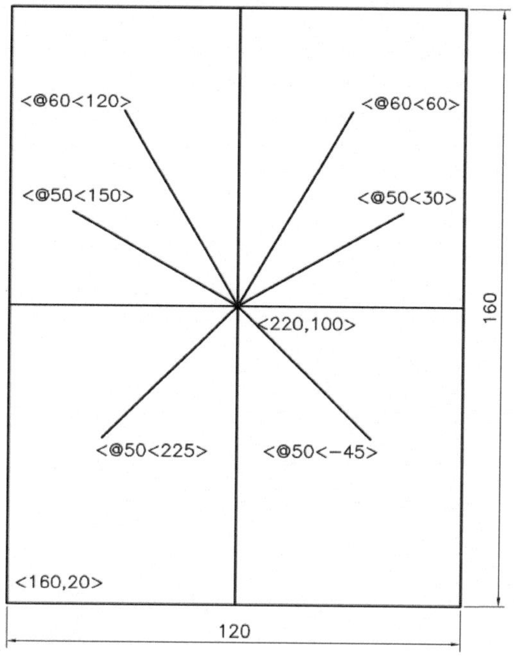

07 상대 극좌표 연습

명령 : Enter↵
LINE 첫점 지정 :
사각형의 가운데 점 220, 100
다음 점 지정 또는 [명령 취소(U) : @60<0
다음 점 지정 또는 [명령 취소(U) : Enter↵

명령 : Enter↵
LINE 첫점 지정 : 220, 100
다음 점 지정 또는 [명령 취소(U) : @50<30
다음 점 지정 또는 [명령 취소(U) : Enter↵

명령 : Enter↵
LINE 첫점 지정 : 220, 100
다음 점 지정 또는 [명령 취소(U) : @60<60
다음 점 지정 또는 [명령 취소(U) : Enter↵

명령 : Enter↵
LINE 첫점 지정 : 220, 100
다음 점 지정 또는 [명령 취소(U) : @80<90
다음 점 지정 또는 [명령 취소(U) : Enter↵

명령 : Enter↵
LINE 첫점 지정 : 220, 100
다음 점 지정 또는 [명령 취소(U) : @60<120
다음 점 지정 또는 [명령 취소(U) : Enter↵

명령 : Enter↵
LINE 첫점 지정 : 220, 100
다음 점 지정 또는 [명령 취소(U) : @50<150
다음 점 지정 또는 [명령 취소(U) : Enter↵

명령 : Enter↵
LINE 첫점 지정 : 220, 100
다음 점 지정 또는 [명령 취소(U) : @60<180
다음 점 지정 또는 [명령 취소(U) : Enter↵

명령 : Enter↵
LINE 첫점 지정 : 220, 100
다음 점 지정 또는 [명령 취소(U) : @50<225
다음 점 지정 또는 [명령 취소(U) : Enter↵

명령 : Enter↵
LINE 첫점 지정 : 220, 100
다음 점 지정 또는 [명령 취소(U) : @80<-90
다음 점 지정 또는 [명령 취소(U) : Enter↵

명령 : Enter↵
LINE 첫점 지정 : 220, 100
다음 점 지정 또는 [명령 취소(U) : @50<-45
다음 점 지정 또는 [명령 취소(U) : Enter↵

명령 : saveas Enter↵

08 파일명을 01-좌표연습.dwg로 저장한다.
(파일 관리가 용이하도록 도면수-도면내용.dwg로 저장한다.)

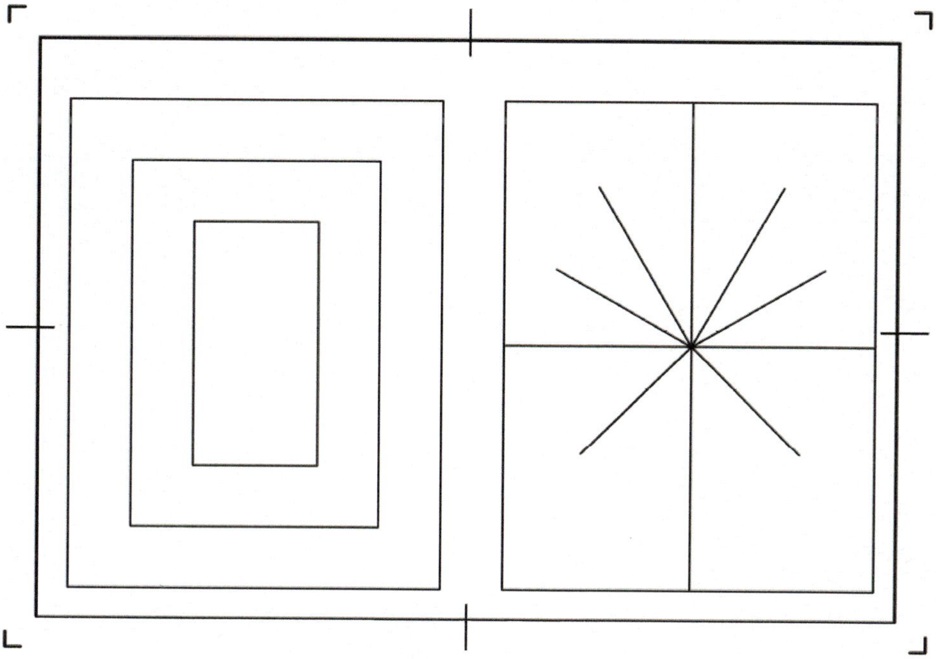

그림 완성 도면

CHAPTER 03

파일 관련 및 그리드, 스냅

학습목표

- 도면 관리를 위해 파일을 저장, 새로 만들기, 열기를 수행할 수 있다.
- 도면 작도에 필요한 그리드, 스냅 명령을 설정할 수 있다.
- 도면 작도에 필요한 보조 명령을 설정할 수 있다.

1 파일 관리 명령

캐드에서 도면은 파일 단위로 사용되며 파일 열기, 파일 저장, 다른 이름으로 도면 저장 그리고 새 도면 부르기 등에 필요한 기능을 설명한다.

(1) SAVE 명령

현재 도면을 파일 단위로 저장하는 명령
SAVE 명령 이외에 SAVEAS, QSAVE 명령을 설명한다.

표준 메뉴에서 저장(Save)을 선택

명령 : SAVE Enter↵

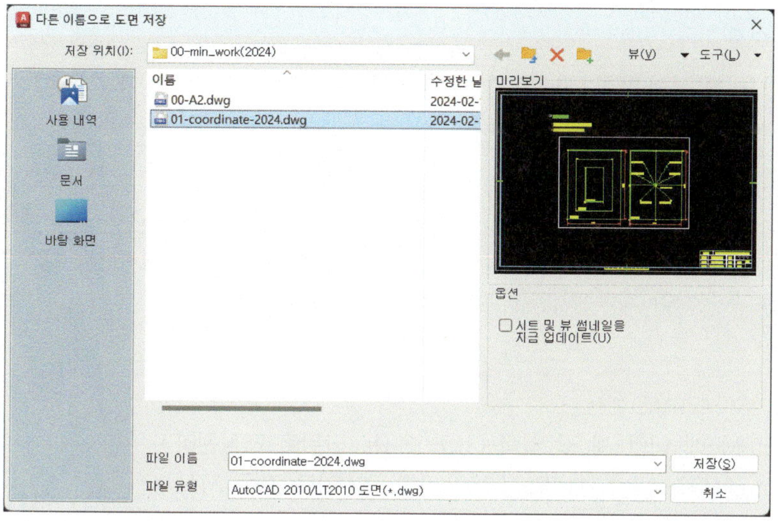

파일 이름(N)

파일 이름란에 파일명을 입력하고 저장을 클릭하면 현재 도면이 확장자 "*.dwg" 로 저장된다.(단, 저장할 도면은 관리 차원에서 이미 만들어 놓은 폴더에 저장하고 파일명은 현재 도면의 내용, 즉 도명(Title)이나 도번(Drawing number)으로 저장하는 것이 파일을 관리하는데 편리하다.)

파일 유형(t)

캐드 버전의 확장자를 선택하는 것으로 이전 버전에서 OPEN 하기 위해서는 그 버전의 알맞은 확장자를 선택하거나 파일 표준화의 하나인 DXF를 선택할 수 있다.

(1) SAVEAS 명령

현재 파일명과 관계없이 다른 이름으로 도면 저장하는 명령

표준 메뉴에서 다른 이름으로 도면 저장(Save_AS) 선택

명령 : SAVEAS Enter↵

대화 상자는 앞에서 설명한 SAVE 명령과 같은 대화 상자가 나타난다.

(2) QSAVE 명령

저장할 파일명을 입력하지 않고 현재 파일 이름으로 대화상자 없이 저장

명령 : QSave Enter↵

> 자동 저장 기능으로 미리 2분 정도를 설정하면 혹시 예기치 않은 일이 발생하여 다운됐을 때 현재 상태로 복구하여 계속 작업을 할 수 있다.

명령: SAVETIME Enter↵
SAVETIME에 대한 새 값 입력 〈10〉: 2 (분 단위로 저장된다.)
C:₩cad₩00-A2_1_11585_7283dad0.sv$(으)로 자동 저장 ...

자동 저장 폴더를 옵션(Option)에서 사용자 폴더로 지정할 수 있고 자동 저장된(*.sv$) 파일명과 확장자를 이름 바꾸기를 통해서"파일명.dwg"로 변경하면 OPEN이 가능하다.

(2) NEW 명령

새로운 도면 만들기 명령

표준 메뉴에서 새로 만들기 선택

명령 : NEW Enter↵

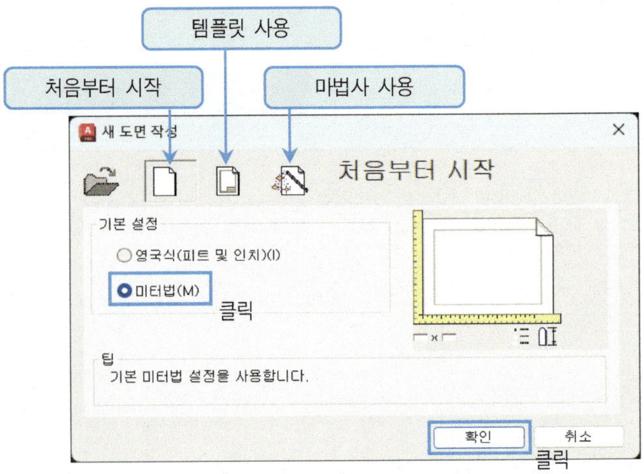

명령 : startup
STARTUP에 대한 새 값 입력 〈3〉: 1
startup "1" 일 때 AutoCAD 처음 시작할 때와 NEW 명령을 실행하면 아래와 같은 창이 나타난다.

처음부터 시작

영국식(피트 및 인치) : 피트와 인치의 도면 환경
미터법 : 미터법의 도면 환경

템플릿 사용

이미 설정된 도면 양식(*.dwt)을 불러 새로운 도면 작성을 하는 기능

마법사 사용

설정 마법사를 이용하여 단위 및 정밀도 등을 설정하면서 새로운 도면을 열기 기능

우리나라는 미터법을 표준 길이로 사용하기에 미터법(Metric) 선택, 확인 버튼을 클릭한다.

(3) OPEN 명령

이미 저장된 도면 열기 명령

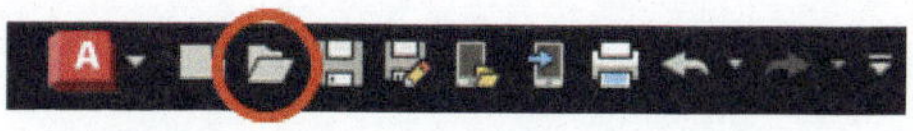

표준 메뉴에서 열기(OPEN) 선택

명령 : OPEN Enter↵

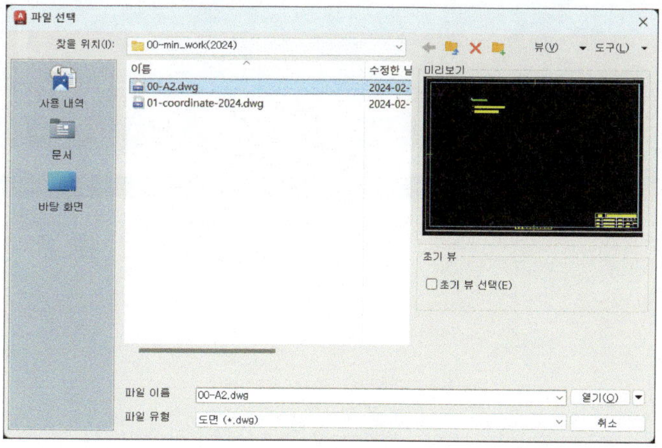

파일 이름(N)

파일 이름란에 열기 위한 파일명을 입력하거나 해당 폴더로 이동하여 파일을 직접 선택하고 열기 버튼을 클릭하면 도면 열기가 된다.

파일 유형(T)

이미 작성된 도면 양식 파일 즉, *.dwt을 열거나 파일 표준 형식 즉, *.dxf로 저장한 것을 선택하여 열기할 수 있다.

(4) 도면 다중 배치

OPEN 명령이나 NEW 명령으로 하나 이상의 도면을 열기 했을 때 도면 다중 배치 기능을 활용하여 서로 다른 도면의 객체들을 COPYCLIP 기능으로 편집이 가능하다.

리본 메뉴-뷰-인터페이스에서 “수평 배열”, “수직 배열”, “계단식 배열” 등으로 도면 윈도우를 배치한다.

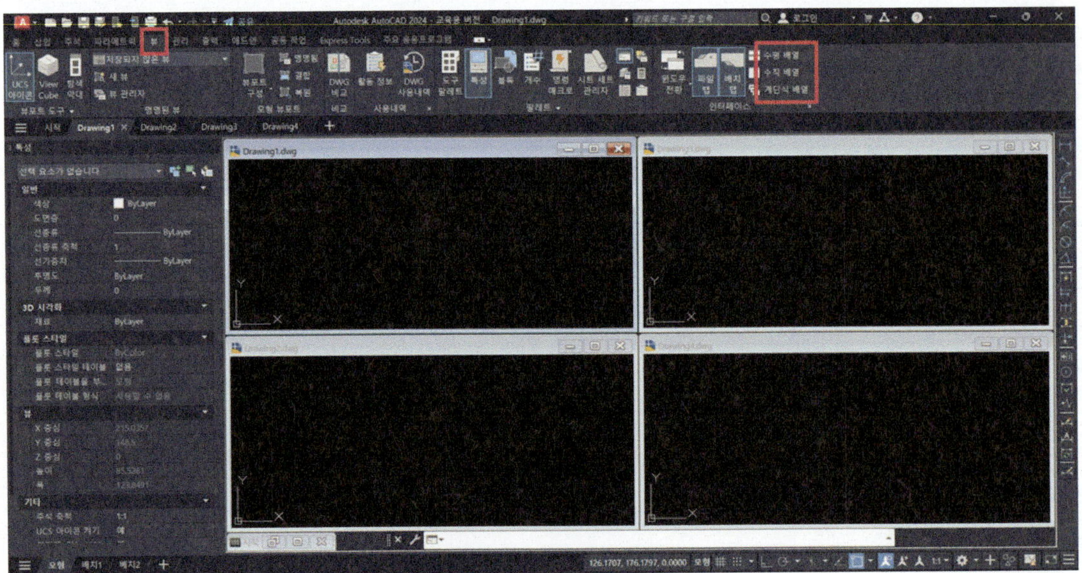

그림 도면 다중 배치

2 그리드 및 스냅 명령

(1) GRID 명령

화면에 모눈(격자점)을 사용하는 명령(모눈은 도면 출력(프린트)되지 않음)

> 명령 : GRID [Enter↵]
> 그리드 간격두기(X) 지정 또는 [켜기(ON)/끄기(OFF)/스냅(S)/주(M)/가변(D)/한계(L)/따름(F)/종횡비(A)] 〈10.0000〉:

그리드 간격두기(X)

지정된 값으로 모눈 설정(값 다음에 x를 입력하면 지정된 값에 스냅 간격을 곱한 값으로 모눈 간격이 설정됨)

켜기(ON)

지정된 간격으로 모눈 켜기

끄기(OFF)

모눈 끄기

스냅(S)

SNAP 명령으로 지정한 스냅 간격으로 모눈 간격 설정

주(M)

보조 모눈선과 비교한 주 모눈선의 빈도 지정(GRIDSTYLE "0" 모눈선일 때 사용)

가변(D)

줌 확대 또는 축소할 때 모눈선의 밀도 조정
가변 동작 켜기 [예(Y)/아니오(N)] 〈예〉: Y 또는 N [Enter↵]

한계(L)

LIMITS 명령이 지정한 영역을 초과하여 모눈 표시

따름(F)

동적 UCS의 XY 평면을 따르도록 모눈 평면 변경(이 설정값은 또한 GRIDDISPLAY 시스템 변수에 의해 영향을 받음)

종횡비(A)

모눈 간격을 X 및 Y 방향으로 각각 변경

• 수평 간격두기(X) 지정 〈현재〉 : ⇨ 값을 입력하거나 Enter↵

• 수직 간격두기(Y) 지정 〈현재〉 : ⇨ 값을 입력하거나 Enter↵

어느 한쪽 값 다음에 x를 입력하면 도면 단위가 아닌 스냅 간격의 배수로 정의된다.
현재 스냅 스타일이 등각투영이면 종횡비 옵션을 사용할 수 없다.

> 기능키 F7이 그리드 ON/OFF가 됨(Ddrmodes 명령으로도 그리드의 내용을 변경할 수 있음)

(2) SNAP 또는 SN(단축명령)

크로스헤어(십자선)의 이동 간격 조절 등 스냅 제어 명령

명령 : SN Enter↵
스냅 간격두기 지정 또는 [켜기(ON)/끄기(OFF)/종횡비(A)/기존(L)/스타일(S)/유형(T)] 〈10.0000〉:

스냅 간격두기 지정

스냅 간격값을 지정하며 스냅 모드로 변경됨

켜기(ON)

스냅 간격으로 스냅 모드 켜기

끄기(OFF)

스냅 모드 끄지만 현재 설정값 유지

종횡비(A)

X와 Y 방향의 간격을 다르게 지정(스냅 스타일이 등각투영이면 사용할 수 없음)

기존(L)

항상 그리드로 스냅에 대한 기존 동작 유지

스타일(S)

스냅 모눈의 형식, 즉 표준 또는 등각 선택

스냅 그리드 스타일 입력 [표준(S)/등각투영(I)] 〈S〉: ⇨ S 또는 I Enter↵(표준모드/등각모드)

유형(T)

스냅 유형을 원형 또는 직사각형으로 지정(SNAPTYPE 시스템 변수에 의해 조정됨)

스냅 유형 입력 [원형(P)/그리드(G)] 〈극좌표〉:

- 원형(P) : 스냅을 POLARANG 시스템 변수에서 설정되는 극좌표 추적 각도 설정
- 그리드(G) : 스냅을 모눈으로 설정(점을 지정하면 커서가 수직 또는 수평 모눈점을 따라 스냅이 됨)

> 기능키 F9가 스냅 ON/OFF가 됨(Ddrmodes 명령으로도 스냅 내용을 변경할 수 있음)

(3) DDRMODES 명령

Snap, Grid 등 특성을 변경하는 제도 설정 대화 상자가 표시되는 명령

명령 : DDRMODES Enter↵

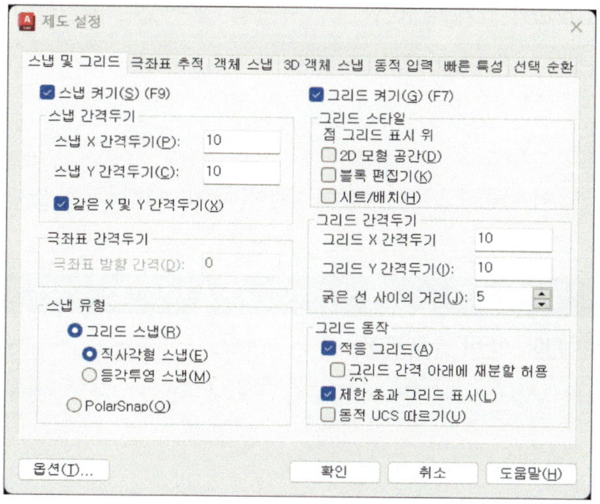

그림 DDRMODES

스냅 및 그리드

크로스헤어의 움직임을 제어하는 Snap 기능 및 화면에 표시되는 모눈 Grid의 각 기능을 설정

3 Function Key 정리

키보드 상단에 있는 기능키는 도면 작업 할 때 유용하게 활용되는 기능들로 아래와 같이 구성되어 있다.

F1	_help KEY	도움말 항목
F2	Graphic/text mode Toggle KEY	도면 영역/텍스트 영역 전환
F3	Osnap on/off Toggle KEY	객체의 속성 점 선택 기능 켜기/끄기
F4	3D Osnap on/off Toggle KEY	3D객체의 속성 점 선택 기능 켜기/끄기
F5	Isoplane Left/Top/Right Toggle KEY	등각모드(좌측/위/오른쪽) 전환
F6	Dynamic UCS on/off Toggle KEY	동적 UCS 모드 켜기/끄기
F7	Grid on/off Toggle KEY	격자점 사용 켜기/끄기
F8	Ortho on/off Toggle KEY	직교모드 사용 켜기/끄기
F9	Snap on/off Toggle KEY	십자선 이동 모드 켜기/끄기
F10	Polar on/off Toggle KEY	극좌표 추적 기능 켜기/끄기
F11	Object Snap Tracking on/off Toggle KEY	객체의 속성점 표시(+) 점 추적기능 켜기/끄기
F12	Dynamic input on/off Toggle KEY	동적 입력 모드 켜기/끄기

(1) 상태 라인

화면 구성 하단에 있는 아이콘으로 마우스로 클릭하여 켜기/끄기를 제어한다.

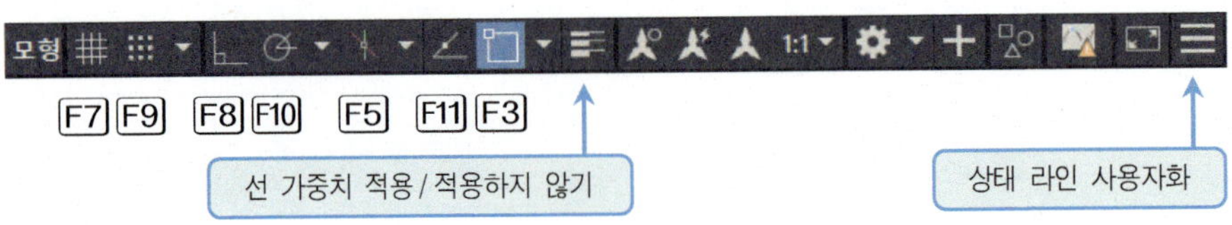

4 도면 작업에 유용한 기본 변수들

(1) HIGHLIGHT 명령

편집이나 변환 명령"객체 선택 : "에서 객체를 선택할 때 객체 강조 표시를 조정한다.

명령 : HIGHLIGHT Enter↵
HIGHLIGHT에 대한 새 값 입력 〈1〉:

1

객체 선택 강조 표시 켜기

0

객체 선택 강조 표시 끄기

HIGHLIGHT의 기본값이 1 이므로 그대로 사용하는 것이 편리하다.

(2) DRAGMODE 명령

편집이나 변환 명령으로 객체를 선택하고 드래그(끌기)할 때 그려지기 전에 투영 모드를 제어한다.

명령 : DRAGMODE Enter↵
새 값 입력 [켜기(ON)/끄기(OFF)/자동(A)] 〈자동〉:

켜기(ON)

드래그 투영 모드 켜기

끄기(OFF)

드래그 투영 모드 끄기

자동(A)

드래그를 사용할 수 있는 모든 명령에 대해서 투영 모드를 자동으로 제어함

DRAGMODE의 기본 값이 Auto이므로 그대로 사용하는 것이 편리하다.

▌과제도면 그리기

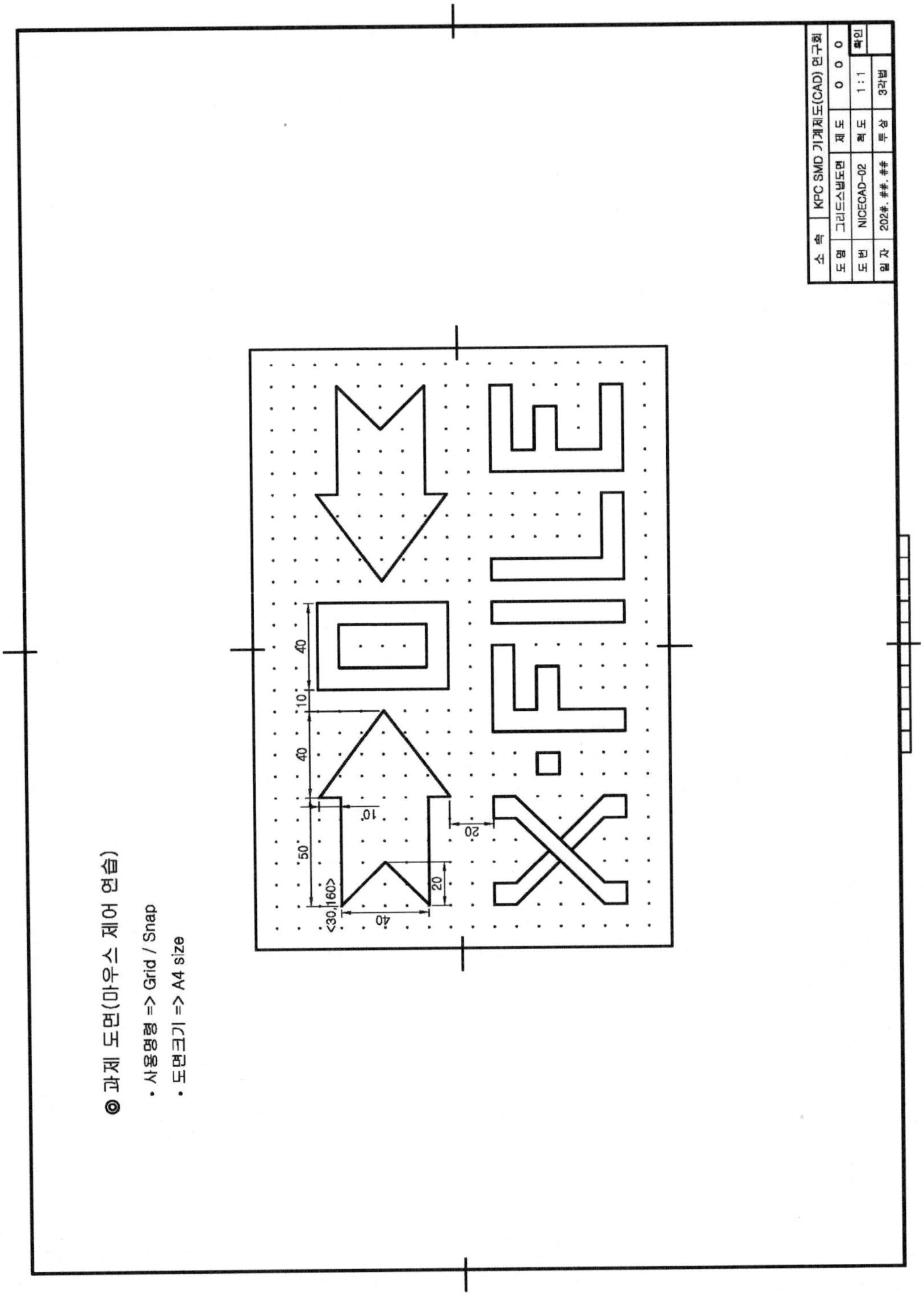

◎ 과제 도면(마우스 제어 연습)
• 사용명령 => Grid / Snap
• 도면크기 => A4 size
소 속
KPC SMD 기계제도(CAD) 연구회
도 명
그리드스냅도면
제 도
○ ○ ○
도 번
NICECAD-02
척 도
1 : 1
확인
일 자
202#. ##. ##
투 상
3각법
40
10
40
50
10
20
20
40
<30,160>

01 도면 크기를 A4 사이즈를 만든다.

02 테두리선과 중심마크를 그린다.

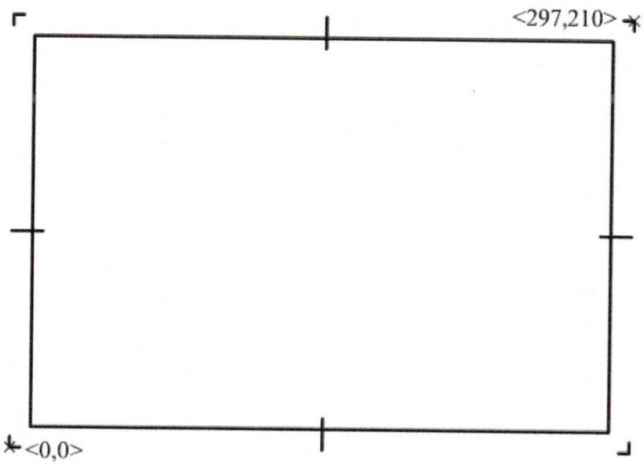

03 명령 : GRID Enter↵

그리드 간격두기(X) 지정 또는 [켜기(ON)/끄기(OFF)/스냅(S)/주(M)/가변(D)/한계(L)/따름(F)/종횡비(A)]
〈10.0000〉: 10 ⇨ 10mm 입력

04 명령 : SNAP Enter↵

스냅 간격두기 지정 또는 [켜기(ON)/끄기(OFF)/종횡비(A)/기존(L)/스타일(S)/유형(T)]
〈10.0000〉: 10 ⇨ 10mm 입력

05 GRID, SNAP 명령을 사용하여 마우스 왼쪽 버튼으로 점을 선택하면서 그리는 방법이다.

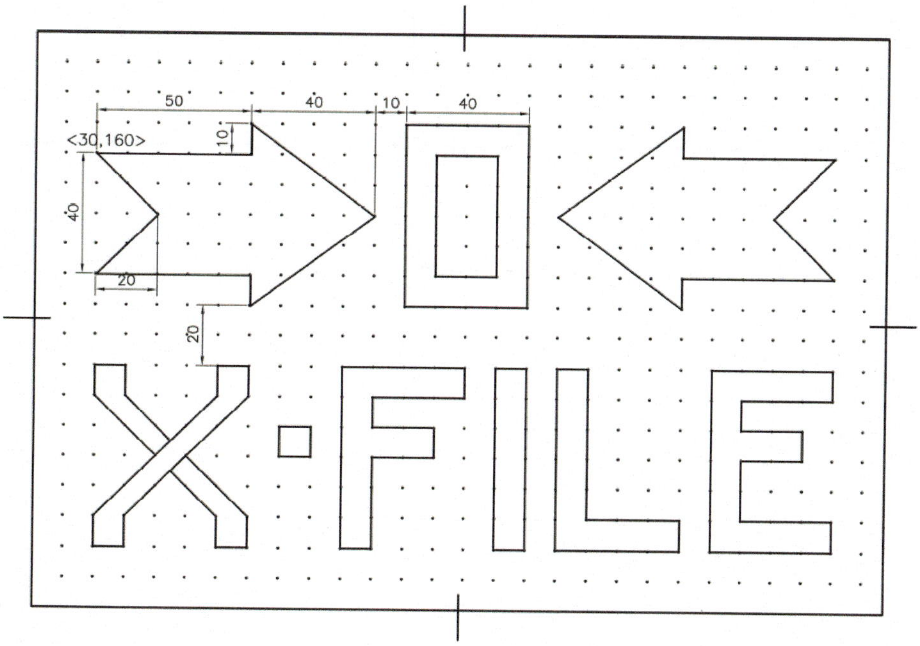

06 마우스 제어 연습 도면 그리기

명령 : L Enter↵

LINE Specify first point : 30, 160

Specify next point or [Undo] : 윗 그림에서 모눈의 수를 세어 점을 선택한다.

07 파일명을 02-그리드스냅.dwg로 저장한다.

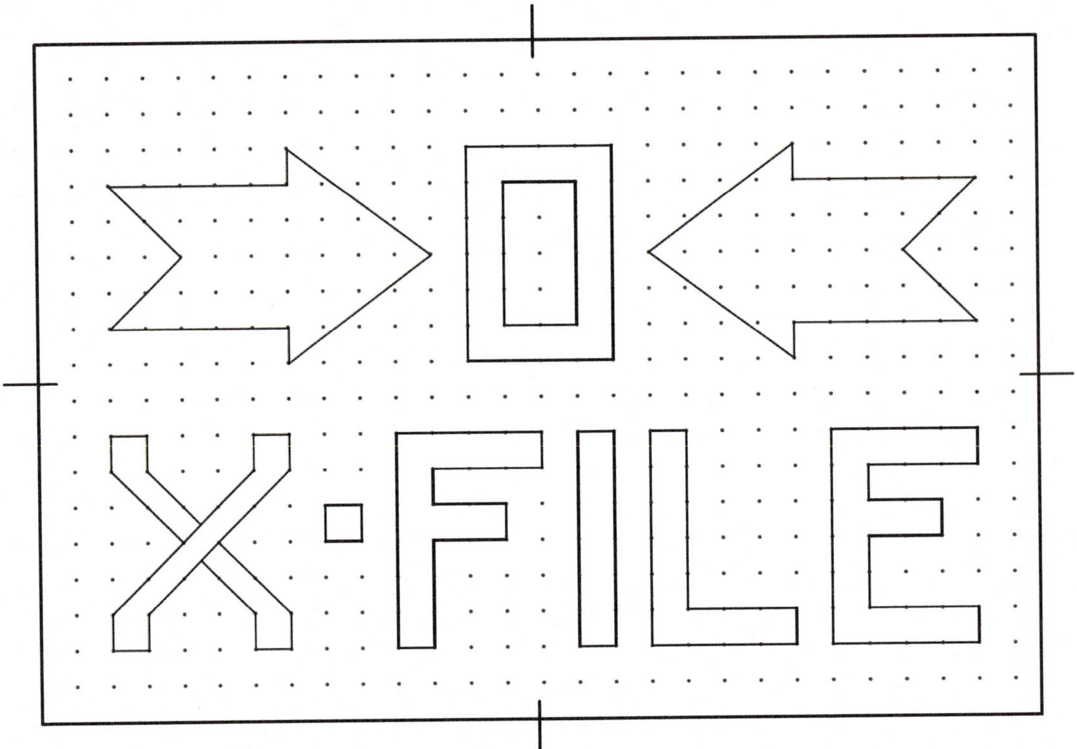

그림 완성 도면

CHAPTER 04

원 그리기, 객체 스냅 이용하기 및 빈도수 높은 명령들

학습목표

- 도형 작도 명령을 이용하여 원 요소를 작도할 수 있다.
- 객체 스냅 기능을 설정하고 활용할 수 있다.
- 도면 작도에 빈도수 높은 간격띄우기, 자르기, 연장 명령을 사용할 수 있다.

1 원 그리기 및 객체 스냅 기능

(1) CIRCLE 또는 C(단축명령)

원 그리는 명령

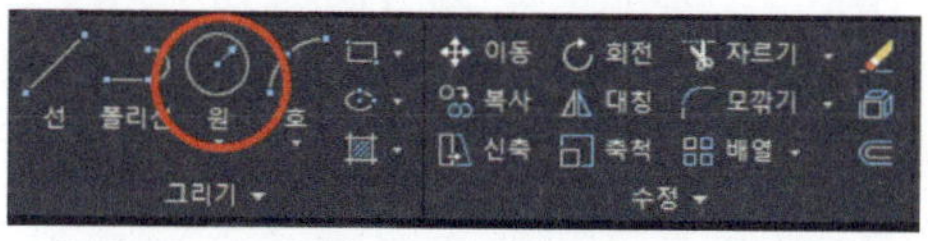

리본 메뉴–홈–그리기에서 원(Circle) 선택

우측에 보이는 보조 메뉴와 같이 6가지 경우로 원을 그릴 수 있다.

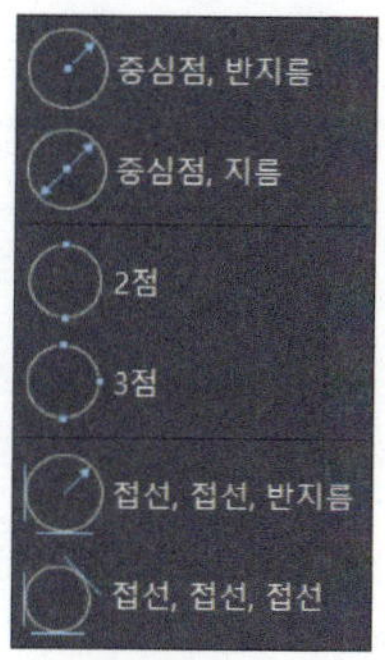

명령 : C 또는 CIRCLE Enter↵

원에 대한 중심점 지정 또는 [3점(3P)/2점(2P)/Ttr – 접선 접선 반지름(T)]:

⇨ 중심점이나 선택사항 입력

원에 대한 중심점 지정

중심점(Center point)과 반지름(Radius) 또는 지름(Diameter)으로 원을 그린다.

- 원의 반지름 지정 또는 [지름(D)] : ⇨ 반지름 점 지정하거나, 반지름 값을 입력 또는 d를 입력하거나, Enter↵를 입력한다.
- [지름(D)]:Diameter : ⇨ 중심점으로부터 지름으로 원을 그린다.

그림 중심점, 반경(R)

그림 중심점, D, 직경(D)

3점(3P)

원주(Circumference)상의 세 점으로 원을 그린다. 보통 접점(tan_p)을 많이 사용한다.

- 원 위의 첫 번째 점 지정: ⇨ 객체의 첫 점 지정
- 원 위의 두 번째 점 지정: ⇨ 객체의 두 점 지정
- 원 위의 세 번째 점 지정: ⇨ 객체의 세 점 지정

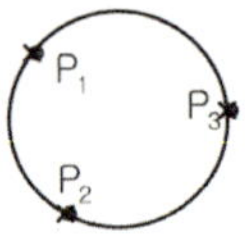

그림 3점 위의 원

2점(2P)

지름의 양 끝점으로 원을 그린다. 주로 선분의 양 끝점을 이용하거나 상대 극좌표가 많이 사용된다.

- 지름의 첫 번째 끝점을 지정: ⇨ 객체의 첫 점 지정
- 지름의 두 번째 끝점을 지정: ⇨ 객체의 두 점 지정하거나 상대 극좌표 점 입력

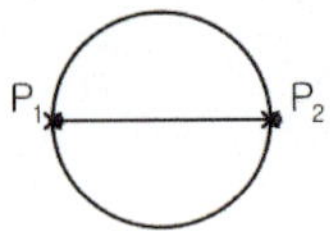

그림 2점의 원

Ttr – 접선 접선 반지름(T)

입력한 반지름으로 두 객체에 접하는 원을 그린다.

- 첫 번째 접점에 대한 객체위의 점 지정: ⇨ 첫 번째 객체의 근접점 선택
- 두 번째 접점에 대한 객체위의 점 지정: ⇨ 두 번째 객체의 근접점 선택
- 원의 반지름 지정 〈25〉: ⇨ 반지름 값 입력

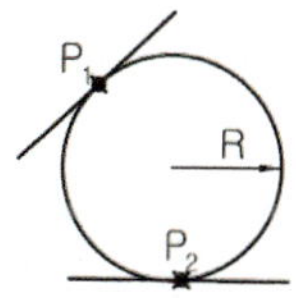

그림 TTR의 원

(2) 객체 스냅 기능

객체의 정확한 속성점 찾아 연결하기 위한 기능

① OSNAP 기능을 세 자씩 키보드로 입력
[예] END, CEN, INT 등등

② OSNAP 버튼 메뉴 사용
좌측 shift+마우스 오른쪽버튼

③ OSNAP 명령으로 미리 설정 후 사용
자주 사용되면서 겹치지 않는 것을 미리 설정한다. 예를 들면 END, CEN, INT, INS 등을 미리 설정하여 사용하면 편리하다.

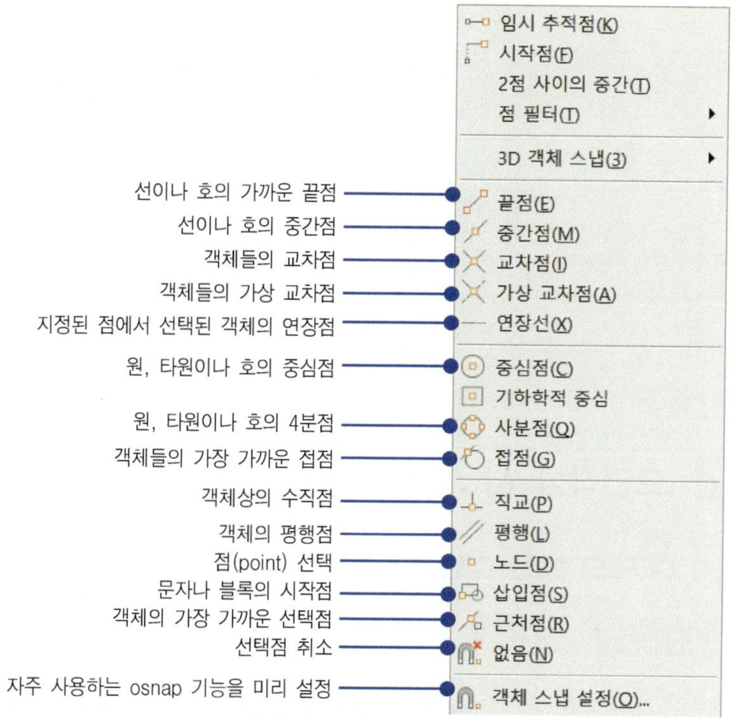

(3) OSNAP 또는 OS(단축명령)

미리 객체들의 속성점을 설정하기 위한 명령

명령 : OS 또는 OSNAP Enter↵

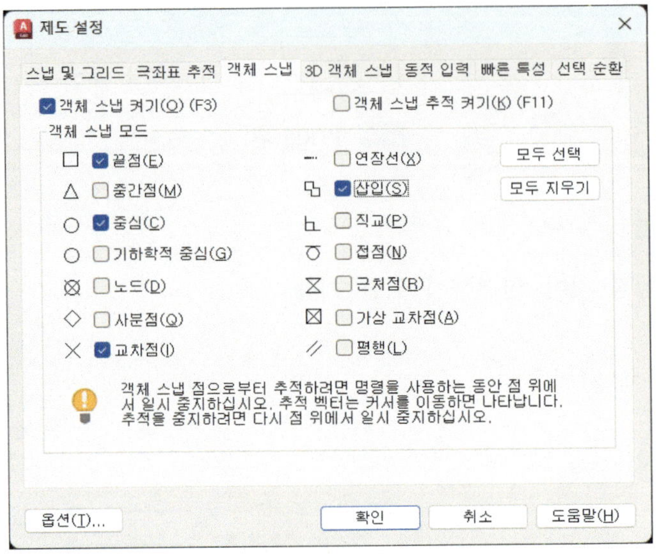

그림 OSNAP

2 도면작성 시 사용 빈도수 높은 명령들

(1) OFFSET 또는 O(단축명령)

옵셋값 만큼 나란하게 복사하는 명령

리본 메뉴–홈–수정에서 간격띄우기 선택

명령 : O 또는 OFFSET Enter↵
현재 설정: 원본 지우기=아니오 도면층=원본 OFFSETGAPTYPE=0
간격띄우기 거리 지정 또는 [통과점(T)/지우기(E)/도면층(L)] 〈1.0000〉: ⇨ 옵셋값 지정
간격띄우기할 객체 선택 또는 [종료(E)/명령 취소(U)] 〈종료〉: ⇨ 나란히 복사할 객체 선택
간격띄우기할 면의 점 지정 또는 [종료(E)/다중(M)/명령 취소(U)] 〈종료〉:

• 종료(E) : E나 Enter↵로 명령 종료
• 다중(M) : 다중 옵셋은 객체를 추가 선택 없이 옵셋 지점만으로 반복 옵셋 기능
• 명령 취소(U) : 이전에 옵셋한 것 취소

간격띄우기할 객체 선택 또는 [종료(E)/명령 취소(U)] 〈종료〉:
⇨ 나란히 옵셋할 객체 선택 또는 Enter↵(마우스 오른쪽 버튼)

위의 메시지가 계속 반복하므로 Enter↵로 종료한다. 중복 복사되지 않도록 주의가 필요하다.

간격띄우기 거리 지정

옵셋값을 지정하거나 옵션 입력(숫자, 두 점,' cal 등)

통과점(T)

마우스로 또는 좌표값으로 정한 점만큼 옵셋 실행

지우기(E)

옵셋하기 위해 선택한 객체를 삭제하여 나란하게 이동하는 기능
간격띄우기 거리 지정 또는 [통과점(T)/지우기(E)/도면층(L)] 〈5.0000〉: E
간격띄우기 후 원본 객체를 지우시겠습니까? [예(Y)/아니오(N)] 〈아니오〉: Y

도면층(L)

객체들의 현재 도면층 또는 선택한 객체의 도면층으로 옵셋
간격띄우기 거리 지정 또는 [통과점(T)/지우기(E)/도면층(L)] 〈5.0000〉: l
간격띄우기 객체의 도면층 옵션 입력 [현재(C)/원본(S)] 〈원본〉:
•현재(C) : 현재 도면층으로 옵셋
•원본(S) : 객체의 도면층에 옵셋

옵셋양 정의 방법

① 정수나 실수의 데이터값 입력
② 정수 나누기의 결과값 입력
③ 'CAL의 투영명령으로 사칙연산의 결과값 입력
④ 두 점의 거리값으로 입력
⑤ T〈Through〉로 임의의 거리값 정의

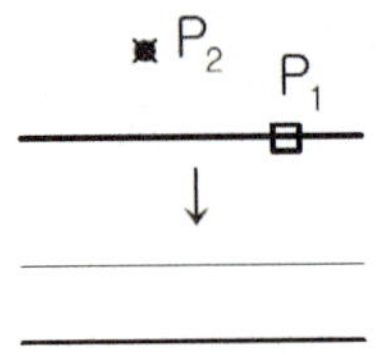

명령 : O
간격 지정... or [통과점(T)/...] 〈5.00〉 : 15
간격띄우기할 객체 선택 or [종료(E)/취소(U)] 〈종료〉 : P_1 선택
간격띄우기할 면 지정 : P_2 선택
간격띄우기할 객체 선택 or [종료(E)/취소(U)] 〈종료〉 : Enter↵

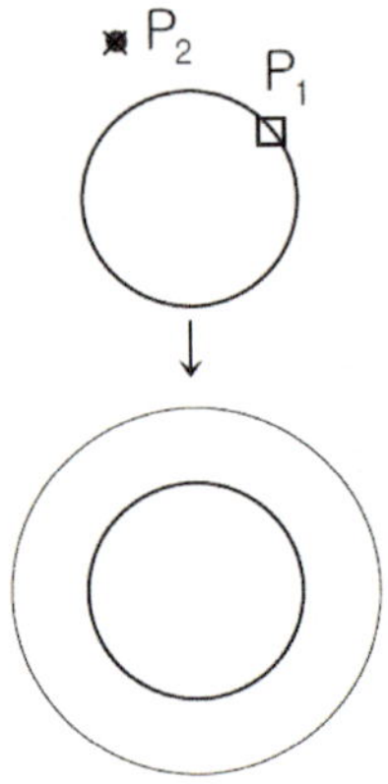

명령 : O
간격 지정... or [통과점(T)/...] 〈5.00〉 : 15
간격띄우기할 객체 선택 or [종료(E)/취소(U)] 〈종료〉 : P_1 선택
간격띄우기할 면 지정 : P_2 선택
간격띄우기할 객체 선택 or [종료(E)/취소(U)] 〈종료〉 : Enter↵

(2) TRIM 또는 TR(단축명령)

선택된 객체를 경계로 하여 잘라내는 명령

리본 메뉴–홈–수정에서 자르기 선택

명령 : TR 또는 TRIM Enter↵
현재 설정: 투영=UCS, 모서리=없음, 모드=표준
절단 모서리 선택 ...
객체 선택 또는 [모드(o)] 〈모두 선택〉: ⇨ 경계선 선택, 모드 o 선택, Enter(전체 선택) 선택
　객체 선택 또는 [모드(O)] 〈모두 선택〉: o
　　자르기 모드 옵션 입력 [빠른 작업(Q) /표준(S)] 〈표준(S)〉 s ⇨ 표준 선택
객체 선택 : ⇨ 더 이상 경계선 선택이 없으면 Enter↵로 진행
자를 객체 선택 또는 Shift 키를 누른 채 선택하여 연장 또는
[울타리(F)/걸치기(C)/프로젝트(P)/모서리(E)/지우기(R)/명령 취소(U)]:

⇨ 자를 객체 선택 또는 늘리려면 shift-선택, 옵션
자를 객체 선택 또는 Shift 키를 누른 채 선택하여 연장 또는
[울타리(F)/걸치기(C)/프로젝트(P)/모서리(E)/지우기(R)/명령 취소(U)]:
⇨ 더 이상 자를 객체가 없으면 Enter↵로 종료

자르기 모드 옵션 입력 [빠른 작업(Q) /표준(S)] 〈표준(S)〉

- 빠른 작업(Q) : 인접한 지점을 선택하여 끌기로 잘라내기를 하거나 삭제하는 모드
- 표준(S) : 먼저 경계를 선택하고 Enter↵ 키로 진행한 후 객체를 자르는 모드

자를 객체 선택 또는 Shift 키를 누른 채 선택하여 연장

자를 객체를 선택하거나 늘리려면 shift 누른 후 선택

울타리(F)

Highlight(점선)로 걸쳐진 객체들을 다중 선택하여 한꺼번에 자르기

걸치기(C)

Crossing(점선)창으로 걸쳐진 객체들을 다중 선택하여 한꺼번에 자르기

프로젝트(P)

객체를 자를 때 사용하는 투영 방법 지정
[[울타리(F)/걸치기(C)/프로젝트(P)/모서리(E)/지우기(R)/명령 취소(U)]: P
투영 옵션 입력 [없음(N)/UCS(U)/뷰(V)] 〈UCS〉:

- 없음(N) : 투영 없음으로 지정
  이 명령은 3D 공간에서 자를 객체와 교차하는 객체만을 자름
- UCS(U) : 현재 UCS의 XY 평면에 투영을 지정
  이 명령은 3D 공간에서 자를 객체와 교차하지 않는 객체도 자름
- 뷰(V) : 현재 뷰 방향을 따라 투영하도록 지정
  이 명령은 현재 뷰의 경계와 교차하는 객체를 자름

모서리(E)

객체를 다른 객체들과 걸쳐진 상태에서 자를지 아니면 걸쳐지지 않은 상태에서도 자를지를 결정
[[울타리(F)/걸치기(C)/프로젝트(P)/모서리(E)/지우기(R)/명령 취소(U)]: E
모서리 연장 모드 입력 [연장(E)/연장 안함(N)] 〈연장 안함〉:

- 연장(E) : 걸쳐지지 않은 상태에서도 자를 수 있도록 경계선을 무한하게 연장
- 연장 안함(N) : 걸쳐져야 자르기가 됨

> 경계선의 연장 모드를 연장 안함으로 사용하는 것이 편리하다.

지우기(R)

선택한 객체를 삭제
이 옵션은 TRIM 명령을 종료하지 않고 불필요한 객체를 지우기 위한 편리한 방법을 제공함
[[울타리(F)/걸치기(C)/프로젝트(P)/모서리(E)/지우기(R)/명령 취소(U)]: R
지울 객체 선택 또는 〈종료〉: ⇨ 삭제할 객체 선택
지울 객체 선택: ⇨ 더 이상 선택할 것이 없으면 Enter↵

명령 취소(U)

가장 최근에 잘린 객체가 취소되어 다시 되돌려짐

자동 Crossing

걸쳐진 객체들을 한꺼번에 잘라내기가 가능

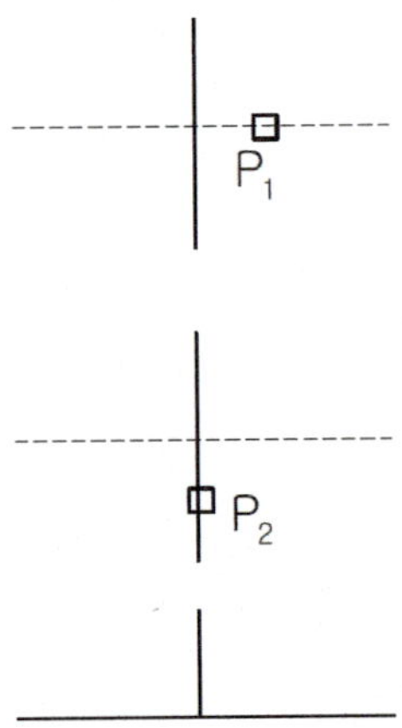

명령 : TR
객체 선택 or 〈모두 선택〉 : 경계선 선택(P_1)
객체 선택 : 마우스 우클릭으로 진행
[울타리(F)/.../명령 취소(U)]: 자를 부분(P_2) 선택
[울타리(F)/.../명령 취소(U)]: 마우스 우클릭으로 종료

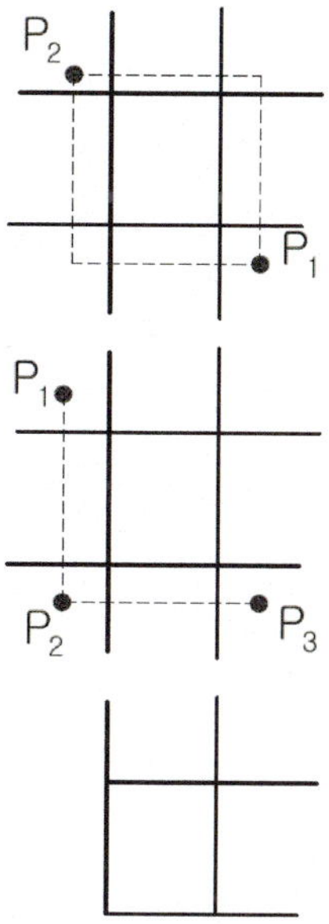

명령 : TR
객체 선택 or 〈모두 선택〉 : 경계선(P_1 , P_2) 선택
객체 선택 : 마우스 우클릭으로 진행
[울타리(F)/.../명령 취소(U)]: F Space Bar 선택
첫 번째 울타리 점 지정: 걸쳐질 부분에서 P_1 점 선택
다음 울타리 점 지정 또는 [명령 취소(U)]: P_2 점 선택
다음 울타리 점 지정 또는 [명령 취소(U)]: P_2 점 선택
다음 울타리 점 지정 또는 [명령 취소(U)]: P_3 점 선택
다음 울타리 점 지정 또는 [명령 취소(U)]: 마우스 우클릭
[울타리(F)/.../명령 취소(U)]: 마우스 우클릭으로 종료

(3) EXTEND 또는 EX(단축명령)

선택된 객체를 경계로 하여 연장하는 명령

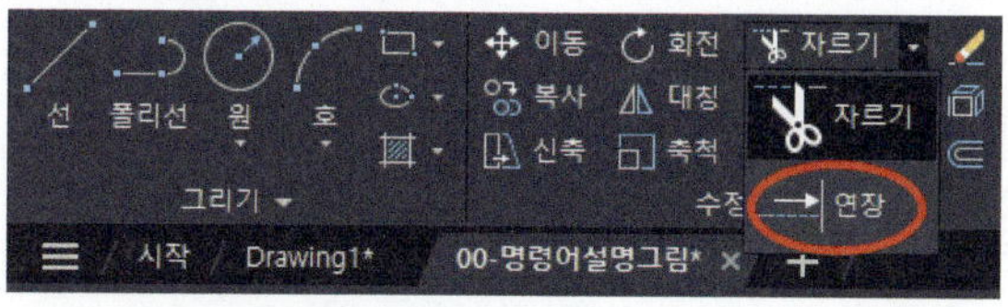

리본 메뉴–홈–수정–자르기_화살표에서 연장 선택

명령 : EX 또는 EXTEND Enter↵
현재 설정: 투영= UCS, 모서리=없음, 모드=빠른 작업
경계 모서리 선택...
객체 선택 또는 [모드(o)] 〈모두 선택〉: ⇨ 경계선 선택, 모드 o 선택, Enter↵(전체 선택) 선택
객체 선택 또는 [모드(O)] 〈모두 선택〉: o
연장 모드 옵션 입력 [빠른 작업(Q) /표준(S)] 〈표준(S)〉 s ⇨ 표준 선택
객체 선택 또는 〈모두 선택〉: ⇨ 경계선 선택
객체 선택: ⇨ 더 이상 경계선 선택이 없으면 Enter↵로 진행한다.
연장할 객체 선택 또는 Shift 키를 누른 채 선택하여 자르기 또는
[울타리(F)/걸치기(C)/프로젝트(P)/모서리(E)/명령 취소(U)]: 반대 구석 지정:
⇨ 연장할 객체 선택 또는 자르려면 shift–선택, 옵션

연장할 객체 선택 또는 Shift 키를 누른 채 선택하여 자르기 또는
[울타리(F)/걸치기(C)/프로젝트(P)/모서리(E)/명령 취소(U)]:
⇨ 더 이상 연장할 객체가 없으면 Enter↵(마우스 오른쪽 버튼)로 종료한다.

자르기 모드 옵션 입력 [빠른 작업(Q) /표준(S)] 〈표준(S)〉

- 빠른 작업(Q) : 인접한 지점을 선택하여 끌기로 연장하는 모드
- 표준(S) : 먼저 경계를 선택하고 Enter↵ 키로 진행한 후 객체를 연장하는 모드

연장할 객체 선택 또는 Shift 키를 누른 채 선택하여 자르기

연장할 객체를 선택하거나 잘라내려면 shift 누른 후 선택

울타리(F)

Highlight(점선)로 걸쳐진 객체들을 다중 선택하여 한꺼번에 연장

걸치기(C)

Crossing(점선)창으로 걸쳐진 객체들을 다중 선택하여 한꺼번에 연장

프로젝트(P)

객체를 연장할 때 사용하는 투영 방법을 지정
[울타리(F)/걸치기(C)/프로젝트(P)/모서리(E)/명령 취소(U)]: P
투영 옵션 입력 [없음(N)/UCS(U)/뷰(V)] 〈UCS〉:

- 없음(N) : 투영 없음으로 지정
  이 명령은 3D 공간에서 경계선과 닿는 객체만 연장
- UCS(U) : 현재 UCS의 XY 평면에 투영을 지정
  이 명령은 3D 공간에서 경계선과 닿지 않는 객체들도 연장
- 뷰(V) : 현재 뷰 방향을 따라 투영하도록 지정
  이 명령은 현재 뷰의 경계와 닿는 객체를 연장

모서리(E)

다른 객체들과 닿은 상태에서 연장할지 아니면 닿지 않은 상태에서도 연장할지를 결정
[울타리(F)/걸치기(C)/프로젝트(P)/모서리(E)/명령 취소(U)]: E
모서리 연장 모드 입력 [연장(E)/연장 안함(N)] 〈연장 안함〉:

- 연장(E) : 닿지 않은 상태에서도 연장할 수 있도록 경계선을 무한하게 연장
- 연장 안함(N) : 닿아야만 연장하기가 됨

> Trim 명령과 같이 경계선의 연장 모드는 연장 안함을 사용하는 것이 편리하다.

명령 취소(U)

가장 최근에 연장된 객체가 취소됨

자동 Crossing

짧은 여러 객체를 한꺼번에 연장

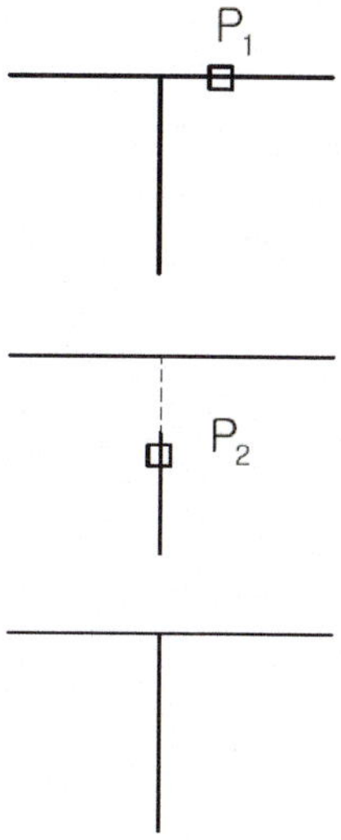

> 명령 : EX
> 객체 선택 or 〈모두 선택〉 : 경계선 선택(P_1)
> 객체 선택 : 마우스 우클릭으로 진행
> [울타리(F)/.../명령 취소(U)]: 연장할 부분(P_2) 가까운 쪽 선택
> [울타리(F)/.../명령 취소(U)]: 마우스 우클릭으로 종료

3 기본 도면 양식 만들기

■ 기본 도면 양식 만들기 순서

1. 도면 용지 크기 설정
2. 테두리선(윤곽선), 중심마크 마련하기
3. 표제란 마련하기
4. 표제란 문자 채워 넣기
5. 치수 기입 특성(Dim 변수) 설정하기
6. 도면층(LAyer) 설정 및 도면 양식 저장

(1) 도면 용지 크기(A2 size) 설정

☞ 사용 명령

① MVSETUP ⇨ N↵ M↵ 1↵ 594,420↵ (A2 size)

그림 A2 도면 용지

(2) 테두리선(윤곽선), 중심마크 마련하기

☞ 사용 명령(대문자는 단축명령)

① Offset ⇨ 틀 선 선택으로 간격 10과 5
② OSnap ⇨ 끝점, 중간점, 중심점, 교차점, 삽입점 설정
③ Line ⇨ 중간점으로 중심마크를 위한 십자선 그리기
④ TRim ⇨ 테두리선 경계로 잘라내어 중심마크 표시
⑤ Erase ⇨ 테두리선 및 중심마크 제외한 나머지 삭제
⑥ 색상 변경 ⇨ 테두리선(하늘색), 중심마크(초록색)

참고) 색상 변경 방법: 선 선택, 특성–색상 선택 후 Esc(적용)

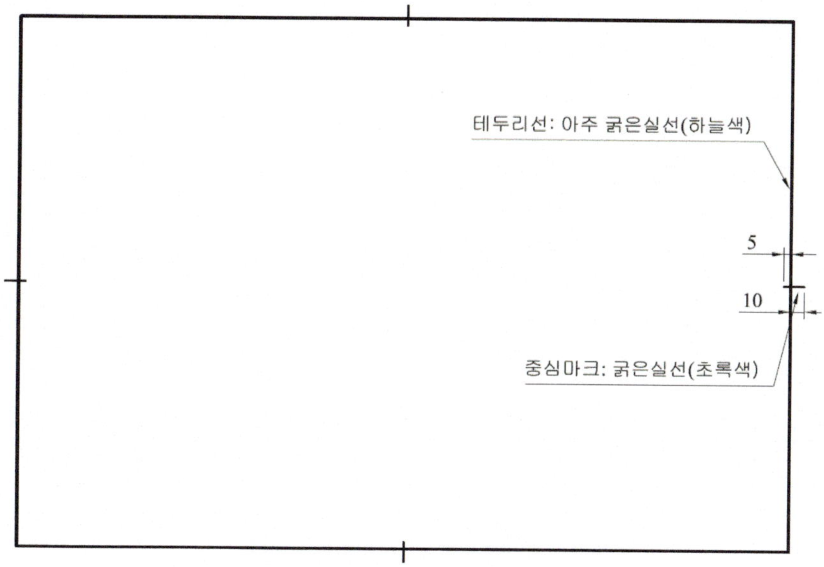

그림 테두리선 및 중심마크

(3) 표제란 마련하기

☞ 사용 명령

① eXplode ⇨ 테두리선 분해
② Offset ⇨ 테두리선으로 간격 120, 20, 40, 20, 10 mm 4번
③ TRim ⇨ 경계로 자르기 하여 표제란 양식 마련
④ 표제란 색상 변경 ⇨ 외곽은 굵은선(초록색), 내부는 가는선(빨간색)

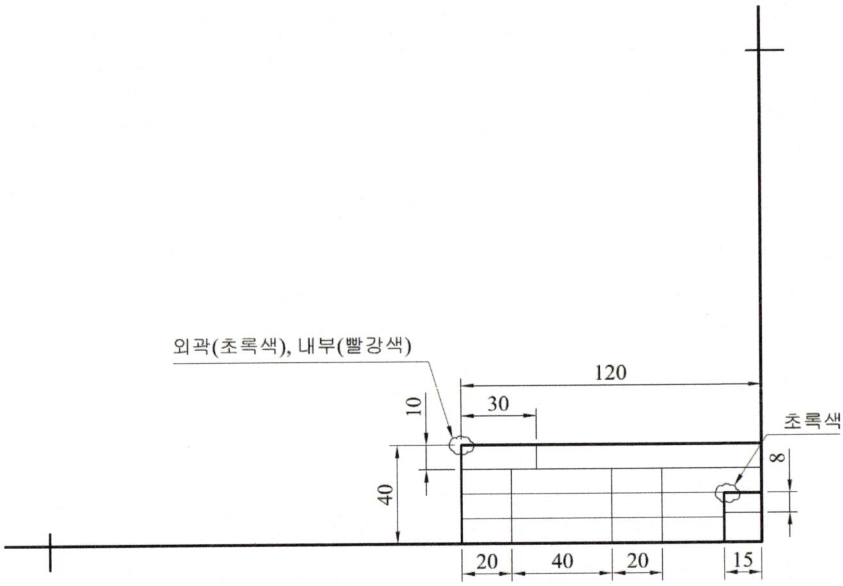

그림 표제란 양식

(4) 표제란 문자 채워 넣기

☞ 사용 명령

① Line ⇨ 교차점으로 대각선 그리기

② STyle ⇨

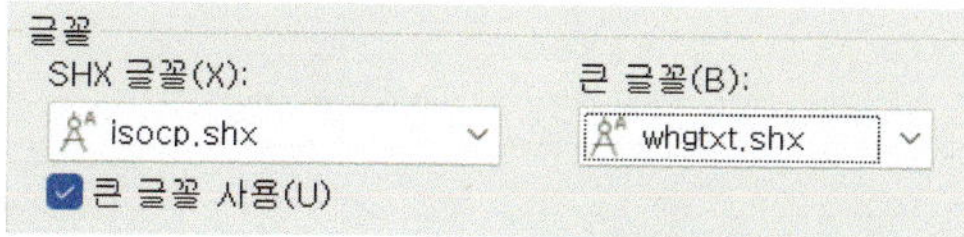

③ MText ⇨ 중간 중심, 크기 “4”, 초록색, 소　　속

⇨ 중간 중심, 크기 “3.5”, 노란색, 도 명

④ COpy ⇨ 대각선의 중간점을 기준점으로 문자 복사

⇨ 대각선의 끝점을 기준점으로 문자 복사

⑤ Erase ⇨ 대각선 삭제

⑥ textEDit ⇨ 표제란 각 항목의 내용 변경

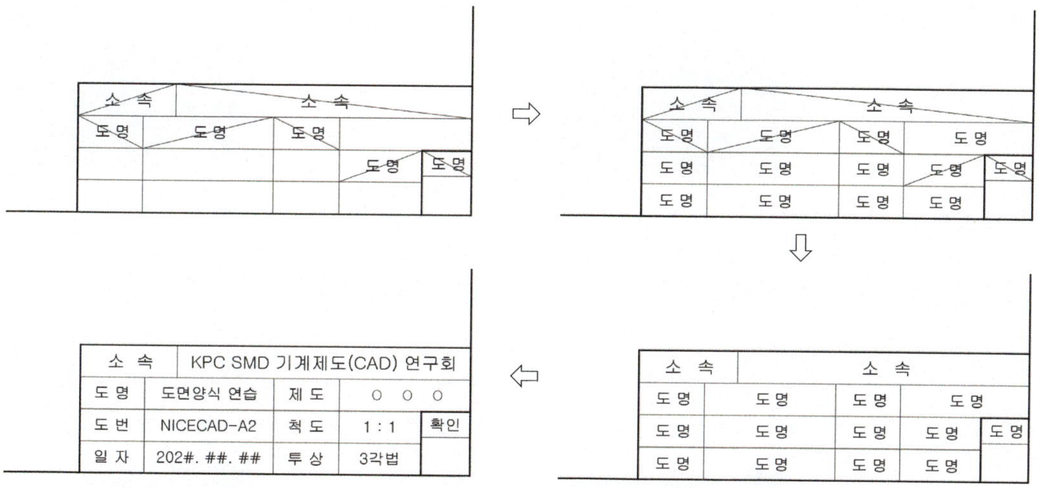

그림 표제란 양식 채우기

(5) 치수 기입 특성(Dim 변수) 설정하기

☞ 사용 명령

① Dim ⇨ ISO-25, 수정_클릭...

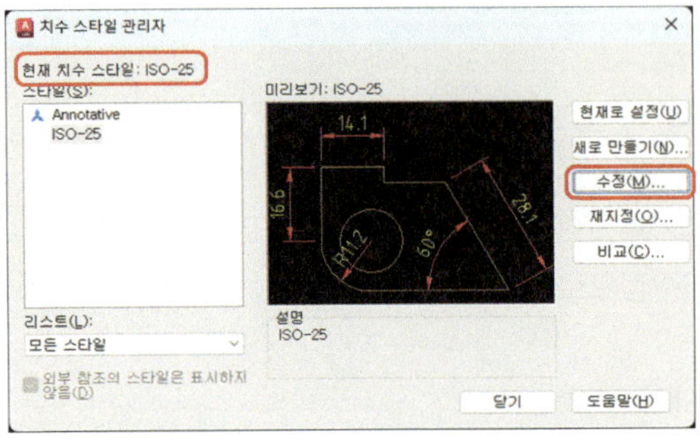

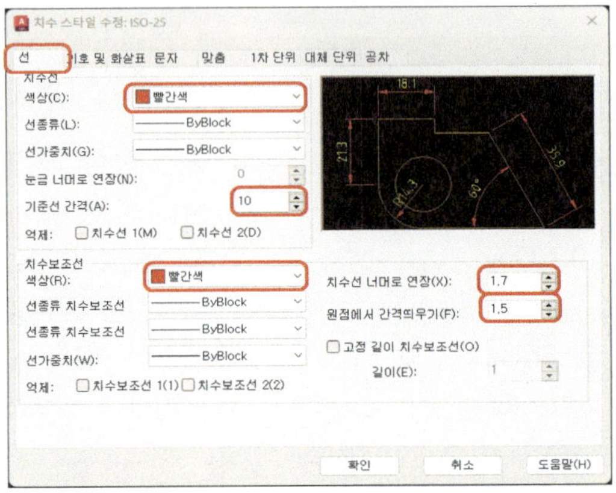

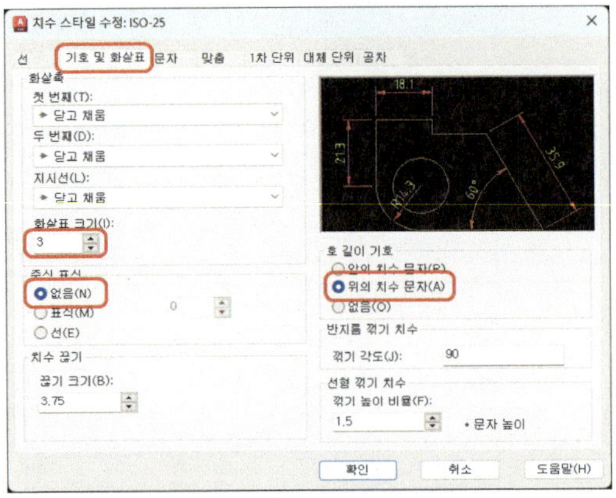

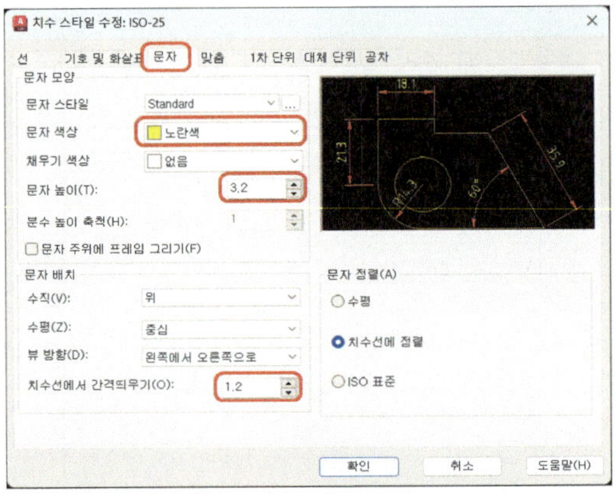

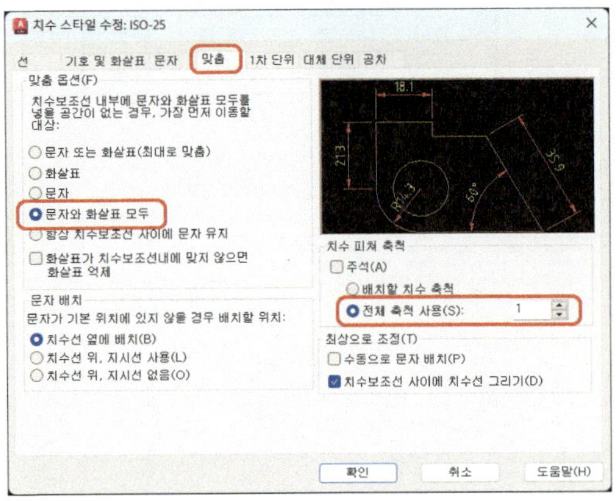

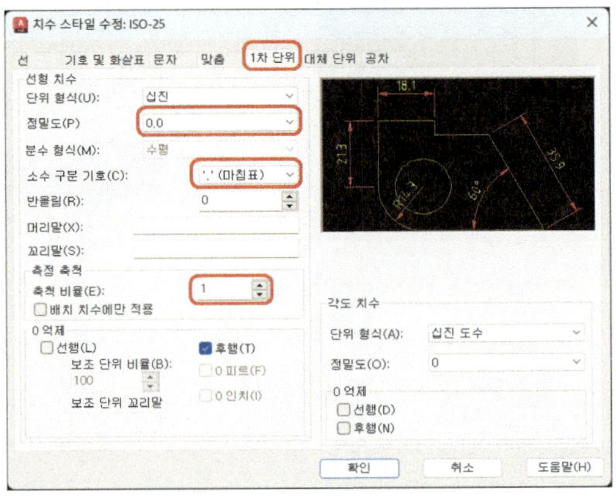

(6) 도면층(LAyer) 설정하기

☞ 사용 명령

① LAyer ⇨ 5개의 도면층을 생성하여 선 색상과 모양을 구분하여 설정

[권장] 0–기본색–실선(도면 양식으로 사용)

도면층1–빨간색–Center(중심선으로 사용)

도면층2–노란색–Hidden(숨은선으로 사용)

⇨ 현재 도면층, 도면층3–초록색–실선(외형선으로 사용)

도면층4–흰색–실선(가는 실선으로 사용)

도면층5–흰색–Phantom2(가상선으로 사용)

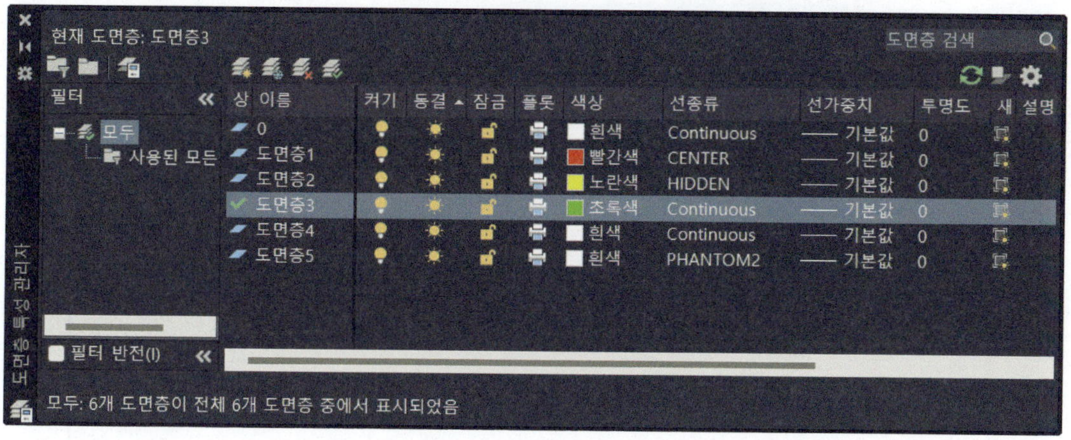

② LTScale ⇨ acadiso.lin" 파일은 0.3 정도가 선 모양 규격에 적당

(7) 도면 양식 관리하기

☞ 사용 명령

① Saveas ⇨ 도면 파일: A2.dwg, 도면 템플릿: A2.dwt 파일로 각각 저장

② NEW ⇨ A2.dwt 파일로 저장

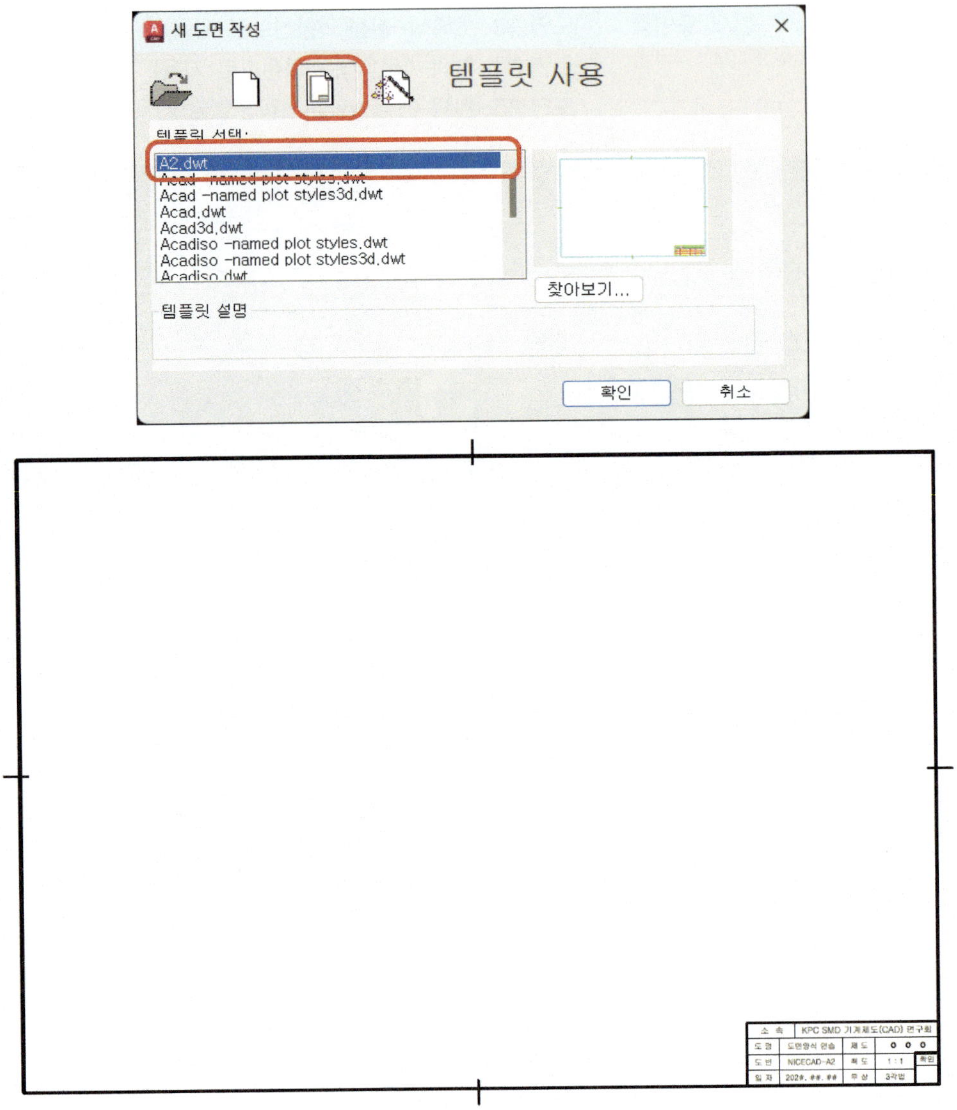

그림 도면 양식 완성

■ 과제 도면 그리기

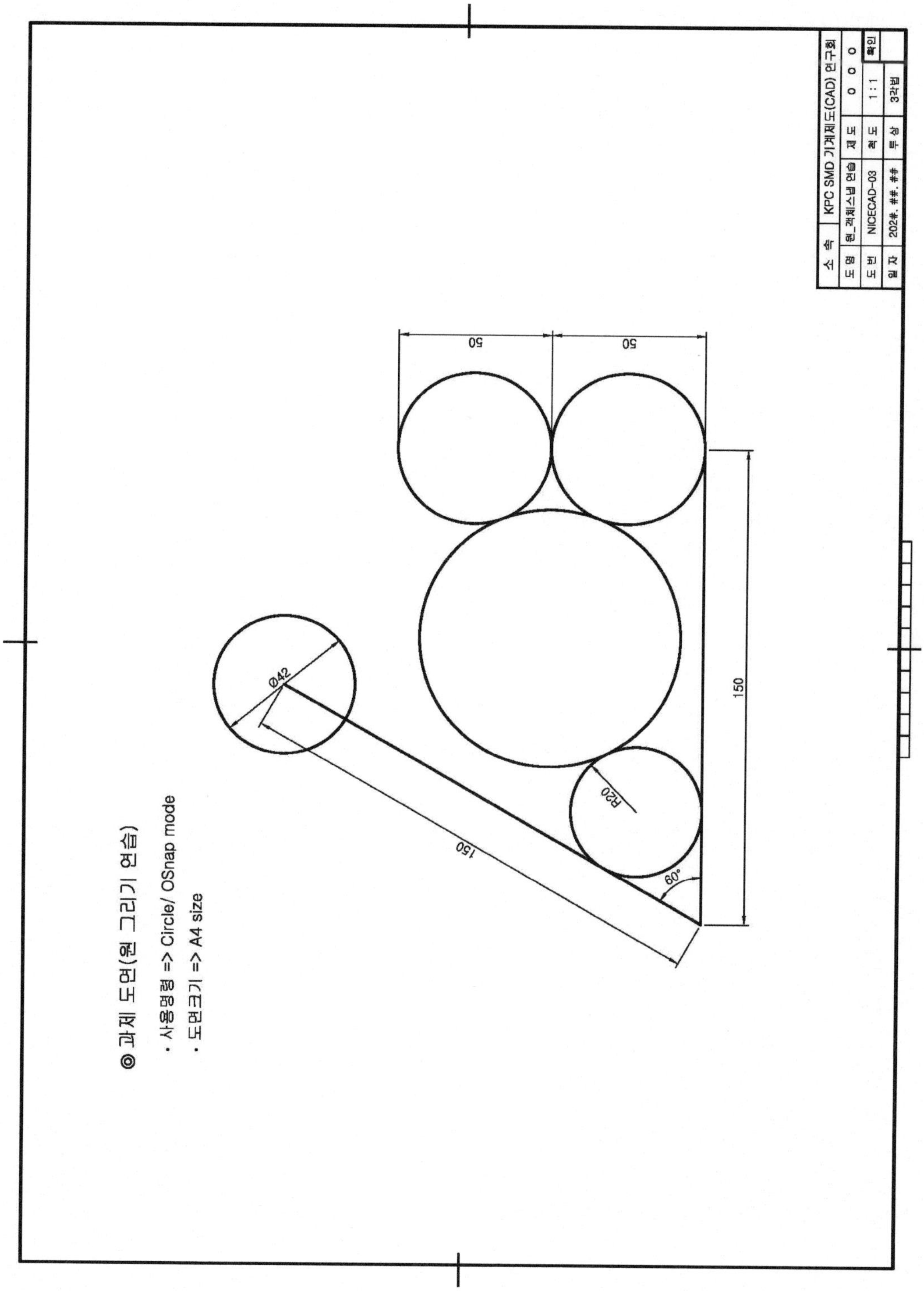
◎ 과제 도면(원 그리기 연습)
· 사용명령 => Circle/ OSnap mode
· 도면크기 => A4 size
Ø42
R20
60°
150
150
50
50
소 속
KPC SMD 기계제도(CAD) 연구회
도 명
원_객체스냅 연습
제 도
○ ○ ○
도 번
NICECAD-03
척 도
1:1
일 자
202#. ##. ##
투 상
3각법
확인

01 도면 크기를 A4 사이즈를 만든다.

02 테두리선과 중심마크를 그린다.

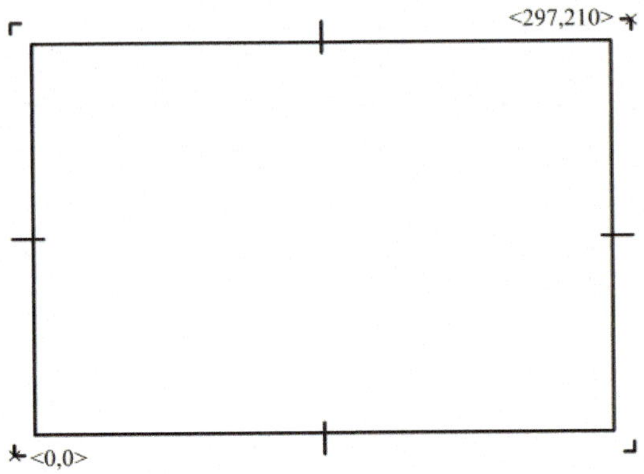

03 선 그리기

명령 : L [Enter↵]

LINE 첫점 지정 : 210, 30

다음 점 지정 또는 [명령 취소(U)]: [Enter↵]

커서를 왼쪽으로 향하고 150 [Space Bar]

다음 점 지정 또는 [명령 취소(U)]: @150<60

다음 점 지정 또는 [닫기(C)/명령 취소(U)]: [Enter↵]

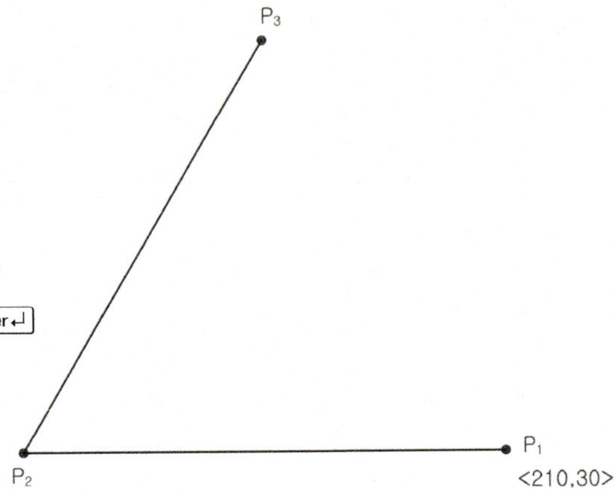

04 원 그리기

명령 : C [Enter↵]

중심점 지정 ... : end of

끝점으로 중심점 선택(P_4)

원의 반지름 지정 or [지름(D)] : D

원 지름 지정 〈0.00〉 : 42 [Space Bar]

명령 : [Enter↵]

중심점 지정 .../Ttr(tan tan radius)] : T

첫 번째 객체 위의 접점... : 선분 선택(P_5)

두 번째 객체 위의 접점... : 선분 선택(P_6)

원의 반지름 지정 〈21.0000〉 : 20 [Space Bar]

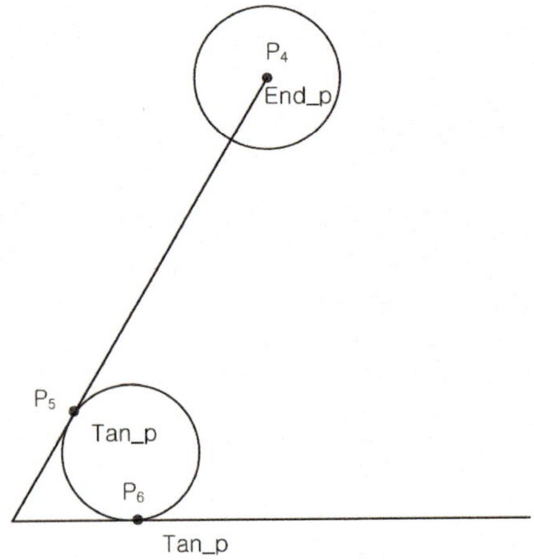

05 원 그리기

명령 : Enter↵

중심점 지정 [3점/2점/Ttr] : 2p

원 지름의 첫 번째... : end of

끝점으로 원의 첫점 선택(P_7)

원 지름의 두 번째... : @50<90

상대극좌표로 원의 두 번째 점 선택

명령 : Enter↵

중심점 지정 [3점/2점/Ttr] : 2p

원 지름의 첫 번째... : qua of

4분점으로 원의 첫점 선택(P_8)

원 지름의 두 번째... : @50<90

상대극좌표로 원의 두 번째 점 선택

명령 : Enter↵

중심점 지정 [3점/2점/Ttr] : 3p

원 위의 첫 번째 점 지정 : tan to

접점으로 원의 첫점 선택(P_9)

원 위의 두 번째 점 지정 : tan to

접점으로 원의 두번째점 선택(P10)

원 위의 세 번째 점 지정 : tan to

접점으로 원의 세 번째점 선택(P11)

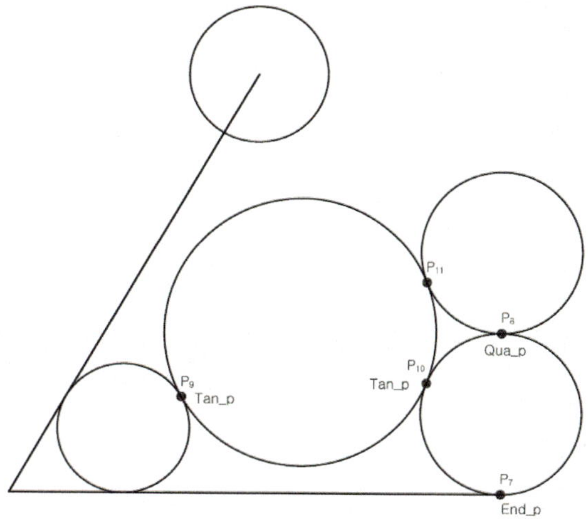

06 파일명을 03-원과객체스냅.dwg로 저장한다.

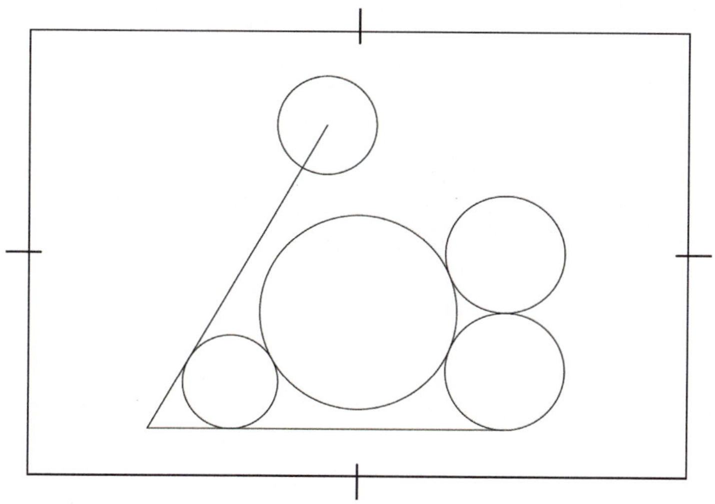

그림 완성 도면

■ 과제 도면 그리기

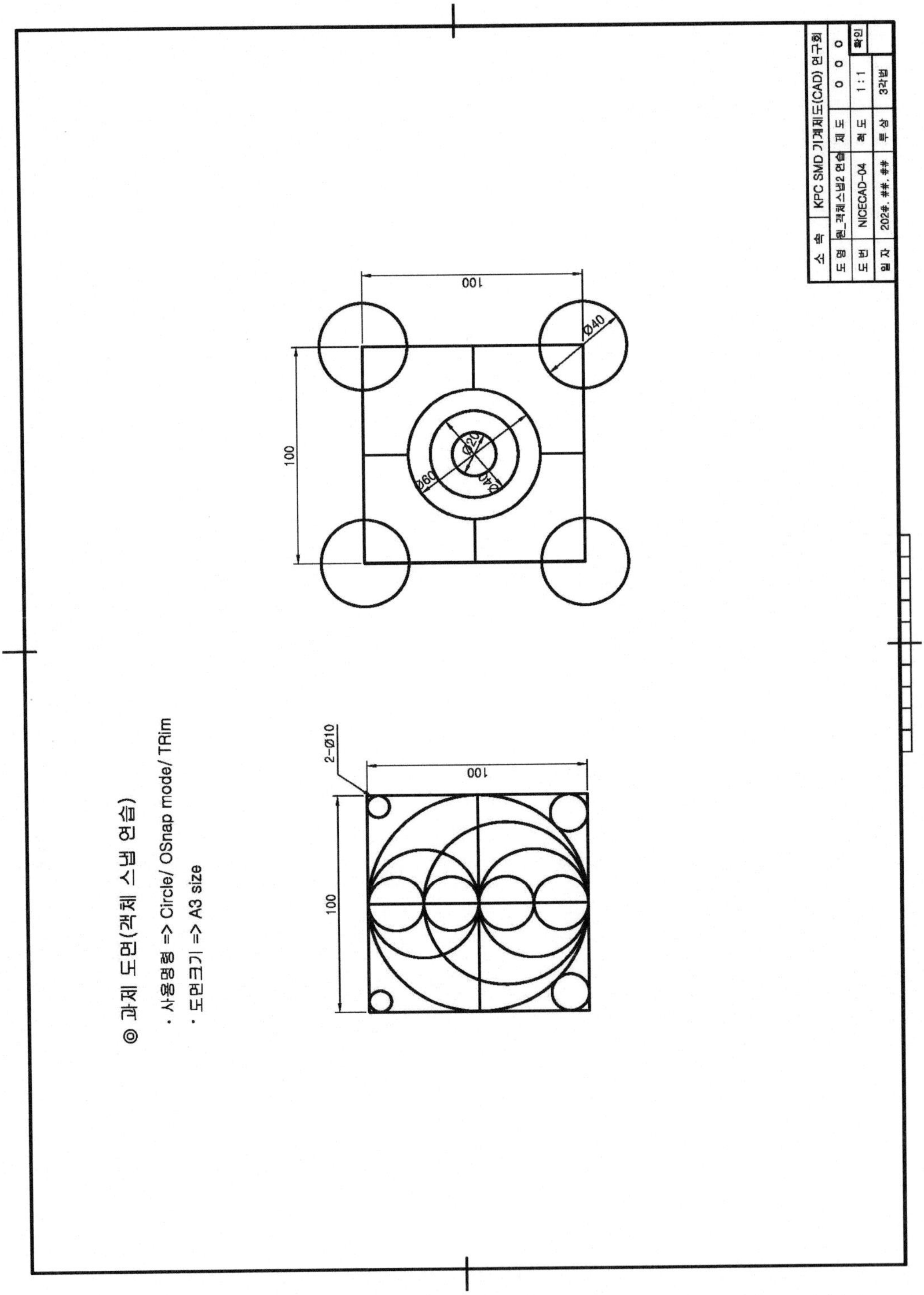
◎ 과제 도면(객체 스냅 연습)
· 사용명령 => Circle/ OSnap mode/ TRim
· 도면크기 => A3 size
100
100
2-Ø10
100
100
Ø40
Ø60
Ø40
Ø20
소 속
KPC SMD 기계제도(CAD) 연구회
도 명
제 도
○ ○ ○
확인
도 번
NICECAD-04
척 도
1 : 1
일 자
202#. ##. ##
투 상
3각법

◎ 과제 도면(판형 제품 제도)

- 사용명령 => Offset/ TRim/ EXtend
- 도면크기 => A3 size

①

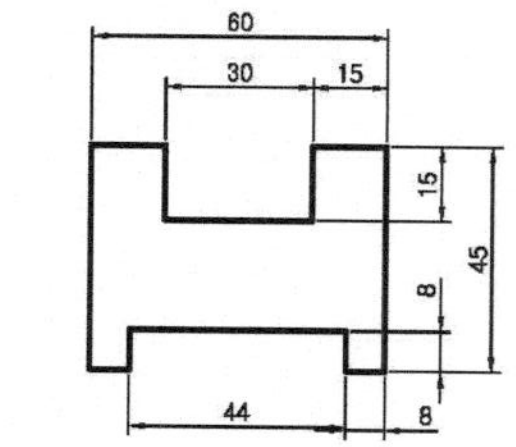

②

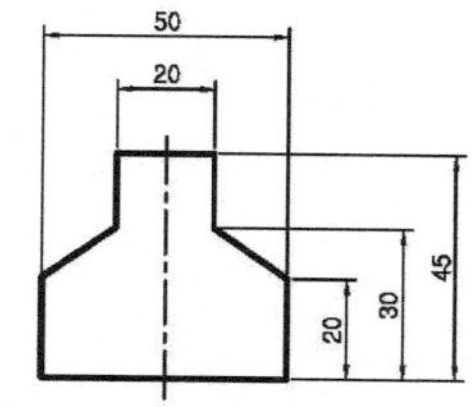

③

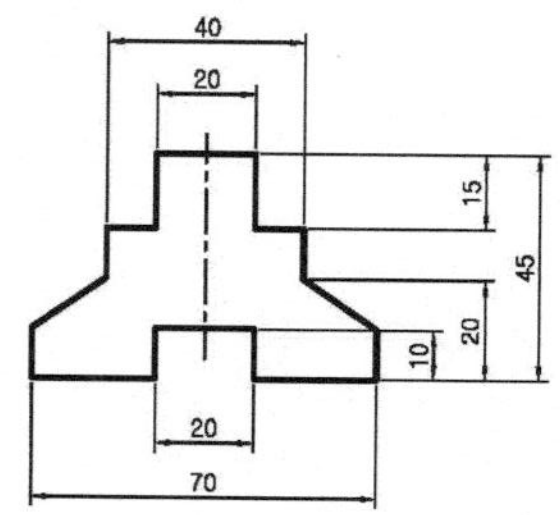

④

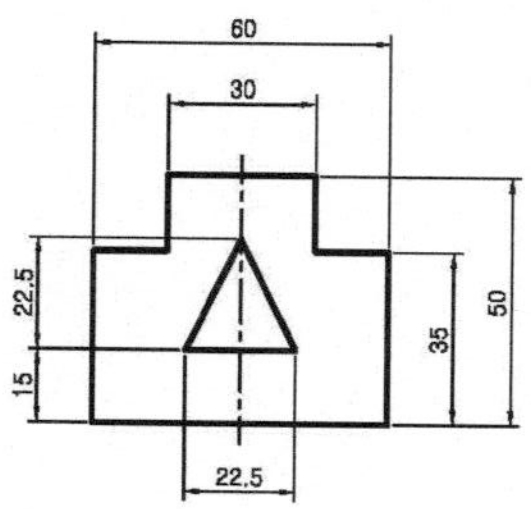

⑤

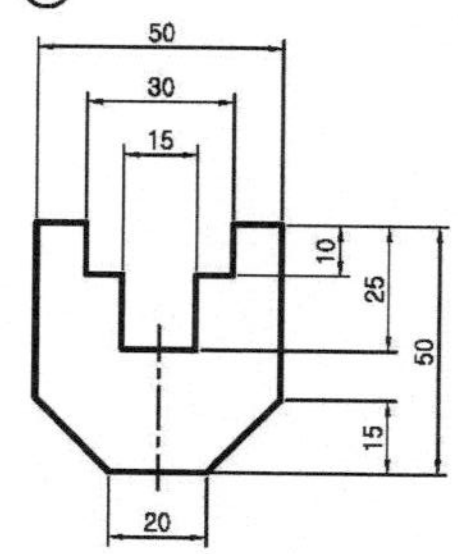

⑥

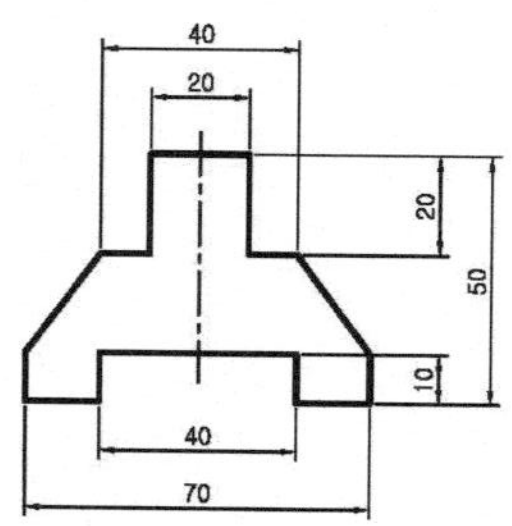

소 속	KPC SMD 기계제도(CAD) 연구회			
도 명	판형 제품 제도	제 도	○ ○ ○	
도 번	NICECAD-05	척 도	1 : 1	확인
일 자	202#. ##. ##	투 상	3각법	

01 도면 크기를 A3 사이즈를 만든다.

02 테두리선과 중심마크를 그린다.

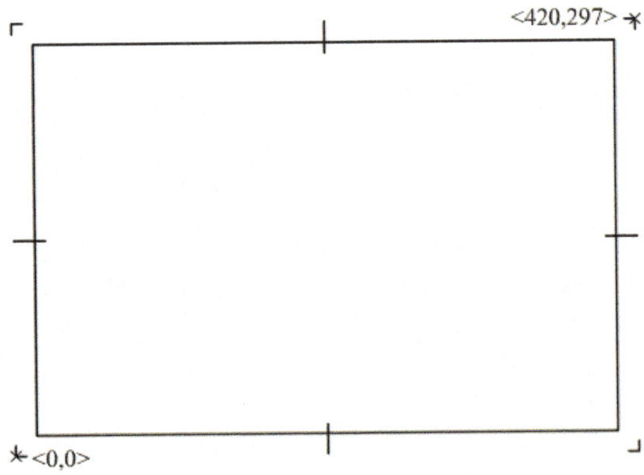

03 도면 그리는 방법

도면 그리는 방법은 여러 가지 방법이 있으나 좀 더 도면 작업에 효율성을 높이기 위해서 실물을 제작하듯이 그리는 것이 여러 가지로 편리하다.

평판 물체를 절단하여 만든다면...

① 소재 금긋기

② 소재 절단

③ 가공 정도가 많은 부분의 1차 금긋기

④ 1차 절단 등등...

위와 같은 방법으로 도면 작성 방법을 설명한다.

04 품번 1번 그리기

명령 : L Enter↵

F8 버튼으로 Ortho on하고 옆 그림과 같이 화면 적당한 위치에 수평선과 수직선을 길게 그리되 교차 되도록 그린다.

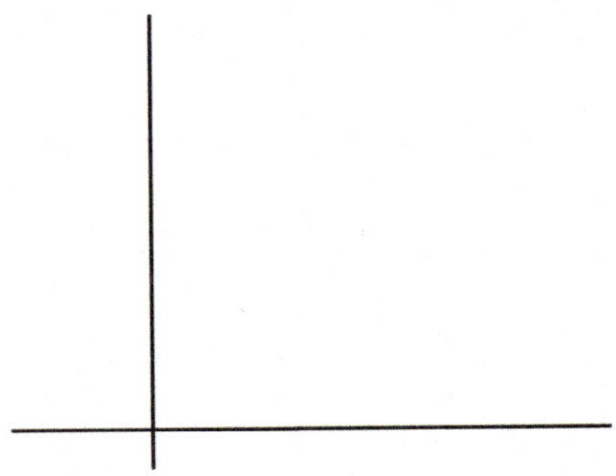

- **소재 금긋기**

명령 : O Enter↵

60 Space Bar 수직선 선택 후 오른쪽 지점 선택

마우스 우클릭 두 번 선택(다시 Offset 명령 실행됨)

45 Space Bar 수평선 선택 후 위쪽 지점 선택

마우스 우클릭

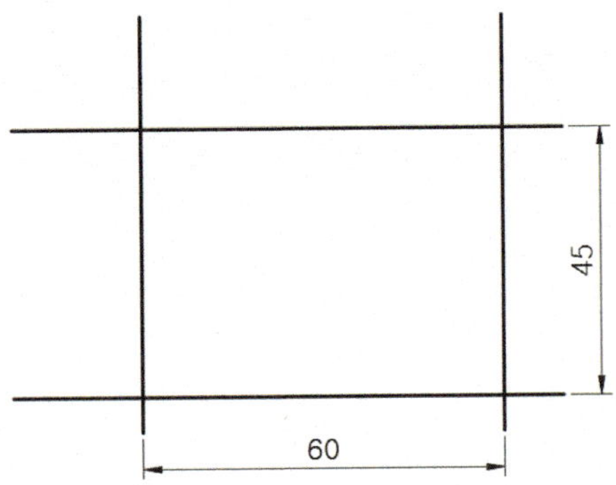

• **소재 절단**

명령 : Tr [Enter↵]

[Space Bar] 한 번 더 선택으로 〈모두 선택〉

F [Space Bar]

P_1 점, P_2 점, P_3 점, P_4 점, P_5 점, P_6 점을 걸쳐서 순서대로 선택 후 마우스 우클릭 버튼 두 번 선택 (처리 후 명령 종료)

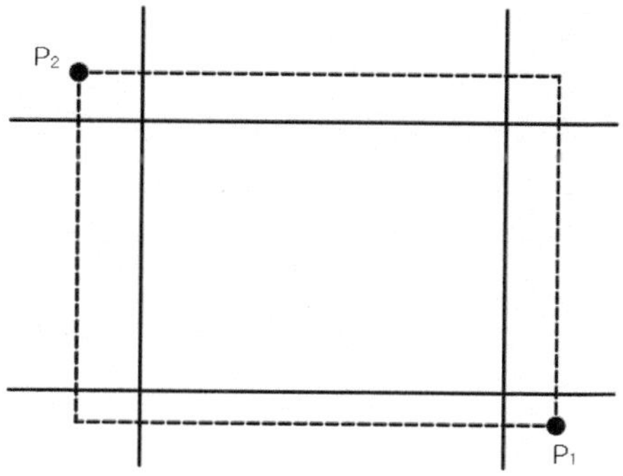

• **가공량이 많은 부분의 1차 금긋기**

명령 : O [Enter↵]

15 [Space Bar] 상변의 수평선 선택 후 아래쪽 지점 선택

좌변의 수직선 선택 후 오른쪽 지점 선택

우변의 수직선 선택 후 왼쪽 지점 선택

마우스 우클릭

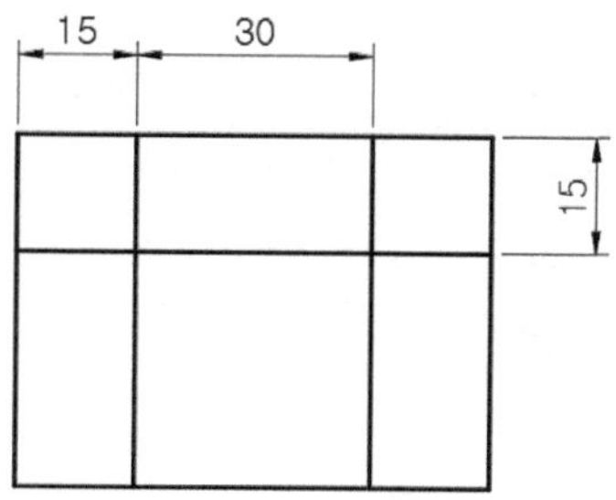

• **1차 절단**

명령 : Tr [Enter↵]

[Space Bar] 한번 더 선택으로 〈모두 선택〉

P7, 8, 9, 10, 11점, 선택 후

마우스 우클릭

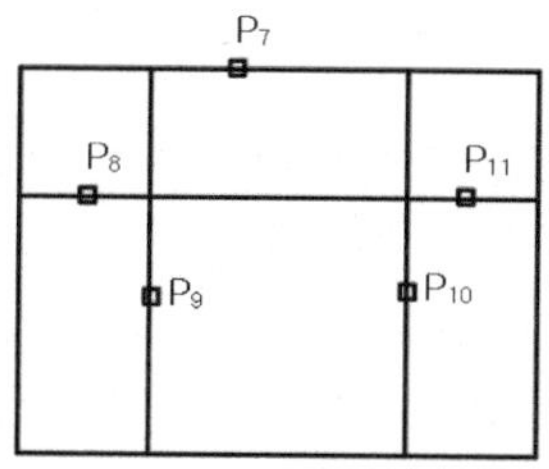

• **2차 금긋기**

명령 : O [Enter↵]

8 [Space Bar] 하변의 수평선 선택 후 위쪽 지점 선택

좌변의 수직선 선택 후 오른쪽 지점 선택

우변의 수직선 선택 후 왼쪽 지점 선택

마우스 우클릭

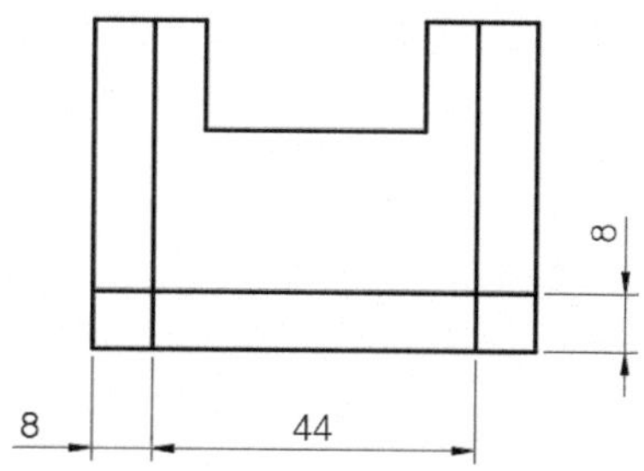

• **2차 절단**

명령 : Tr [Enter↵]

[Space Bar] 한번 더 선택으로 〈모두 선택〉

옆 그림과 같이 자르고 마우스 우클릭

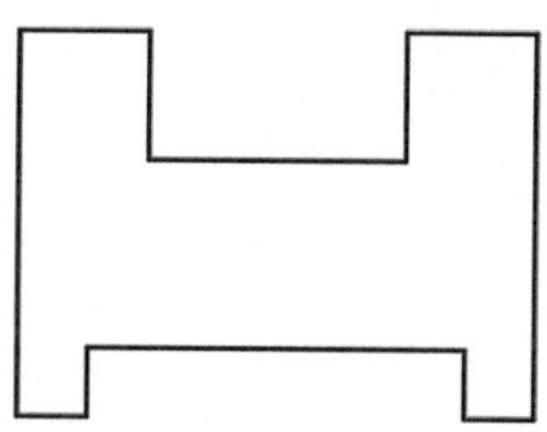

• **배치**

명령 : M Enter↵

자동 점선(오른쪽 하단에서 왼쪽)으로 전체 선택

즉, P_{12}점과 P_{13}점 선택 후 마우스 우클릭(진행)

이동할 물체의 중간 지점 선택 후 이동할 위치 점을

선택하여 적당하게 배치한다.

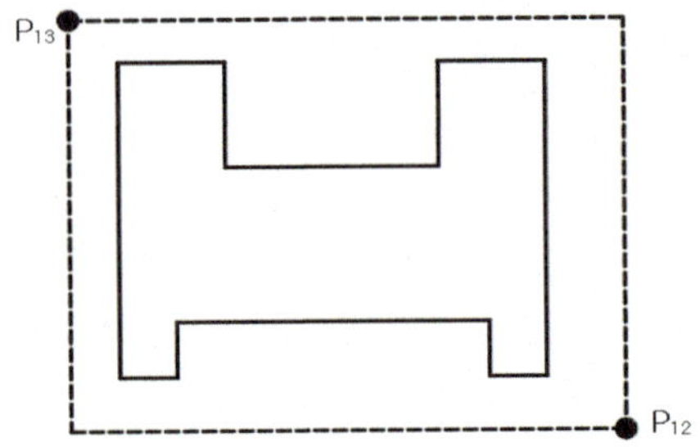

05 품번 2번 그리기

명령 : L Enter↵

F8 버튼으로 〈직교 켜기〉하고 옆 그림과 같이 화면 적당한 위치에

수평선과 수직선을 길게 그리되 교차 되도록 그린다.

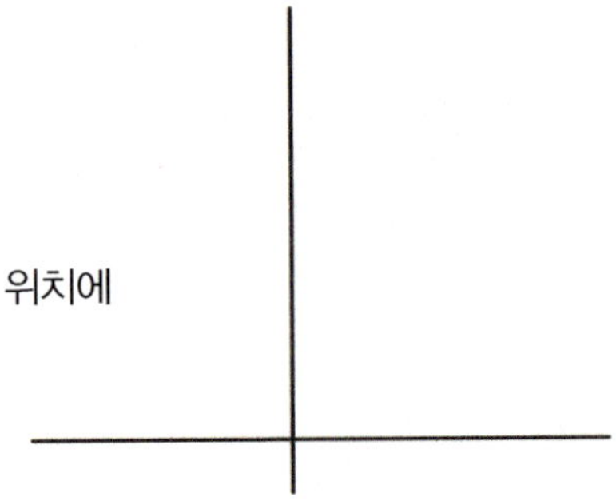

• **소재 금긋기**

명령 : O Enter↵

25 Space Bar 수직선 선택 후 오른쪽 지점 선택 후

좌측 수직선 선택 후 왼쪽 지점 선택

마우스 우클릭 두 번 선택 (다시 Offset 명령 실행됨)

45 Space Bar 수평선 선택 후 윗쪽 지점 선택

마우스 우클릭

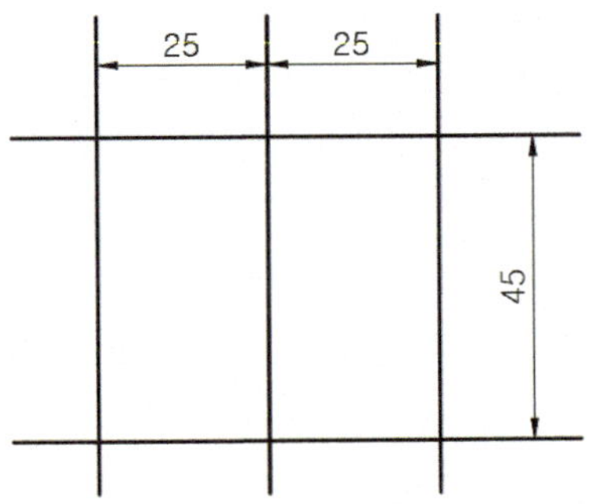

• **소재 절단**

명령 : Tr Enter↵

Space Bar 한 번 더 선택으로 〈모두 선택〉

F Space Bar 두 번으로 옆 그림과 같이 자른 후

마우스 우클릭

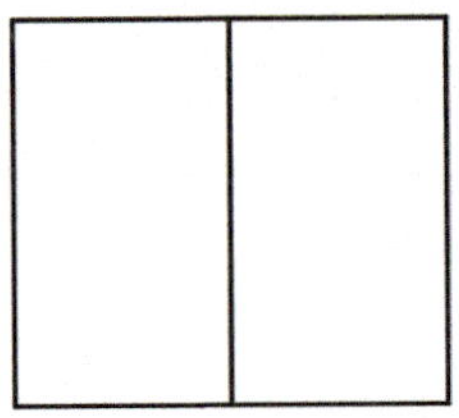

•1차 금긋기

명령 : O [Enter↵]

20 [Space Bar] 하변의 수평선 선택 후 위쪽 지점 선택 후
마우스 우클릭 두 번 선택(Offset 명령이 다시 실행됨)
30 [Space Bar] 하변의 수평선 선택 후 위쪽 지점 선택 후
마우스 우클릭 두 번 선택(Offset 명령이 다시 실행됨)
10 [Space Bar] 가운데의 수직선 선택 후 오른쪽 지점 선택 후
가운데의 수직선 선택 후 왼쪽 지점 선택
마우스 우클릭

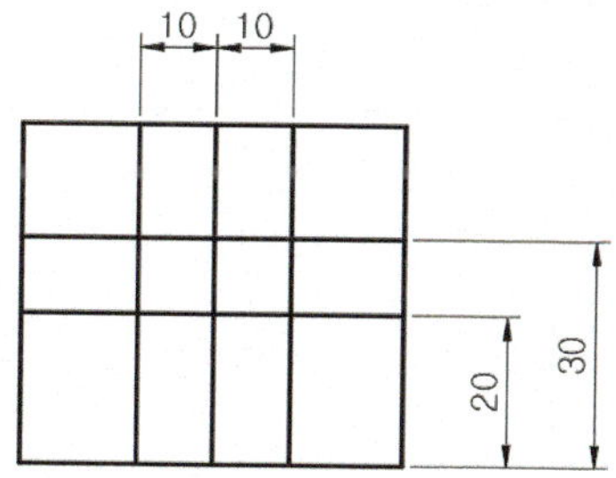

명령 : L [Enter↵]

P_1 점, P_2 점 선택 후
마우스 우클릭 두 번
(Line 명령이 다시 실행됨)
P_3 점, P_4 점 선택 후
마우스 우클릭

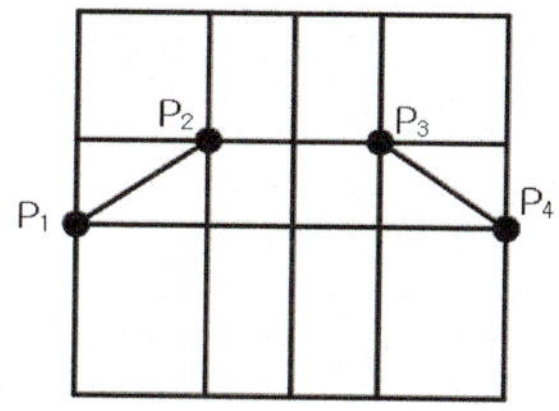

•1차 절단

명령 : Tr [Enter↵]

P5 선과 P6 선 선택 후 [Space Bar] P7, P8, P9, P10 선
선택 후 마우스 우클릭 두 번

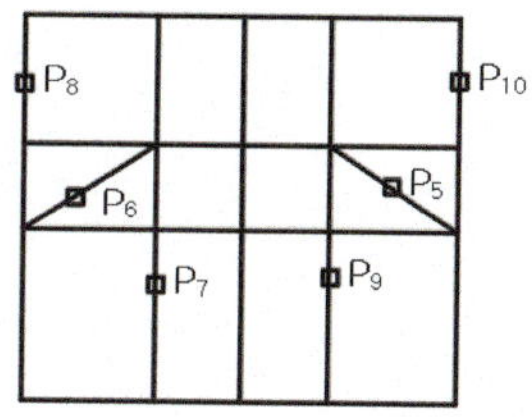

명령 : Tr [Enter↵]

[Space Bar] 한 번 더 선택으로 〈모두 선택〉
상변의 좌, 우측의 선을 각각 선택 후 마우스 우클릭

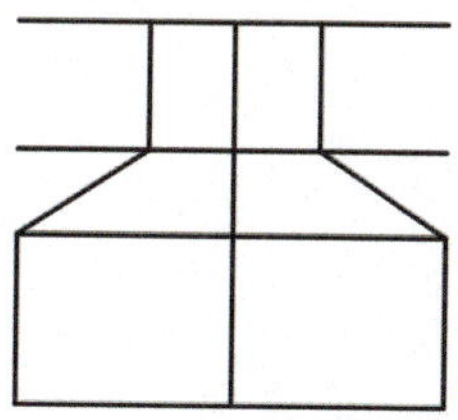

명령 : E [Enter↵]

가운데 수평선 두 개와 수직선을 선택 후 마우스 우클릭

•배치

명령 : M [Enter↵]

적당한 위치에 배치

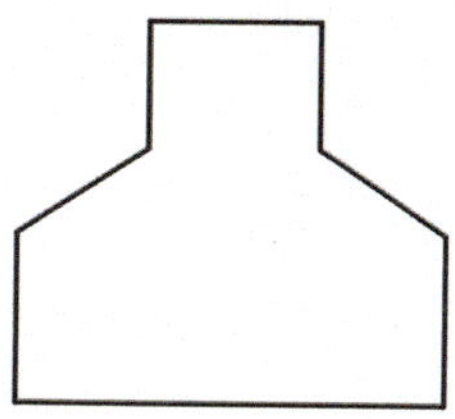

06 위와 같은 방법으로 6개 부품 모두 완성하고 05-판형제품1.dwg로 저장한다.

▌과제 도면 그리기

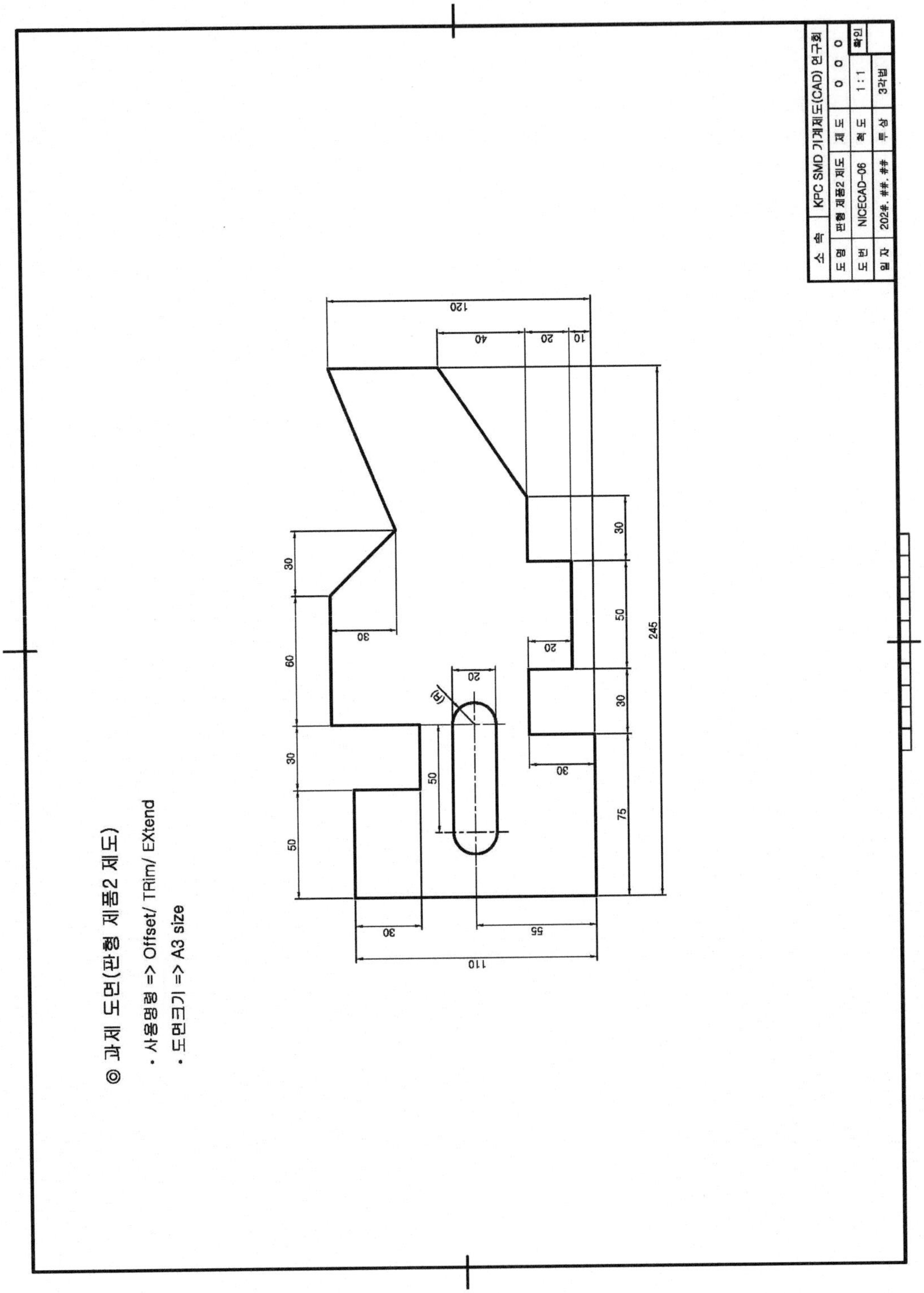
◎ 과제 도면(판형 제품2 제도)
· 사용명령 => Offset/ TRim/ EXtend
· 도면크기 => A3 size
소 속
KPC SMD 기계제도(CAD) 연구회
도 명
판형 제품2 제도
제 도
○ ○ ○
도 번
NICECAD-06
척 도
1 : 1
확인
일 자
202#. ##. ##
투 상
3각법

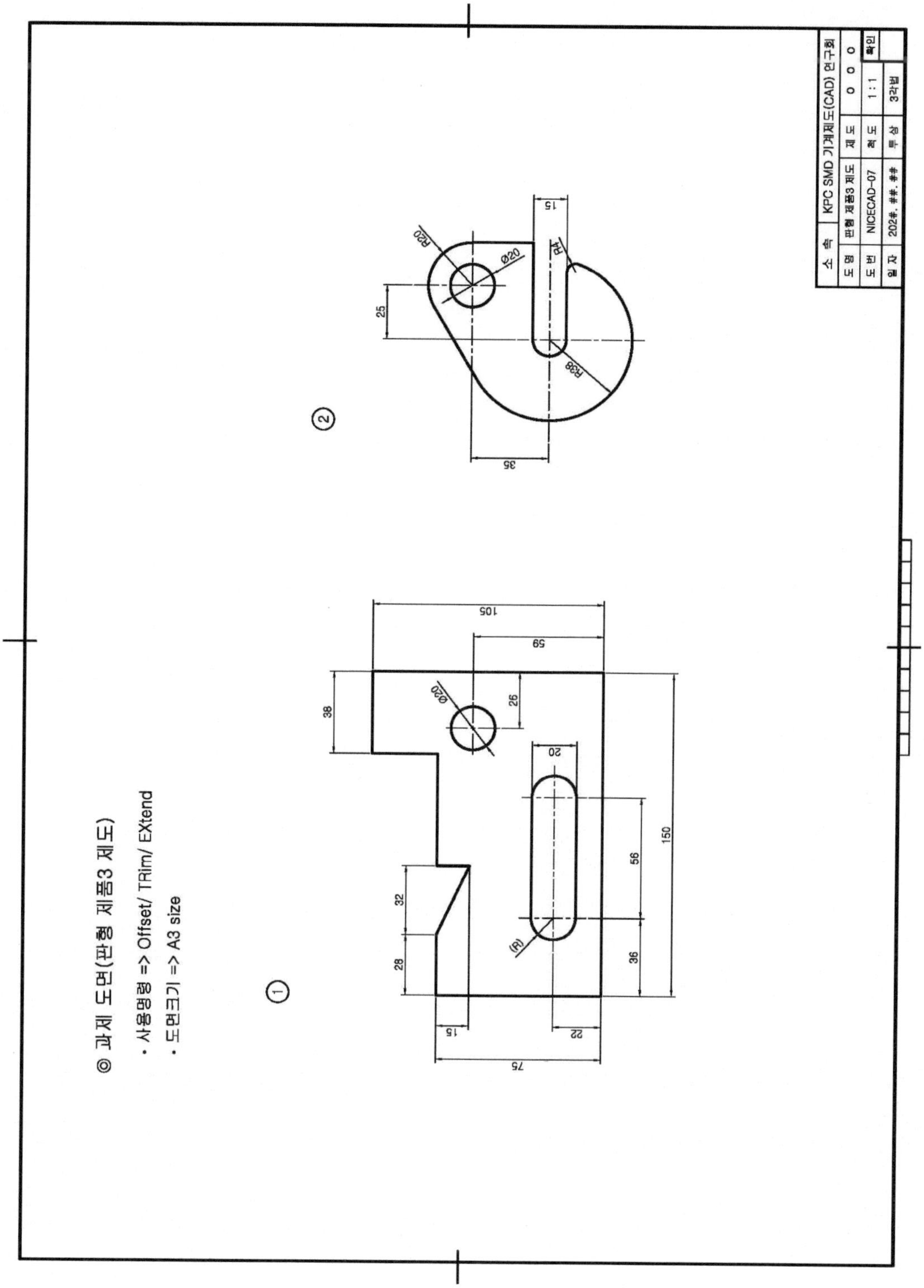
◎ 과제 도면(판형 제품3 제도)
· 사용명령 => Offset/ TRim/ EXtend
· 도면크기 => A3 size
①
②
소 속
KPC SMD 기계제도(CAD) 연구회
도 명
판형 제품3 제도
제 도
ㅇ ㅇ ㅇ
도 번
NICECAD-07
척 도
1 : 1
확인
일 자
202#. ##. ##
투 상
3각법

01 도면 크기를 A3 사이즈로 만든다.

02 테두리선과 중심마크를 그린다.

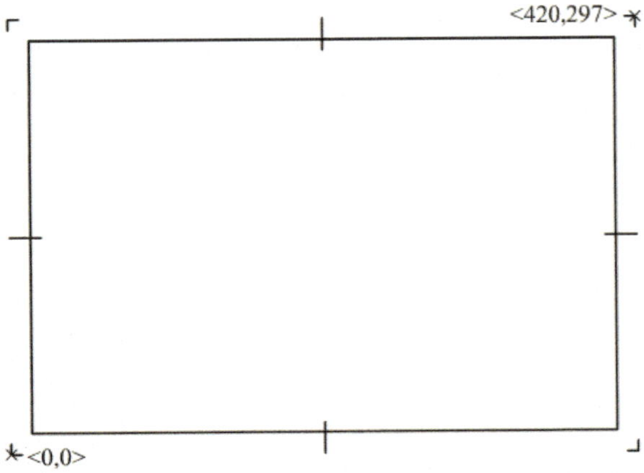

03 도면 양식 활용하기

기본 양식 00-A4.dwg, 00-A3.dwg, 00-A2.dwg을 만들어 저장한 후 과제도면을 연습할 때 필요한 도면 양식을 OPEN하고 SAVEAS로 새이름으로 저장한 후 사용한다.
또는 00-A4.dwt, 00-A3.dwt, 00-A2.dwt 파일을 템플릿 폴더에 저장하고 NEW 명령으로 템플릿 사용하기를 선택하여 원하는 도면 크기의 양식을 불러와 도면 작업을 할 수 있다.

04 도면 그리는 방법

06-평판물체와 07-평판물체의 품번 1번을 그리는 방법은 아래와 같은 방법으로 그린다.

① 소재 금긋기
② 소재 절단
③ 외부에서 가공량이 많은 부분부터 금긋기 후 절단
④ 내부에서 가공량이 많은 부분부터 금긋기 후 절단

등의 방법으로 그리는 것이 여러 가지로 유리하고 또한 중요하다.
그리고 07-평판물체의 품번 2번은 원판의 물체로서 원형과 같은 물체를 그릴 때는 다음과 같다.

① 기준이 되는 중심선 그리기
② 전체 소재와 관련 있는 중심선을 그린다.
③ 외부의 원형 부분을 그린 후 내부의 형태를 그린다.

05 품번 2번 원형물체 그리는 방법

명령 : L Enter↵

F8 버튼으로 〈직교 켜기〉하고 옆 그림과 같이 화면 적당한 위치에 수평선과 수직선을 길게 그리되 교차 되도록 그린다.

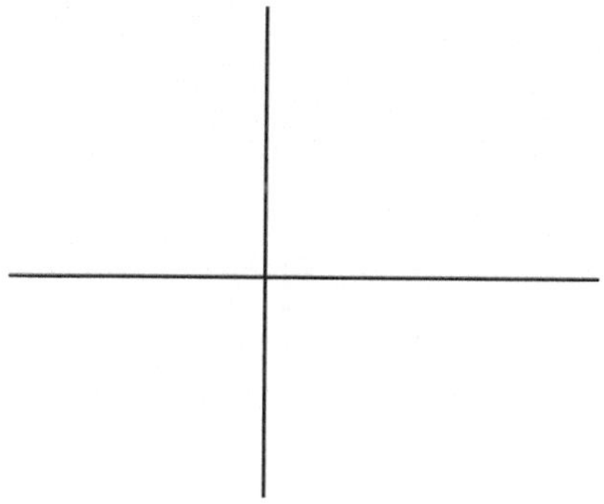

•전체 원형에 필요한 중심선 그리기

명령 : O Enter↵

35 Space Bar 수평선 선택 후 위쪽 지점 선택

마우스 우클릭 두 번 선택(다시 Offset 명령 실행됨)

25 Space Bar 수직선 선택 후 오른쪽 지점 선택

마우스 우클릭

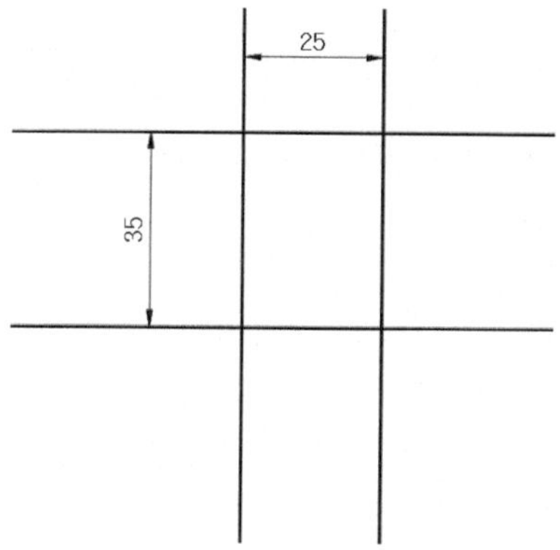

•전체 원형 그리기

명령 : C Enter↵

중심점 P_1 을 교차점으로 선택 후

반경 38 Space Bar 두 번

(Circle 명령이 다시 실행됨)

중심점 P_2 를 교차점으로 선택 후

반경 20 Space Bar

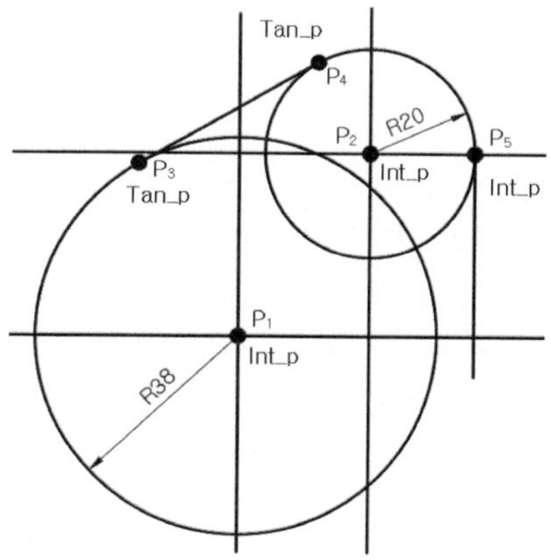

명령 : L [Enter↵]
tan [Space Bar] P_3 부근 선택
tan [Space Bar] P_4 부근 선택
마우스 우클릭 두 번
int [Space Bar] P5(교차)점 선택 후
F8로 Ortho on하고 수직선을 중심선 아래까지 그리기

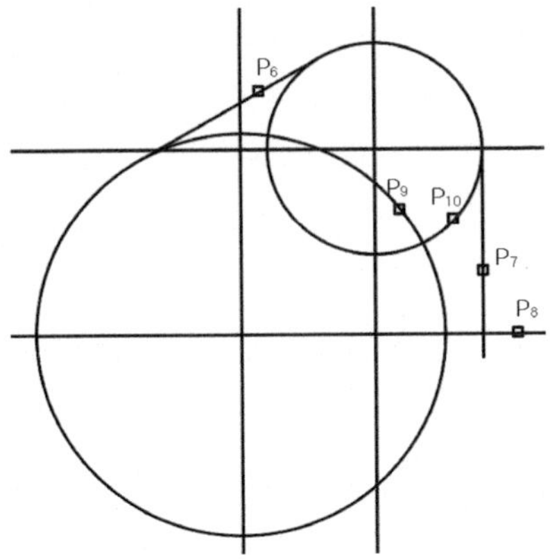

명령 : Tr [Enter↵]
경계선을 P_6, P_7, P_8 점을 선택 후
마우스 우클릭(진행)
자르기 상태에서 P_9, P_{10} 점 선택 후
마우스 우클릭(종료)

• **내부 그리기**

명령 : C [Enter↵]
중심점 P_{11}을 교차점으로 선택 후
D [Space Bar] 15 [Space Bar] 두 번
(Circle 명령이 다시 실행됨)
중심점 P_{12}를 교차점으로 선택 후
D [Space Bar] 20 [Space Bar]

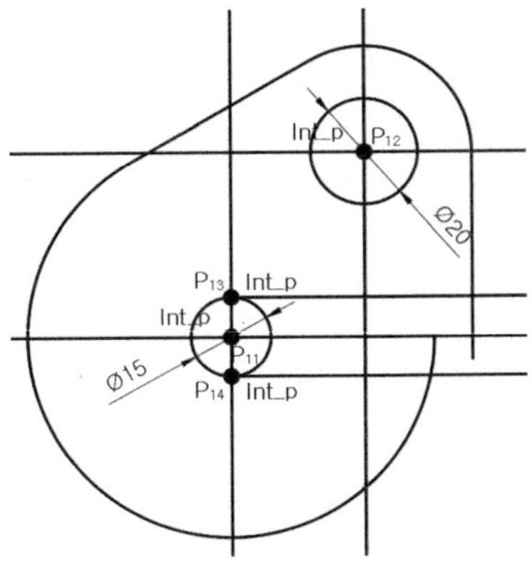

명령 : L [Enter↵]
int [Space Bar] P_{13} 점을 선택 후
수평선 길게 그리기 마우스 우클릭 두 번
int [Space Bar] P_{14} 점을 선택 후
수평선 길게 그리기 마우스 우클릭

명령 : Tr [Enter↵]
옆 그림과 같이 잘라내어 정리한다.

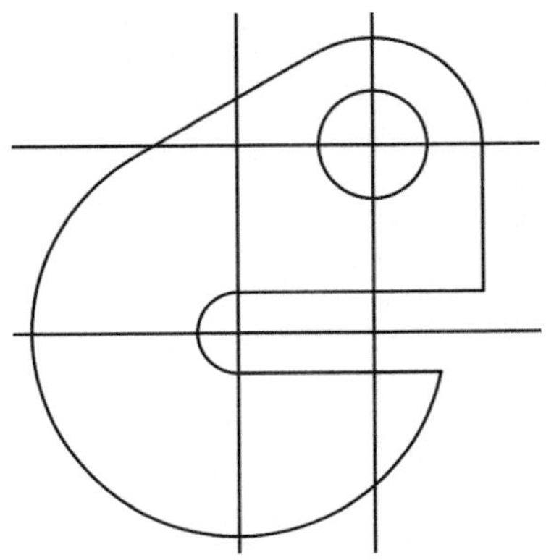

•라운드 처리

명령 : C [Enter↵]

T [Space Bar] 옆 그림에서 원이 위로 접하는 선을 선택

원이 반경 38인 큰 원 안쪽에 접하는 근접하는 부근을 선택

반경 4 [Space Bar]

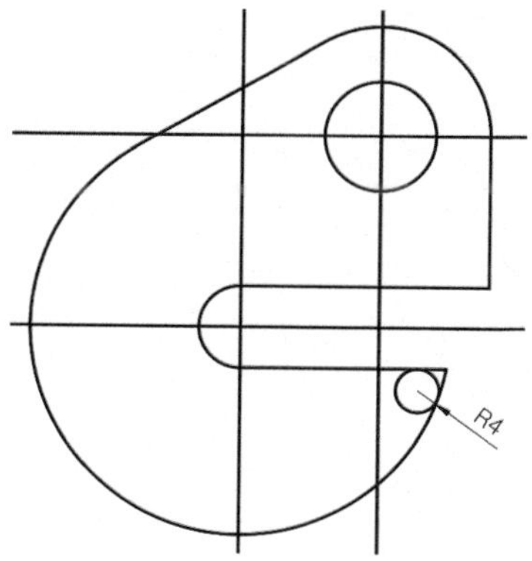

명령 : Tr [Enter↵]

옆 그림과 같이 잘라내어 정리한다.

명령 : M [Enter↵]

화면 적당한 위치에 배치한다.

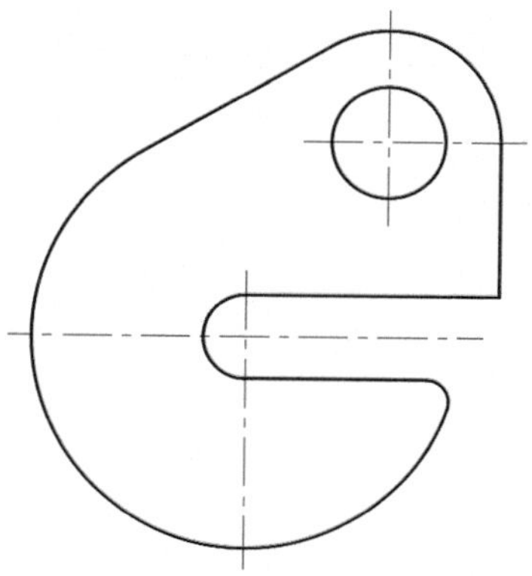

CHAPTER 05

화면제어 및 편집명령들

학습목표

- 화면제어 명령을 이용하여 확대, 축소, 이동 및 해상도를 설정할 수 있다.
- 선분을 분할하고 도면 요소를 조회하여 활용할 수 있다.
- 정점을 갖는 선분에 대해 모깎기, 모따기 명령을 활용하여 작도할 수 있다.

1 화면제어 명령

(1) ZOOM 또는 Z(단축명령)

객체의 크기와 관계없이 줌잉(zooming: 화면제어를 배율로 확대, 축소하는 기능)하는 명령

명령: Z 또는 ZOOM Enter↵
윈도우 구석을 지정, 축척 비율 (nX 또는 nXP)을 입력, 또는
[전체(A)/중심(C)/동적(D)/범위(E)/이전(P)/축척(S)/윈도우(W)/객체(O)]
〈실시간〉:

윈도우 구석을 지정

대각선의 두 점 선택하여 줌잉(zoom in 또는 zoom out) 전환

축척 비율 (nX 또는 nXP)을 입력

모형에서 n은 절대 크기로 nX는 상대 크기로 화면 전환되며, 배치에서 nXP는 절대 크기로 줌잉 전환

전체(A)

Limits이거나 Mvsetup으로 지정한 도면 영역의 전체 줌잉 전환

중심(C)

중심점, 높이를 입력하여 줌잉 전환

동적(D)

뷰 상자로 화면을 이동하거나 줌잉 전환

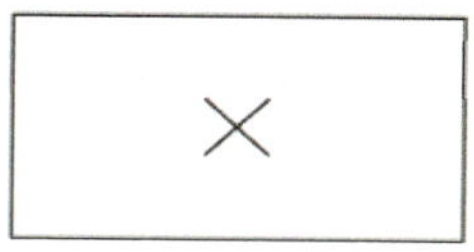

그림 이동 뷰

그림 확대, 축소 뷰

> 마우스 좌클릭으로 이동 뷰와 확대, 축소 뷰로 전환되며 어떤 상태이든 마우스 우클릭으로 줌잉 전환된다.

범위(E)

객체로 화면 전체를 채움

뷰최대(Vmax)

화면에 있는 모든 객체를 나타내기 위해 현재 화면이 축소됨(대략 1/4 이상 축소)
참고) Zoom 명령 옵션에는 보이지 않으나 "V" 를 누르면 실행됨

이전(P)

이전 화면으로 전환

축척(S)

수치나 수치 x로 절대 크기의 화면이나 상대 크기의 화면으로 줌잉 전환

EX　명령: Z 또는 ZOOM
윈도우 구석 지정, 축척 비율(nX 또는 nXP) 입력 또는
[전체(A)/.../윈도우(W)/객체(O)] 〈실시간〉: : 2 또는 2x
•2 : Limits로 지정한 한계를 1로 놓고 2배 확대됨
•2x : 현재 화면을 1로 놓고 상대적으로 2배 확대됨

윈도우(W) 또는 자동 윈도우

대각선의 두 점 선택하여 줌잉 전환

객체(O)

선택하는 객체로 화면 전체를 채워서 줌잉 전환

〈실시간〉

실시간으로 줌잉 전환

마우스 좌클릭 중 위쪽으로 끌기(드래그) 하면 확대, 아래로 끌기하면 축소

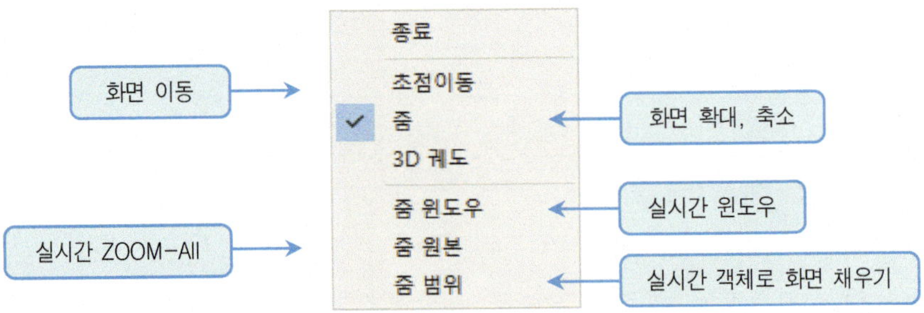

☞ Tip 주로 사용되는 화면제어 기능

1. 마우스 중간 롤 버튼을 위로 굴리면 확대, 아래로 굴리면 축소 줌잉 전환
2. 롤 버튼 클릭 상태에서 끌기(롤 끌기)하면 패닝(panning: 화면 이동) 전환
3. 롤 버튼 더블 클릭하면 zoom all(도면 영역 전체 보기) 전환

(2) REGEN 또는 RE(단축명령)

WHIPARC "0"일 때 객체들의 원래 Data 값으로 재생성(모든 객체의 위치 및 가시성을 다시 계산)하는 명령

☞ **참고)** WHIPARC 기본값이 "1" 일 때 화면 변화 없음

명령: RE 또는 REGEN Enter↵
모형 재생성 중

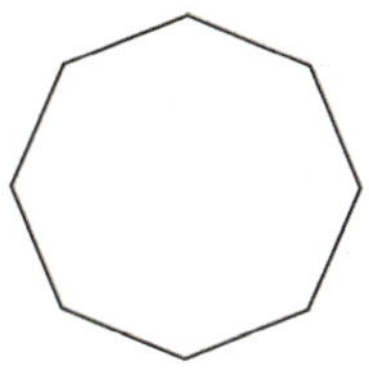

그림 REGEN 전

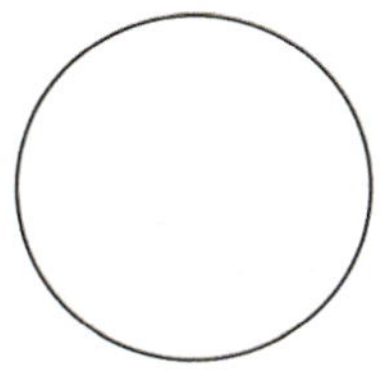

그림 REGEN 후

(3) PAN 또는 P(단축명령)

화면 이동하는 패닝(panning: 화면 초점이동 제어) 명령

명령: P 또는 PAN Enter↵
ESC 또는 Enter↵ 키를 눌러 종료하거나 오른쪽 클릭하여 바로 가기 메뉴를 표시하십시오.
손 모양으로 좌 끌기로 화면 실시간 초점이동

> 마우스 롤 끌기로 패닝 기능 사용하면 편리함

(4) VIEWRES 명령

WHIPARC "0"일 때 현재 뷰포트에서 생성될 객체에 대한 해상도(Resolution)를 설정하는 명령

명령: viewres Enter↵
고속 줌을 원하십니까? [예(Y)/아니오(N)] 〈Y〉:
원 줌 퍼센트 입력 (1-20000) 〈1000〉:

> VIEWRES의 기본값이 1000 이므로 특히, 큰 배율로 원을 확대할 경우 다각형 도형으로 보이면 REGEN 명령으로 화면을 재생성하여야 원 모양으로 재생된다. 혹시 기본값이 1000보다 작게 설정되면 REGEN 명령을 자주 사용하게 되고 기본값이 1000보다 높게 설정되면 화면의 해상도가 높아져 화면제어가 느려질 수 있다.

2 Selection Set

(1) SELECTION SET

"객체 선택 : "에서 객체를 선택할 때 내리는 기능

명령 : E Enter↵ ⇨ 편집이나 변환 명령
객체 선택: aaa ⇨ 잘못 내리면 아래와 같이 나타난다.
유효하지 않은 선택
점을 예상하거나 또는 윈도우(W)/최종(L)/걸치기(C)/상자(BOX)/모두(ALL)/울타리(F)/윈도우 다각형(WP)/걸침 다각형(CP)/그룹(G)/추가(A)/제거(R)/다중(M)/이전(P)/명령 취소(U)/자동(AU)/단일(SI)/하위 객체(SU)/객체(O)
객체 선택:

윈도우(W)

두 점에 의해 지정된 직사각형 내부에 완전히 들어간 객체 선택(필요한 것만 선택 시 유용함)

최종(L)

가장 최근에 작성된 객체 선택

걸치기(C)

두 점에 의해 지정된 직사각형 내부에 있거나 걸쳐있는 객체 선택(한꺼번에 선택 시 유용)

상자(BOX)

두 점에 의해 지정된 직사각형 내부에 있거나 거기에 걸쳐있는 객체가 선택됨. 직사각형의 점이 오른쪽에서 왼쪽으로 지정될 경우 BOX는 걸치기와 같고 그 반대는 윈도우와 같음

모두(ALL)

해동된 레이어에 있는 모든 객체를 선택

울타리(F)

선택 울타리(점선)에 걸쳐있는 모든 객체를 선택

윈도우 폴리곤(WP)

선택될 객체 주위에서 지정된 점들로 정의되는 다각형 내부에 완전히 들어간 객체 선택

걸침 폴리곤(CP)

선택될 객체 주위의 점들을 지정하여 정의되는 다각형 내부에 있거나 걸쳐있는 객체 선택

그룹(G)

지정된 그룹의 모든 객체 선택

추가(A)

"객체 제거 : " 에서 "객체 선택 : " 로 메시지가 변하며 추가 선택 모드로 전환

제거(R)

"객체 제거 : " 로 메시지가 변하며 선택된 객체는 전 상태로 전환

다중(M)

객체를 강조하지 않는 상태에서 다중점 지정을 허용함으로써 복잡한 객체의 선택 과정을 빠르게 함

이전(P)

가장 최근의 선택 객체를 선택함

명령 취소(U)

가장 최근에 선택 세트에 추가된 객체의 선택을 취소함

자동(AU)

자동 선택으로 자동과 추가는 기본 모드임

단일(SI)

한 번의 객체를 선택하고 종료됨

3 편집 명령

(1) BREAK 또는 BR(단축명령)

객체를 두 점 선택으로 끊거나 같은 점을 두 번 선택으로 분리하는 편집 명령

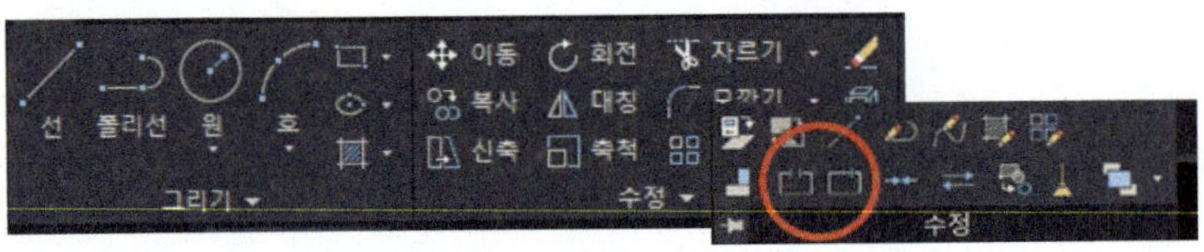

리본 메뉴–수정–에서 끊기 또는 점에서 끊기 선택

명령: BR 또는 BREAK Enter↵
객체 선택: ⇨ 첫 점 지정
두 번째 끊기점을 지정 또는 [첫 번째 점(F)]: ⇨ 두 번째 점 또는 F로 첫 점 다시 지정

> 보통 중심선은 외형보다 3mm 정도 연장해서 나타내는데 이 명령으로 긴 중심선을 3mm 정도로 끊을 때 사용하면 편리하다.

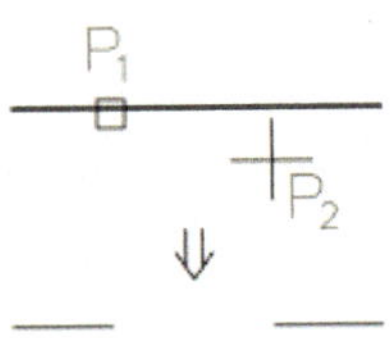

- **끊는 방법**

명령: BR
객체 선택 : 옆 그림과 같이 P_1 점 선택
두 번째 끊기점을 지정 또는 [첫 번째 점(F)] :
옆 그림과 같이 P_2 지점을 선택

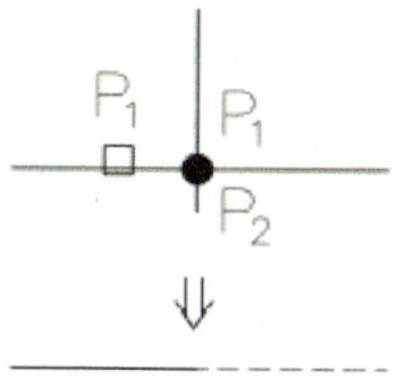

- **분리하는 방법**
  명령: BR
  객체 선택 : 옆 그림에 P_1 점 선택
  두 번째 끊기점을 지정 또는 [첫 번째 점(F)] : F
  옆 그림과 같이 교차점을 두 번 선택

(2) LENGTHEN 또는 LEN(단축명령)

객체의 길이와 호의 사잇각을 변경하는 편집 명령

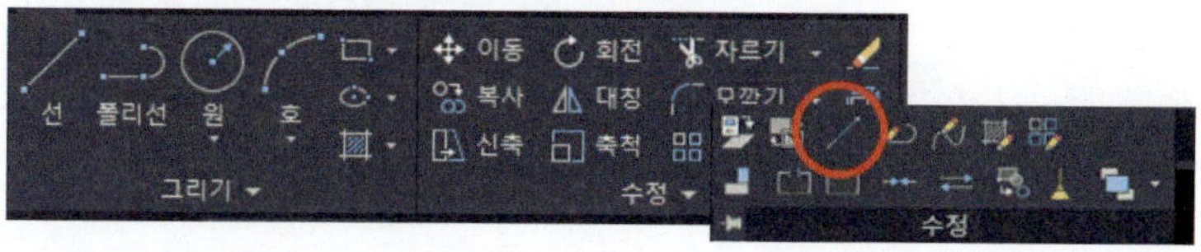

리본 메뉴–홈–수정에서 길이조정 선택

명령: LEN 또는 LENGTHEN Enter↵
객체 선택 또는 [증분(DE)/퍼센트(P)/합계(T)/동적(DY)]:

객체 선택

선택하는 객체의 현재 크기를 나타냄.

증분(DE)

입력한 크기의 변화량만큼 길이 방향으로 늘리거나(+값) 줄임(–값)
객체 선택 또는 [증분(DE)/퍼센트(P)/합계(T)/동적(DY)]: DE
증분 길이 또는 [각도(A)] 입력 〈0.0000〉: ⇨ 길이 증분값이나 각도(A)의 증분값
변경할 객체 선택 또는 [명령 취소(U)]:
⇨ ENTER키를 눌러 명령을 종료할 때까지 메시지가 반복됨

퍼센트(P)

현재 크기를 100%로 하여 길이 방향으로 늘리거나(100% 이상) 줄임(100% 이하)

합계(T)

절대값의 크기로 늘리거나 줄임

동적(DY)

끌기(드래그)를 이용하여 임의의 길이로 늘리거나 줄임
객체 선택 또는 [증분(DE)/퍼센트(P)/합계(T)/동적(DY)]: DY
변경할 객체 선택 또는 [명령 취소(U)]: ⇨ 선이나 호 선택(가까운 쪽이 편집됨)
새 끝점을 지정:
변경할 객체 선택 또는 [명령 취소(U)]:
⇨ Enter↵ 키를 눌러 명령을 종료할 때까지 메시지가 반복됨

> 주로 경사선이나 호의 길이(사잇각) 조정하는 데 사용한다.

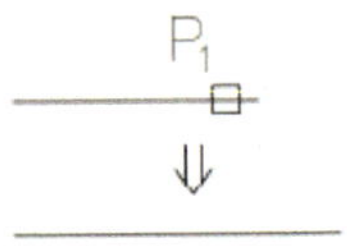

- **증분량 만큼 늘리기**
명령: LEN
객체 선택 또는 [증분(DE)/퍼센트(P)/합계(T)/동적(DY)]: DE
증분 길이 또는 [각도(A)] 입력 〈0.0000〉: 10
변경할 객체 선택 또는 [명령 취소(U)]: P_1 지점 선택
변경할 객체 선택 또는 [명령 취소(U)]: Enter↵

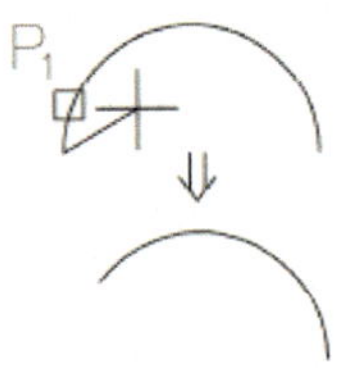

- **끌기(드래그)를 이용하여 줄이기**
명령: LEN
객체 선택 또는 [증분(DE)/퍼센트(P)/합계(T)/동적(DY)]: DY
변경할 객체 선택 또는 [명령 취소(U)]: P_1 지점 선택
새 끝점을 지정: 마우스의 임의의 위치에서 한점
변경할 객체 선택 또는 [명령 취소(U)]: Enter↵

4 라운딩과 모따기 처리

(1) FILLET 또는 F(단축명령)

입력한 반지름값으로 두 객체를 선택해서 객체에 접한 라운드(둥글게 깎기) 처리 편집 명령

리본 메뉴–홈–수정에서 모깎기 선택

명령: F 또는 FILLET Enter↵
현재 설정: 모드 = 자르기, 반지름 = 0.0000
첫 번째 객체 선택 또는 [명령 취소(U)/폴리선(P)/반지름(R)/자르기(T)/다중(M)]:
두 번째 객체 선택 또는 Shift 키를 누른 채 선택하여 구석 적용 또는 [반지름(R)]:R
모깎기 반지름 지정 〈0.0000〉: 15 ⇨ 반지름 지정
첫 번째 객체 선택 또는 [명령 취소(U)/폴리선(P)/반지름(R)/자르기(T)/다중(M)]:
두 번째 객체 선택 또는 Shift 키를 누른 채 선택하여 구석 적용 또는 [반지름(R)]:

명령 취소(U)

U를 선택하여 여러 개의 모깎기 처리한 것을 역순으로 취소

폴리선(P)

2D 폴리선의 각 정점에 라운드 동시 삽입

반지름(R)

라운드의 반지름 지정

> 모드 = 자르기 일 때 반경이 0이면 모서리를 생성한다.

자르기(T)

자르기 모드 옵션 입력 [자르기(T)/자르지 않기(N)] 〈자르기〉:

• 자르기(T) : 모깎기 처리 후 잘라냄
• 자르지 않기(N) : 잘라내지 않고 모깎기만 추가함

주로 자르기(T) 모드로 사용하는 것이 편리하다. Fillet이 자르기 상태이면 Chamfer도 자르기 상태로 서로 연동된다.

다중(M)

명령을 끝내지 않고 계속해서 모깎기 처리하는 기능

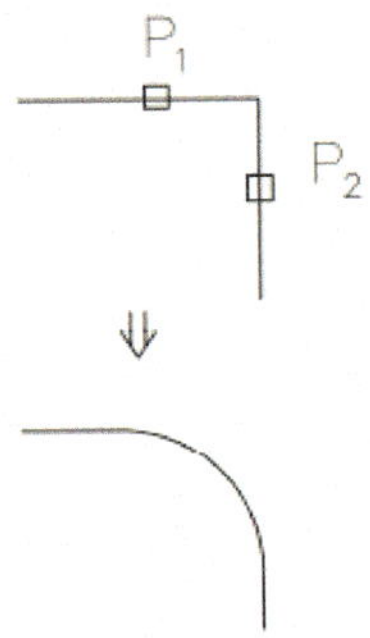

• 모깎기 처리 후 잘라내기
명령: F
현재 ... 모드=자르기, 반지름 = 10.0000
선택.. or [.../반지름(R)/자르기(T)/다중(M)] : R
모깎기 반지름 지정 〈0.0000〉 : 10
선택.. or [.../반지름(R)/자르기(T)/다중(M)] : P_1 부근 선택
두 번째 객체 선택 또는... : P_2 부근 선택

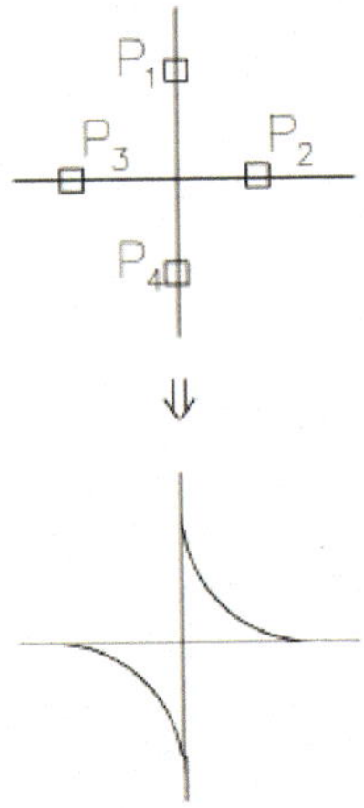

• 모깎기 추가하기
명령: F
현재 ... 모드=자르기, 반지름 = 10.0000
선택.. or [.../반지름(R)/자르기(T)/다중(M)] : T
자르기 모드...[자르기(T)/자르지 않기(N)] 〈자르기〉:N
첫 번째 객체 선택 [.../반지름(R)/자르기(T)/다중(M)] : M
첫 번째 객체 선택 [.../자르기(T)/다중(M)] : P_1 부근 선택
두 번째 객체 선택 ... : P_2 부근 선택

(2) CHAMFER 또는 CHA(단축명령)

정한 두 개의 거리값 또는 거리와 각도로 두 객체를 선택해서 모따기 처리하는 편집 명령

리본 메뉴–홈–수정에서 모따기 선택

명령: CHA 또는 CHAMFER Enter↵
(자르기 모드) 현재 모따기 거리1 = 0.0000, 거리2 = 0.0000
첫 번째 선 선택 또는 [명령 취소(U)/폴리선(P)/거리(D)/각도(A)/자르기(T)/메서드(E)/
　　다중(M)]: d
첫 번째 모따기 거리 지정 〈0.0000〉: 10 ⇨ 10 첫 번째 선택하는 선의 거리값
두 번째 모따기 거리 지정 〈10.0000〉: Space Bar ⇨ 두 번째 선택하는 선의 거리값
첫 번째 선 선택 또는 [명령 취소(U)/폴리선(P)/거리(D)/각도(A)/자르기(T)/메서드(E)/
　　다중(M)]: ⇨ 첫 번째 선 선택
두 번째 선 선택 또는 Shift 키를 누른 채 선택하여 구석 적용 또는 [거리(D)/각도(A)/
　　메서드(M)]: ⇨ 두 번째 선 선택

명령 취소(U)

U를 선택하여 여러 개의 모따기 처리한 것을 역순으로 취소

폴리선(P)

2D 폴리선의 각 정점에 모따기 동시 삽입

거리(D)

선택하는 선의 근접한 모서리로부터 거리와 거리 입력
첫 번째 모따기 거리 지정 〈10.0000〉:
두 번째 모따기 거리 지정 〈10.0000〉:

> 같은 모따기 거리일 때 첫 번째 거리를 입력 후 Space Bar를 두 번 선택하면 된다.

각도(A)

선택하는 모서리로부터 거리와 각도 입력
첫 번째 선의 모따기 길이 지정 〈0.0000〉: 15 ⇨ 첫 번째 선택하는 선의 거리
첫 번째 선으로부터 모따기 각도 지정 〈0〉: 30 ⇨ 두 번째 선택하는 선의 사잇각

자르기(T)

자르기 모드 옵션 입력 [자르기(T)/자르지 않기(N)] 〈자르기〉: t

- 자르기(T) : 챔퍼 처리 후 잘라 내기
- 자르지 않기(N) : 잘라내지 않고 챔퍼만 추가한다.

Chamfer도 Fillet과 같이 보통 자르기(T) 모드로 사용하는 것이 편리하다.

메서드(E)

[거리(D)/각도(A)] 〈거리〉: : 거리인지 각도인지 설정

다중(M)

명령을 끝내지 않고 계속해서 모따기 처리하는 기능

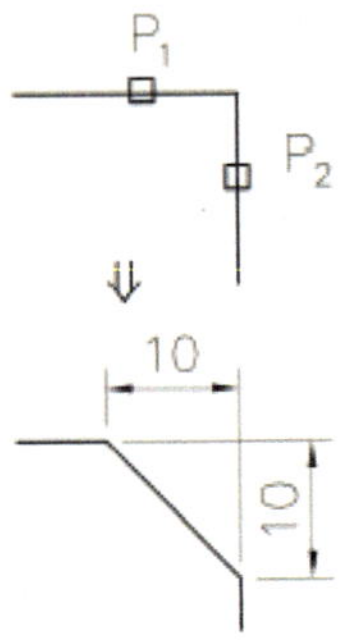

•거리값으로 모따기 처리 후 잘라내기

명령: CHA
(자르기 모드) 현재 모따기 길이 = 15.0000, 각도 = 45
첫 번째 ... [.../거리(D)/각도(A)/...]: D
첫 번째 모따기 거리 지정 〈10.0000〉: 10
두 번째 모따기 거리 지정 〈10.0000〉: Space Bar
첫 번째 선 선택 또는 ...: P_1 부근 선택
두 번째 선 선택 또는 ...: P_2 부근 선택

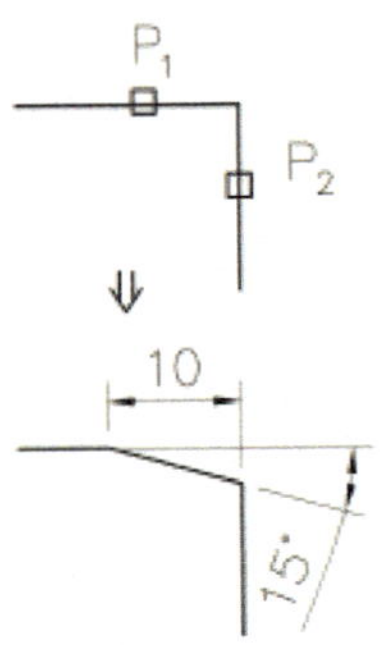

•거리와 각도로 챔퍼 처리 후 잘라내기

명령: CHA
(자르기 모드) 현재 모따기 길이 = 15.0000, 각도 = 45
첫 번째 ... [.../거리(D)/각도(A)/...]: A
첫 번째 선의 모따기 길이 지정 〈15.0000〉: 10 거리
첫 번째 선으로부터 모따기 각도 지정 〈45〉: 15 각도
첫 번째 선 선택 또는 ...: P_1 부근 선택
두 번째 선 선택 또는 ...: P_2 부근 선택

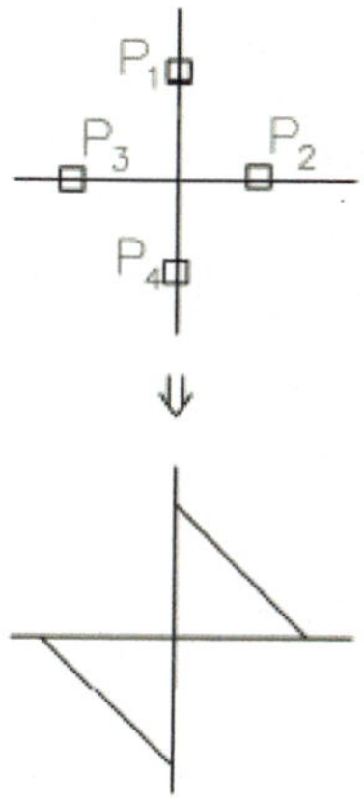

•거리값으로 챔퍼 처리 후 잘라내지 않기

명령: CHA
(자르기 모드) 현재 모따기 길이 = 10.0000, 각도 = 15
첫 번째 선 선택 또는 [.../거리(D)/.../자르기(T)/...]: T
자르기 모드 ... [자르기(T)/자르지 않기(N)] 〈자르기〉: N
첫 번째 선 선택 또는 [.../거리(D)/...]: D
첫 번째 모따기 거리 지정 〈10.0000〉: 10
두 번째 모따기 거리 지정 〈10.0000〉: Space Bar
첫 번째 선 선택 또는 [.../다중(M)]: M
첫 번째 선 선택 ... : P_1 부근 선택
두 번째 선 선택 ... : P_2 부근 선택
첫 번째 선 선택 ... : P_3 부근 선택
두 번째 선 선택 ... : P_4 부근 선택
첫 번째 선 선택 ... : 마우스 우클릭

(3) BLEND

선택한 두 근접 선이나 근접 곡선 사이의 간격에 스플라인을 처리하는 편집 명령

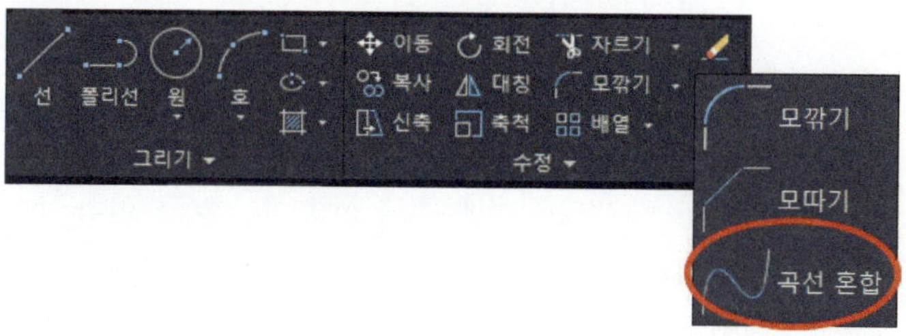

리본 메뉴–홈–수정에서 곡선 혼합 선택

명령: BLEND Enter↵
연속성 = 접선
첫 번째 객체 선택 또는 [연속성(CON)]: con 또는 첫 번째 선/호/스플라인 선택
연속성 입력 [접점(T)/부드러움(S)] 〈접점〉: T
첫 번째 객체 선택 또는 [연속성(CON)]: ⇨ 첫 번째 선/호/스플라인 선택
두 번째 객체 선택: ⇨ 두 번째 선/호/스플라인 선택

연속성(CON)

두 가지 혼합 유형 중 하나를 지정

•접점(T) : 선택한 근접 객체에 대한 접촉부(G1) 연속성으로 차수 3 스플라인 작성
•부드러움(S) : 선택한 근접 객체에 대한 곡률(G2) 연속성으로 차수 5 스플라인 작성

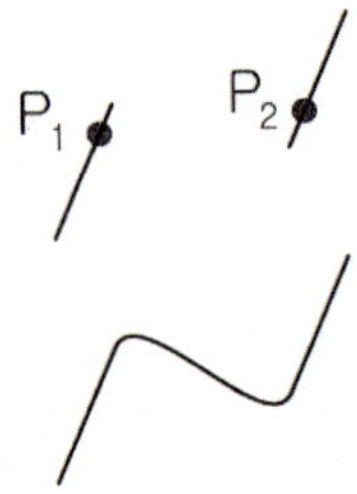

•연속성 = 접선 모드에서
명령: BLEND
연속성 = 접선
첫 번째 객체 선택 또는 [연속성(CON)]: P_1 부근 선택
두 번째 객체 선택: P_2 부근 선택

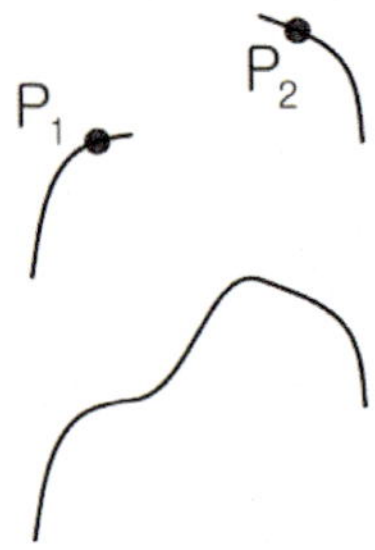

•연속성 = 접선 모드에서
명령: BLEND
연속성 = 접선
첫 번째 객체 선택 또는 [연속성(CON)]: P_1 부근 선택
두 번째 객체 선택: P_2 부근 선택

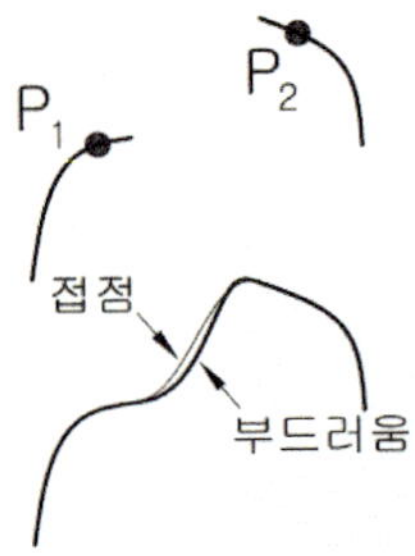

•연속성 = 부드러움 모드에서
명령: BLEND
연속성 = 접선
첫 번째 객체 선택 또는 [연속성(CON)]: CON
연속성 입력 [접점(T)/부드러움(S)] 〈접점〉: S
첫 번째 객체 선택 또는 [연속성(CON)]: P_1 부근 선택
두 번째 객체 선택: P_2 부근 선택

▌과제 도면 그리기

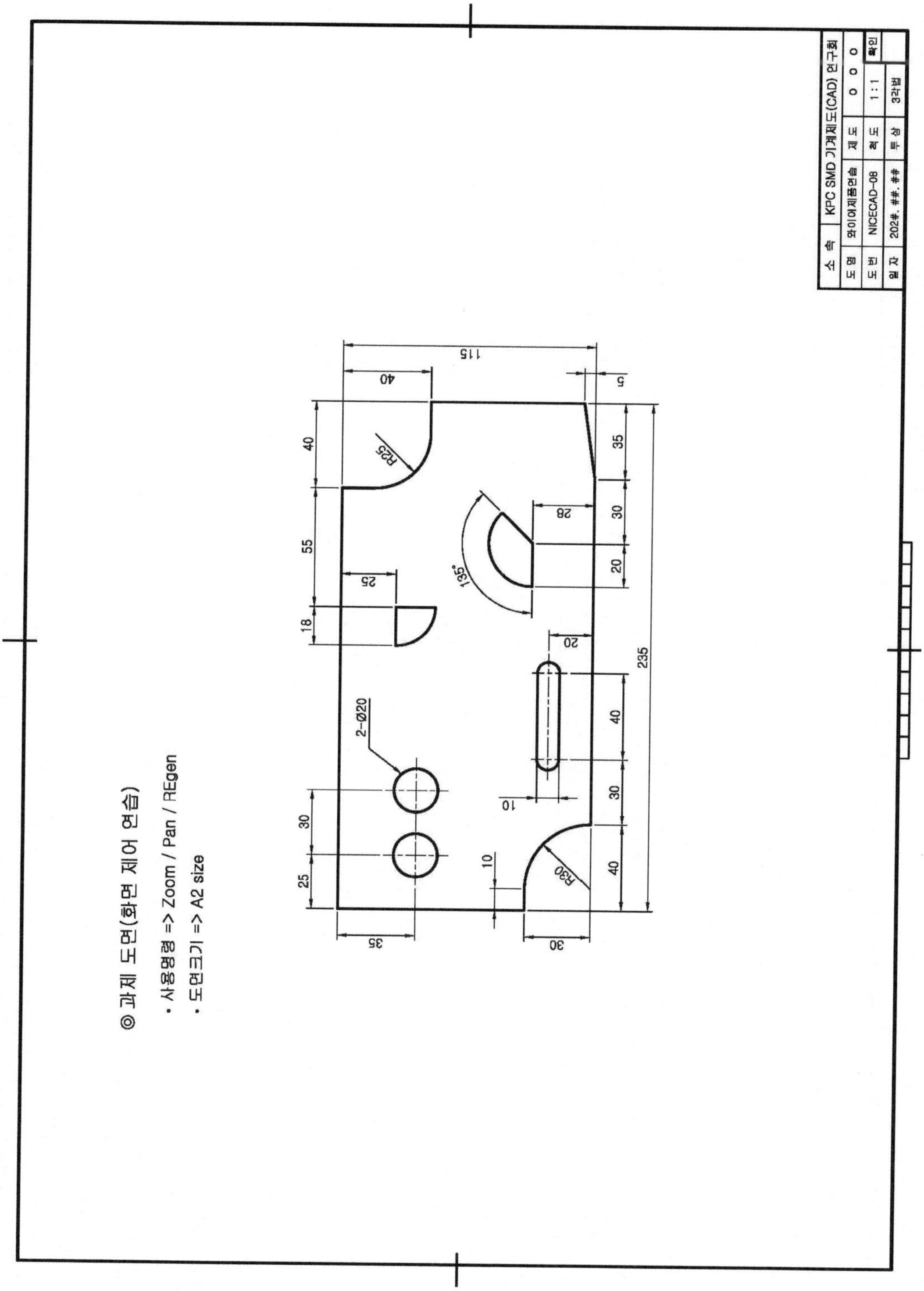
◎ 과제 도면(화면 제어 연습)
• 사용명령 => Zoom / Pan / REgen
• 도면크기 => A2 size
소 속
KPC SMD 기계제도(CAD) 연구회
도 명
와이어제품연습
제 도
○ ○ ○
도 번
NICECAD-08
척 도
1:1
확인
일 자
202#. ##. ##
투 상
3각법

◎ 과제 도면(평판 물체 그리기)

- 사용명령 => Break / Selection Set
- 도면크기 => A3 size

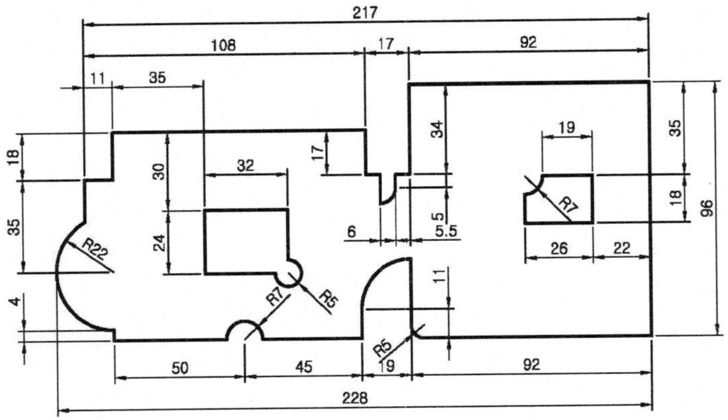

소 속	KPC SMD 기계제도(CAD) 연구회			
도 명	와이어제품연습	제 도	○ ○ ○	
도 번	NICECAD-09	척 도	1 : 1	확인
일 자	202#. ##. ##	투 상	3각법	

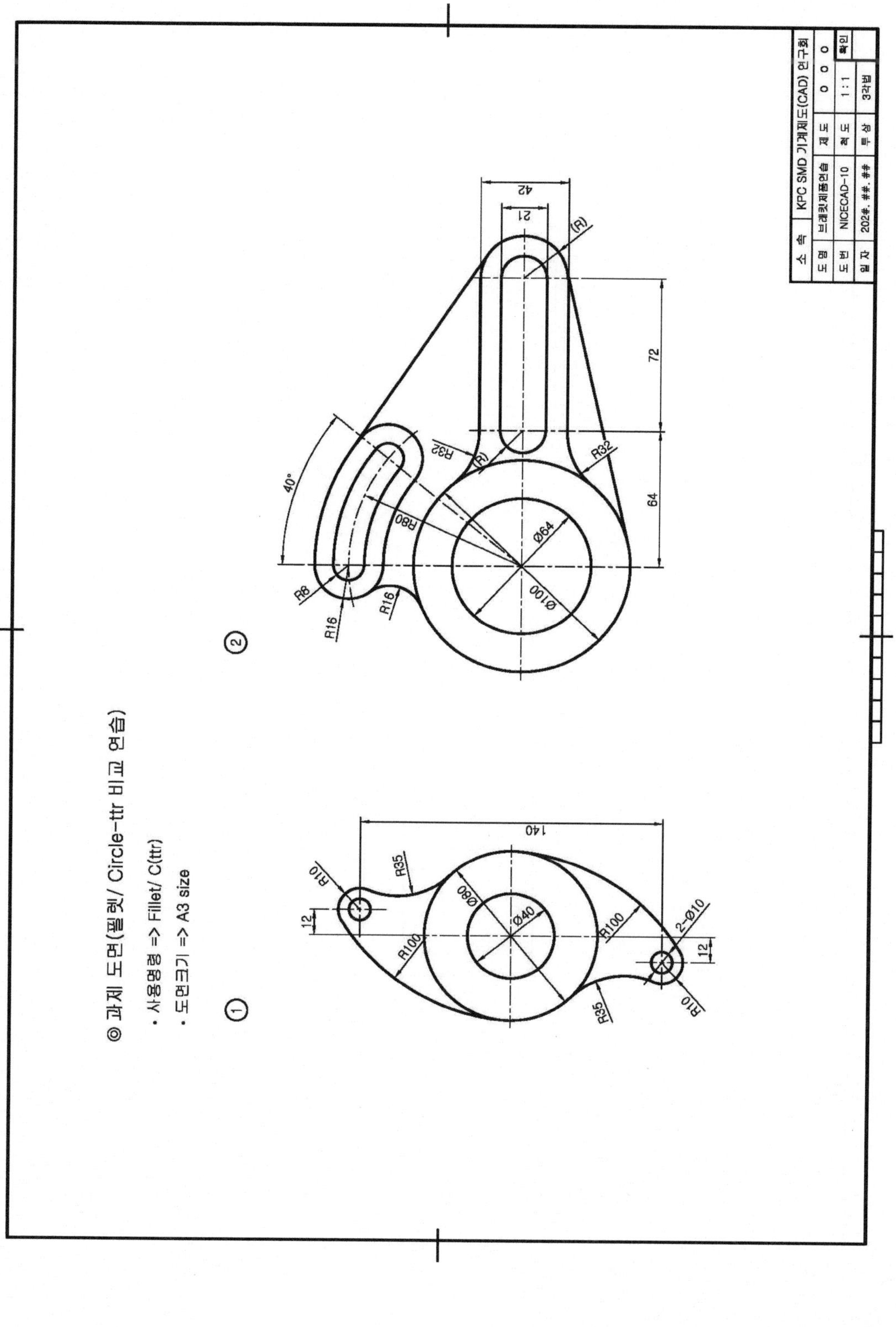
◎ 과제 도면(필렛/ Circle-ttr 비교 연습)
• 사용명령 => Fillet/ C(ttr)
• 도면크기 => A3 size
①
140
R10
R35
12
Ø80
Ø40
R100
R100
2-Ø10
12
R35
R10
②
42
21
(R)
72
64
R32
(R)
R32
40°
R80
Ø64
R8
R16
R16
Ø100
소 속 | KPC SMD 기계제도(CAD) 연구회
도 명 | 브래킷제품연습 | 제 도 | ㅇ ㅇ ㅇ
도 번 | NICECAD-10 | 척 도 | 1:1 | 확인
일 자 | 202#. ##. ## | 투 상 | 3각법

◎ 과제 도면(라운딩, 모떼기 처리)

- 사용명령 => Fillet/ CHAmfer
- 도면크기 => A2 size

①

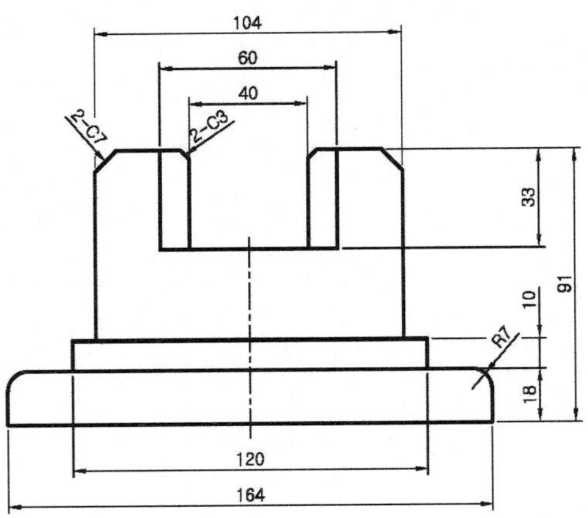

②

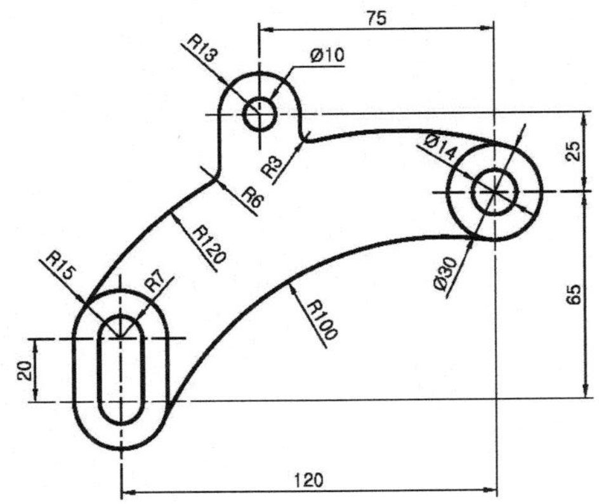

소 속	KPC SMD 기계제도(CAD) 연구회			
도 명	브래킷제품연습	제 도	○ ○ ○	
도 번	NICECAD-11	척 도	1 : 1	확인
일 자	202#. ##. ##	투 상	3각법	

CHAPTER 06

편집 / 변환 명령들 및 호(Arc)

학습목표

- 도면 요소를 이동, 복사, 다중 배열, 대칭 등 편집하고 변환할 수 있다.
- 도면 요소를 선택하여 호 그리기를 수행할 수 있다.
- 변환 명령을 이용하여 회전, 스케일, 스트레치 기능을 수행할 수 있다.

1 이동 및 복사 명령

(1) MOVE 또는 M(단축명령)

객체들을 선택하여 두 점 지정으로 이동하는 명령(위치 변환)

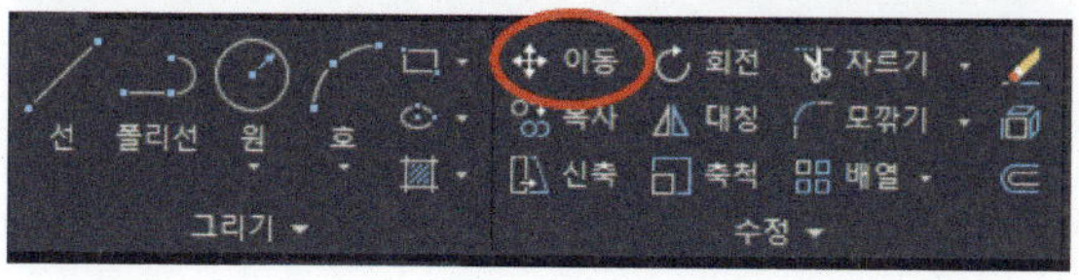

리본 메뉴–홈–수정에서 이동 선택

명령: M 또는 MOVE Enter↵
객체 선택: ⇨ 이동할 객체들을 선택
객체 선택: ⇨ 마우스 우클릭으로 진행
기준점 지정 또는 [변위(D)] 〈변위〉: ⇨ 기준점을 입력하거나 D(변위)를 입력
두 번째 점 지정 또는 〈첫 번째 점을 변위로 사용〉:
⇨ 이동할 점을 입력하거나 종료하려면 마우스 우클릭이나 Enter↵ 입력

변위(D)

D를 입력하고 20, 30 입력하면 상대 좌표로 이동한다.

변위 지정 〈20.0000, 30.0000, 0.0000〉: 20,30

도면 작업 마무리할 때 주로 도면 배치용으로 사용한다.

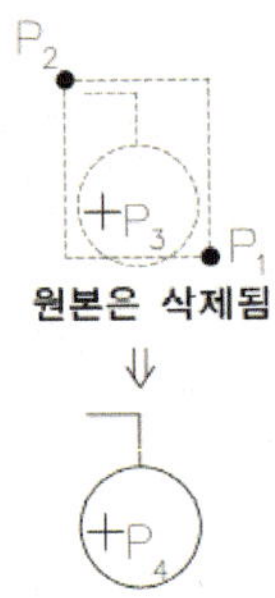

명령 : M
객체 선택: P_1 , P_2 점을 선택하여 모두 선택
객체 선택: 마우스 우클릭
기준점 지정 또는 [변위(D)] 〈변위〉: P_3 점
두 번째 점 지정 또는 〈첫 번째 점을 변위로 사용〉: P_4 점

(2) COPY 또는 CO(단축명령)

객체들을 선택하여 두 점 또는 여러 점 지정으로 복사하는 명령

리본 메뉴–홈–수정에서 복사 선택

명령: CO 또는 COPY Enter↵
객체 선택: ⇨ 복사할 객체들을 선택
객체 선택: ⇨ 마우스 우클릭으로 진행
현재 설정: 복사 모드 = 다중(M)
기본점 지정 또는 [변위(D)/모드(O)] 〈변위(D)〉: ⇨ 기준점을 입력하거나 D(변위)를 입력

두 번째 점 지정 또는 [배열(A)] 〈첫 번째 점을 변위로 사용〉:

⇨ 복사할 점을 입력하거나 종료하려면 마우스 우클릭이나 Enter↵를 입력

두 번째 점 지정 또는 [배열(A)/종료(E)/명령 취소(U)] 〈종료〉:

변위(D)

D를 입력하고 20, 30 입력하면 상대 좌표로 이동한다.

변위 지정 〈20.0000, 30.0000, 0.0000〉: 20,30

규칙적이거나 불규칙한 위치에 복사 또는 다중 복사하여 도면 작업을 빠르게 할 수 있는 유용한 명령이다.

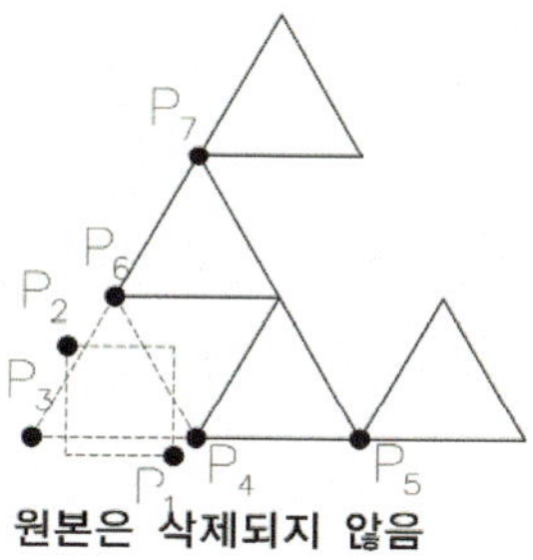

명령 : CO
객체 선택: P_1 , P_2 점을 선택
객체 선택: 마우스 우클릭
현재 설정: 복사 모드 = 다중(M)
기본점 지정 또는 [변위(D)/모드(O)] 〈변위(D)〉: P_3 점
두 번째 점 ... [배열(A)] 〈첫 번째 점을 ... 사용〉: P_4 점
두 번째 점 ... [배열(A)/.../명령 취소(U)] 〈종료〉: P5 점
두 번째 점 ... [배열(A)/.../명령 취소(U)] 〈종료〉: P6 점
두 번째 점 ... [배열(A)/.../명령 취소(U)] 〈종료〉: P7 점
두 번째 점 ... [배열(A)/.../명령 취소(U)] 〈종료〉:
마우스 우클릭으로 종료.

(3) ARRAY 또는 AR(단축명령)

선택된 객체를 직사각형, 경로 또는 원형 배열 복사하는 편집 명령

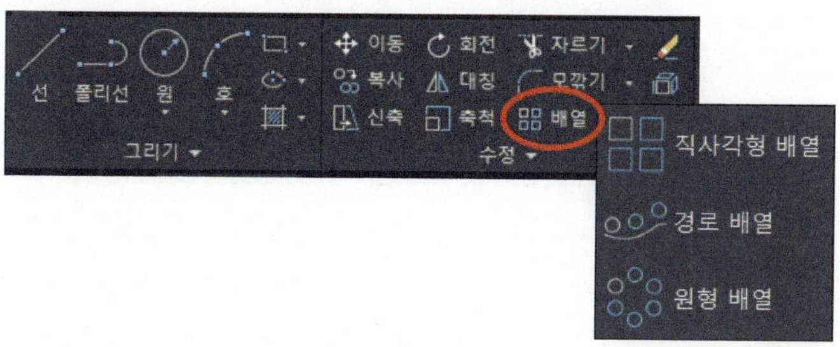

리본 메뉴–홈–수정에서 배열(▿)_직사각형 배열, 경로 배열, 원형 배열 중 하나만 선택

1) 직사각형 배열

명령 : AR 또는 ARRAY Enter↵
객체 선택: ⇨ 배열 복사할 객체를 선택
객체 선택: ⇨ 마우스 우클릭으로 진행
배열 유형 입력 [직사각형(R)/경로(PA)/원형(PO)] 〈원형〉: R
유형 = 직사각형 연관 = 예
그립을 선택하여 배열을 편집하거나 [연관(AS)/기준점(B)/개수(COU)/간격두기(S)/열(COL)/행(R)/레벨(L)/종료(X)] 〈종료〉: COL
열 수 입력 또는 [표현식(E)] 〈4〉: 4
열 사이의 거리 지정 또는 [합계(T)/표현식(E)] 〈12.4931〉: 50
그립을 선택하여 배열을 편집하거나 [연관(AS)/기준점(B)/개수(COU)/간격두기(S)/열(COL)/행(R)/레벨(L)/종료(X)] 〈종료〉: R
행 수 입력 또는 [표현식(E)] 〈3〉: 3
행 사이의 거리 지정 또는 [합계(T)/표현식(E)] 〈9.1866〉: 30
행 사이의 증분 고도 지정 또는 [표현식(E)] 〈0〉:
그립을 선택하여 배열을 편집하거나 [연관(AS)/기준점(B)/개수(COU)/간격두기(S)/열(COL)/행(R)/레벨(L)/종료(X)] 〈종료〉: ⇨ 마우스 우클릭이나 Enter↵로 종료

연관(AS)

연관 배열 작성 [예(Y)/아니오(N)] 〈아니오〉: Y
- 예(Y) : 연관 시켜 배열 작성한다.
- 아니오(N) : 연관 시키지 않고 배열 작성한다.

참고) 연관은 한 번에 선택되도록 그룹으로 묶는 것

> 연관시켜 배열 작성을 한 후 필요할 때 EXPLODE 명령으로 분해하면 연관 해체되어 편집이 가능하다.

기준점(B)

기준점 지정

개수(COU)

열 수와 행 수를 입력
열 수 입력 또는 [표현식(E)] 〈4〉:
행 수 입력 또는 [표현식(E)] 〈3〉:

간격두기(S)

열 간격과 행 간격을 입력
열 사이의 거리 지정 또는 [단위 셀(U)] 〈30〉:
행 사이의 거리 지정 〈20〉:

열(COL)

열 수와 열 간격을 입력
열 수 입력 또는 [표현식(E)] 〈4〉:
열 사이의 거리 지정 또는 [합계(T)/표현식(E)] 〈50〉: 30

행(R)

행 수, 행 간격, 행 사이의 증분 고도(Z축 간격) 입력
행 수 입력 또는 [표현식(E)] 〈3〉:
행 사이의 거리 지정 또는 [합계(T)/표현식(E)] 〈30〉: 20
행 사이의 증분 고도 지정 또는 [표현식(E)] 〈0〉:

레벨(L)

레벨 수, 레벨 간격을 입력
레벨 수 입력 또는 [표현식(E)] 〈1〉: 3
레벨 사이의 거리 지정 또는 [합계(T)/표현식(E)] 〈1〉: 40

직사각형 배열은 열(COL)과 행(R)으로 자주 사용된다.

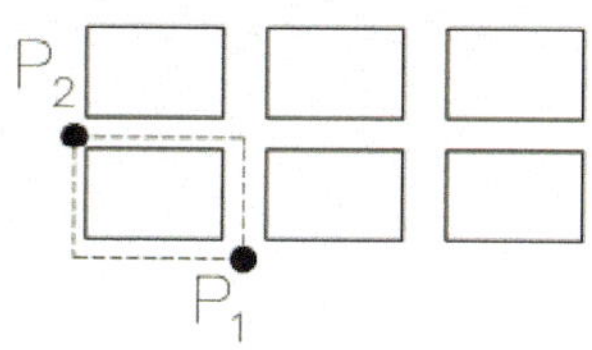

명령 : AR
객체 선택: P_1 , P_2 점을 선택한다.
객체 선택: 마우스 우클릭
배열 ... [직사각형(R)/경로(PA)/원형(PO)] 〈직사각형〉: R
유형 = 직사각형 연관 = 예
그립을 ... [.../열(COL)/행(R)/...] 〈종료〉: COL
열 수 입력 또는 [표현식(E)] 〈4〉: 3
열 사이의 거리 지정 또는 [합계(T)/표현식(E)] 〈30〉: 20
그립을 ... [.../열(COL)/행(R)/...] 〈종료〉: R
행 수 입력 또는 [표현식(E)] 〈3〉: 2
행 사이의 거리 지정 또는 [합계(T)/표현식(E)] 〈30〉: 14
행 사이의 증분 고도 지정 또는 [표현식(E)] 〈0〉:

2) 경로 배열

명령 : AR 또는 ARRAY Enter↵
객체 선택: ⇨ 배열 복사할 객체 선택
객체 선택: ⇨ 마우스 우클릭으로 진행
배열 유형 입력 [직사각형(R)/경로(PA)/원형(PO)] 〈직사각형〉: PA
유형 = 경로 연관 = 예
경로 곡선 선택: ⇨ 경로 곡선 선택
그립을 선택하여 배열을 편집하거나 [연관(AS)/메서드(M)/기준점(B)/접선 방향(T)/항목(I)/행(R)/레벨(L)/항목 정렬(A)/Z 방향(Z)/종료(X)] 〈종료〉: M
경로 방법 입력 [등분할(D)/측정(M)] 〈길이 분할〉: D
그립을 선택하여 배열을 편집하거나 [연관(AS)/메서드(M)/기준점(B)/접선 방향(T)/항목(I)/행(R)/레벨(L)/항목 정렬(A)/Z 방향(Z)/종료(X)] 〈종료〉: I
경로를 따라 배열되는 항목 수 입력 또는 [표현식(E)] 〈11〉: 5
그립을 선택하여 배열을 편집하거나 [연관(AS)/메서드(M)/기준점(B)/접선 방향(T)/항목(I)/행(R)/레벨(L)/항목 정렬(A)/Z 방향(Z)/종료(X)] 〈종료〉:

메서드(M)

경로 방법 입력 [등분할(D)/측정(M)] 〈길이 분할〉
- 등분할(D) : 전체 길이 등분
- 측정(M) : 일정한 길이만큼 길이 분할

항목(I)

배열되는 항목 수 입력
경로를 따라 배열되는 항목 수 입력 또는 [표현식(E)] 〈11〉: 5

> 경로 배열을 할 때는 메서드(M)와 항목(I)으로 자주 사용한다.

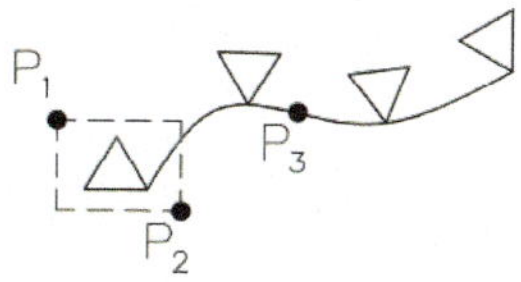

명령 : AR
객체 선택: P_1 , P_2 점을 선택한다.
객체 선택: 마우스 우클릭
배열 ... [직사각형(R)/경로(PA)/원형(PO)] 〈직사각형〉: PA
유형 = 경로 연관 = 예
경로 곡선 선택: P_3 점 부근을 선택한다.
그립을 ... [.../메서드(M)/.../항목(I)/...] 〈종료〉: M
경로 방법 입력 [등분할(D)/측정(M)] 〈길이 분할〉: D
그립을 ... [.../메서드(M)/.../항목(I)/...] 〈종료〉: I
경로를 따라 ... 항목 수 입력 또는 [표현식(E)] 〈11〉: 4
그립을 ... [.../메서드(M)/.../항목(I)/...] 〈종료〉: Enter↵

3) 원형 배열

명령 : AR 또는 ARRAY Enter↵
객체 선택: ⇨ 배열 복사할 객체를 선택
객체 선택: ⇨ 마우스 우클릭으로 진행
배열 유형 입력 [직사각형(R)/경로(PA)/원형(PO)] 〈경로〉: PO
유형 = 원형 연관 = 예
배열의 중심점 지정 또는 [기준점(B)/회전축(A)]: ⇨ 회전 배열의 중심점 선택
그립을 선택하여 배열을 편집하거나 [연관(AS)/기준점(B)/항목(I)/사이의 각도(A)/채울 각도(F)/행(ROW)/레벨(L)/항목 회전(ROT)/종료(X)]〈종료〉: I
배열의 항목 수 입력 또는 [표현식(E)] 〈6〉: 4
그립을 선택하여 배열을 편집하거나 [연관(AS)/기준점(B)/항목(I)/사이의 각도(A)/채울 각도(F)/행(ROW)/레벨(L)/항목 회전(ROT)/종료(X)]〈종료〉:

기준점(B)

기준점 지정 또는 [키 점(K)] 〈중심〉 ⇨ 물체의 기준점 지정

항목(I)

배열의 항목 수 입력 또는 [표현식(E)] 〈6〉: 4

항목 회전(ROT)

배열된 항목을 회전하시겠습니까? [예(Y)/아니오(N)] 〈예〉: N
- 예(Y) : 물체를 회전하면 원형 배열 복사
- 아니오(N) : 물체를 회전하지 않고 그대로 원행 배열 복사

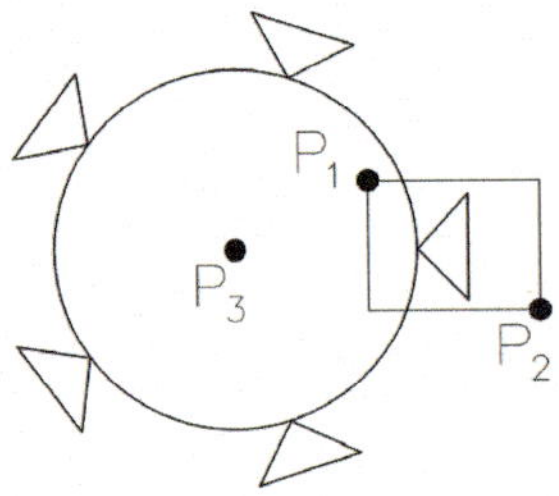

명령 : AR
객체 선택 : P_1 , P_2 점을 선택.
객체 선택 : 마우스 우클릭
배열 ... [직사각형(R)/경로(PA)/원형(PO)] 〈경로〉: PO
유형 = 원형 연관 = 예
배열의 중심점 ... : P_3 점을 중심점으로 선택
그립을 ... [.../항목(I)/...]〈종료〉: I
배열의 항목 수 입력 또는 [표현식(E)] 〈6〉: 4
그립을 ... [.../항목(I)/...]〈종료〉: Enter↵

(4) MIRROR 또는 MI(단축명령)

선택된 객체를 기준선(두 점 정의)으로부터 대칭 이동 또는 대칭 복사하는 변환 명령

리본 메뉴–홈–수정에서 대칭 선택

명령: MI 또는 MIRROR Enter↵
객체 선택: ⇨ 대칭 이동 또는 대칭 복사할 객체 선택
객체 선택: ⇨ 마우스 우클릭으로 진행
대칭선의 첫 번째 점 지정: ⇨ 기준선의 첫 점
대칭선의 두 번째 점 지정: ⇨ 기준선의 두 번째 점
원본 객체를 지우시겠습니까? [예(Y)/아니오(N)] 〈N〉: ⇨ N–대칭 복사한다.
Y–대칭 이동한다.

대칭 물체들은 반쪽만 그리고 나머지는 MIRROR로 대칭 복사함으로써 도면 작업을 빠르게 할 수 있는 유용한 명령이다.

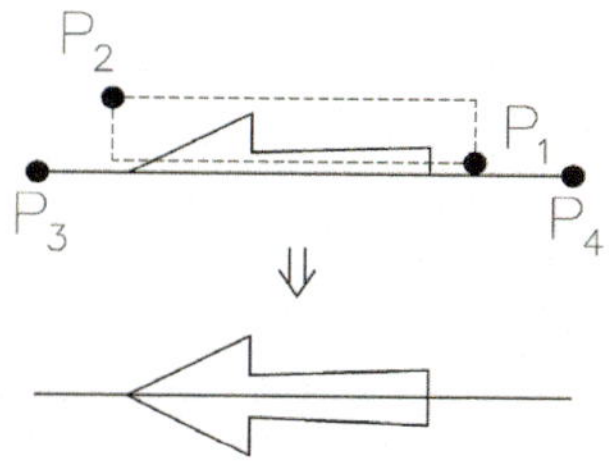

명령 : MI
객체 선택: P_1 , P_2 점을 선택
객체 선택: 마우스 우클릭
대칭선의 첫 번째 점 지정: P_3 점 선택
대칭선의 두 번째 점 지정: P_4 점 선택
원본 객체를 지우시겠습니까? [예(Y)/아니오(N)] ⟨N⟩:
마우스 우클릭

2 호(Arc) 그리기 명령

(1) ARC 또는 A(단축명령)

호를 그리는 객체 명령

리본 메뉴–홈–그리기에서 호 선택

명령: A 또는 ARC Enter↵
호의 시작점 지정 또는 [중심(C)]:
⇨ 호의 시작점을 입력하거나 C를 입력하여 호의 중심점 입력
호의 두 번째 점 또는 [중심(C)/끝(E)] 지정: E
⇨ 호의 두 번째 점을 입력하거나 C를 입력하여 호의 중심점 또는 E를 입력하여 호의 끝점 입력
호의 끝점 지정: ⇨ 호의 끝점 입력
호의 중심점 지정 또는 [각도(A)/방향(D)/반지름(R)]: A
⇨ 호의 중심점을 입력하거나 A를 입력하여 호의 내부각 또는 D를 입력하여 접선 각도를 입력 또는 R를 입력하여 반경 입력
사잇각 지정: 90 ⇨ 호의 내부각 입력

호(ARC)의 일반 사항

① 호(ARC)는 세 점 정의로 그린다.
② 호(ARC)는 반시계 방향으로 정의되기 때문에 시작점 위치에 알맞게 선택해야 한다.
③ 일반적인 호(ARC)는 원(CIRCLE)을 편집해서 그리는 것이 편리하다.
④ 호(ARC) 작도 기능에서 S(시작점)/E(끝점)/A(각도)와 S(시작점)/E(끝점)/R(반경)을 기억해서 사용하면 편리하다.

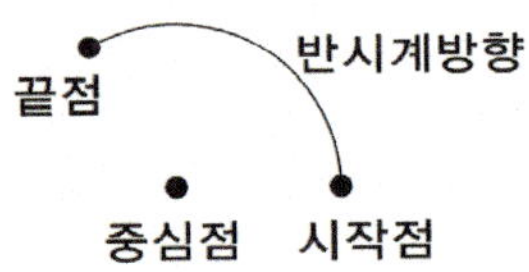

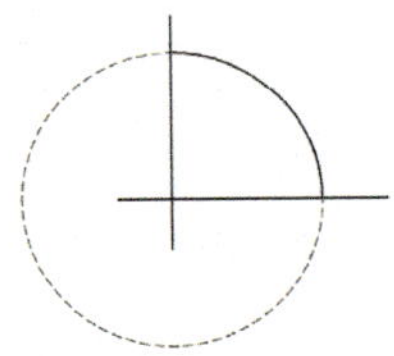

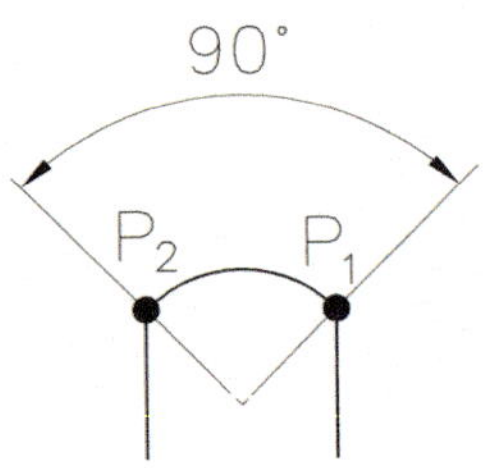

명령 : A
호의 시작점 지정 또는 [중심(C)]: P_1 점 선택
호의 두 번째 점 또는 [중심(C)/끝(E)] 지정: E
호의 끝점 지정: P_2 점 선택
호의 중심점 지정 또는 [각도(A)/방향(D)/반지름(R)]: A
사잇각 지정: 90

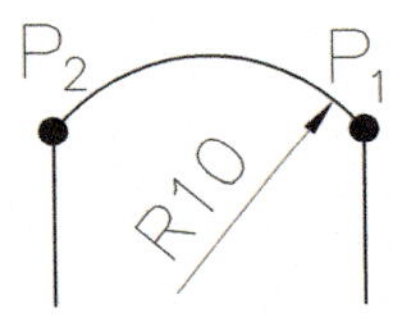

명령 : A
호의 시작점 지정 또는 [중심(C)]: P_1 점 선택
호의 두 번째 점 또는 [중심(C)/끝(E)] 지정: E
호의 끝점 지정: P_2 점 선택
호의 중심점 지정 또는 [각도(A)/방향(D)/반지름(R)]: R
호의 반지름 지정: 10

3 변환 명령

(1) ROTATE 또는 RO(단축명령)

선택된 객체를 기준점으로부터 상대 각도로 또는 절대 각도로 회전하는 변환 명령

리본 메뉴-홈-수정에서 회전 선택

명령: RO 또는 ROTATE Enter↵
현재 UCS에서 양의 각도: 측정 방향=시계 반대 방향 기준 방향=0
객체 선택: ⇨ 회전 이동시킬 객체 선택
객체 선택: ⇨ 마우스 우클릭으로 진행
기준점 지정: ⇨ 회전을 위한 기준점 입력
회전 각도 지정 또는 [복사(C)/참조(R)] 〈0〉: 90
⇨ 상대각도를 입력하거나 C를 입력하면 회전복사, R을 입력하면 절대각도로 회전

회전 각도 지정

상대각도로 회전 변환

상대각도란 현재 자세에서 회전 변환할 변위각을 말한다.

복사(C)

회전 복사

참조(R)

절대각도로 회전 변환
회전 각도 지정 또는 [복사(C)/참조(R)] 〈90〉: R
참조 각도를 지정 〈0〉: ⇨ 현재 각도를 입력하거나 기준점 입력
두 번째 점을 지정: ⇨ 두번째 점 입력
새 각도 지정 또는 [점(P)] 〈0〉: 0 ⇨ 절대 각도 입력

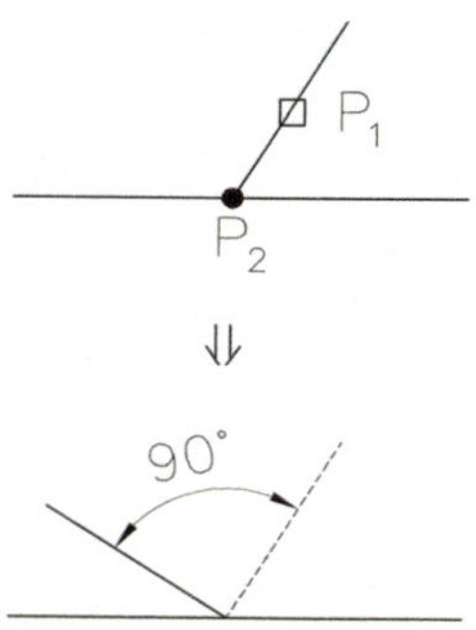

• 상대각도로 회전 변환
명령 : RO
현재 UCS에서 양의 각도: 측정 방향=시계 반대 ...=0
객체 선택: P_1 점 부근 선택
객체 선택: 마우스 우클릭
기준점 지정: P_2 점을 선택
회전 각도 지정 또는 [복사(C)/참조(R)] 〈0〉: 90

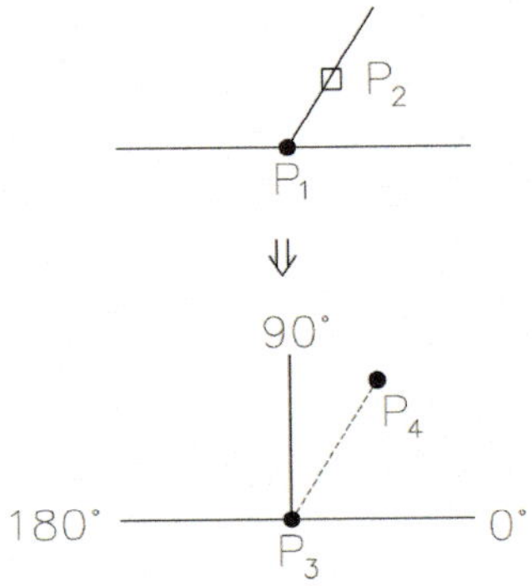

- **절대각도로 회전 변환**
  명령 : RO
  현재 UCS에서 양의 각도: 측정 방향=시계 반대 ...=0
  객체 선택: P_1 점 부근 선택
  객체 선택: 마우스 우클릭
  기준점 지정: P_2 점 선택.
  회전 각도 지정 또는 [복사(C)/참조(R)] 〈90〉: R
  참조 각도를 지정 〈45〉: 다시 P_2 점 선택
  두 번째 점을 지정: P_3 점 선택
  새 각도 지정 또는 [점(P)] 〈0〉: 90

(2) SCALE 또는 SC(단축명령)

선택된 객체를 기준점으로부터 상대 배율 또는 절대 크기로 확대 또는 축소하는 변환 명령

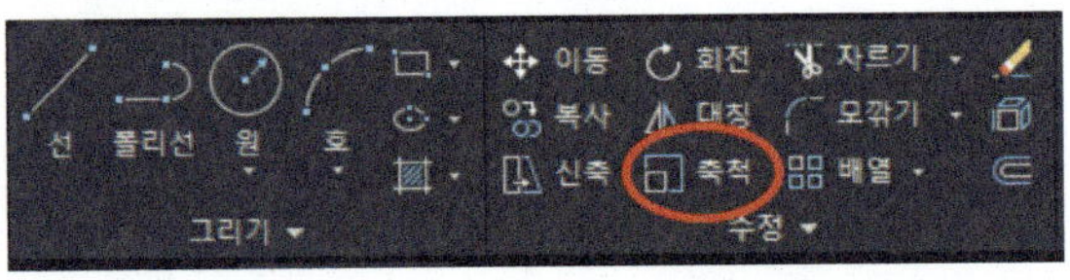

리본 메뉴-홈-수정에서 축척 선택

명령: SC 또는 SCALE Enter↵
객체 선택: ⇨ 스케일링(확대 또는 축소)할 객체 선택
객체 선택: ⇨ 마우스 우클릭으로 진행
기준점 지정: ⇨ 기준점 입력
축척 비율 지정 또는 [복사(C)/참조(R)]: 2
⇨ 상대배율을 입력하거나 C를 입력하면 스케일링 복사, R을 입력하면 절대크기로 스케일링 변환

축척 비율 지정

상대배율로 스케일링 변환

> 상대배율이란 현재 크기에서 스케일 변환할 배율을 말한다.

복사(C)

스케일링 복사

참조(R)

절대크기로 스케일링 변환
축척 비율 지정 또는 [복사(C)/참조(R)]: R
참조 길이 지정 〈1.0000〉: ⇨ 현재 크기를 입력하거나 기준점 입력
두 번째 점을 지정: ⇨ 두 번째 크기점 입력
새 길이 지정 또는 [점(P)] 〈1.0000〉: ⇨ 절대 크기 입력

Scale 명령은 부분확대도나 상세도를 그리는데 유용하다.

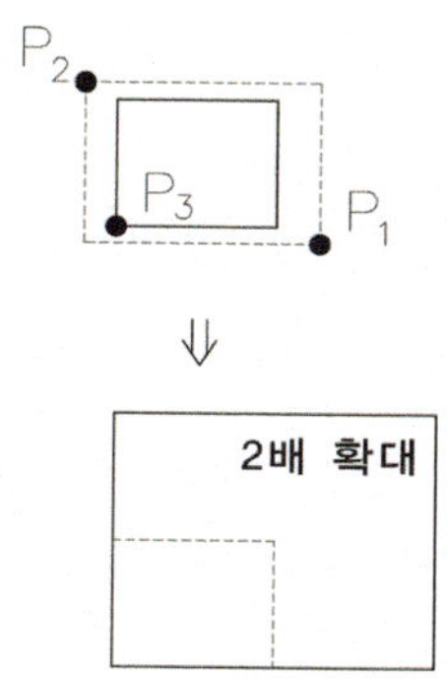

•상대배율로 스케일링 변환
명령 : SC
객체 선택: P_1 점과 P_2 점 선택
객체 선택: 마우스 우클릭
기준점 지정: P_3 점 입력
축척 비율 지정 또는 [복사(C)/참조(R)]: 2

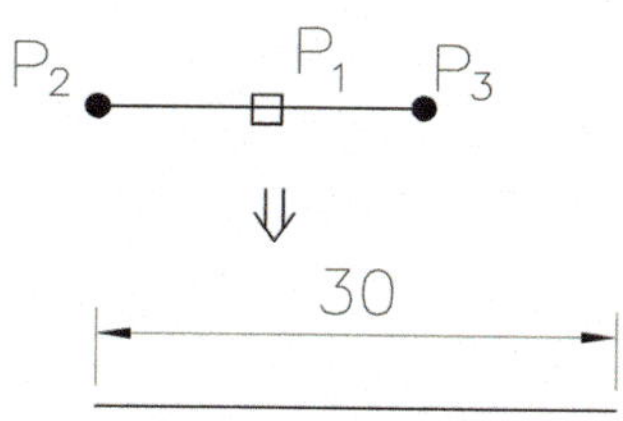

•절대크기로 스케일링 변환
명령 : SC
객체 선택: P_1 점 부근 선택
객체 선택: 마우스 우클릭
기준점 지정: P_2 점 입력
축척 비율 지정 또는 [복사(C)/참조(R)]: R
참조 길이 지정 〈44.0000〉: P_2 점을 다시 선택
두 번째 점을 지정: P_3 점 선택
새 길이 지정 또는 [점(P)] 〈22.0000〉: 30

(3) STRETCH 또는 S(단축명령)

걸치기(점선창)로 선택된 객체를 선택점으로부터 자동좌표로 늘리거나 줄이는 변환 명령

리본 메뉴–홈–수정에서 신축 선택

명령: S 또는 STRETCH Enter↵
걸침 윈도우 또는 걸침 다각형만큼 신축할 객체 선택...
객체 선택: ⇨ 자동 걸치기(점선창)이거나 C 또는 Cp로 객체 선택
객체 선택: ⇨ 마우스 우클릭으로 진행
기준점 지정 또는 [변위(D)] 〈변위〉: ⇨ 기준점을 입력하거나 D(변위) 입력
두 번째 점 지정 또는 〈첫 번째 점을 변위로 사용〉:
⇨ 늘리고 줄일 변형량을 자동 좌표로 입력

변위(D)

D를 입력하고 좌표값(20, 0)을 입력하면 상대 좌표로 늘리거나 줄인다.

기준점 지정 또는 [변위(D)] 〈변위〉: D
변위 지정 〈0.0000, 0.0000, 0.0000〉: 30,0

자동좌표란 마우스로 방향을 향하고 크기를 입력하는 방법을 말한다.

Scale 명령은 x, y 크기를 배율로 동시에 크기가 변환되지만 Stretch 명령은 x 크기, y 크기 각각 변환되기 때문에 크기를 편집하는데 편리하고 매우 유용하다.

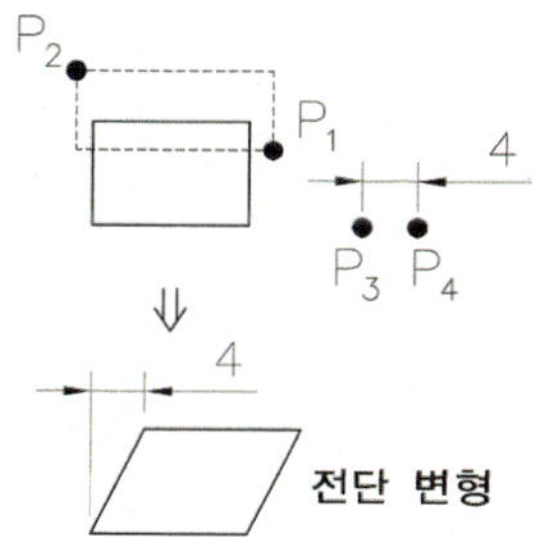

전단 변형

- **전단 변형**

명령 : S
걸침 윈도우 또는 걸침 다각형만큼 신축할 객체 선택...
객체 선택: P_1 점과 P_2 점 선택
객체 선택: 마우스 우클릭
기준점 지정 또는 [변위(D)] 〈변위〉: P_3 점 선택
두 번째 점 지정 또는 〈첫 번째 점을 변위로 사용〉:
마우스를 우측으로 향하고 4 [Space Bar]

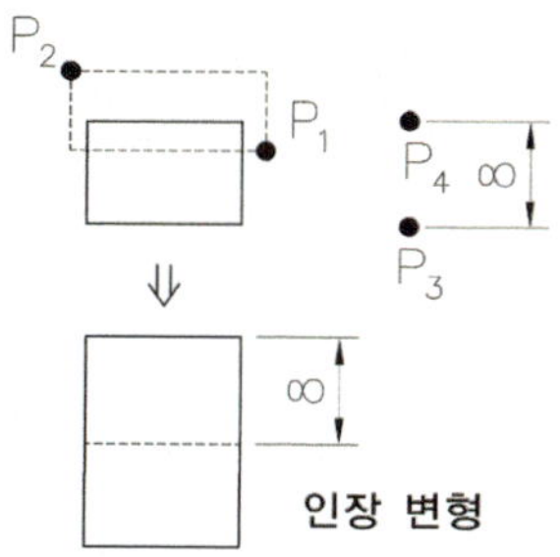

인장 변형

- **인장 변형**

명령 : S
걸침 윈도우 또는 걸침 다각형만큼 신축할 객체 선택...
객체 선택: P_1 점과 P_2 점 선택
객체 선택: 마우스 우클릭
기준점 지정 또는 [변위(D)] 〈변위〉: P_3 점 선택
두 번째 점 지정 또는 〈첫 번째 점을 변위로 사용〉:
마우스를 위로 향하고 8 [Space Bar]

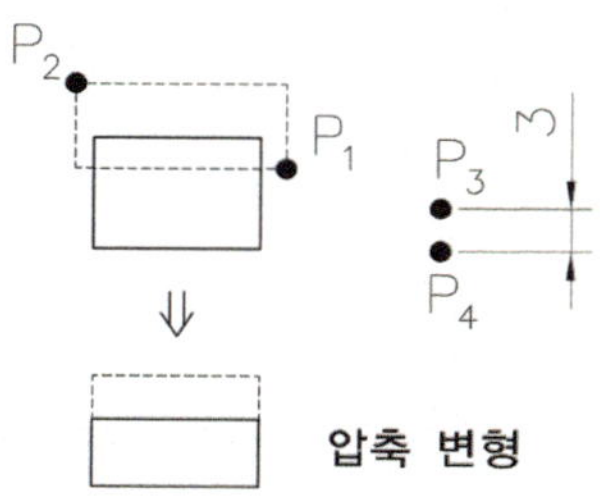

압축 변형

- **압축 변형**

명령 : S
걸침 윈도우 또는 걸침 다각형만큼 신축할 객체 선택...
객체 선택: P_1 점과 P_2 점 선택
객체 선택: 마우스 우클릭
기준점 지정 또는 [변위(D)] 〈변위〉: P_3 점 선택
두 번째 점 지정 또는 〈첫 번째 점을 변위로 사용〉:
마우스를 아래로 향하고 3 [Space Bar]

▮과제 도면 그리기

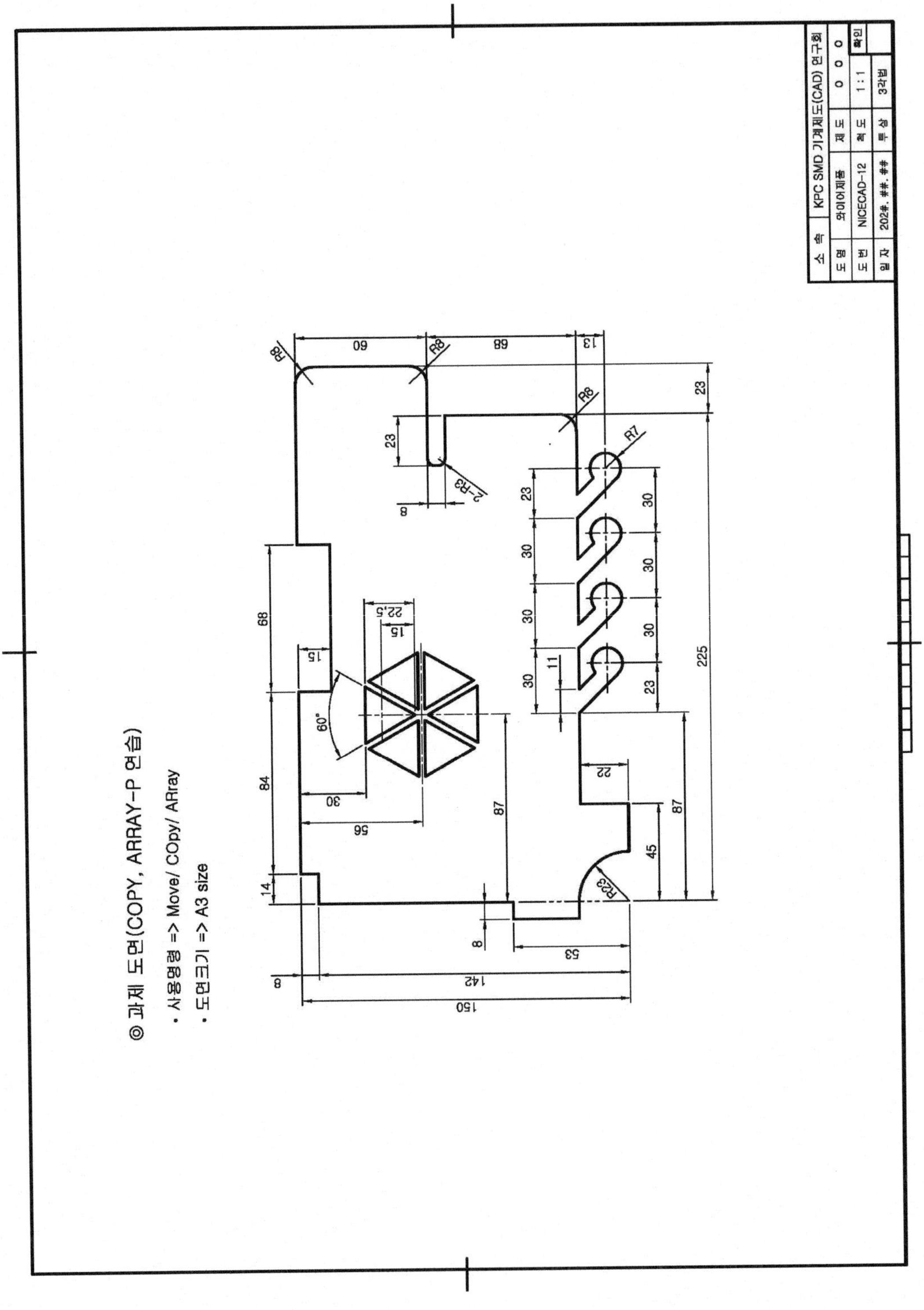
◎ 과제 도면(COPY, ARRAY-P 연습)
· 사용명령 => Move/ COpy/ ARray
· 도면크기 => A3 size
소 속
KPC SMD 기계제도(CAD) 연구회
도 명
와이어제품
제 도
○ ○ ○
도 번
NICECAD-12
척 도
1 : 1
일 자
202#. ##. ##
투 상
3각법
확인

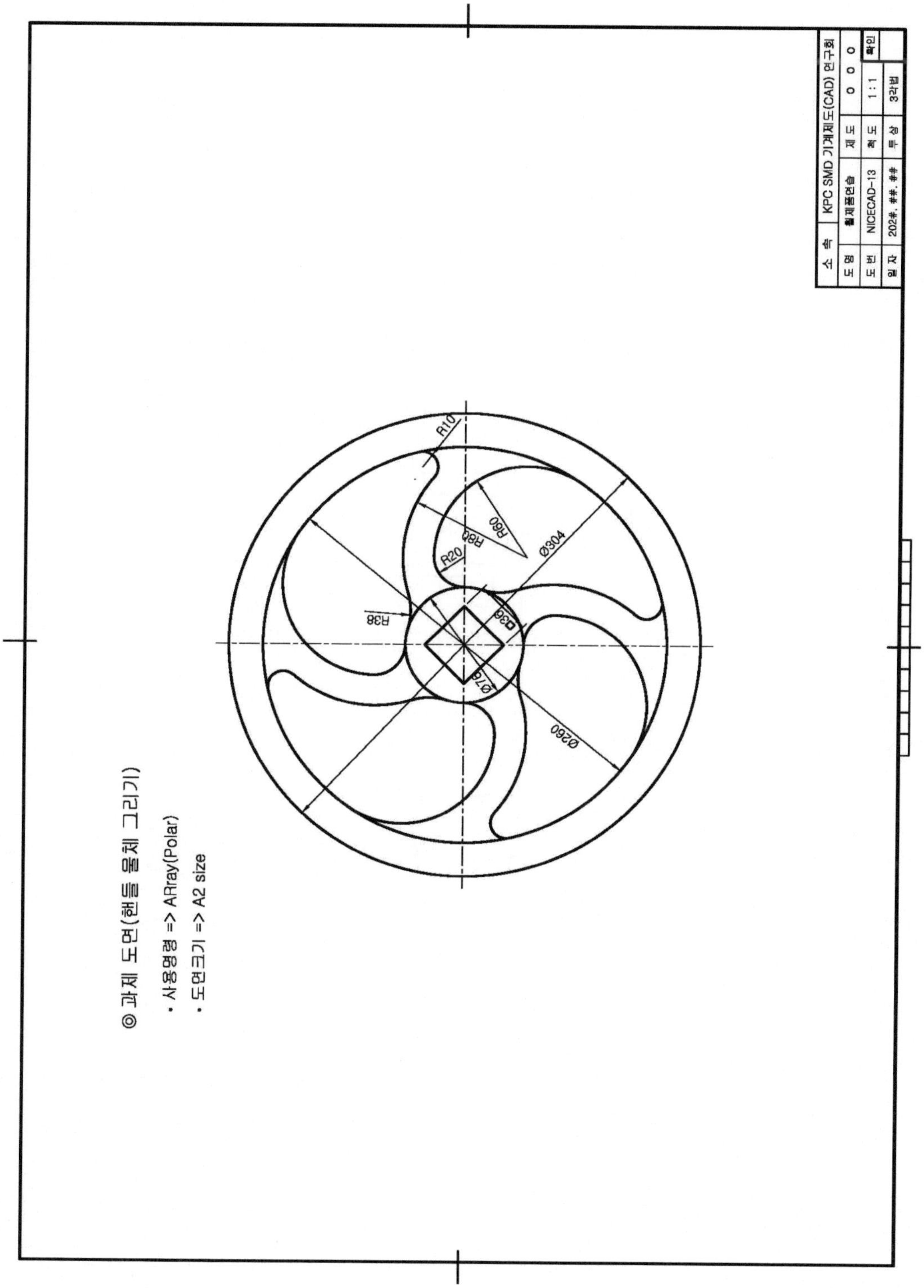
◎ 과제 도면(핸들 물체 그리기)
· 사용명령 => ARray(Polar)
· 도면크기 => A2 size
R10
R60
R80
R20
Ø304
R38
□36
Ø76
Ø260
소 속
KPC SMD 기계제도(CAD) 연구회
도 명
철제품연습
제 도
○ ○ ○
도 번
NICECAD-13
척 도
1 : 1
확인
일 자
202#. ##. ##
투 상
3각법

◎ 과제 도면(대칭 복사 연습)

- 사용명령 => MIrror
- 도면크기 => A3 size

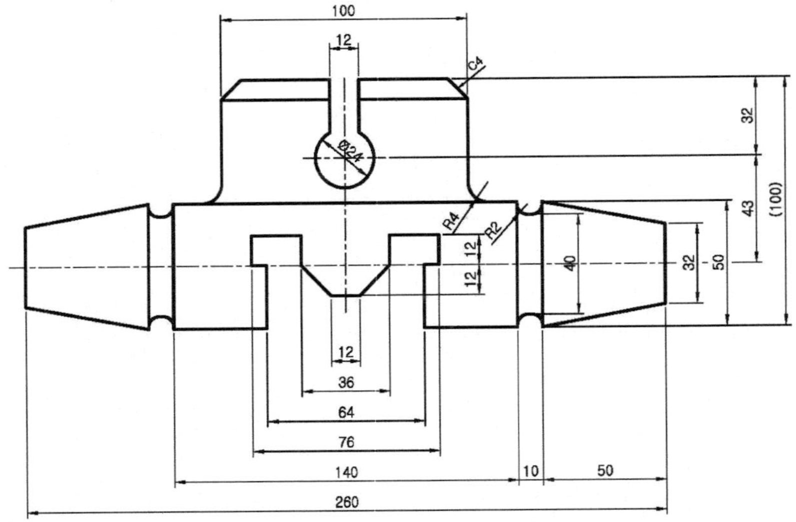

소 속	KPC SMD 기계제도(CAD) 연구회			
도 명	링크제품연습	제 도	ㅇ ㅇ ㅇ	
도 번	NICECAD-14	척 도	1 : 1	확인
일 자	202#. ##. ##	투 상	3각법	

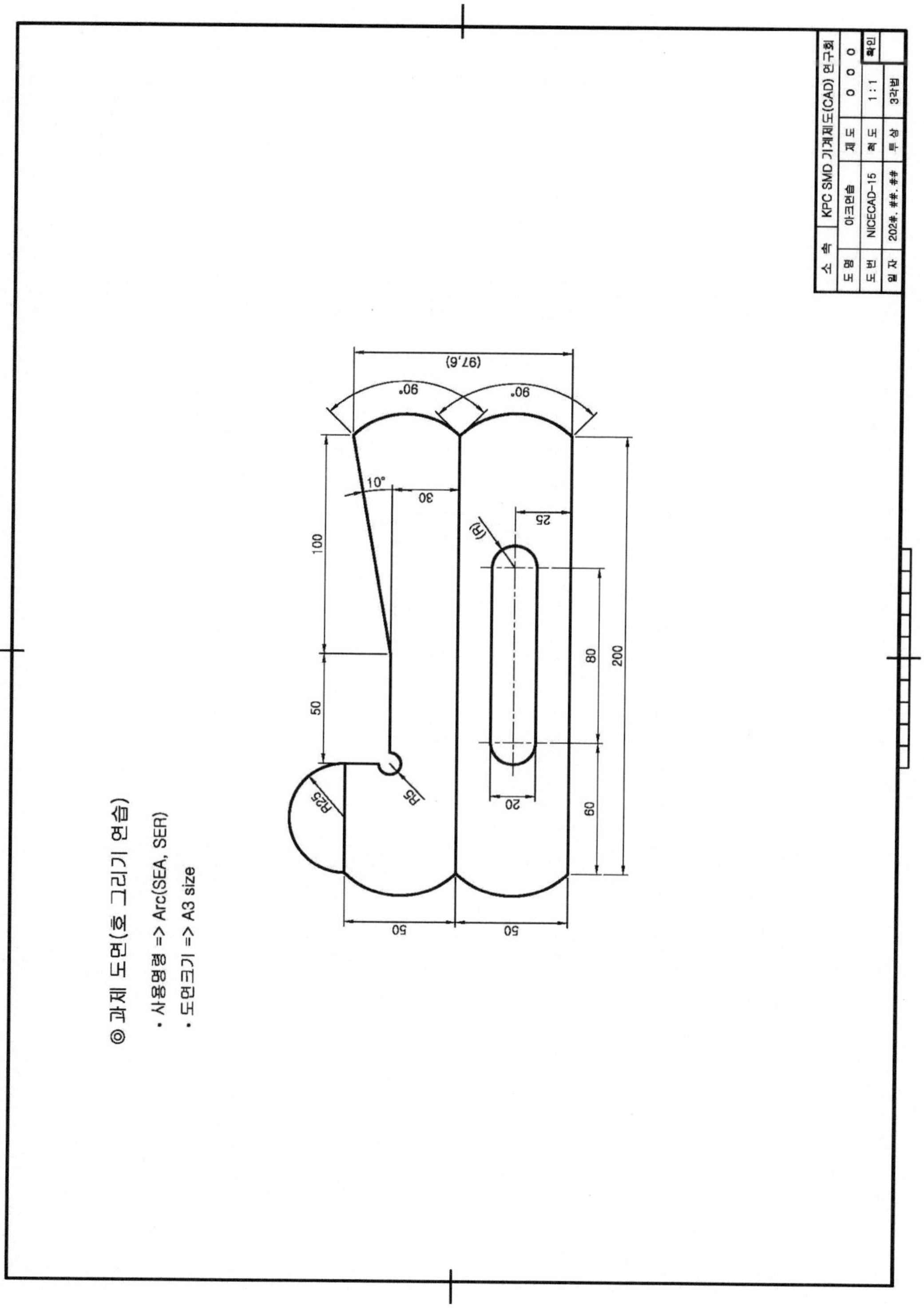
◎ 과제 도면(호 그리기 연습)
· 사용명령 => Arc(SEA, SER)
· 도면크기 => A3 size
(97.6)
90°
90°
10°
30
25
(R)
100
50
80
200
60
R25
R5
20
50
50
소 속
KPC SMD 기계제도(CAD) 연구회
도 명
아크연습
제 도
○ ○ ○
확인
도 번
NICECAD-15
척 도
1:1
일 자
202#. ##. ##
투 상
3각법

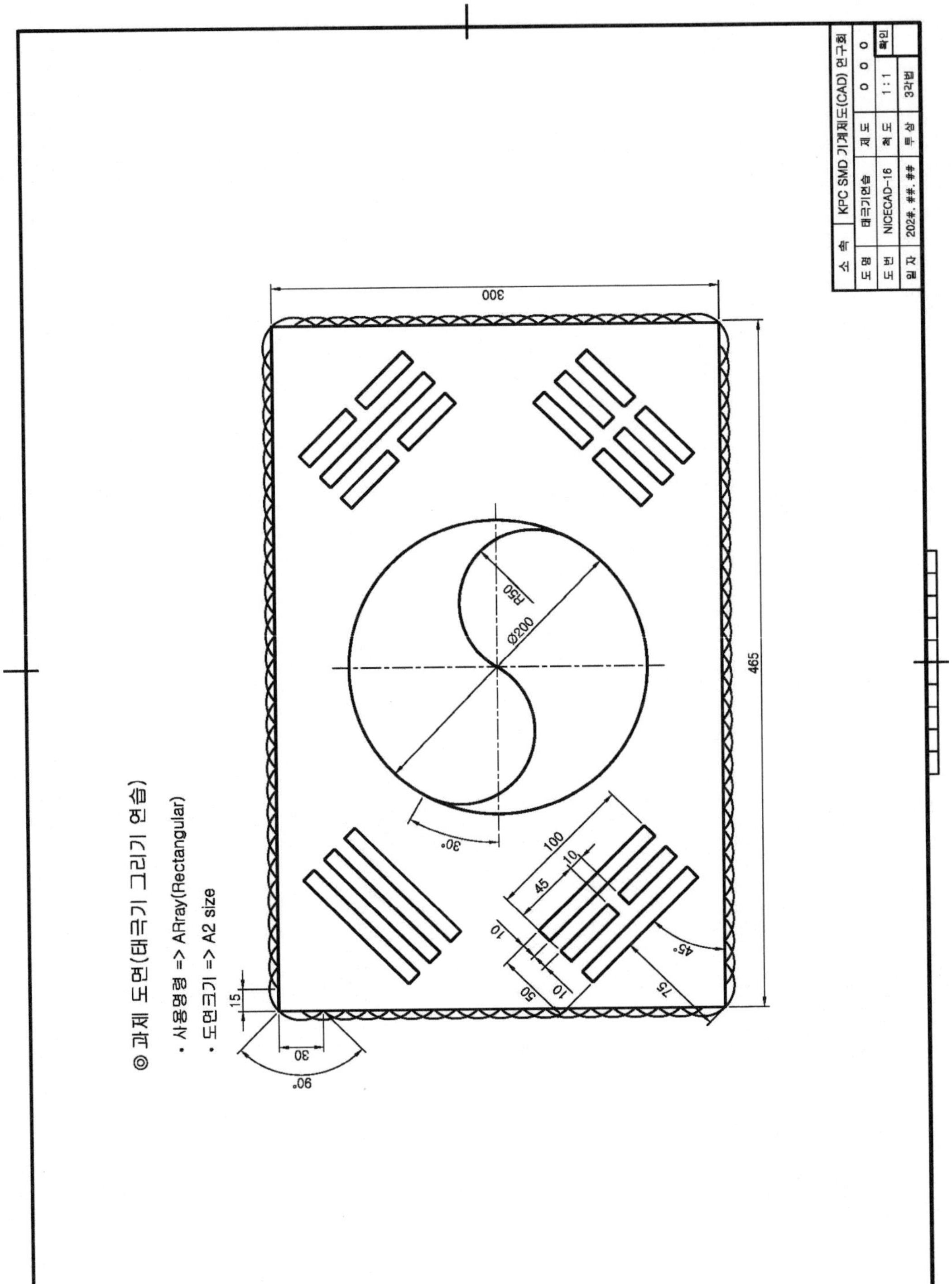
◎ 과제 도면(태극기 그리기 연습)
• 사용명령 => ARray(Rectangular)
• 도면크기 => A2 size
300
465
Ø200
R50
30°
100
10
45
10
50
10
75
45°
15
30
90°
소 속 KPC SMD 기계제도(CAD) 연구회
도 명 태극기연습 제 도 ○ ○ ○
도 번 NICECAD-16 척 도 1 : 1 확인
일 자 202#. ##. ## 투 상 3각법

◎ 과제 도면(부분배열 복사 및 부분 확대도 그리기 연습)

- 사용명령 => ARray / SCale
- 도면크기 => A2 size

Detail-A

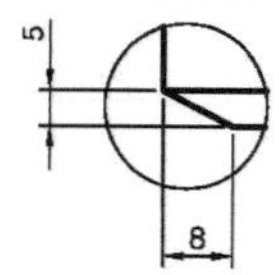

①

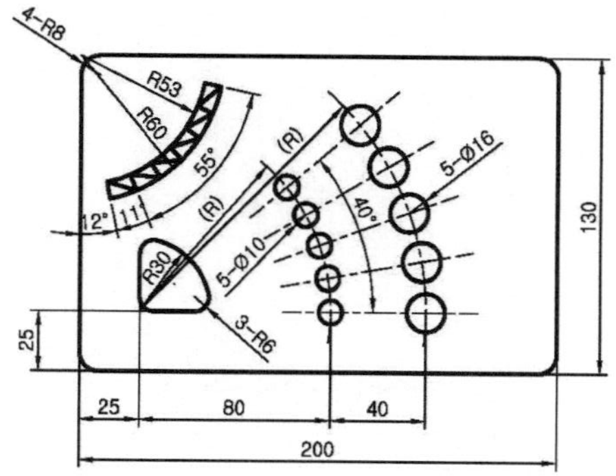

②

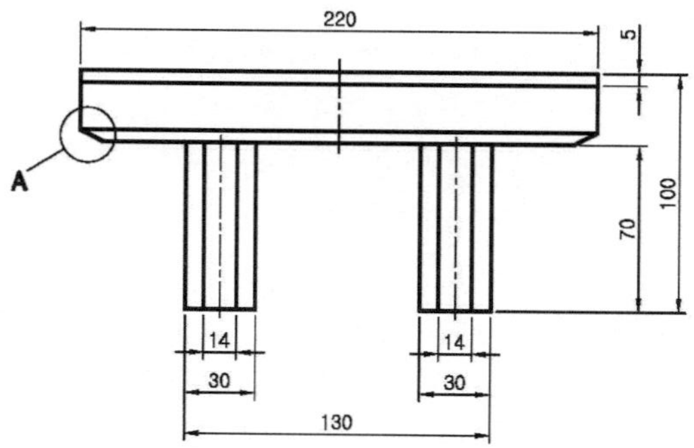

소 속	KPC SMD 기계제도(CAD) 연구회			
도 명	템플릿테이블연습	제 도	O O O	
도 번	NICECAD-17	척 도	1 : 1	확인
일 자	202#. ##. ##	투 상	3각법	

◎ 과제 도면(평면 배치 및 제네바 기어 그리기)

- 사용명령 => grips
- 도면크기 => A2 size

①

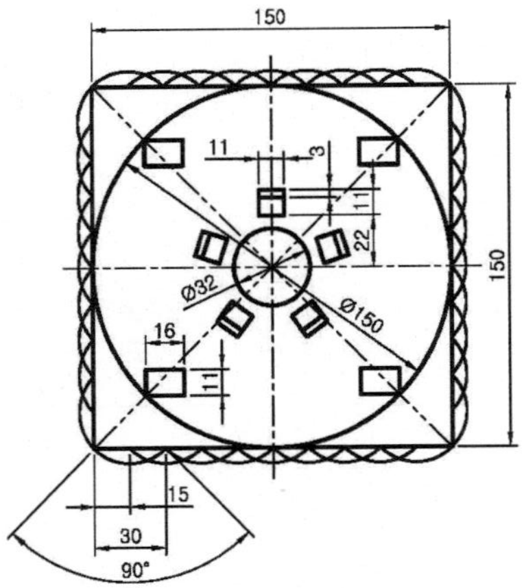

②

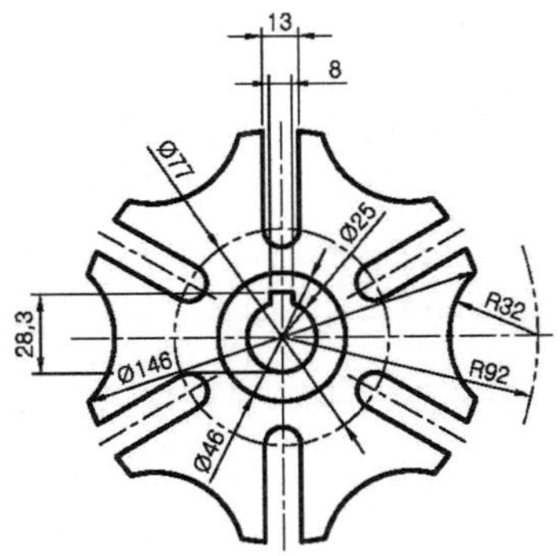

소 속	KPC SMD 기계제도(CAD) 연구회			
도 명	평면배치제네바기어	제 도	ㅇ ㅇ ㅇ	
도 번	NICECAD-18	척 도	1 : 1	확인
일 자	202#. ##. ##	투 상	3각법	

CHAPTER 07

Poly 객체 및 그립대화 상자들

학습목표

- 도면 요소를 선택하여 다각형, 타원 그리기를 수행할 수 있다.
- 명령 선택 없이 객체를 편집하고 변환할 수 있다.
- 도면 작도를 위해 그립, 객체 선택, 객체 스냅 기능을 설정할 수 있다.

1 Poly 객체 명령

(1) POLYGON 또는 POL(단축명령)

정 다각형을 그리는 객체 명령

이 명령은 선 굵기(폭)이 0이고 접점 정보가 없는 폴리선을 그린다. Pedit 명령으로 다양하게 편집할 수 있다.

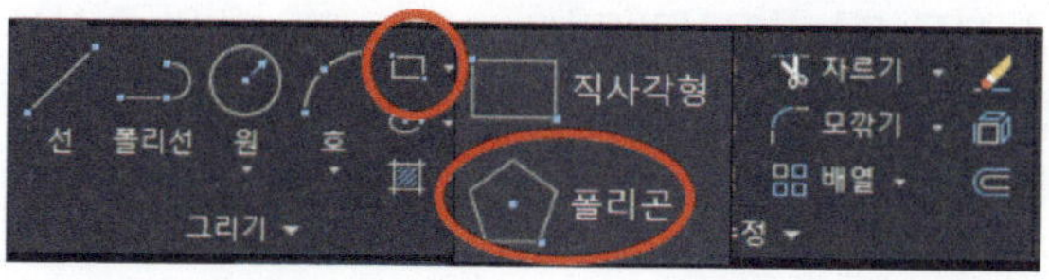

리본 메뉴–홈–그리기에서 직사각형(▿) 폴리곤 선택

1) 한 변의 길이로 정 다각형 정의

명령 : POL 또는 POLYGON [Enter↵]

면의 수 입력 〈4〉: 2 ⇨ 2를 입력하면 다음과 같은 메시지가 나옴
3과(와) 1024 사이의 정수를 요구함.

면의 수 입력 〈4〉: 3

다각형의 중심을 지정 또는 [모서리(E)]: E ⇨ 한 변의 길이로 다각형 정의

모서리의 첫 번째 끝점 지정: ⇨ 선분 또는 임의의 위치에 한 점 입력

모서리의 두 번째 끝점 지정: ⇨ 선분의 끝점이나 자동좌표 또는 상대극좌표 입력

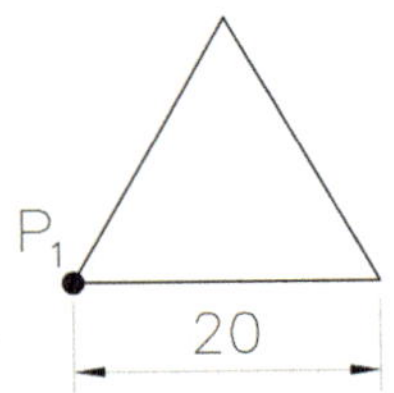

•자동좌표를 이용하여 삼각형 그리기

명령 : POL

면의 수 입력 〈4〉: 3

다각형의 중심을 지정 또는 [모서리(E)]: E

모서리의 첫 번째 끝점 지정: P_1 점 선택

모서리의 두 번째 끝점 지정: F8키로 〈직교 켜기〉 한 후 마우스를 우측방향으로 향하고 20 [Space Bar]

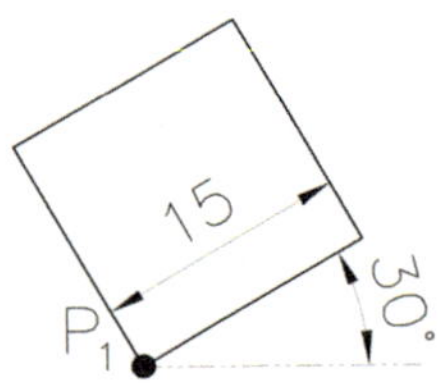

•상대극좌표를 이용하여 삼각형 그리기

명령 : POL

면의 수 입력 〈3〉: 4

다각형의 중심을 지정 또는 [모서리(E)]: E

모서리의 첫 번 째 끝점 지정: P_1 점을 선택

모서리의 두 번째 끝점 지정: @15〈30

2) 원의 내접(I)/외접(C)하여 정다각형 정의

명령 : POL 또는 POLYGON [Enter↵]

면의 수 입력 〈3〉: ⇨ 3과 1024 사이의 정수 입력

다각형의 중심을 지정 또는 [모서리(E)]: ⇨ 원의 중심점 입력

옵션을 입력 [원에 내접(I)/원에 외접(C)] 〈I〉: ⇨ 원의 내접(I)/원의 외접(C)

원의 반지름 지정:

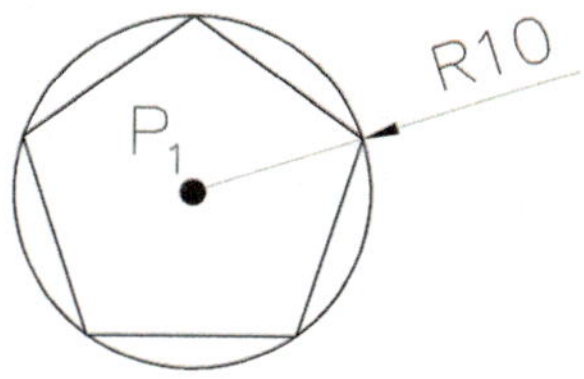

- **원의 내접하여 다각형 그리기**

명령 : POL
면의 수 입력 〈3〉: 5
다각형의 중심을 지정 또는 [모서리(E)]:
CEN of 중심점(P, 점) 선택
옵션을 입력 [원에 내접(I)/원에 외접(C)] 〈I〉: I
원의 반지름 지정: 10

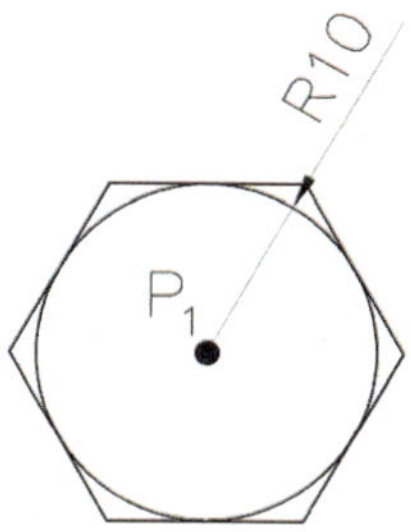

- **원의 외접하여 다각형 그리기**

명령 : POL
면의 수 입력 〈5〉: 6
다각형의 중심을 지정 또는 [모서리(E)]:
CEN of 중심점(P, 점) 선택
옵션을 입력 [원에 내접(I)/원에 외접(C)] 〈I〉: C
원의 반지름 지정: 10

(2) RECTANG 또는 REC(단축명령)

두 점으로 사각형 그리는 객체 명령
이 명령도 폴리선을 그리므로 Pedit 명령으로 다양하게 편집할 수 있다.

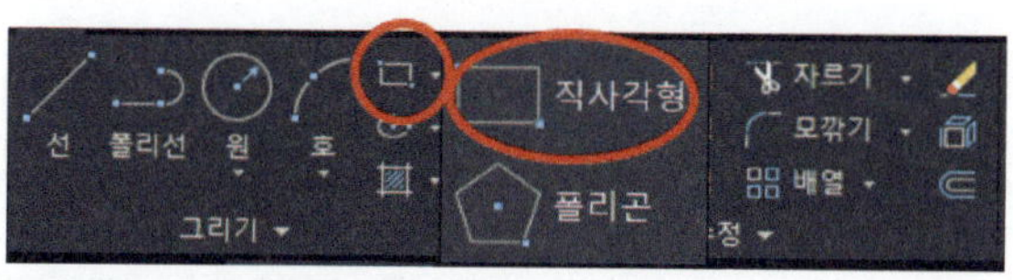

리본 메뉴–홈–그리기에서 직사각형 선택

명령: REC 또는 RECTANG Enter↵
첫 번째 구석점 지정 또는 [모따기(C)/고도(E)/모깎기(F)/두께(T)/폭(W)]:
다른 구석점 지정 또는 [영역(A)/치수(D)/회전(R)]:

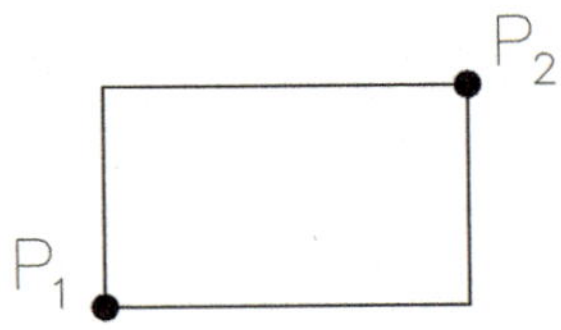

•대각선의 두 점으로 사각형 그리기

명령 : REC
첫 번째 구석점 지정 또는 [모따기(C)/고도(E)/모깎기(F)/두께(T)/폭(W)]: P_1 점 선택
다른 구석점 지정 또는 [영역(A)/치수(D)/회전(R)]: P_2 점 선택

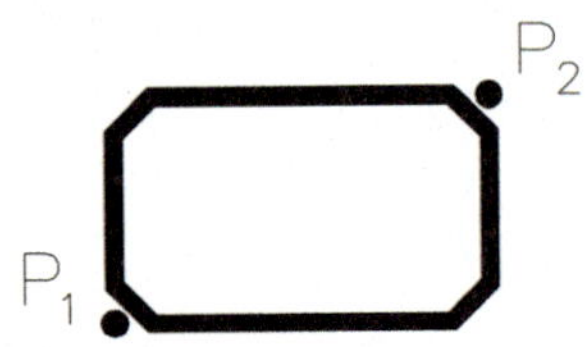

•대각선의 두 점으로 모따기와 폭이 있는 사각형 그리기

명령 : REC
첫 번째 구석점 지정 또는 [모따기(C)/고도(E)/모깎기(F)/두께(T)/폭(W)]: W
직사각형의 선 폭 지정 〈1.0000〉: 1
첫 번째 구석점 지정 또는 [모따기(C)/고도(E)/모깎기(F)/두께(T)/폭(W)]: C
직사각형의 첫 번째 모따기 거리 지정 〈2.0000〉: 2
직사각형의 두 번째 모따기 거리 지정 〈2.0000〉: 2
첫 번째 구석점 지정 또는 [모따기(C)/고도(E)/모깎기(F)/두께(T)/폭(W)]: P_1 점 선택
다른 구석점 지정 또는 [영역(A)/치수(D)/회전(R)]: P_2 점 선택

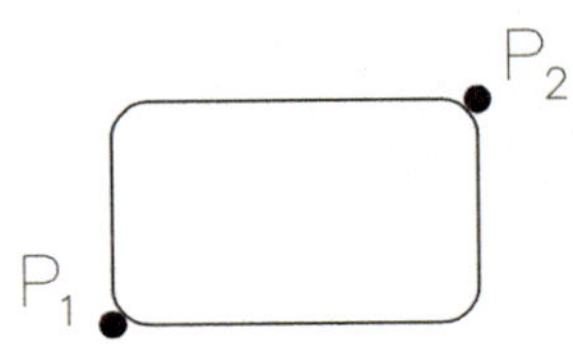

•대각선의 두 점으로 라운드와 폭이 없는 사각형 그리기

명령 : REC
현재 모드: 모따기=2.0000 x 2.0000 폭=1.0000
첫 번째 구석점 지정 또는 [모따기(C)/고도(E)/모깎기(F)/두께(T)/폭(W)]: W
직사각형의 선 폭 지정 〈1.0000〉: 0
첫 번째 구석점 지정 또는 [모따기(C)/고도(E)/모깎기(F)/두께(T)/폭(W)]: F
직사각형의 모깎기 반지름 지정 〈2.0000〉: 2
첫 번째 구석점 지정 또는 [모따기(C)/고도(E)/모깎기(F)/두께(T)/폭(W)]: P_1 점 선택
다른 구석점 지정 또는 [영역(A)/치수(D)/회전(R)]: P_2 점 선택

(3) EXPLODE 또는 X(단축명령)

접점의 정보가 없는 폴리 객체를 개개의 기본적인 객체들로 분해(Explode)하는 명령

명령 : X 또는 EXPLODE [Enter↵]
객체 선택 : ⇨ 분해할 폴리 객체 선택

(4) ELLIPSE 또는 EL(단축명령)

타원이나 타원 호를 그리는 객체 명령

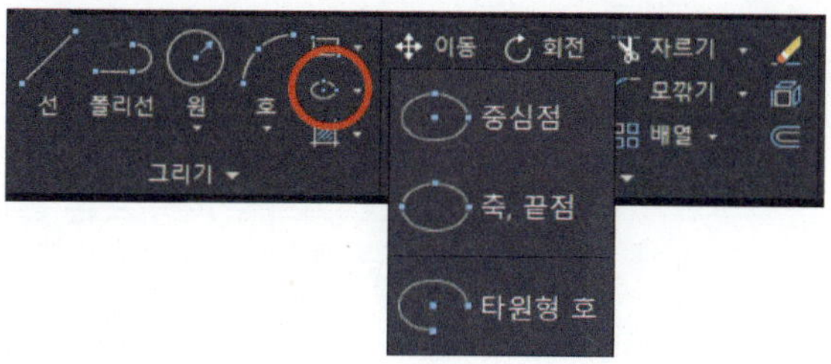

리본 메뉴–홈–그리기에서 타원 선택

1) 장 축의 직경과 단축의 반경으로 타원 그리기

명령 : EL 또는 ELLIPSE [Enter↵]

타원의 축 끝점 지정 또는 [호(A)/중심(C)]:	⇨ 장축 직경의 첫 점 선택
축의 다른 끝점 지정:	⇨ 장축 직경의 두 번째 점 선택
다른 축으로 거리를 지정 또는 [회전(R)]:	⇨ 단축의 반경 점 선택

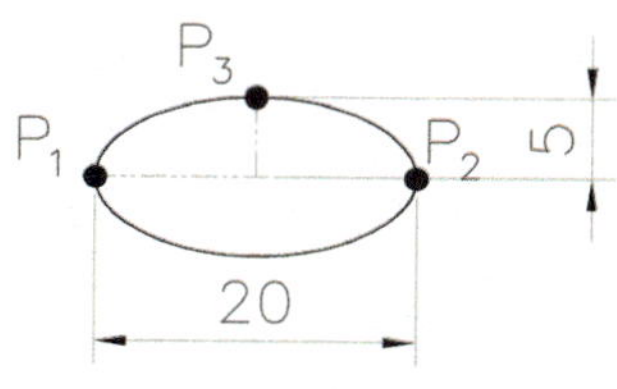

•장축의 직경과 단축의 반경으로 타원 그리기
명령 : EL
타원의 축 끝점 지정 또는 [호(A)/중심(C)]: P_1 점 선택
축의 다른 끝점 지정: P_2 점 선택
다른 축으로 거리를 지정 또는 [회전(R)]: P_3 점 선택

2) 장축의 반경/그 원으로 장축의 방향을 기준으로 각도를 입력하여 회전시켜 타원그리기

명령 : EL 또는 ELLIPSE Enter↵

타원의 축 끝점 지정 또는 [호(A)/중심(C)]: C	⇨ 단축의 반경 정의
타원의 중심 지정:	⇨ 단축의 반경 첫 점
축의 끝점 지정:	⇨ 반경 두 번째 점
다른 축으로 거리를 지정 또는 [회전(R)]: R	⇨ 회전상태로 전환
장축 주위로 회전 지정	⇨ 회전할 각도 입력

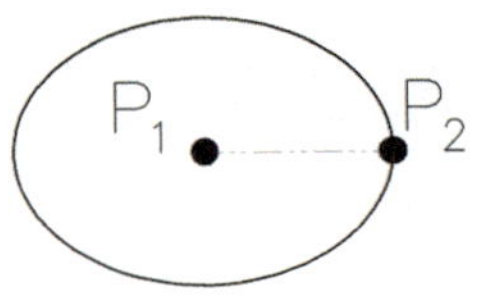

•장축의 반경을 원으로 하여 회전한 타원 그리기
명령 : EL
타원의 축 끝점 지정 또는 [호(A)/중심(C)]: C
타원의 중심 지정: P_1 점
축의 끝점 지정: P_2 점
다른 축으로 거리를 지정 또는 [회전(R)]: R
장축 주위로 회전 지정: 45

3) 타원 호 정의

명령 : EL 또는 ELLIPSE Enter↵

타원의 축 끝점 지정 또는 [호(A)/중심(C)]: A	⇨ 타원 호 정의
타원 호의 축 끝점 지정 또는 [중심(C)]:	⇨ 타원에서 장축 직경의 첫 점
축의 다른 끝점 지정:	⇨ 타원에서 장축 직경의 두 번째 점
다른 축으로 거리를 지정 또는 [회전(R)]:	⇨ 단축의 반경 점
시작점 지정 또는 [매개변수(P)]:	⇨ 타원 호의 시작 각도
끝 각도를 지정 또는 [매개변수(P)/사이각(I)]:	⇨ 타원 호의 끝 각도

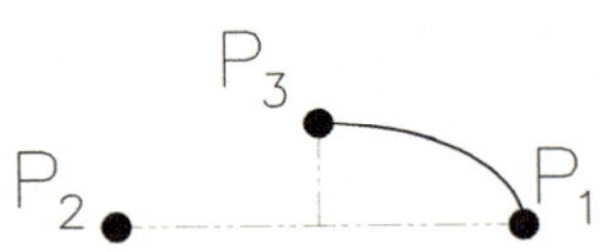

•장축의 직경과 단축의 반경으로 타원 호 그리기
명령 : EL
타원의 축 끝점 지정 또는 [호(A)/중심(C)]: A
타원 호의 축 끝점 지정 또는 [중심(C)]: P_1 점
축의 다른 끝점 지정: P_2 점
다른 축으로 거리를 지정 또는 [회전(R)]: P_3 점
시작점 지정 또는 [매개변수(P)]: 0
끝각도를 지정 또는 [매개변수(P)/사잇각(I)]: 90

ELLIPSE 명령으로 그린 객체는 폴리 객체가 아니므로 EXPLODE 명령으로 분해되지 않으나 TRIM, Fillet 등의 편집 명령어로 편집할 수 있다.

4) 등각 원 정의

등각 원을 그릴 때는 SNAP명령-Style-Isometric으로 설정된 상태에서 가능하다.

명령 : SNAP [Enter↵]
스냅 간격두기 지정 또는 [켜기(ON)/끄기(OFF)/기존(L)/스타일(S)/유형(T)] 〈10.0000〉: s
스냅 그리드 스타일 입력 [표준(S)/등각투영(I)] 〈I〉: i
수직 간격두기 지정 〈10.0000〉:
명령: [F9] 〈스냅 끄기〉

명령 : EL 또는 ELLIPSE [Enter↵]
타원의 축 끝점 지정 또는 [호(A)/중심(C)/등각원(I)]: I ⇨ 등각 원 정의
등각원의 중심점 지정: ⇨ 중심점
등각원의 반지름 지정 또는 [지름(D)]: ⇨ 등각 원의 반경 [D : 등각 원의 직경]
명령: [F9] 〈스냅 끄기〉

F5 키나 Ctrl+E 키로 〈등각평면 평면도〉, 〈등각평면 우측면도〉, 〈등각평면 좌측면도〉로 변환한다.

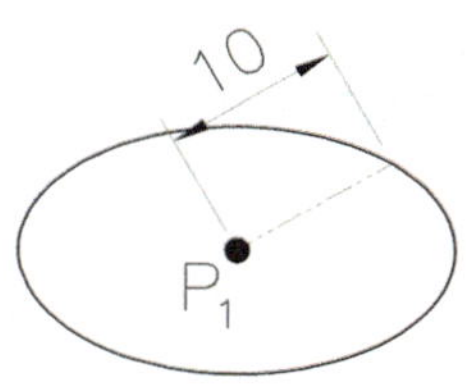

•등각평면 평면도 등각상태의 원 그리기
명령 : EL
타원의 축 끝점 지정 또는 [호(A)/중심(C)/등각원(I)]: I
등각원의 중심점 지정: P_1 점
등각원의 반지름 지정 또는 [지름(D)]:
〈등각평면 평면도〉 10 [Space Bar] : F5키로 변환

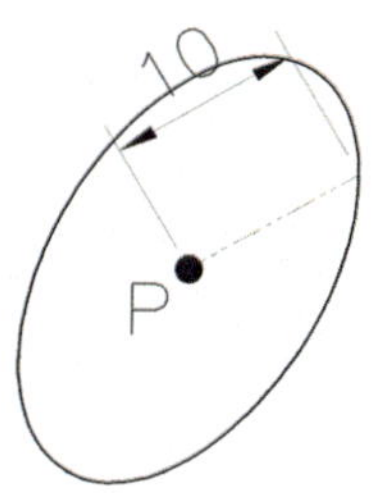

•등각평면 우측면도 등각상태의 원 그리기
명령 : EL
타원의 축 끝점 지정 또는 [호(A)/중심(C)/등각원(I)]: I
등각원의 중심점 지정: P 점
등각원의 반지름 지정 또는 [지름(D)]:
〈등각평면 우측면도〉 10 [Space Bar] : F5키로 변환

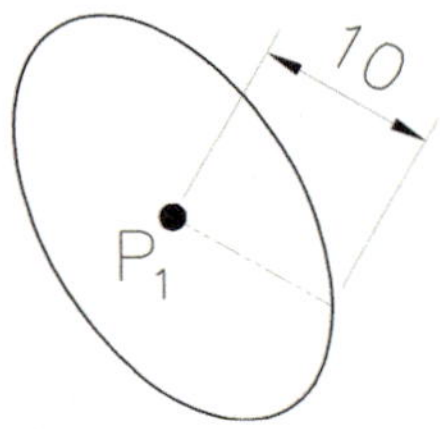

•등각평면 좌측면도 등각상태의 원 그리기
명령 : EL
타원의 축 끝점 지정 또는 [호(A)/중심(C)/등각원(I)]: I
등각원의 중심점 지정: P_1 점
등각원의 반지름 지정 또는 [지름(D)]:
〈등각평면 좌측면도〉 10 Space Bar : F5키로 변환

2 Grip 기능

(1) GRIP 기능

명령 선택 없이 객체를 먼저 선택한 후 사용하는 편집, 변환기능으로 5가지 기능이 있다.

■ 그립 사용 방법

객체 선택 ⇨ 그립상자선택 ⇨ 편집 명령 선택 ⇨ 옵션 선택 ⇨ 편집 ⇨ GRIP 기능 종료

편집 명령 종류

① 신축 : 단락 객체를 늘리거나 줄이는 기능
② 이동 : 선택 객체를 이동하거나 옵션에서 Copy로 복사하는 기능
③ 회전 : 선택 객체를 회전 이동하거나 옵션에서 Copy로 회전 복사하는 기능
④ 축척 : 선택 객체를 확대, 축소하거나 옵션에서 Copy로 확대, 축소 복사하는 기능
⑤ 대칭 : 선택 객체를 대칭 이동하거나 옵션에서 Copy로 대칭 복사하는 기능

객체 선택

명령 선택 없이 객체를 하나 이상을 선택한다. 그러면 GRIP 상자인 파란색 상자가 객체의 속성점에 나타나고 그 중 기준이 되는 속성점을 선택하면 빨간 상자가 나타난다.

편집 명령 선택

위와 같이 편집명령이 순서대로 나타난다. ** 신축 **이 항상 먼저 나타나고 Space Bar로 순서대로 선택하거나 위에 있는 편집 명령 중에서 앞에서 두 자리의 단축명령으로 입력하면 바로 사용할 수 있다.

옵션 선택

•신축 ⇨ 신축점 지정 또는 [기준점(B)/복사(C)/명령 취소(U)/종료(X)]:
•이동 ⇨ 이동점 지정 또는 [기준점(B)/복사(C)/명령 취소(U)/종료(X)]:
•회전 ⇨ 회전 각도 지정 또는 [기준점(B)/복사(C)/명령 취소(U)/참조(R)/종료(X)]:
•축척 ⇨ 축척 비율 지정 또는 [기준점(B)/복사(C)/명령 취소(U)/참조(R)/종료(X)]:
•대칭 ⇨ 두 번째 점 지정 또는 [기준점(B)/복사(C)/명령 취소(U)/종료(X)]: *취소*

편집하기

각 기능의 옵션을 사용하여 편집

GRIP기능 종료

편집한 후 ESC 키를 한 번을 선택하거나 eXit의 X를 선택하거나 다른 명령을 실행하면 GRIP 기능이 종료된다. 이 중 ESC 키를 주로 사용한다.

> 5가지 명령 중에서 주로 ** 신축**은 직교모드(F8)와 같이 수평/수직의 중심선 크기를 조절하는 데 사용하면 편리하고 유용하다.

3 대화형 상자 명령들

(1) DDGRIPS 또는 GR(단축명령)

그립(Grip)을 사용할 수 있게 만들고 그 색상과 크기를 조절하는 명령

명령 : GR 또는 DDGRIPS Enter↵

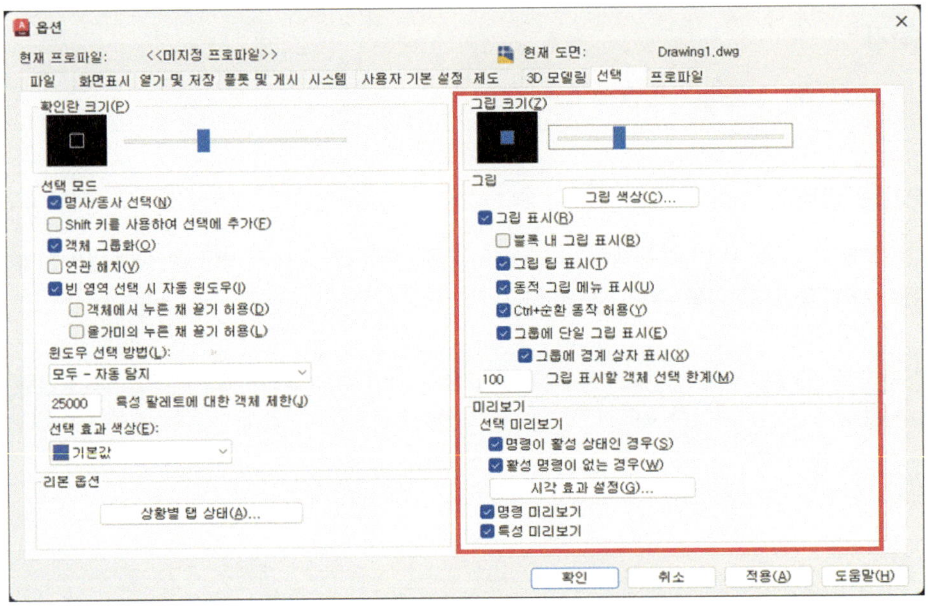

그립 크기

그립의 크기를 변경한다.

그립

- 그립색상 : 선택 해제된 그립 색상(U) 및 선택된 그립색상(C)을 변경한다.
- 그립 표시(R) : 그립 사용 가능하도록 설정한다.
- 블록 내 그립 표시(B) : 블록(Block) 객체를 그립 사용 가능하도록 설정한다.
- 그립 팁 표시(T) : 그립의 설명 팁을 사용하도록 설정한다.
- 그립 표시할 객체 선택 한계(M) : 그립 표시할 객체 선택 한계를 크기로 설정한다.

(2) DDSELECT

객체 선택 모드를 설정하는 명령

명령 : DDSELECT Enter↵

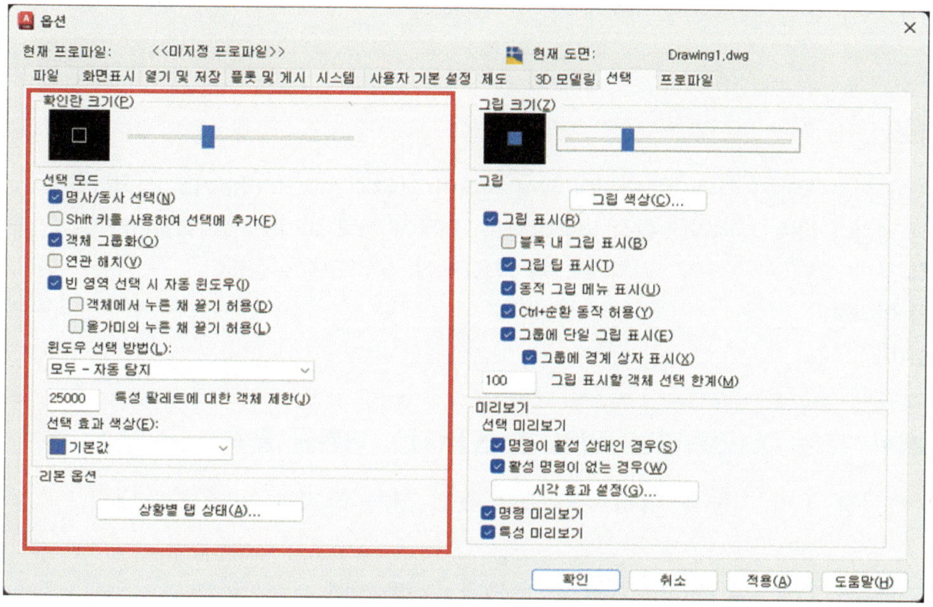

확인한 크기(P)

선택상자의 크기는 슬라이드 막대를 사용하여 조정한다. 선택상자의 크기는 PICKBOX시스템 변수를 사용해서 설정할 수도 있다.

선택 모드

- 명사/동사 선택(N): 명령을 입력하기 전에 먼저 객체를 선택하여 색상이거나 도면층을 변경하거나 또는 뒤에 편집, 변환 명령을 입력하여 사용할 수 있게 한다.
- Shift 키를 사용하여 선택에 추가(F): 추가로 객체를 선택하려면 Shift 키를 누르고 원하는 객체를 선택하면 추가된다.
- 객체 그룹화(O): 그룹으로 묶인 객체를 한꺼번에 선택하도록 설정한다.
- 연관 해치(V): 연관 해치 객체를 한꺼번에 선택하도록 설정한다.
- 빈 영역 선택 시 자동 윈도우(I): 편집, 변환 명령의 "객체 선택 : " 메시지에서 자동 윈도우나 자동 걸치기를 사용할 수 있게 한다.

•객체에서 누른 채 끌기 허용: 마우스 왼쪽 버튼을 누른 상태에서 커서를 대각선 방향으로 끌다가 놓으면서 객체를 선택하는 기능을 설정한다.

•올가미의 누른 채 끌기 허용: 마우스 왼쪽 버튼을 누른 상태에서 끌기 시 올가미가 나타나며 걸쳐지는 객체를 선택하는 기능을 설정한다.

> 선택 모드에서 명사/동사 선택(N)과빈 영역 선택시 자동 윈도우(I)은 항상 체크된 상태에서 사용해야 여러 가지 명령들을 편리하게 사용할 수 있다.

미리보기

•명령이 활성 상태인 경우(S) : 명령이 활성 상태인 경우에 선택 미리보기를 설정한다.

•활성 명령이 없는 경우(W) : 활성 명령이 없는 경우에 선택 미리보기를 설정한다.

•시각 효과 설정(G): 윈도우, 걸치기 선택 항목 색상, 투명도를 설정한다.

•명령 미리보기

•특성 미리보기

(3) OSNAP 또는 OS(단축명령) 입력 후 옵션(T)... 버튼을 클릭

객체의 속성점 찾기 기능을 미리 설정하고 표적 상자 크기를 변경하는 명령

명령 : OS 또는 OSANP Enter↵ 옵션(T)... 버튼 선택

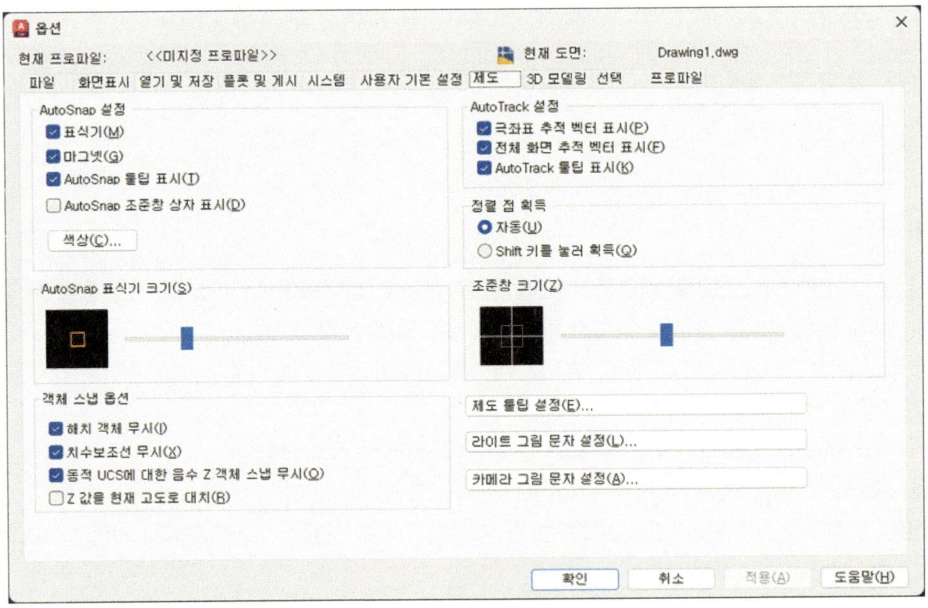

AutoSnap 설정

•표식기(M) : 객체의 속성점에 사각박스의 표식기가 디스플레이 된다.
•마그넷(G) : 조준창에 접근 했을 때 속성점을 선택하도록 설정한다.
•AutoSnap 툴팁 표시(T): 객체에 접근했을 때 선택할 수 있는 속성점의 기능을 나타낸다.
•AutoSnap 조준창 상자 표시 : 조준창을 표시하도록 설정한다.
•색상 : 사각 선택 상자의 색상을 설정한다.(권장: 색상번호 30번)

AutoSnap 표식기 크기(S)

사각 선택 상자의 크기를 설정한다.(권장: (S) 밑에 위치 크기)

조준창 크기(Z)

표적 상자 조준창의 크기를 설정한다. APERTURE라는 시스템 변수는 사용해서도 객체의 속성점 표적상자의 크기를 설정할 수 있다.(권장: 수평 바의 중간 위치 크기)

■ 과제 도면 그리기

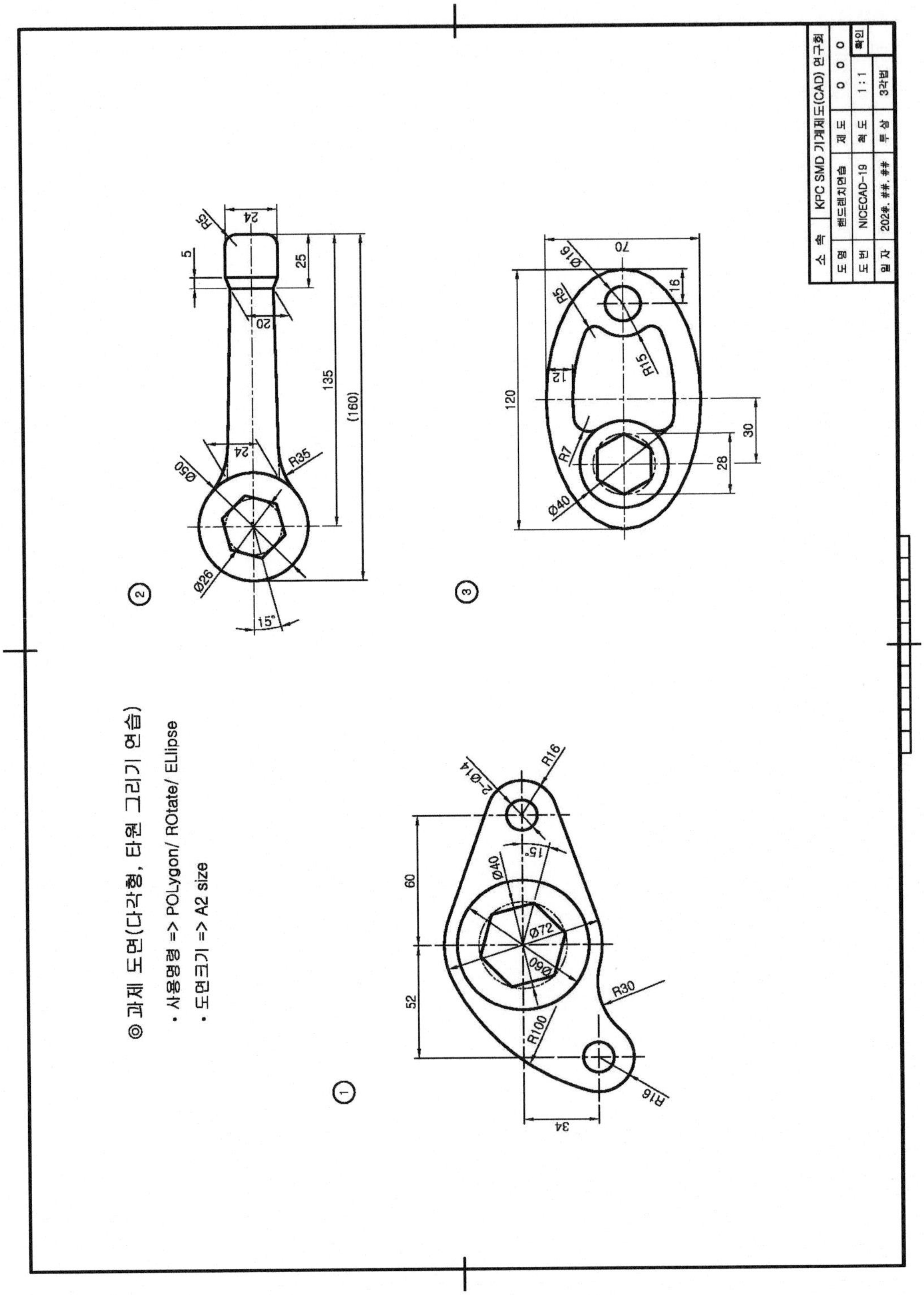
◎ 과제 도면(다각형, 타원 그리기 연습)
· 사용명령 => POLygon/ ROtate/ ELlipse
· 도면크기 => A2 size
소 속
KPC SMD 기계제도(CAD) 연구회
도 명
렌치연습
제 도
○ ○ ○
확인
도 번
NICECAD-19
척 도
1 : 1
일 자
202#. ##. ##
투 상
3각법

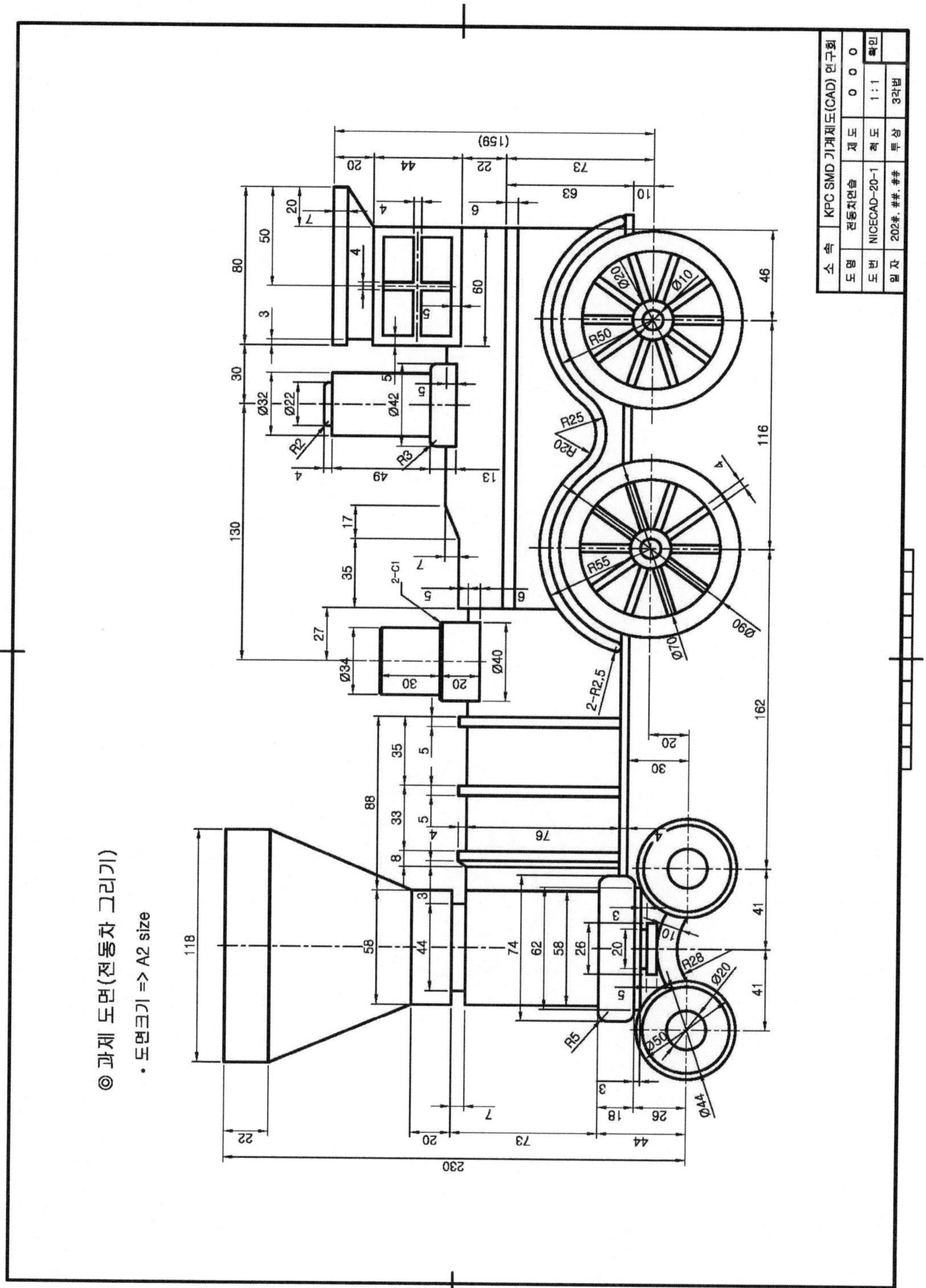
◎ 과제 도면(전동차 그리기)
• 도면크기 => A2 size
소 속
KPC SMD 기계제도(CAD) 연구회
도 명
전동차연습
제 도
○ ○ ○
도 번
NICECAD-20-1
척 도
1:1
확인
일 자
202#. ##. ##
투 상
3각법

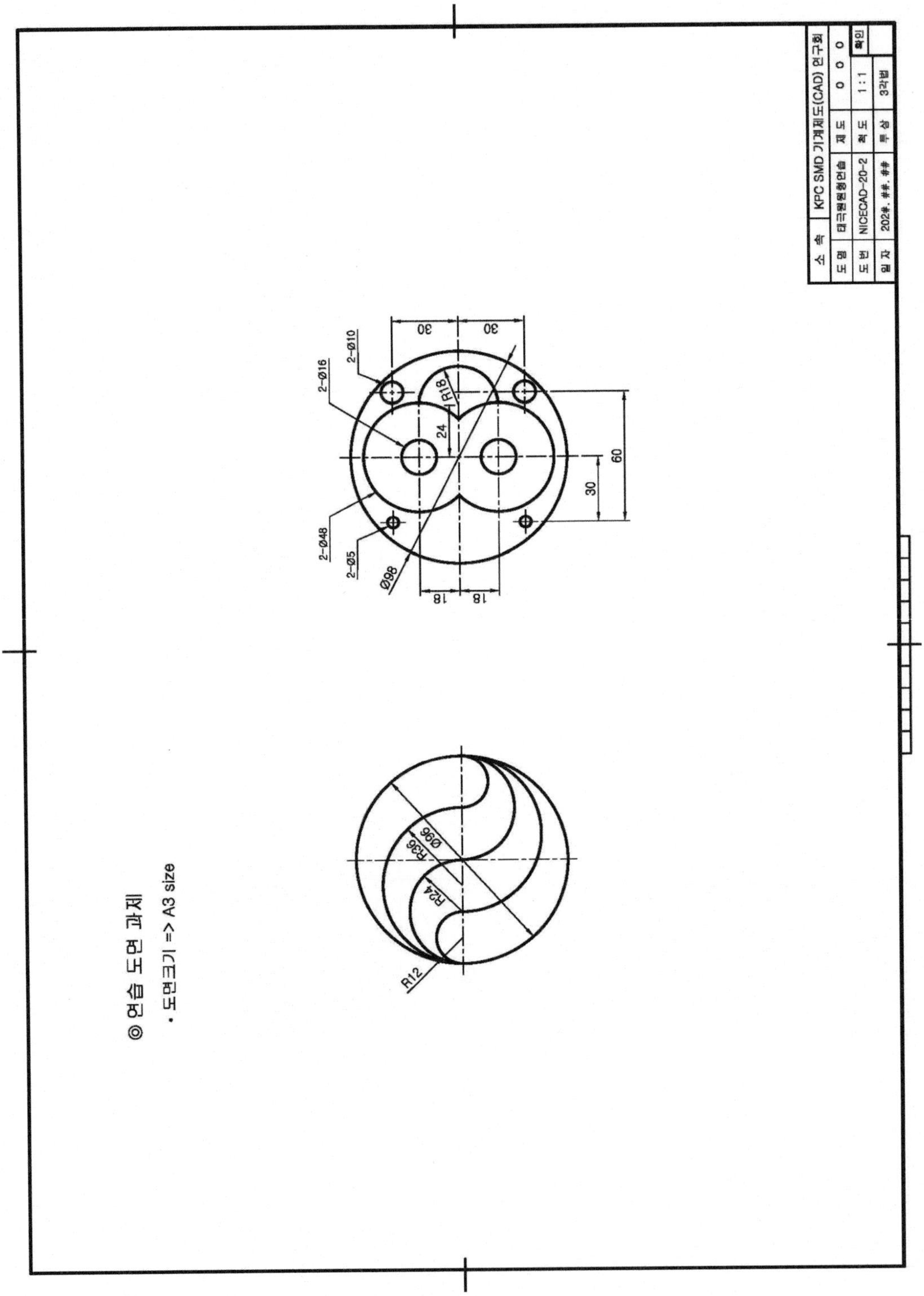
◎ 연습 도면 과제
• 도면크기 => A3 size
R12
R24
R36
Ø96
2-Ø10
2-Ø16
30
30
R18
24
60
30
2-Ø48
2-Ø5
Ø98
18
18
소 속
KPC SMD 기계제도(CAD) 연구회
도 명
태극원형응용연습
제 도
○ ○ ○
확인
도 번
NICECAD-20-2
척 도
1 : 1
일 자
202#. ##. ##
투 상
3각법

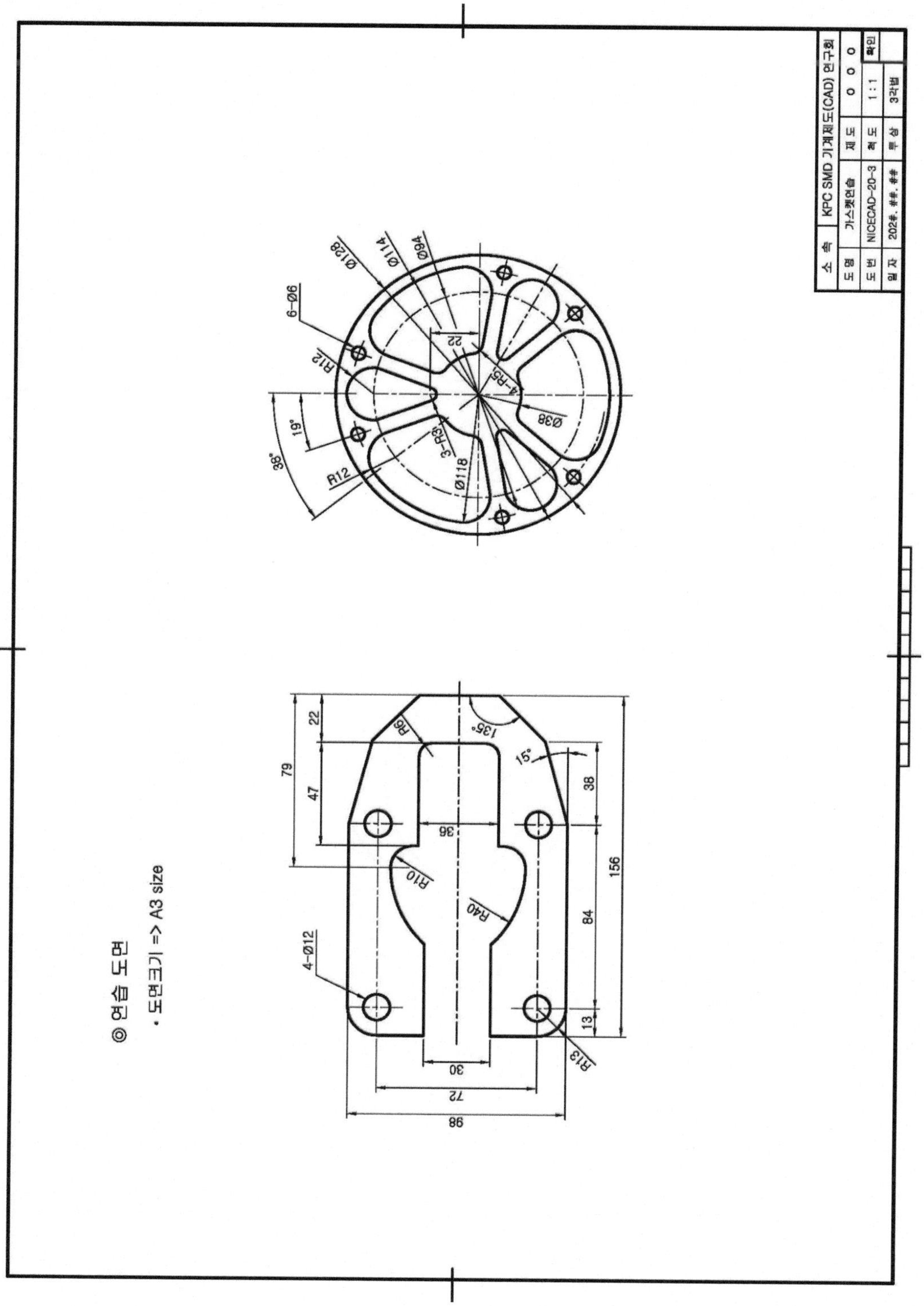
◎ 연습 도면
• 도면크기 => A3 size
소 속
KPC SMD 기계제도(CAD) 연구회
도 명
가스켓연습
제 도
○ ○ ○
도 번
NICECAD-20-3
척 도
1 : 1
확인
일 자
202#. ##. ##
투 상
3각법

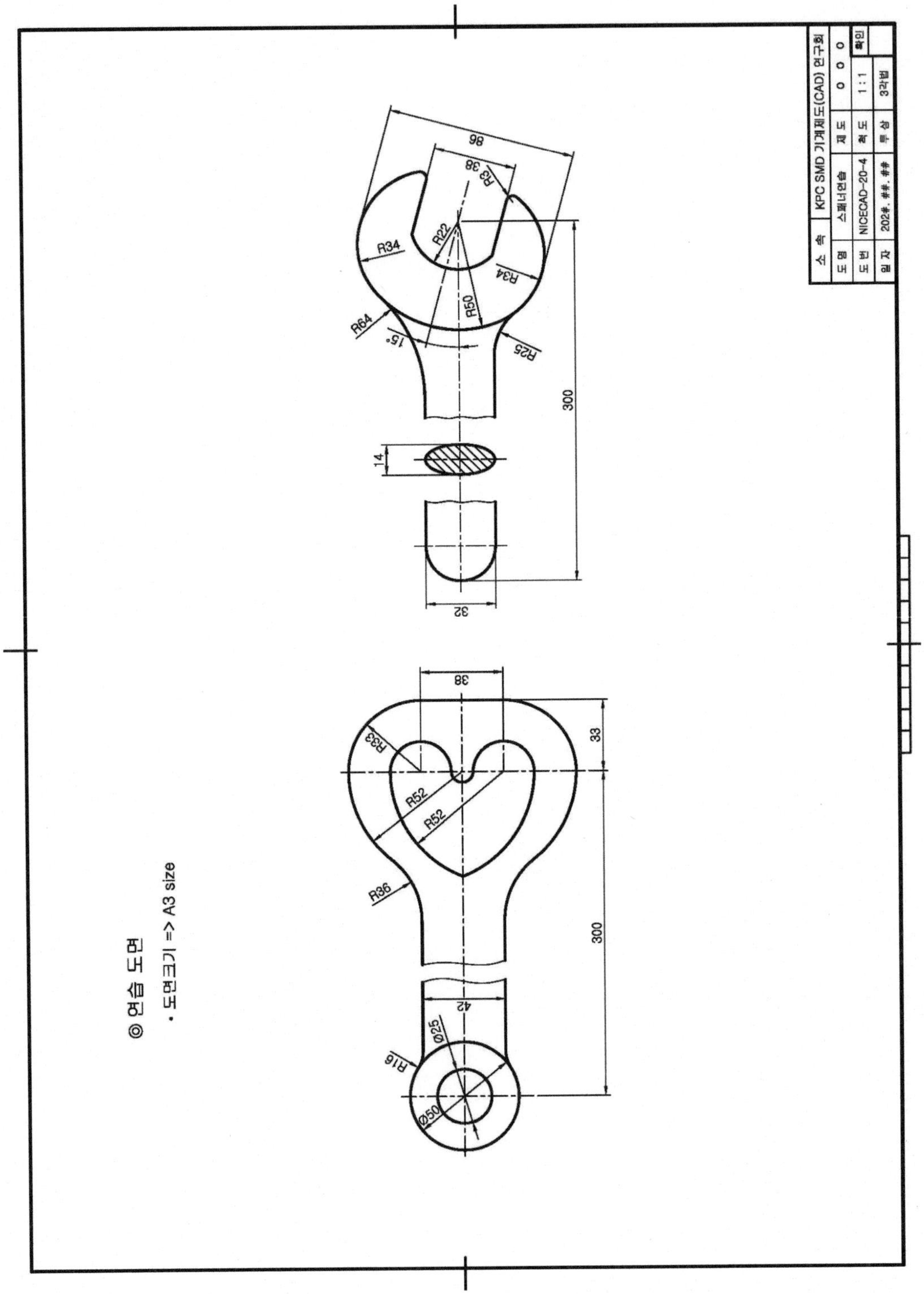
◎ 연습 도면
• 도면크기 => A3 size
소속 KPC SMD 기계제도(CAD) 연구회
도명 스패너연습 제도 ○ ○ ○ 확인
도번 NICECAD-20-4 척도 1:1
일자 202#. ##. ## 투상 3각법
86
38
R3
R22
R34
R34
R50
R64
15°
R25
300
14
32
38
33
R33
R52
R52
R36
300
42
Ø25
R16
Ø50

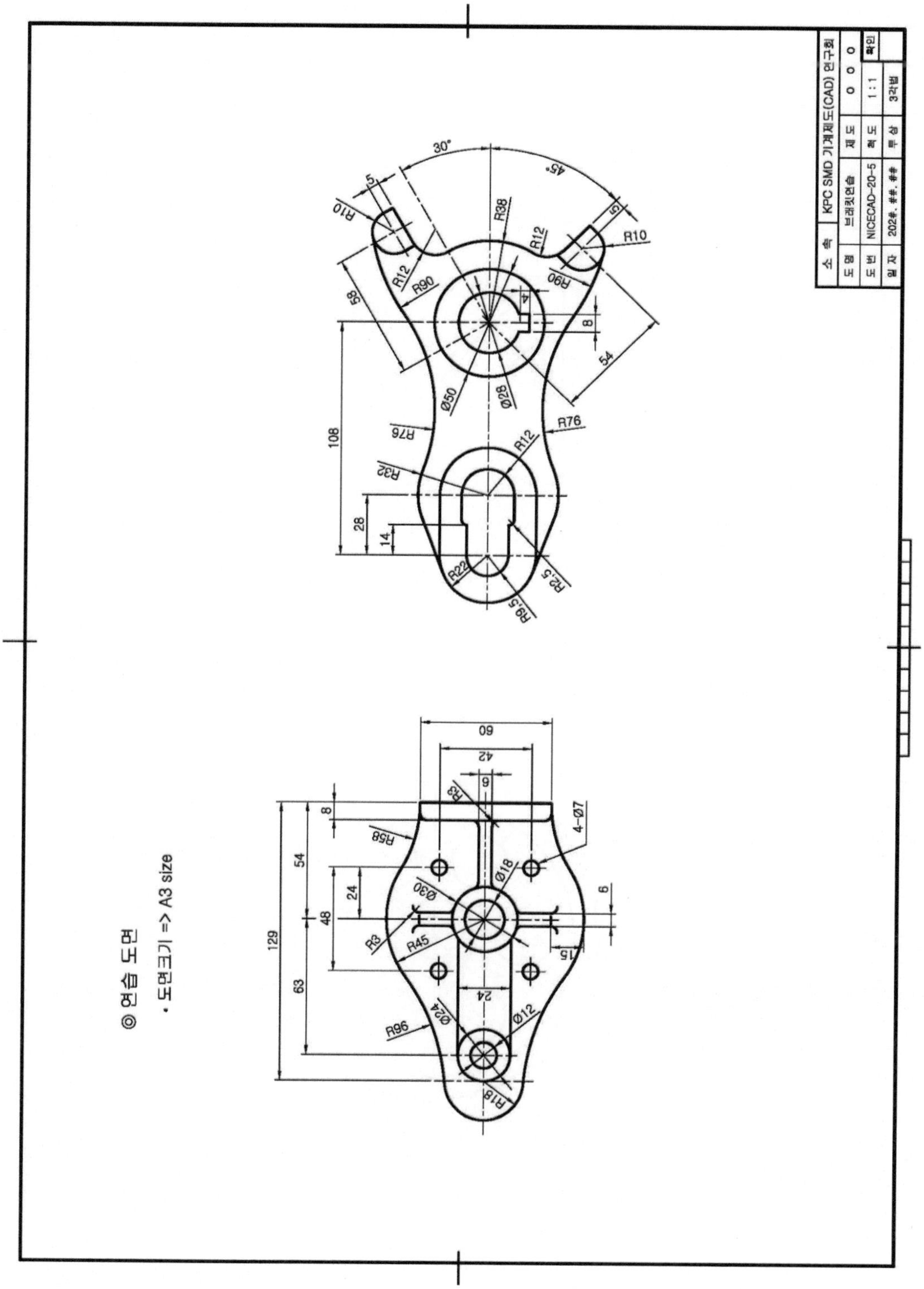
◎ 연습 도면
· 도면크기 => A3 size
소 속
KPC SMD 기계제도(CAD) 연구회
도 명
브래킷연습
제 도
○ ○ ○
도 번
NICECAD-20-5
척 도
1:1
확인
일 자
202#. ##. ##
투 상
3각법

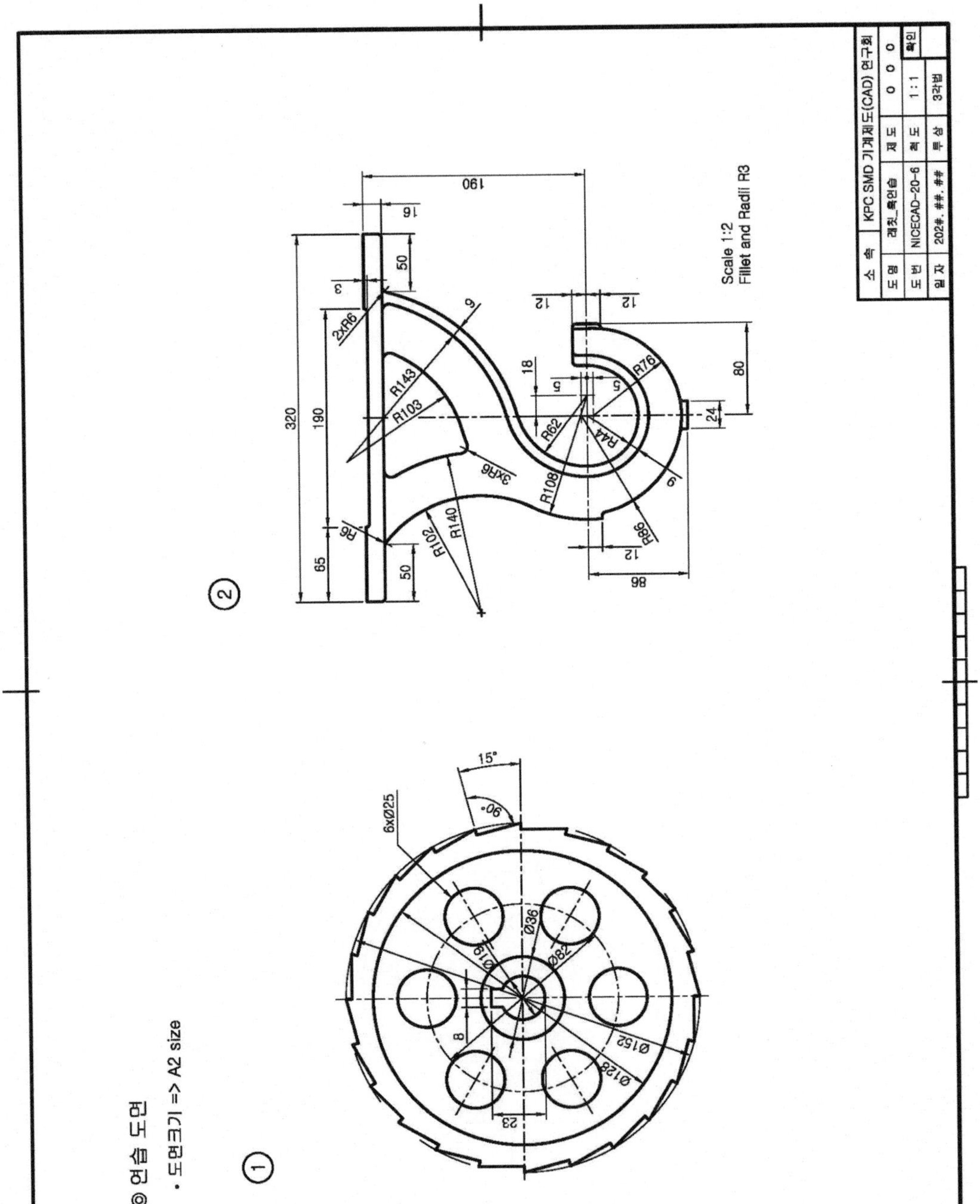
◎ 연습 도면
• 도면크기 => A2 size
①
6xØ25
15°
90°
Ø36
Ø82
Ø16
8
23
Ø152
Ø128
②
320
190
65
50
50
16
190
3
2xR6
R6
3xR6
R143
R103
R140
R102
R108
R62
R44
R76
R86
6
6
18
5
5
12
12
12
80
24
86
Scale 1:2
Fillet and Radii R3
소 속
KPC SMD 기계제도(CAD) 연구회
도 명
래칫_훅연습
제 도
ㅇ ㅇ ㅇ
확인
도 번
NICECAD-20-6
척 도
1 : 1
일 자
202#. ##. ##
투 상
3각법

CHAPTER 08

선 굵기 및 선 종류 처리

학습목표

- 선 색상, 종류, 굵기 등을 설정할 수 있다.
- 선의 종류와 용도에 따라 도면층을 설정할 수 있다.

1 선 색상 및 선 종류 설정 명령

(1) COLOR 또는 COL(단축명령)

새로운 객체의 색상 설정 명령

리본 메뉴–홈–특성에서 색상 선택(ByLayer) 또는 추가 색상...

명령: COL 또는 COLOR Enter↵ 또는 위 리본 메뉴 특성–추가 색상...

색상에 관한 일반사항

① 1에서 255까지의 범위에 있는 색상번호를 입력하거나 표준 색상 이름(1~7 사이의 색상만이 고유의 이름을 가지며, 나머지 색상은 해당 번호를 사용해야 한다.)을 입력한다.

② 표준 색상 이름은 Red(1), Yellow(2), Green(3), Cyan(4), Blue(5), Magenta(6), White(7)이다.

③ 기본적으로 BYLAYER는 White로 설정되어 있으며 변경할 수 있다.

④ 기존 객체의 색상을 변경하려면 명령: COLOR보다 리본 메뉴-특성-색상 도구 즉, 첫 번째 색상 도구를 이용하거나 명령: PROPERTIES, CH(단축키)) 특성 상자를 사용하는 것이 더욱 유용하다.

⑤ 일반적으로 색상 변경은 명령 선택 없이 색상 변경할 객체를 먼저 선택하고 특성 색상 도구 첫 번째 색상 도구를 이용하여 색상을 선택하고 ESC 키를 선택하면 변경된다.

⑥ 2D-CAD에서 색상은 인쇄(Plot)할 때 색상별로 펜 굵기를 지정할 수 있어 선 굵기 구분 용도로 사용된다.

KS(한국산업표준) 제도 통칙에는 선 굵기를 4가지(가는선 / 중간선 / 굵은선 / 아주 굵은선)로 구분하여 도면 작성을 한다. 색상은 선 굵기로 구분하기 때문에 최소한 도면에는 4가지 이상의 색상을 구분하여 사용해야 한다.

[권장] ① 가는선 : Red(중심선 용도로 이용함.), White(나머지 모든 가는선에 활용함)
② 중간선 : Yellow(숨은선과 문자, 치수문자 등에 활용함)
③ 굵은선 : Green(외형선에 활용함)
④ 아주 굵은선 : Cyan(테두리선(윤곽선)에 활용함)

어떤 색상이라도 4가지 색상을 구분해서 사용하면 프린트나 플로트 할 때 선 굵기 구분이 가능하나 위와 같이 색상을 지정할 때 눈 피로가 적고 구분이 확실할 것이다.
(참고로 권장한 색상은 국가 기술 검정에서 시행하고 있는 색상이다.)

(2) LINETYPE 또는 LT(단축명령)

새로운 선 종류를 메모리로 적재(Loading)하고 선 종류를 설정하는 명령

리본 메뉴–홈–특성에서 선종류 선택(ByLayer) 또는 기타...

명령: LT 또는 LINETYPE Enter↵

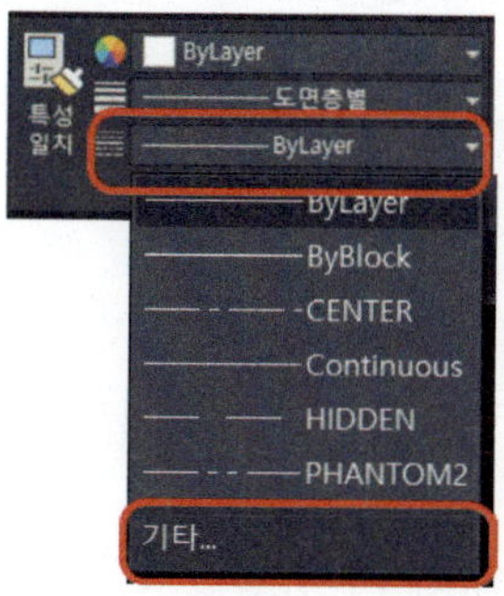

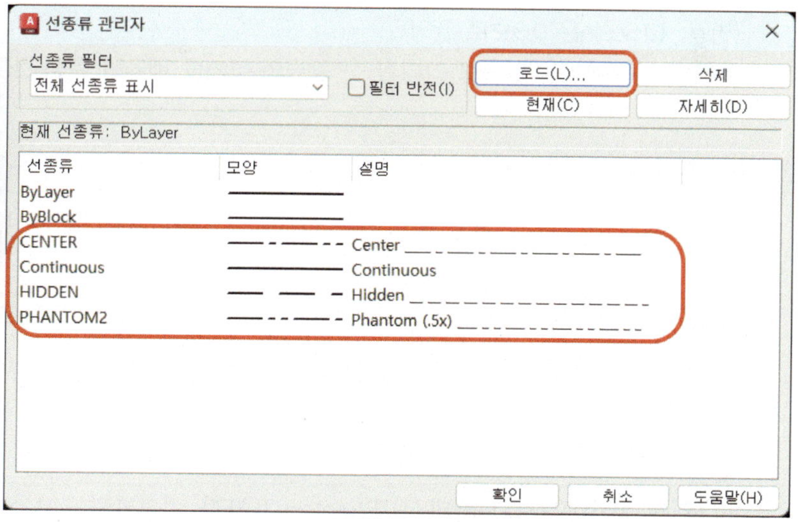

• 로드(L) : 선 종류를 추가로 메모리에 적재하는 기능

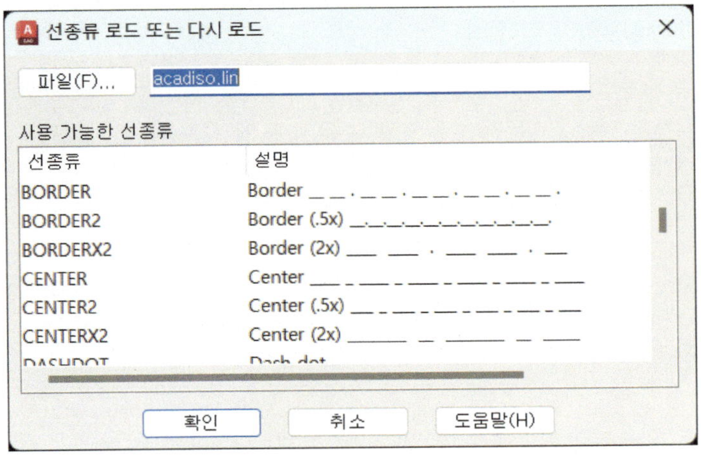

• 삭제 : 추가로 올려진 선 종류를 제거하는 기능
• 현재(C) : 기본적으로는 ByLayer(Continuous : 실선)로 설정되어 있는데 다른 선 종류를 현재 선 종류로 설정하는 기능
• 상세 정보 숨기기(D) : 아래의 상세 메뉴가 보이거나 보이지 않게 조절
• 전역 축척 비율(G) : 전체적으로 선 종류의 크기를 배율로 설정
  로드(L)에서 "acad.lin" 은 도면 단위가 피트 및 인치일 때 배율로 설정
  로드(L)에서 "acadiso.lin" 은 도면 단위가 미터법일 때 0.2~0.5 정도를 사용하는 것이 적당
  (명령: LTScale은 0.3으로 권장)
• 현재 객체 축척(O) : 앞으로 그려질 선 종류의 크기를 배율로 설정(권장 : 1)

선 종류에 관한 일반사항

① KS(한국산업표준) 제도 통칙에는 선 종류를 4가지(실선, 파선, 일점쇄선, 이점쇄선)로 규정하고 있다.

② 위 그림에서 로드(L) 버튼을 선택하면 "파일(F) : acadiso.lin" 파일이 나타난다. 이 파일에는 선 종류의 개수가 많이 프로그램되어 있는데 그 중 Center(일점 쇄선)/Hidden(파선)/Phantom2(이점 쇄선)를 메모리로 적재하여 사용해야 한다.

③ 기본적으로 ByLayer는 continuous(실선)로 설정되어 있으며 메모리로 적재한 Center(일점 쇄선)/ Hidden(파선)/Phantom2(이점 쇄선)를 도면상에 선 종류로 변경할 수 있다.

④ 명령: LT Enter↵ 또는 리본 메뉴-특성-선종류 도구 즉, 세 번째 선종류 도구를 이용하거나 명령: PROPERTIES, CH(단축키)) 특성 상자를 사용하는 것이 더욱 유용하다.

⑤ 일반적으로 선 종류 변경은 명령 입력 없이 선 종류 변경할 객체를 먼저 선택하고 리본 메뉴-특성-선종류 즉, 세 번째 선종류 도구를 이용하여 변경할 선 종류를 선택하고 ESC 키를 선택하면 변경된다.

> 선 색상과 선 종류는 미리 도면층(LAYER)으로 설정하여 활용하면 한 번에 변경할 수 있어 유용하다.

(3) LTSCALE 또는 LTS(단축명령)

선 종류의 크기를 배율로 설정하는 명령

명령: LTS 또는 LTSCALE Enter↵
새 선종류 축척 비율 입력 〈1.0000〉: 0.3

> LINETYPE의 대화상자 중에서 전역 축척 비율(G) 값과 같은 것으로 전체적으로 선 종류의 크기를 나타낼 값을 설정한다.
> "acadiso.lin" 파일은 0.3 정도 사용하는 것이 기계제도 규격, 선 종류의 간격과 유사하다.

(4) LWEIGHT 또는 LW(단축명령)

새로운 선 가중치(두께 값)를 설정하는 명령

리본 메뉴–홈–특성에서 선가중치 선택(ByLayer) 또는 선가중치 설정...

명령: LW 또는 LWEIGHT Enter↵

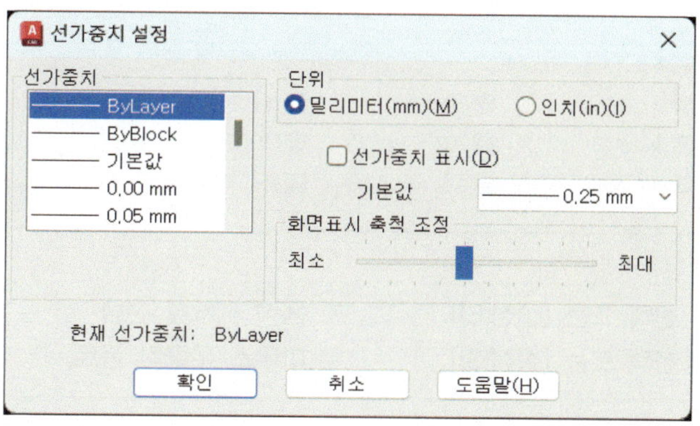

> 선 가중치는 선 굵기를 의미하는 것으로 copyclip을 사용하여 다른 응용 프로그램에서 붙여넣어 활용할 때 필요한 것으로 도면 출력(plot)할 때도 선 굵기에 영향을 준다.

(5) MATCHPROP 또는 MA(단축명령)

원본 객체를 선택하고 이후에 선택하는 객체를 원본 객체와의 특성 일치하는 명령

리본 메뉴–홈–특성에서 특성 일치 선택

명령: MA 또는 MATCHPROP Enter↵
원본 객체를 선택하십시오:
현재 활성 설정: 색상 도면층 선종류 선축척 선가중치 투명도 두께 플롯 스타일 치수 문자 해치 폴리선 뷰포트 테이블 재료 그림자 표시 다중 지시선
대상 객체를 선택 또는 [설정(S)]: ⇨ 목적 객체를 선택하거나 S 입력
대상 객체를 선택 또는 [설정(S)]: ⇨ S

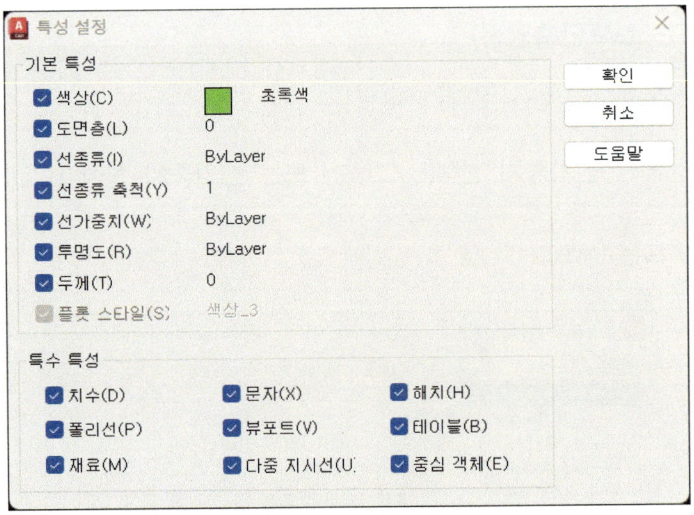

대상 객체를 선택 또는 [설정(S)]: ⇨ 목적 객체를 선택
대상 객체를 선택 또는 [설정(S)]: ⇨ 마우스 우클릭 종료.

2 선 색상 및 모양 편집 명령

(1) CHPROP 명령

선택된 객체의 색상(색상), 도면층(LAyer), 선종류(LineType), 선종류축척(ltScale), 선가중치(LWeight), 두께 면(Thickness), 투명도(TR), 재료(Material), 주석(A) 등의 특성을 변경하는 명령

명령: CHPROP Enter↵
객체 선택 : ⇨ 특성을 변경할 객체 선택
객체 선택 : ⇨ 마우스 우클릭으로 진행
변경할 특성 입력 [색상(C)/도면층(LA)/선종류(LT)/선종류축척(S)/선가중치(LW)/두께(T)/투명도(TR)/재료(M)/주석(A)]:

색상(C)

선택된 객체의 색상 변경
새 색상 [트루컬러(T)/색상표(CO)] 〈BYLAYER〉: ⇨ 색상명이나 색상번호(1~255) 입력

도면층(LA)

선택된 객체를 이미 설정한 또 다른 도면층으로 변경
새 도면층 이름 입력 〈0〉:

선종류(LT)

선택된 객체의 선 종류 변경
새 선종류 이름 입력 〈ByLayer〉:

선종류축척(S)

선택된 객체의 선 종류의 크기를 배율로 변경
새 선종류 축척을(를) 지정 〈1.0000〉: ⇨ 상대 배율로 선 종류의 크기 입력

선가중치(LW)

선택된 객체의 선 가중치(굵기) 변경
새 선가중치 입력 〈ByLayer〉: ⇨ 절대값으로 선 굵기 입력

두께(T)

선택된 2D 객체의 Z방향으로 두께(Thickness) 변경(면 생성)
새 두께을(를) 지정 〈0.0000〉:

재료(M)

재료가 부착된 경우 선택된 객체의 재료 변경
새 재료 이름 입력 〈ByLayer〉:

(2) CHANGE 또는 -CH(단축명령)

선택된 객체의 특성을 변경하는 명령으로 CHPROP 명령의 기능이 모두 있고 변경점 지정과 특성(P)에서의 고도(Z축의 높이)만 더 추가되어 있는 편집 명령

명령: -CH 또는 CHANGE Enter↵
객체 선택: ⇨ 크기를 변경할 객체 선택
객체 선택: ⇨ 마우스 우클릭 진행
변경점 지정 또는 [특성(P)]: ⇨ 크기 변경할 점을 입력하거나 P 입력
변경할 특성 입력 [색상(C)/고도(E)/도면층(LA)/선종류(LT)/선종류축척(S)/선가중치(LW)/두께(T)/투명도(TR)/재료(M)/주석(A)]:

Elev

선택된 2D 객체의 Z축 방향으로 고도 변경
새 고도을(를) 지정 〈0.0000〉: ⇨ Z축 방향으로 고도값 입력

버전 R14 이전 사용자를 고려하여 Chprop(Ddchprop), Change 명령을 설명하였으나 그 이후 최신 버전에는 객체를 먼저 선택하고 리본 메뉴 특성 또는 명령: PROPERTIES, CH(단축키))의 특성을 활용하여 선 색상, 선 종류, 도면층, 선 가중치 등의 특성을 변경한다.

(3) PROPERTIES 또는 CH(단축명령)

도면이나 선택된 객체의 일반(색상, 도면층, 선종류, 선종류축척, 선가중치, 투명도, 두께), 3D 시각화(재료), 플롯 스타일, 뷰, 기타 특성 등 대화상자를 활용하여 변경하는 명령

리본 메뉴-홈-특성에서 대각선 화살표(↘) 선택

명령: CH 또는 PROPERTIES Enter↵

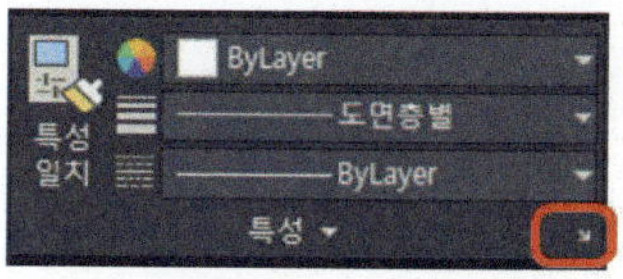

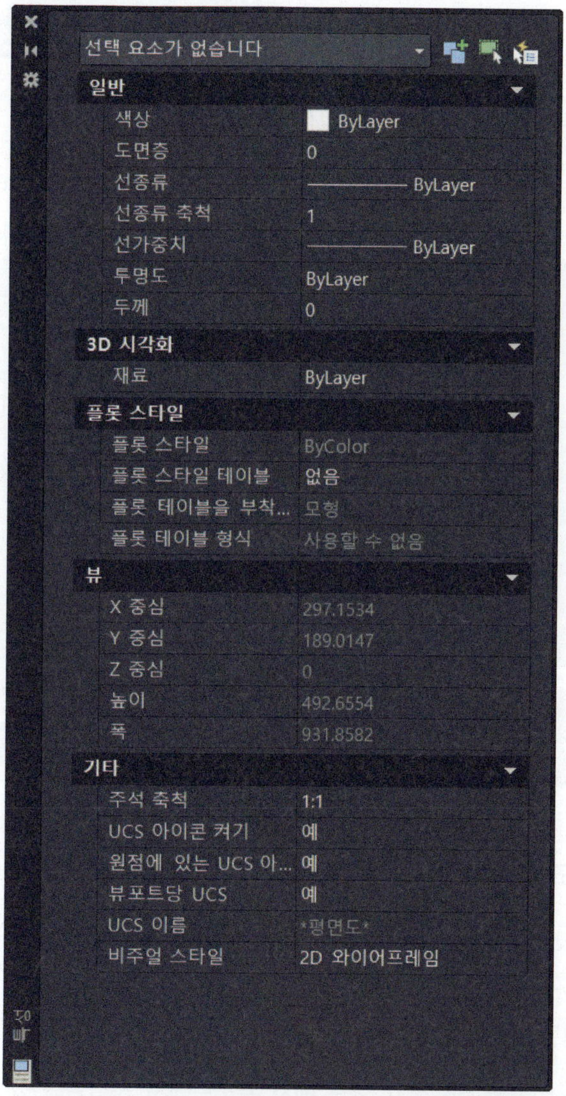

CH 명령을 입력하면 대화상자 안에서 현재 도면 특성이나 선택된 객체의 특성 정보를 변경할 수 있고 종료는 ESC 키를 누른다.

3 도면층 관련 명령

(1) LAYER 또는 LA(단축명령)

객체들을 도면층으로 구분하여 여러 가지 특성을 동시에 적용할 수 있는 유용한 명령

리본 메뉴–홈–도면층에서 도면층 특성 선택

명령: LA 또는 LAYER Enter↵

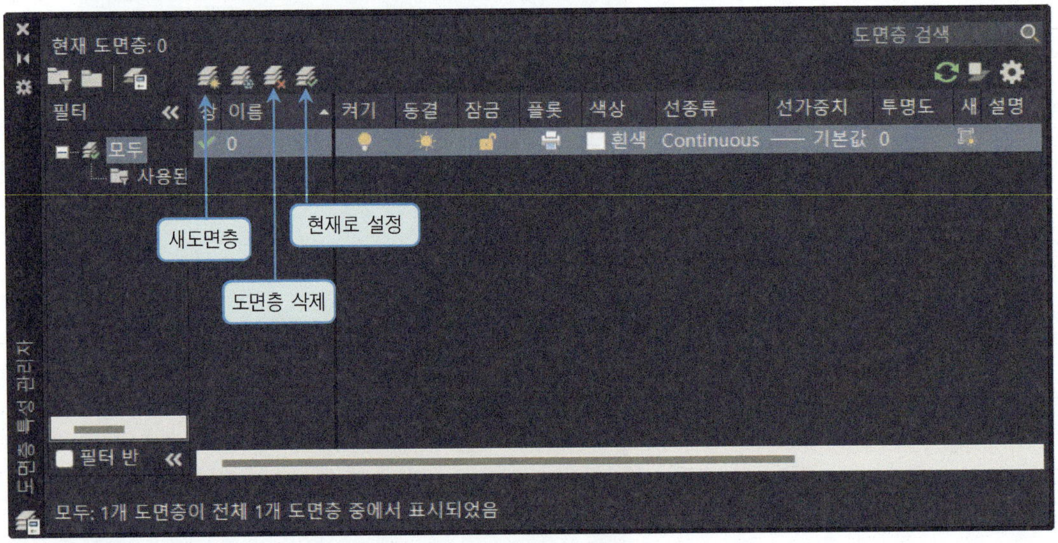

새 도면층(Alt+N)

새 도면층 버튼을 연속 선택하면 하나 이상의 도면층을 새로이 생성한다.

동결된 도면층 생성

새 도면층을 생성하고 모든 배치 뷰포트에서 동결된다.

도면층 삭제(Alt+D)

제거할 도면층 이름을 선택한 후 도면층 삭제 버튼을 선택하면 제거된다.

현재로 설정

도면층 이름을 선택하고 현재로 설정 버튼을 클릭하면 현재 도면층으로 설정됨

켜기

도면층을 켜기/끄기하여 객체를 보이게/보이지 않게 제어함

동결

도면층을 해동/동결하는 것으로 동결되었을 때 Plot에서 제외됨

잠금

도면층을 열고/잠그는 것으로 잠겼을 때 편집할 수 없음

플롯

도면층의 출력상태/출력하지 않을 상태를 제어한다.

색상

도면층의 색상 설정

선종류

도면층의 선 종류 설정

선가중치

도면층의 선 가중치 설정

> 선 색상, 선 종류를 구분하거나 물체의 특징 등에 따라 layer 명령을 사용하면 빠르고 편리하다. 선 구분할 때는 도면층을 최소한 4개 이상 생성하여 활용한다.
>
> [권장] 0-기본색-실선(도면 양식으로 사용)　　1-빨강색-Center(중심선으로 사용)
> 2-노란색-Hidden(숨은선으로 사용)　　3-초록색-실선(외형선으로 사용)
> 4-흰색-실선(가는 실선으로 사용)　　5-흰색-Phantom2(가상선으로 사용)

(2) 객체의 LAYER 및 특성 변경

객체들을 선택하여 도면층이나 특성(색상, 선가중치, 선종류)을 변경하고 ESC 키로 종료

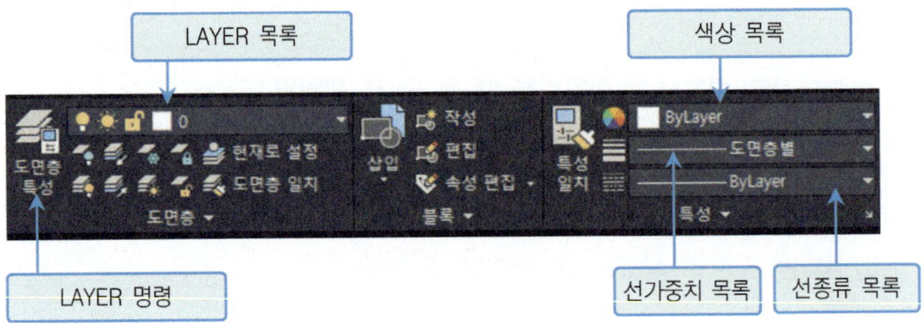

▌과제 도면 그리기

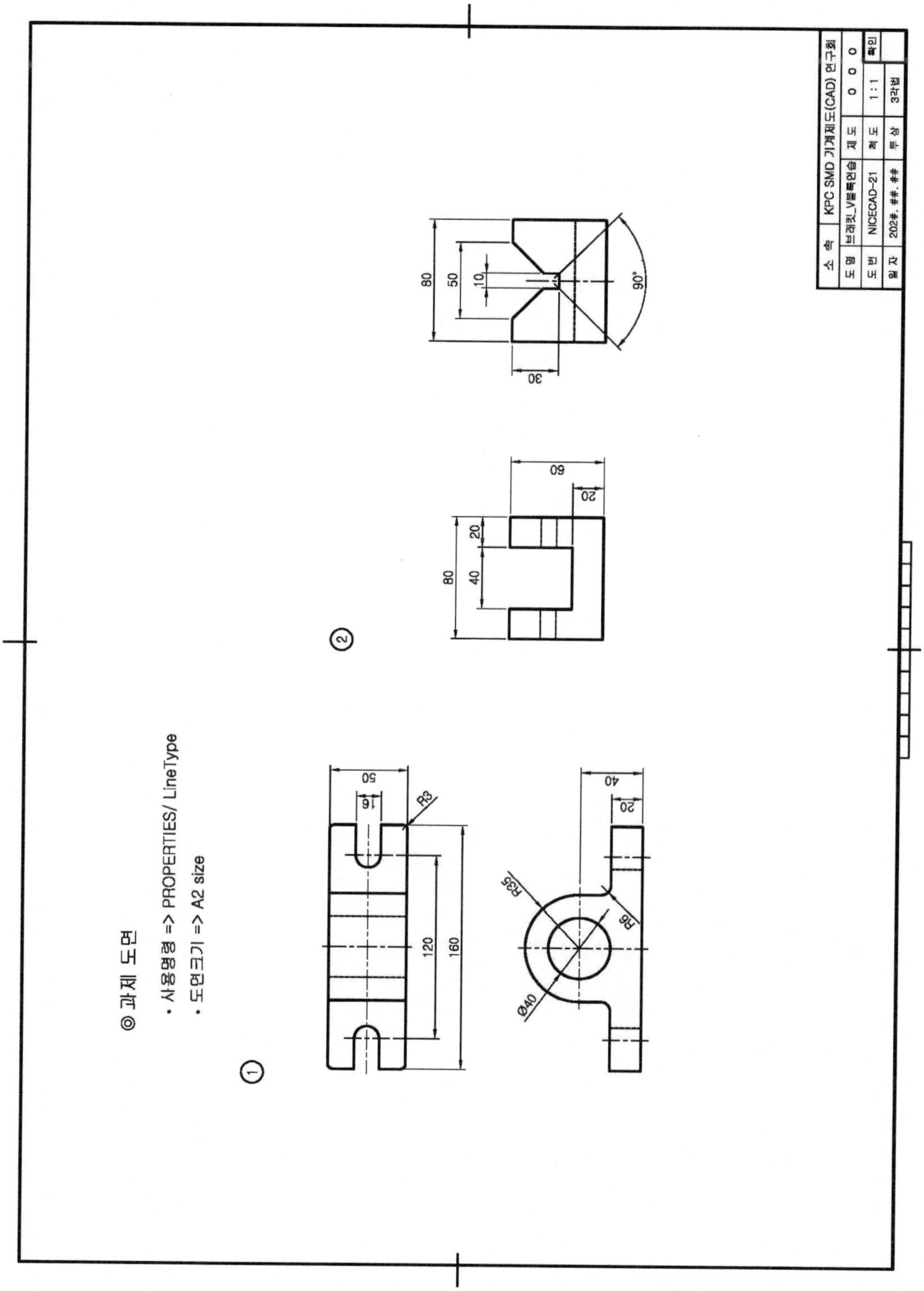

◎ 과제 도면
· 사용명령 => PROPERTIES/ LineType
· 도면크기 => A2 size
①
②
소 속 | KPC SMD 기계제도(CAD) 연구회
도 명 | 브래킷_V블록연습 | 제 도 | ○ ○ ○ | 확인
도 번 | NICECAD-21 | 척 도 | 1:1
일 자 | 202#. ##. ## | 투 상 | 3각법

◎ 과제 도면

- 사용명령 => PROPERTIES/ LineType
- 도면크기 => A3 size

①

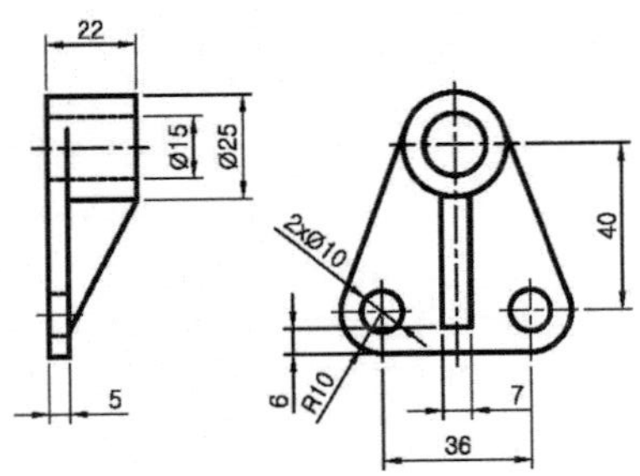

②

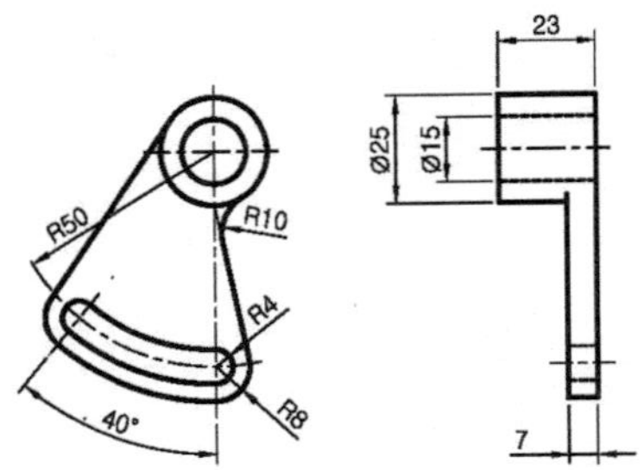

소 속	KPC SMD 기계제도(CAD) 연구회			
도 명	조인트연습	제 도	○ ○ ○	
도 번	NICECAD-22	척 도	1 : 1	확인
일 자	202#. ##. ##	투 상	3각법	

◎ 과제 도면

- 사용명령 => LAyer/ LineType/ PROPERTIES/ MAtchprop
- 도면크기 => A2 size

①

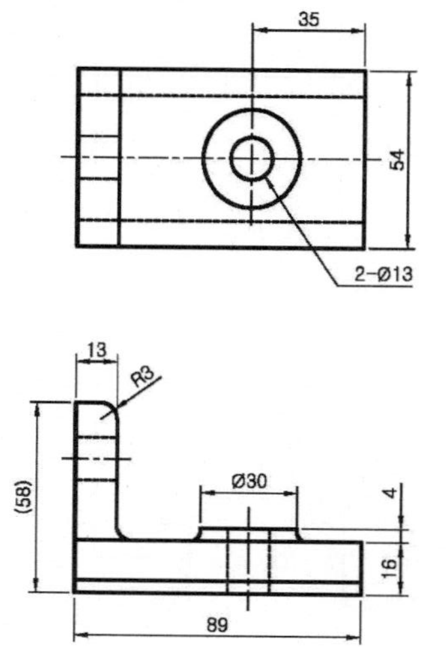

②

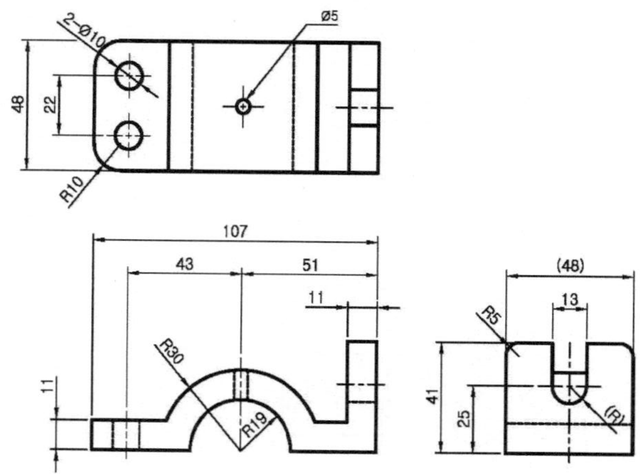

소 속	KPC SMD 기계제도(CAD) 연구회			
도 명	브래킷 연습	제 도	○ ○ ○	
도 번	NICECAD-23	척 도	1 : 1	확인
일 자	202#. ##. ##	투 상	3각법	

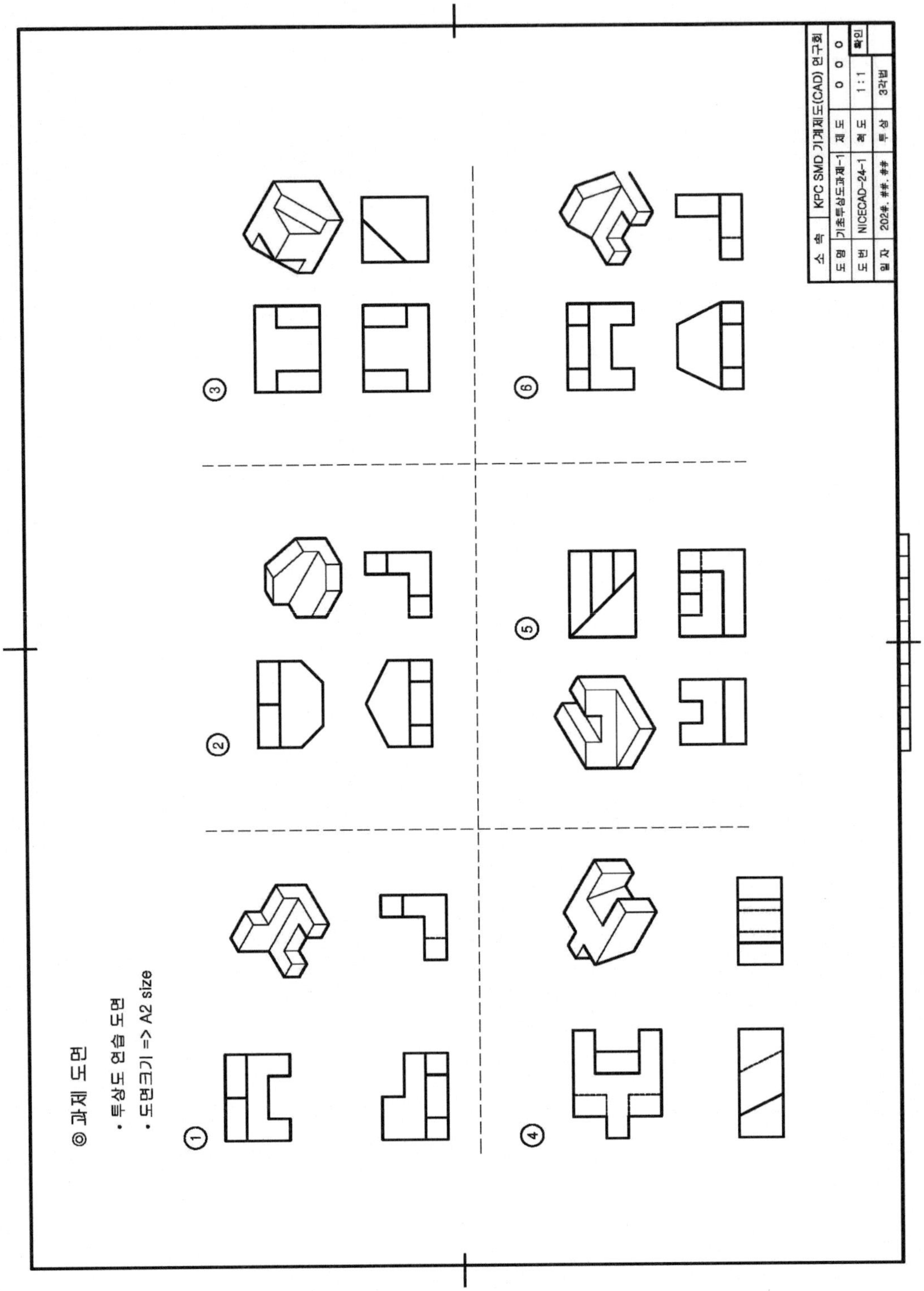
◎ 과제 도면
· 투상도 연습 도면
· 도면크기 => A2 size
①
②
③
④
⑤
⑥
소 속
KPC SMD 기계제도(CAD) 연구회
도 명
기초투상도과제-1
제 도
ㅇ ㅇ ㅇ
도 번
NICECAD-24-1
척 도
1 : 1
일 자
202#. ##. ##
투 상
3각법
확인

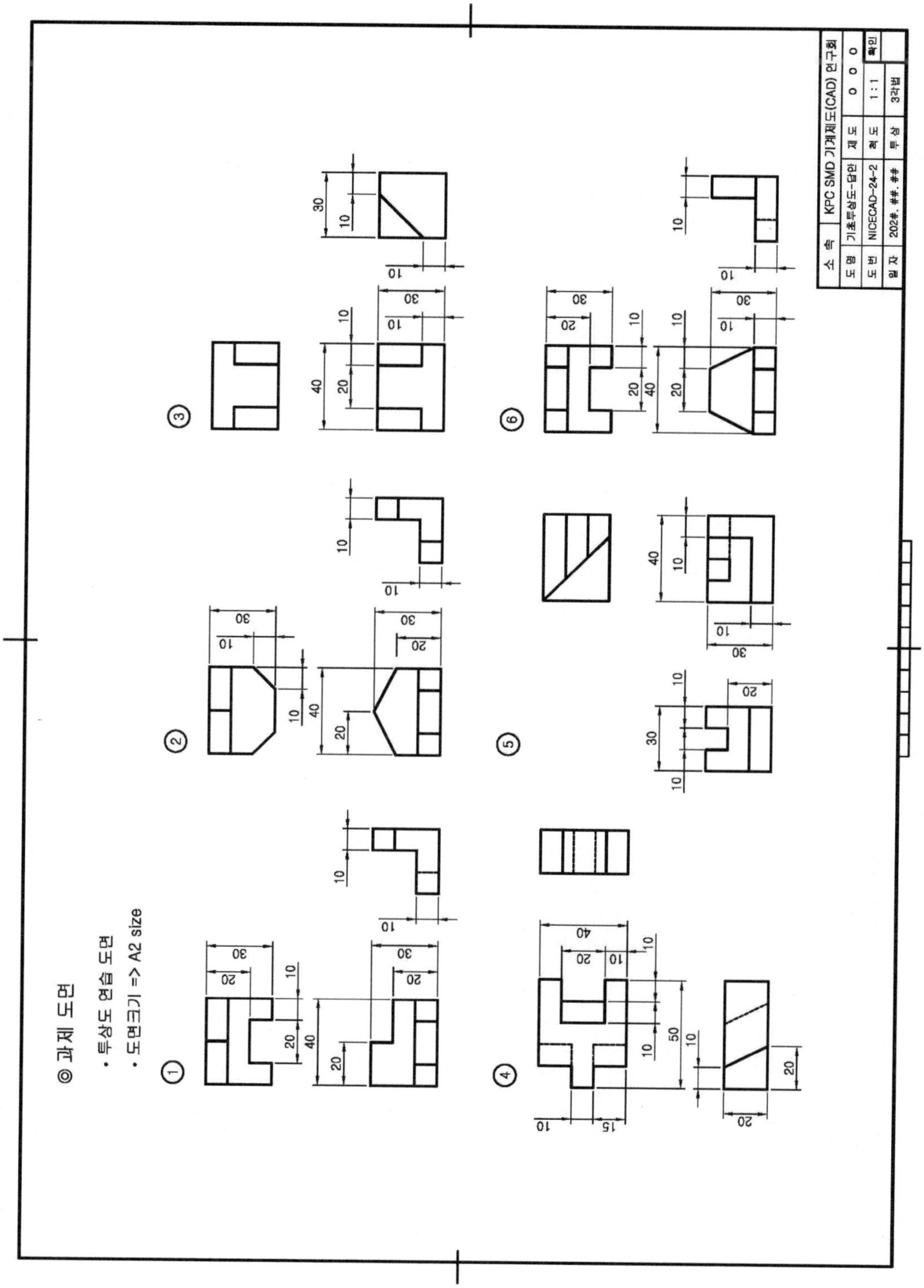
◎ 과제 도면
· 투상도 연습 도면
· 도면크기 => A2 size
소 속
KPC SMD 기계제도(CAD) 연구회
도 명
기초투상도-답안
제 도
○ ○ ○
도 번
NICECAD-24-2
척 도
1:1
일 자
202#. ##. ##
투 상
3각법
확인

◎ 과제 도면

- 투상도 연습 도면
- 도면크기 => A2 size

①

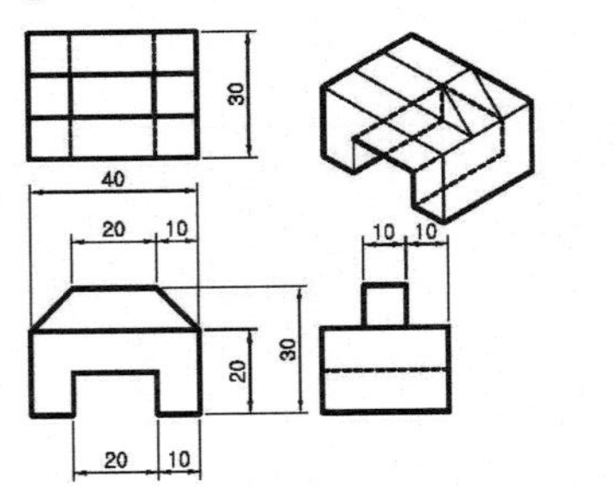

②

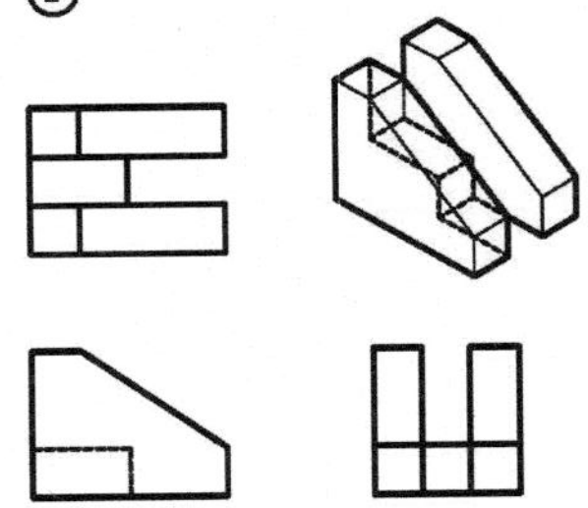

③

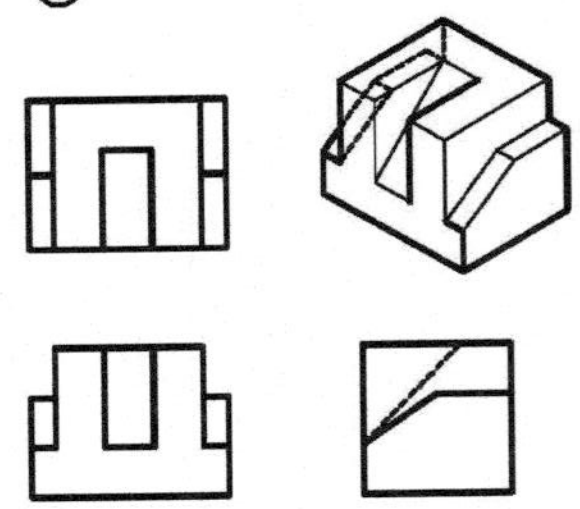

④

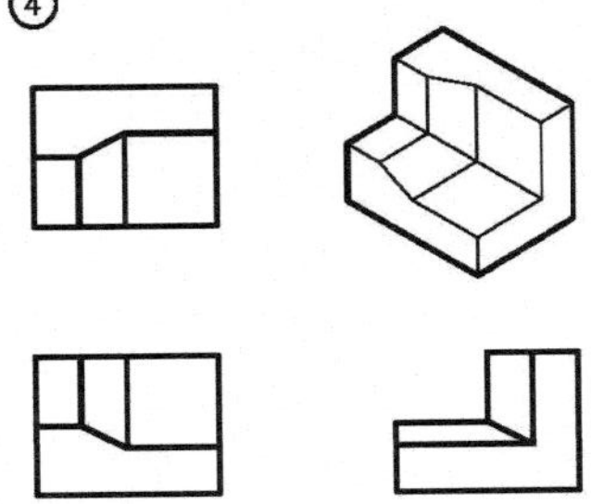

⑤

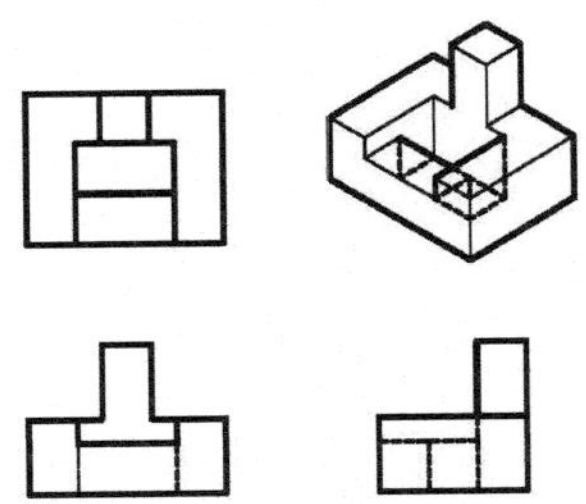

⑥

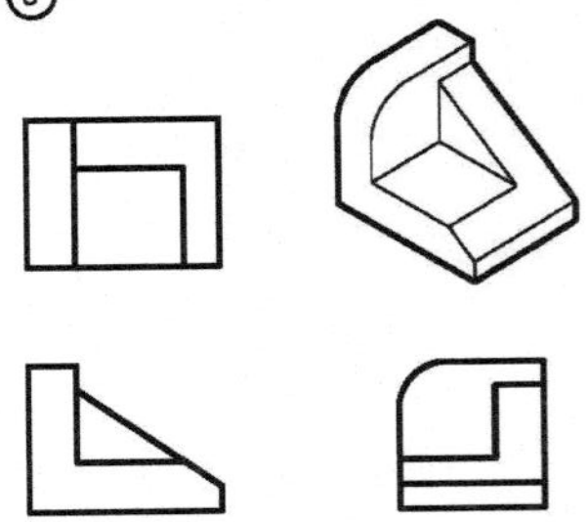

소 속	KPC SMD 기계제도(CAD) 연구회			
도 명	기초투상도과제-2	제 도	○ ○ ○	
도 번	NICECAD-24	척 도	1 : 1	확인
일 자	202#. ##. ##	투 상	3각법	

CHAPTER 09

무한선, 점 및 해칭 관련 명령

학습목표

- 도형 작도 명령을 이용하여 무한선, 다중선을 작도 및 수정할 수 있다.
- 점 모양, 크기를 설정하고 도면 요소를 등분, 분할할 수 있다.
- 도면 요소를 선택하여 무늬, 음영을 입력하고 경계 영역을 설정할 수 있다.

1 무한선 관련 명령

(1) XLINE 또는 XL(단축명령)

시작과 끝이 없는 길이가 무한한 구성선을 그리는 객체 명령

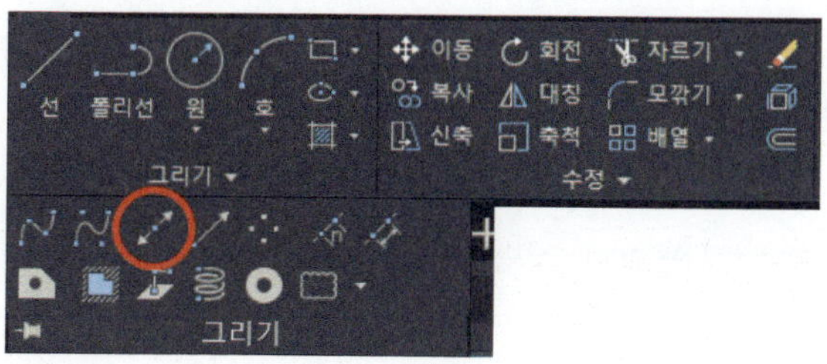

리본 메뉴–홈–그리기에서 그리기(▿) 구성선 선택

명령: XL 또는 XLINE Enter↵
점 지정 또는 [수평(H)/수직(V)/각도(A)/이등분(B)/간격띄우기(O)]:

점 지정

선이 통과할 두 점을 사용하여 무한선의 위치를 지정한다.

수평(H)

지정한 점을 통과하는 수평 구성선을 그린다.

수직(V)

지정한 점을 통과하는 수직 구성선을 그린다.

각도(A)

지정한 각도로 경사 구성선을 그린다.
X선의 각도 입력 (0) 또는 [참조(R)]: ⇨ 각도 입력
통과점을 지정: ⇨ 경사 구성선이 통과할 점 입력

> 정확한 각도의 사선을 그리는 데 자주 사용되는 명령이다.

이등분(B)

지정한 두 점의 이등분하는 구성선을 그린다.

간격띄우기(O)

지정한 거리만큼 선택한 객체에 평행하게 구성선을 그린다.

> 투상도의 기초선 그릴 때 사용할 수 있는 명령이다.

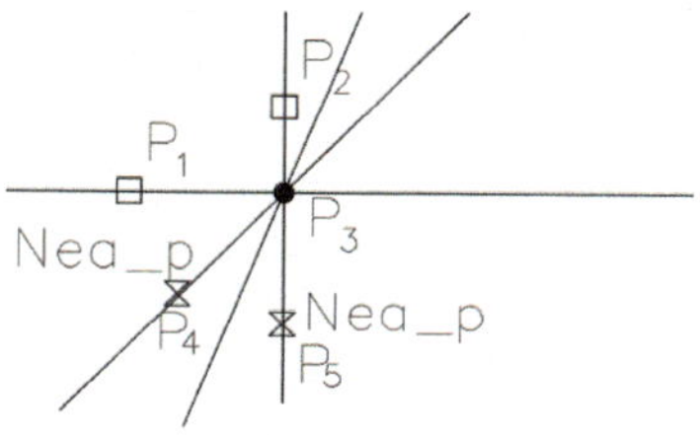

명령: XL
점 지정 또는 [수평(H)/수직(V)/각도(A)/...(O)] : H
통과점 지정 : P_1 점 선택
통과점 지정 : 마우스 우클릭으로 종료
명령: 마우스 우클릭 명령 재시작
점 지정 또는 [수평(H)/수직(V)/각도(A)/...(O)] : V
통과점 지정 : P_2 점 선택
통과점 지정 : 마우스 우클릭으로 종료
명령: 마우스 우클릭 명령 재시작
점 지정 또는 [수평(H)/수직(V)/각도(A)/...(O)] : A
X선의 각도 입력 (0) 또는 [참조(R)]: 45
통과점 지정 : P_3 점 선택
통과점 지정 : 마우스 우클릭으로 종료
명령: 마우스 우클릭 명령 재시작
점 지정 또는 [.../각도(A)/이등분(B)/간격띄우기(O)]: B
각도 정점 지정: P3점 선택
각도 시작점 지정: nea to P_4 부근 선택
각도 끝점 지정: nea to P5 부근 선택
각도 끝점 지정: 마우스 우클릭으로 종료

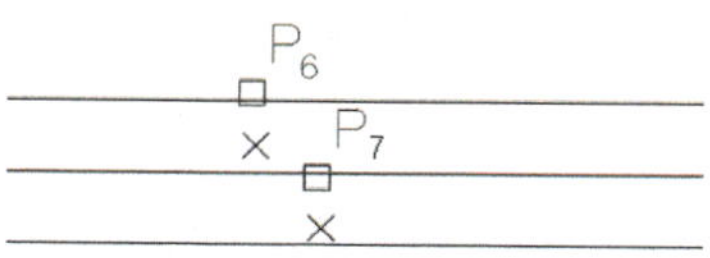

명령: XL
점 지정 또는 [.../각도(A)/이등분(B)/간격띄우기(O)]: O
간격띄우기 거리 또는 [통과점(T)] 〈1.0000〉: 5
선 객체 선택: P6 부근 선택
간격띄우기할 방향 지정: 아래 방향으로 한 점 선택
선 객체 선택: P7 부근 선택
간격띄우기할 방향 지정: 아래 방향으로 한 점 선택
선 객체 선택: 마우스 우클릭으로 종료

(2) RAY 명령

시작점은 있고 끝점이 없는 무한한 선을 그리는 객체 명령

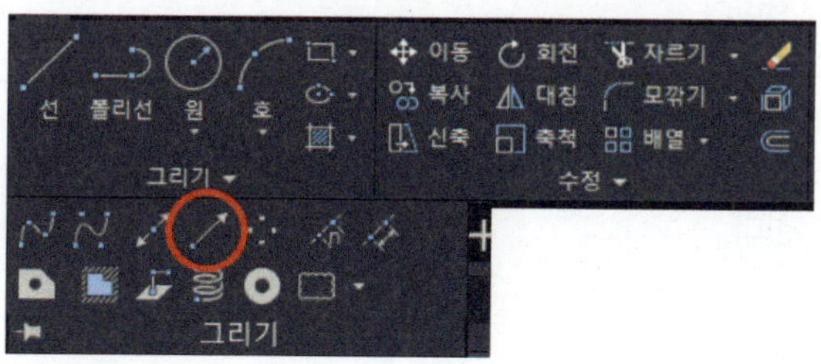

리본 메뉴–홈–그리기에서 그리기(▿) 광선 선택

> 명령: RAY [Enter↵]
> 시작점을 지정: ⇨ 시작점 입력
> 통과점을 지정: ⇨ 상대 극좌표를 입력하거나 한 점 입력
> 통과점을 지정: ⇨ [Space Bar]나 마우스 우클릭으로 종료

방사선을 그리는 데 사용할 수 있는 명령이다.

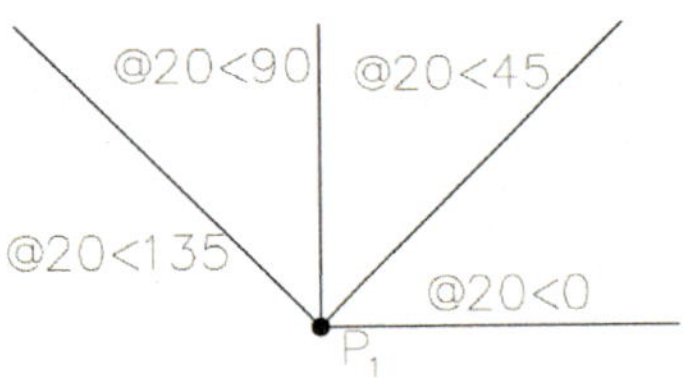

> 명령: RAY
> 시작점을 지정: P_1 점 선택
> 통과점을 지정: F8 키로 〈직교 끄기〉
> 통과점을 지정: @20<0
> 통과점을 지정: @20<45
> 통과점을 지정: @20<90
> 통과점을 지정: @20<135
> 통과점을 지정: 마우스 우클릭으로 종료

(3) MLINE 또는 ML(단축명령)

평행선을 여러 가지 그리는 객체 명령

> 명령: ML 또는 MLINE [Enter↵]
> 현재 설정: 자리맞추기 = 맨 위, 축척 = 20.00, 스타일 = STANDARD
> 시작점 지정 또는 [자리맞추기(J)/축척(S)/스타일(ST)]: ⇨ 여러 줄의 첫 점 입력
> 다음 점 지정: ⇨ 여러 줄의 다음 점 입력
> 다음 점 지정 또는 [명령 취소(U)]: ⇨ 여러 줄의 다음 점 입력
> 다음 점 지정 또는 [닫기(C)/명령 취소(U)]: ⇨ 마우스 우클릭으로 종료

자리맞추기(J)

여러 줄의 기준점을 설정한다.

축척(S)

여러 줄의 간격을 설정한다.

STyle

여러 줄의 유형을 설정한다.

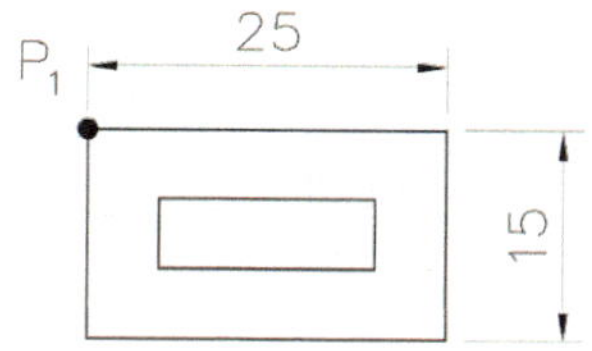

명령: ML
시작점 지정 또는 [자리맞추기(J)/축척(S)/스타일(ST)]: S
여러 줄 축척 입력 〈20.00〉: 5
시작점 지정 또는 [자리맞추기(J)/축척(S)/스타일(ST)]:
  P_1 점 선택
다음 점 지정: 커서를 오른쪽으로 향하고 25
다음 점 지정 또는 [명령 취소(U)]:
  커서를 아래로 향하고 15
다음 점 지정 또는 [닫기(C)/명령 취소(U)]:
  커서를 왼쪽으로 향하고 25
다음 점 지정 또는 [닫기(C)/명령 취소(U)]: C

(4) MLSTYLE 명령

MLINE(여러 줄)의 스타일을 작성, 수정, 저장 및 로드 한다. 여러 줄의 스타일은 객체의 수와 각 객체의 특성을 조절한다. MLSTYLE은 각 여러 줄의 배경 색상과 끝막음도 조정한다.

명령: MLSTYLE Enter↵

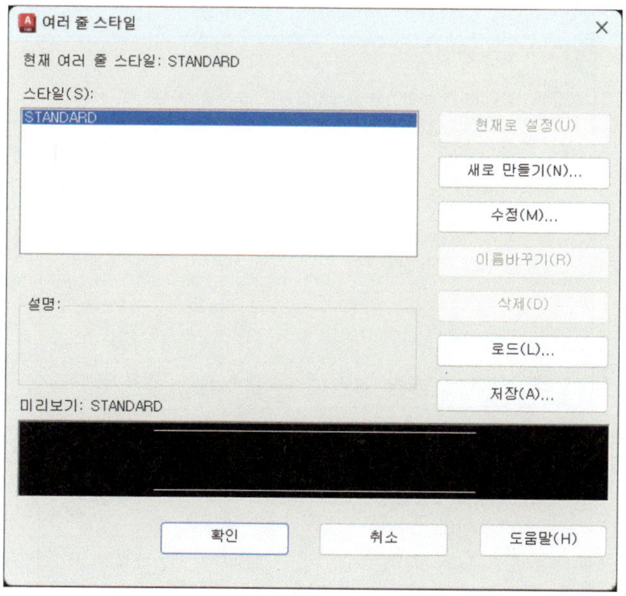

새로 만들기(N)

새 여러 줄 스타일을 작성할 수 있는 대화상자를 표시한다.

수정(M)

선택된 여러 줄 스타일을 수정할 수 있는 대화상자를 표시한다. 기본 STANDARD 여러 줄 스타일은 수정할 수 없다.

로드(L)

여러 줄 스타일 로드 대화상자를 표시하여 지정한 *.mln 파일로부터 로드 한다.

저장(A)

여러 줄 라이브러리(*.mln) 파일에 여러 줄 스타일을 저장하거나 복사한다. 이미 존재하는 acad.mln 파일을 지정하면 기존 스타일을 지우지 않고 새 스타일이 파일에 추가된다.

(5) MLEDIT 명령

여러 줄 교차점, 끊기점 및 정점을 편집하는 명령

명령: MLEDIT Enter↵

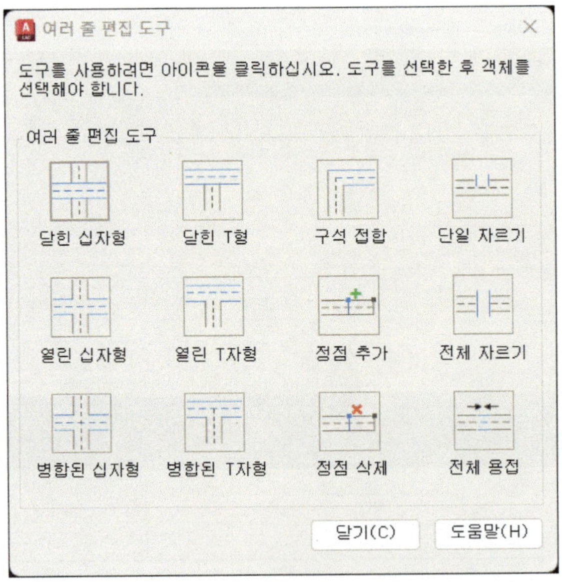

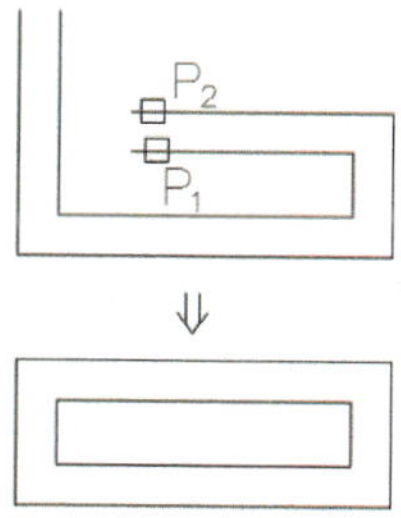

명령: MLEDIT
위 그림에서 구석 접합을 선택한다.
첫 번째 여러 줄 선택: P_1 점 입력
두 번째 여러 줄 선택: P_2 점 입력
첫 번째 여러 줄 선택 또는 [명령 취소(U)]:
마우스 우클릭으로 종료

2 점(Point) 및 등분, 분할 명령

(1) POINT 또는 PO(단축명령)

점 찍는 객체 명령

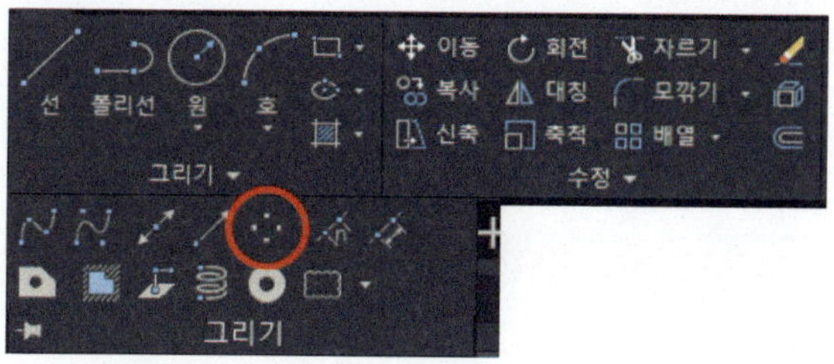

리본 메뉴–홈–그리기에서 그리기(▿) 다중 점 선택

명령: PO 또는 POINT Enter↵
현재 점 모드: PDMODE=0 PDSIZE=0.0000
점 지정: ⇨ 마우스 왼쪽 버튼으로 한 점 또는 다중 점 입력
점 지정: ⇨ 종료 시 마우스 우클릭
유효하지 않은 점.

점의 모양과 크기는 DDPTYPE 명령으로 설정한다.
점은 DIVIDE나 MEASURE 명령 그리고 치수 기입 객체에서도 나타난다.
점을 찾는 객체 스냅(OSNAP) 기능은 "노드(NODE)" 이다.

(2) PTYPE 또는 DDPTYPE 명령

점 객체의 표시 스타일과 크기를 설정하는 명령

명령: DDPTYPE

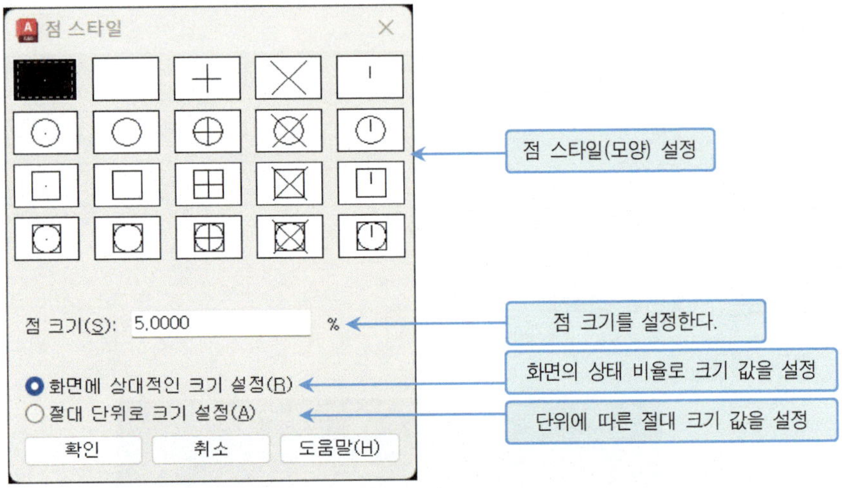

> 점 스마일(모양)은 ×자를 사용하는 것이 DIVIDE나 MEASURE 명령으로 선 등분이나 선 크기 분할할 때 구분이 명확하다.

(3) DIVIDE 또는 DIV(단축명령)

지정한 수만큼 선택된 객체를 점 스타일(모양)로 등분하는 명령

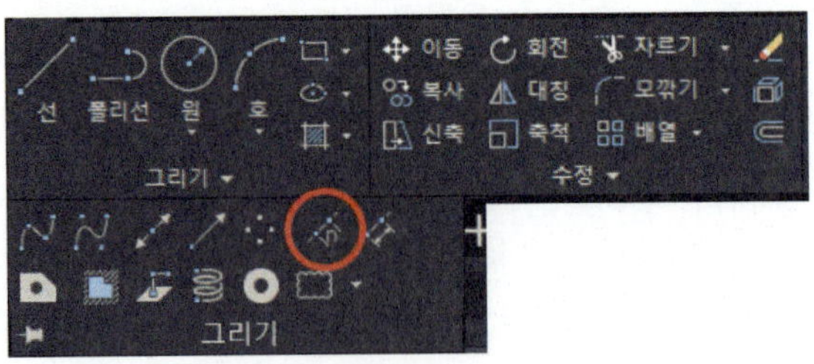

리본 메뉴–홈–그리기에서 그리기(▿) 등분할(개수 등분) 선택

명령: DIV [Enter↵]

등분할 객체 선택: ⇨ 등분할 객체 선택

세그먼트의 개수 또는 [블록(B)] 입력: ⇨ 등분할 개수 입력

Divide로 등분할 때 2에서 32767까지 일정 간격으로 점 객체를 배치하여 등분한다.

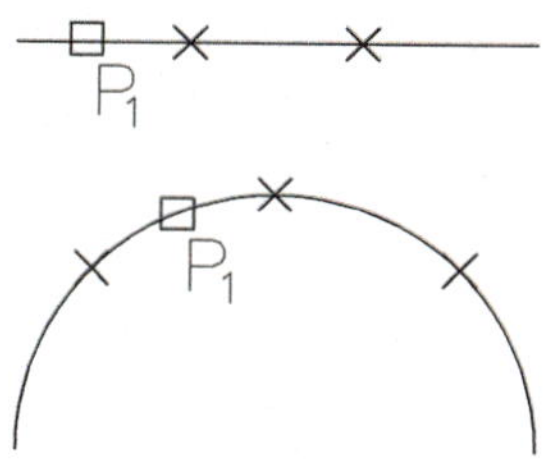

명령: DIV
등분할 객체 선택: 선의 P_1 부근 선택
세그먼트의 개수 또는 [블록(B)] 입력: 3

명령: DIV
등분할 객체 선택: 호의 P_1 부근 선택
세그먼트의 개수 또는 [블록(B)] 입력: 4

(4) MEASURE 또는 ME(단축명령)

지정한 길이만큼 선택된 객체를 점 스타일로 길이 분할 명령

리본 메뉴–홈–그리기에서 그리기(▿) 길이 분할 선택

명령: ME 또는 MEASURE [Enter↵]

길이 분할 객체 선택: ⇨ 길이로 나눌 객체 선택

세그먼트의 길이 지정 또는 [블록(B)]: ⇨ 길이(거리) 입력

길이를 입력하거나 두 점을 지정할 경우 사용한 점과 가장 가까운 끝점에서 시작하여 선택된 객체에 지정된 간격으로 점 객체를 배치하여 길이 분할 한다.

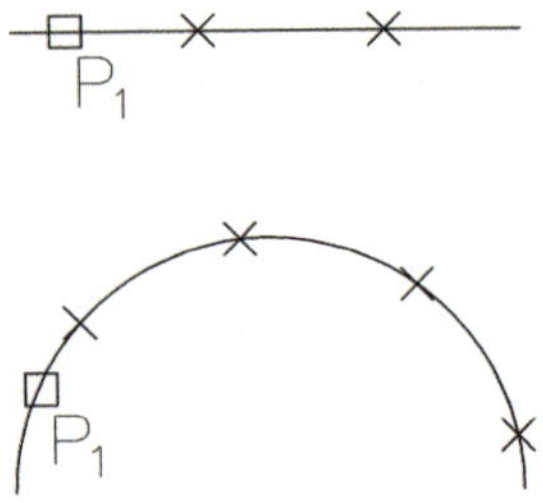

명령: ME
길이 분할 객체 선택: 선의 P_1 부근 선택
세그먼트의 길이 지정 또는 [블록(B)]: 10

명령: ME
길이 분할 객체 선택: 호의 P_1 부근 선택
세그먼트의 길이 지정 또는 [블록(B)]: 10

3 해칭 관련 명령

(1) BHATCH 또는 BH(단축명령)

지정한 닫힌 영역 안에 해치 패턴(무늬)이나 솔리드 또는 그라데이션 채우기 명령

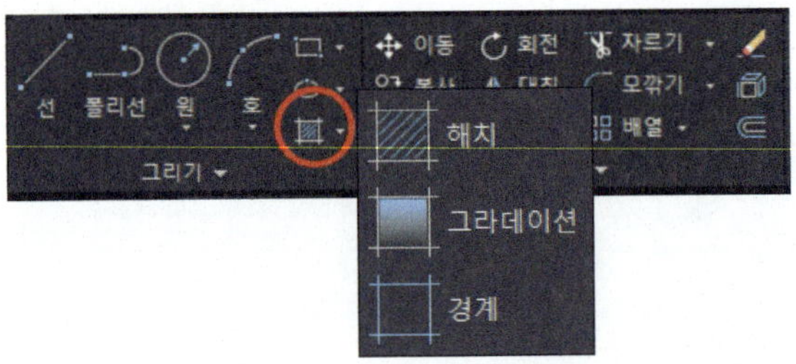

리본 메뉴–홈–그리기에서 해치(▿) 선택

**** 해치 창 시스템 변수**

명령: HPDLGMODE Enter↵
해치 및 그라데이션 대화상자와 해치 편집 대화상자의 표시 설정 변수
// 초기값: 2

값	설명
0	해치 대화상자가 표시되지 않음
1	해치 대화상자가 표시됨
2	리본 메뉴 활성 상태에 따라서 대화상자 표시 또는 표시되지 않음

☞ HPDLGMODE "1" 로 설정하여 해치 대화상자 사용을 권장

명령: H 또는 HATCH [Enter↵]

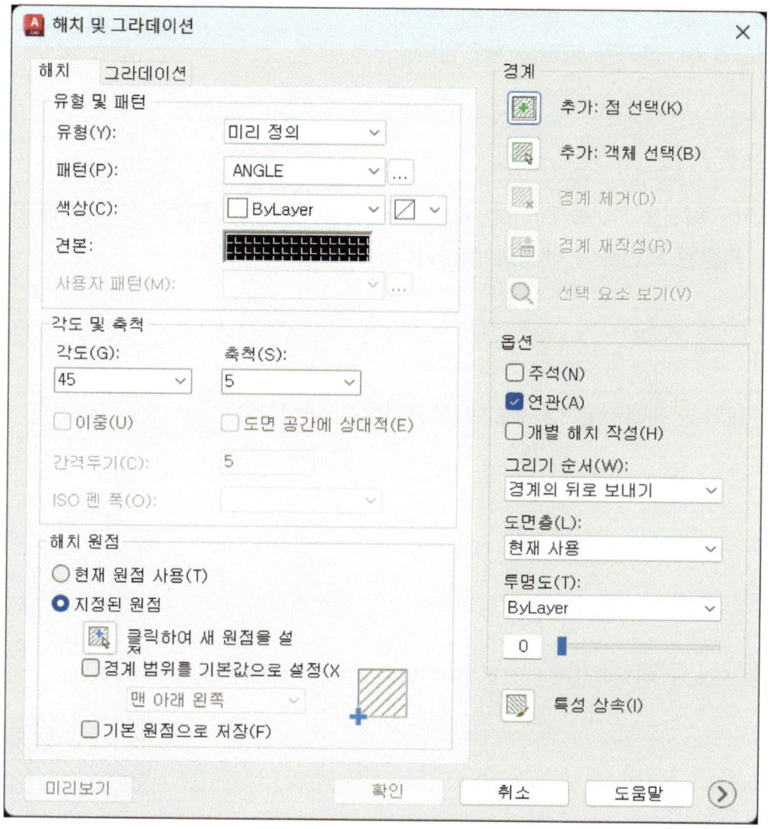

유형(Y)

⇨ **미리정의** : 이미 정의된 해치 패턴을 사용하기 위하여 아래의 패턴 버튼을 선택하여 해치를 선택하고 각도(Angle)와 배율(Scale)로 크기를 지정한다.

⇨ **사용자 정의** : 기본적인 선형으로 사용자 정의로 해치를 선택하는 것으로 각도(Angle)와 간격(Spacing)을 지정한다. (권장)

각도 및 축척

미리 정의일 때 각도와 축척, 사용자 정의일 때 각도와 간격 두기, 그리고 필요 시 이중을 설정할 수 있다.

경계

•추가점 선택(K): 해치 영역에 내부점을 지정하면 경계 영역이 자동으로 설정된다.
•추가 객체 선택(B): 해치 영역의 객체를 선택하면 경계 영역이 설정된다.

•경계 제거(D): 선택된 해치 경계 영역을 제거한다.
•경계 재작성(R): 경계 제거된 영역을 재작성한다.
•선택 요소 보기(V): 선택된 영역을 확인한다.

옵션

- 연관(A): 연관 해치는 Scale/Stretch 등으로 객체를 편집 및 변환할 때 해치를 갱신한다.
- 도면층(L): 지정된 도면층에 해치를 작성한다.

특성 상속(I)

이미 정의된 해치를 선택하여 그 해치의 특성값으로 설정한다.

Preview

미리보기이다.

KS 제도 통칙에서 해칭은 단면된 물체의 재질 표시를 기하학적 기호로 나타낸다.
•각도 : 45°, 간격 : 3 mm 정도, 가는 실선
•권장
사용자 정의
각도 : 45, 간격 두기 : 3(1~5권장), 추가 점 선택, 확인

[일반 해칭]

(2) HATCHEDIT 또는 HE(단축명령)

이미 해칭된 것을 선택해서 해치의 특성(종류, 각도, 크기)을 변경하는 명령

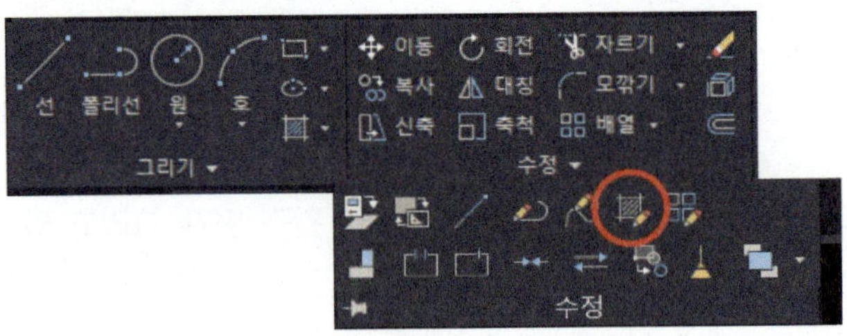

리본 메뉴–홈–수정에서 수정(▿) 해치 편집 선택

명령: HE 또는 HATCHEDIT Enter↵

해치 객체 선택: : ⇨ 이미 작성된 연관 해칭 선택

연관 해칭 선택 시 HATCH 대화상자로 특성을 변경할 수 있다.

(3) BOUNDARY, BPOLY 또는 BO(단축명령)

경계 영역을 선택하여 폴리 객체 또는 영역(솔리드판) 객체를 생성하는 객체 명령

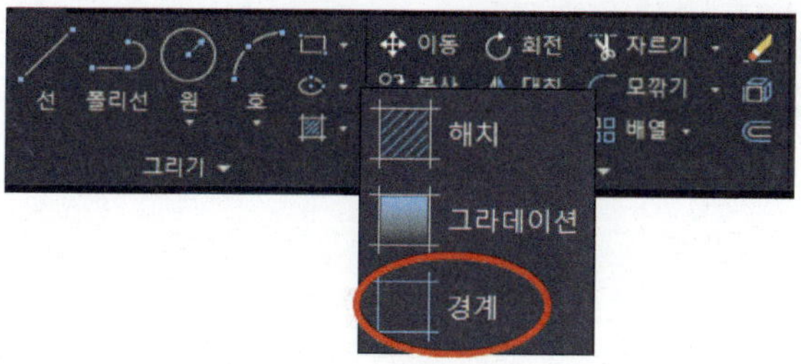

리본 메뉴–홈–그리기에서 해치(▿) 경계 선택

명령: BO 또는 BPOLY, BOUNDARY Enter↵

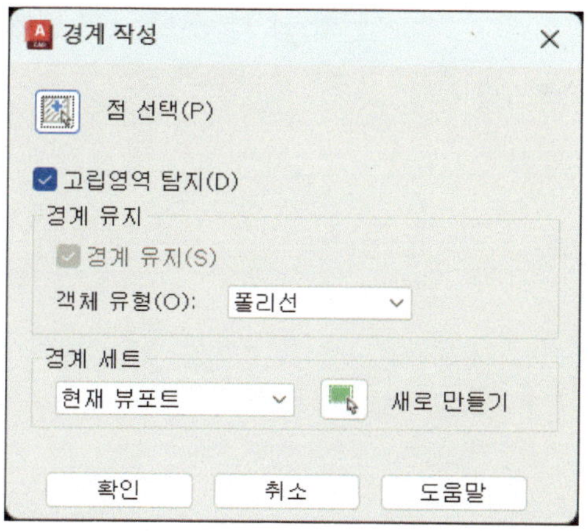

⇨ 점 선택(P) 버튼 클릭 시

내부 점 선택 : 경계 영역을 폴리 객체로 생성할 영역 선택

고립영역 탐지(D)

Boundary가 고립영역이라고 불리는 닫힌 내부 경계를 탐지할 여부를 조정한다.

객체 유형(O)

폴리선이나 영역 객체로 생성하도록 설정한다.

- 폴리선(Polyline) 객체란?
  하나 이상의 객체가 모여 접점의 정보를 가지지 않고 하나의 객체로 선택되는 것을 말한다.
- 영역(Region) 객체란?
  솔리드 판으로 생성하며 주로 3D-모델링 시 사용하는 객체이다.

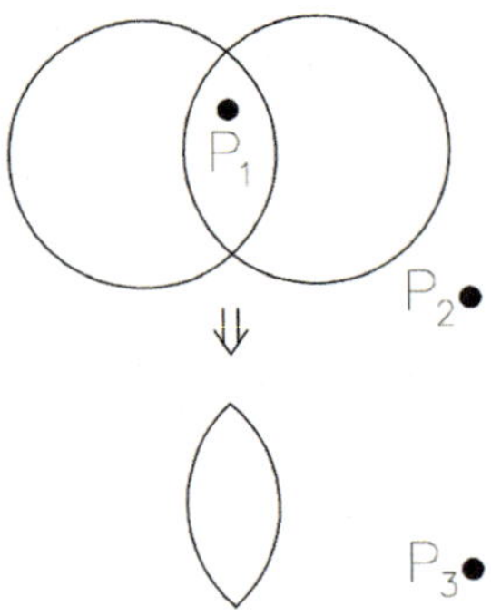

명령: BO
내부 점 선택 : P_1 점 선택하고 마우스 우클릭
경계 1 폴리선을(를) 작성함

명령: M
객체 선택 : L 1개를 찾음_(마지막에 그려진 객체를 선택됨)
객체 선택 : 기준점 지정 또는 [변위(D)] 〈변위〉: P_2 점 선택
두 번째 점 지정 또는 〈첫 번째 점을 변위로 사용〉:
P_3 점 선택

▮과제 도면 그리기

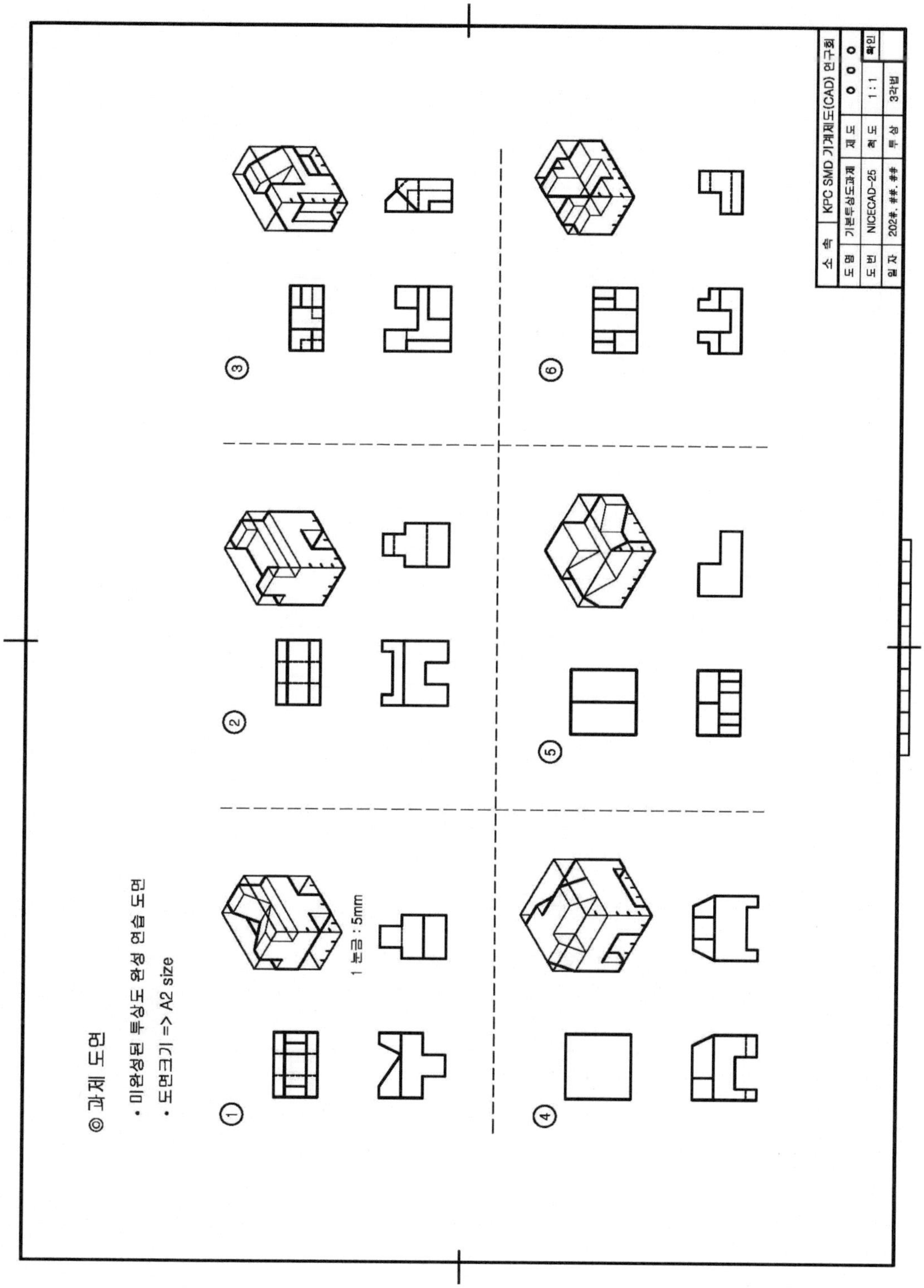

◎ 과제 도면
· 미완성된 투상도 완성 연습 도면
· 도면크기 => A2 size
1 눈금 : 5mm
①
②
③
④
⑤
⑥
소 속
KPC SMD 기계제도(CAD) 연구회
도 명
기본투상도과제
제 도
○ ○ ○
확인
도 번
NICECAD-25
척 도
1 : 1
일 자
202#. ##. ##
투 상
3각법

▌기본 투상도 답안

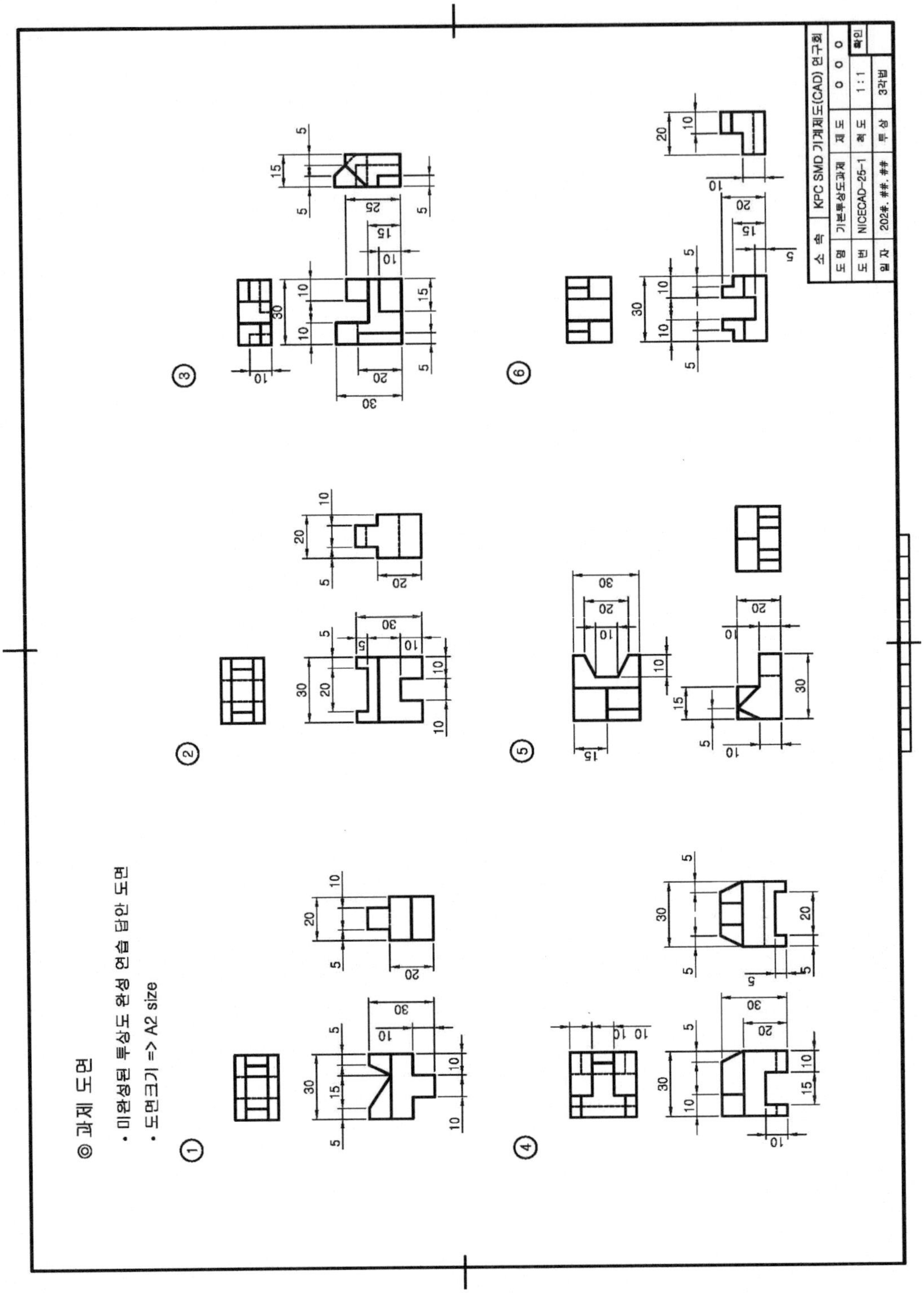

◎ 과제 도면
· 미완성된 투상도 완성 연습 답안 도면
· 도면크기 => A2 size
①
②
③
④
⑤
⑥
소 속
KPC SMD 기계제도(CAD) 연구회
도 명
기본투상도과제
제 도
○ ○ ○
도 번
NICECAD-25-1
척 도
1 : 1
확인
일 자
202#. ##. ##
투 상
3각법

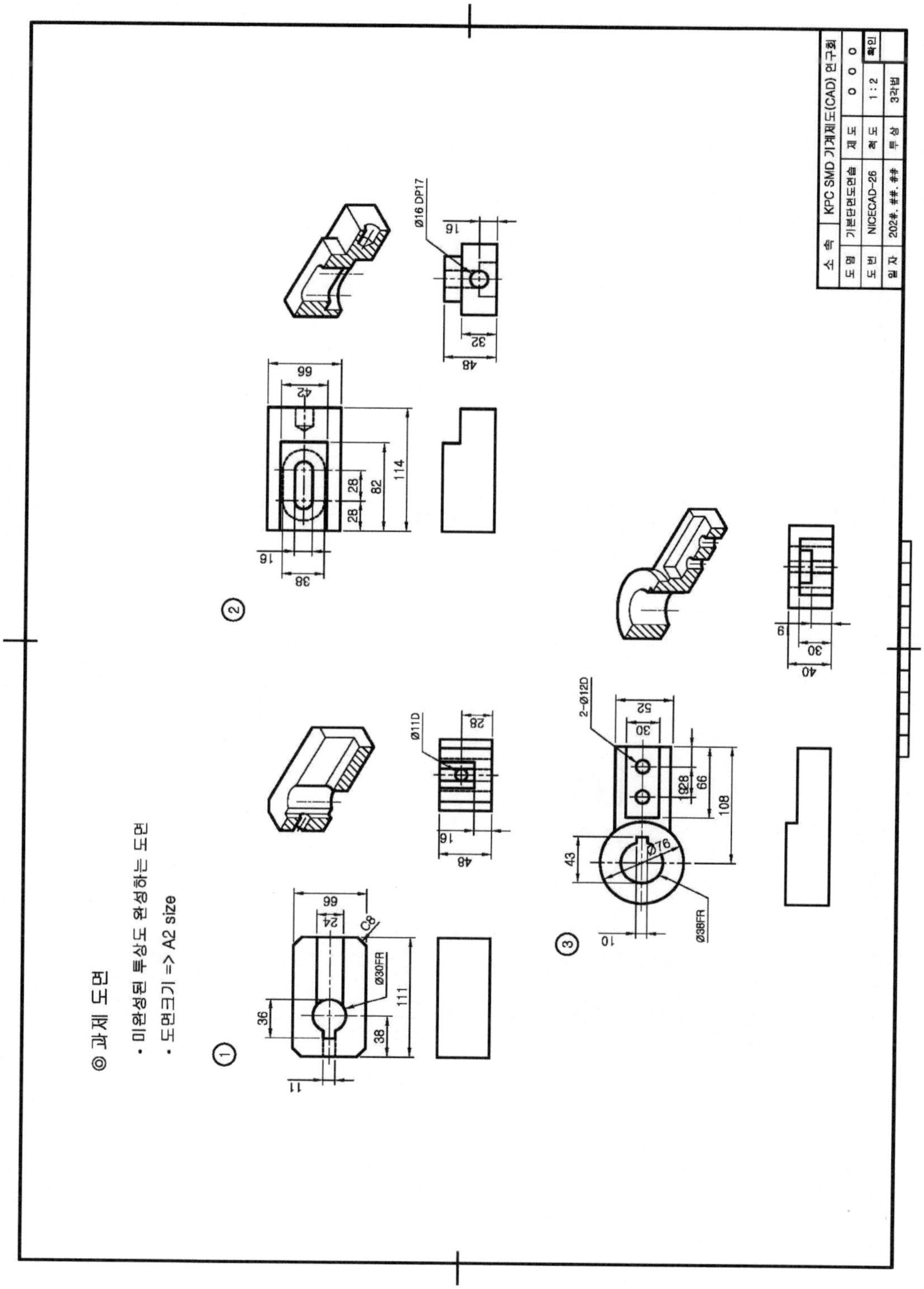
◎ 과제 도면
· 미완성된 투상도 완성하는 도면
· 도면크기 => A2 size
소 속 KPC SMD 기계제도(CAD) 연구회
도 명 기본단면도연습 제 도 ○ ○ ○
도 번 NICECAD-26 척 도 1:2 확인
일 자 202#. ##. ## 투 상 3각법

▮단면도 과제 답안

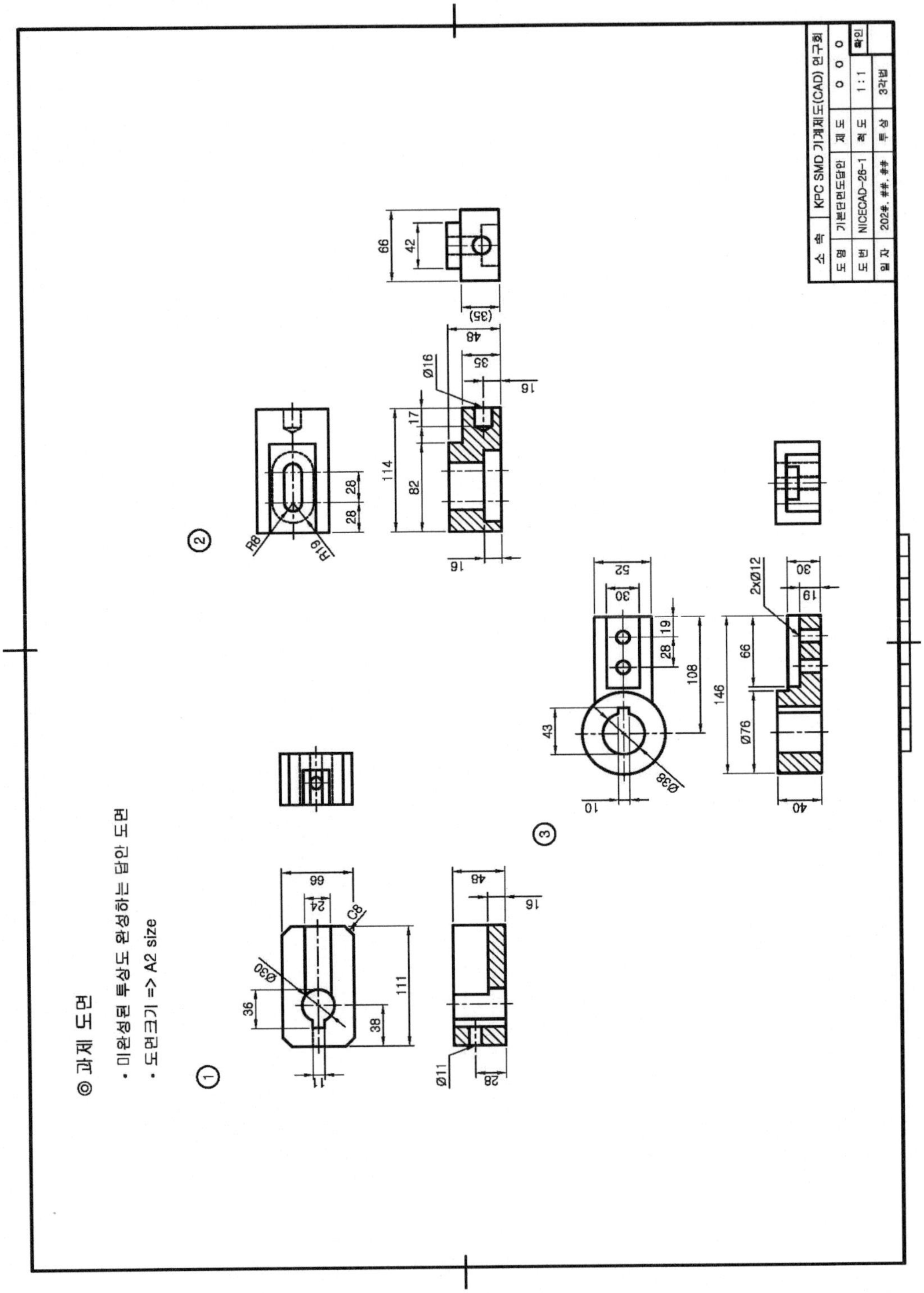

◎ 과제 도면
· 미완성된 투상도 완성하는 답안 도면
· 도면크기 => A2 size
소 속 KPC SMD 기계제도(CAD) 연구회
도 명 기본단면도답안 제 도 ○ ○ ○
도 번 NICECAD-26-1 척 도 1:1 확인
일 자 202#. ##. ## 투 상 3각법

CHAPTER 10

Poly, 문자 및 음영 관련 명령

학습목표

- 도형 작도 명령을 이용하여 폴리선, 스플라인을 작도 및 수정할 수 있다.
- CAD 제도에 사용되는 문자를 설정하여 활용할 수 있다.
- 도면 요소를 선택하여 채우기를 설정하고 채워진 다각형을 작도할 수 있다.

1 Poly 관련 명령

(1) PLINE 또는 PL(단축명령)

2차원 폴리선을 그리는 객체 명령, 폴리선은 Pedit 명령으로 편집할 수 있다.

리본 메뉴–홈–그리기에서 폴리선 선택

명령: PL 또는 PLINE Enter↲
시작점 지정:
현재의 선 폭은 0.0000임

다음 점 지정 또는 [호(A)/반폭(H)/길이(L)/명령 취소(U)/폭(W)]:
다음 점 지정 또는 [호(A)/닫기(C)/반폭(H)/길이(L)/명령 취소(U)/폭(W)]:

다음 점 지정

선 세그먼트(Segment: 폴리선의 단락 요소)를 그린다.

호(A)

폴리선을 호 모드로 변경한다.

닫기(C)

현재 위치로부터 시작점까지 폴리선으로 선을 닫는다.

반폭(H)

반폭 지정으로 폴리선 두께를 지정한다.
시작 반폭 지정 〈0.0000〉:
끝 반폭 지정 〈0.0000〉:

길이(L)

이전 선과 같은 방향으로 지정된 길이만큼 폴리선을 그린다.

명령 취소(U)

가장 최근에 추가된 폴리선을 취소한다.

폭(W)

폭 지정으로 폴리선의 두께를 지정한다.
시작 폭 지정 〈0.0000〉:
끝 폭 지정 〈0.0000〉:

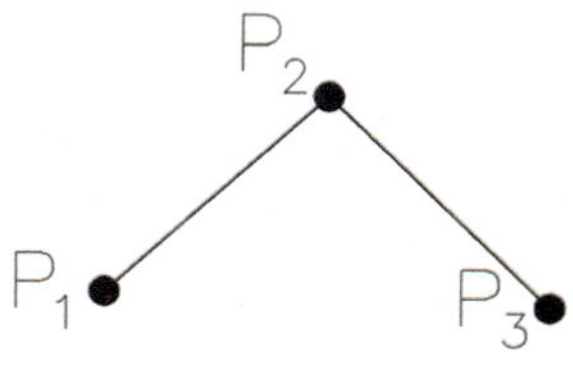

명령: PL
시작점 지정: P_1 점 선택
현재의 선 폭은 0.0000임
다음 점 지정 또는 [...길이(L)/명령 취소(U)/폭(W)]: P_2 점
다음 점 지정 또는 [호(A)/닫기(C)/...]: P_3 점
다음 점 지정 또는 [...)/명령 취소(U)/폭(W)]: 마우스 우클릭

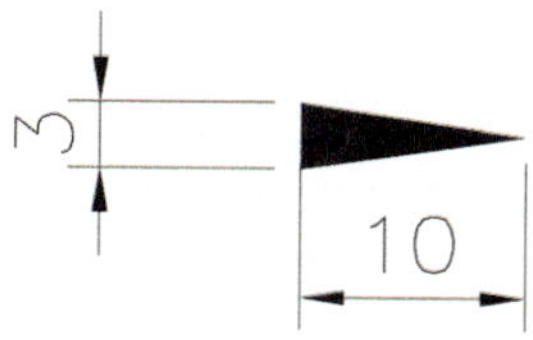

명령: 마우스 우클릭 명령 재실행
시작점 지정: P_1 점 선택
현재의 선 폭은 0.0000임
다음 점 지정 또는 [...길이(L)/명령 취소(U)/폭(W)]: W
시작 폭 지정 〈0.0000〉 : 3
끝 폭 지정 〈3.0000〉 : 0
다음점 지정 또는 [.../폭(W)] :
F8로 〈직교 켜기〉 커서를 우측으로 향하고 10 Space Bar
다음점 지정 또는 [.../폭(W)] : 마우스 우클릭

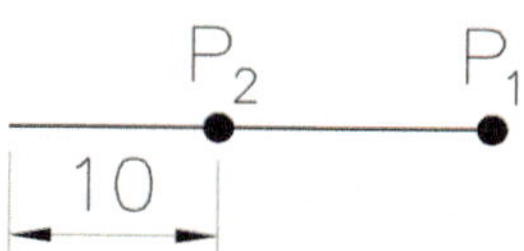

명령: PL
시작점 지정 : P_1 점 선택
현재의 선 폭은 0.0000임
다음 점 지정 또는 [...길이(L)/명령 취소(U)/폭(W)]: P_2 점
다음 점 지정 또는 [...길이(L)/명령 취소(U)/폭(W)]: L
선의 길이 지정: 10
다음 점 지정 또는 [...길이(L)/명령 취소(U)/폭(W)]:
마우스 우클릭

(2) PEDIT 또는 PE(단축명령)

선택된 폴리 객체 또는 3D 폴리곤 메쉬를 편집하는 명령

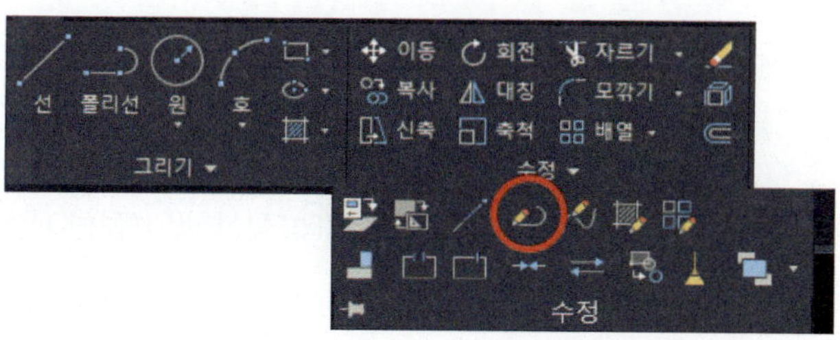

리본 메뉴–홈–수정에서 (▿)_폴리선 편집 선택

명령: PE 또는 PEDIT Enter↵
폴리선 선택 또는 [다중(M)]: ⇨ 폴리 객체 또는 폴리 객체가 아닌 모든 객체 선택
선택된 객체가 폴리선이 아님
전환하기를 원하십니까? 〈Y〉
옵션 입력 [닫기(C)/결합(J)/폭(W)/정점 편집(E)/맞춤(F)/스플라인(S)/비곡선화(D)/
선종류생성(L)/반전(R)/명령 취소(U)]:
폴리선 선택 또는 [다중(M)]:

닫기(C)

마지막 세그먼트의 끝점을 처음 세그먼트의 시작점과 연결하여 닫는 세그먼트를 작성한다.

열기(O)

폴리선의 닫는 세그먼트를 제거한다.

결합(J)

선, 호 또는 조각난 객체를 폴리선으로 만든다.

옵션 입력 [닫기(C)/결합(J)/폭(W)/정점 편집(E)/맞춤(F)/스플라인(S)/비곡선화(D)/
선종류생성(L)/반전(R)/명령 취소(U)]: J
객체 선택: ⇨ 연결할 객체를 선택(정점(vertex)이 반드시 만나야 함)
객체 선택: ... 1개의 세그먼트가 폴리선에 추가됨

폭(W)

폴리선의 폭(두께)을 수정한다.

옵션 입력 [닫기(C)/결합(J)/폭(W)/정점 편집(E)/맞춤(F)/스플라인(S)/비곡선화(D)/
선종류생성(L)/반전(R)/명령 취소(U)]: W
전체 세그먼트에 대한 새 폭 지정:

정점 편집(E)

정점을 편집한다.

[다음(N)/이전(P)/끊기(B)/삽입(I)/이동(M)/재생성(R)/직선화(S)/접선(T)/폭 (W)/종료(X)] 〈N〉:
정점 편집 옵션 입력

맞춤(F)

각각의 정점들을 객체 밖으로(외접) 정점들을 만들어 부드러운 곡선을 작성한다. 그 곡선은 폴리선의 모든 점을 통과하고 사용자가 지정하는 접선 방향을 사용한다.

스플라인(S)

선택된 폴리선의 정점들을 안으로(내접) 정점을 만들어 완만한 곡선을 작성한다. 곡선은 원래 폴리선이 닫혀 있지 않으면 첫 번째와 마지막 조정점을 통과한다.

비곡선화(D)

맞춤(F)이나 스플라인(S)으로 처리된 폴리선의 모든 세그먼트를 직선으로 편집한다.

선종류생성(L)

폴리선의 정점을 조절하여 라인 타입이 가지는 객체의 선 종류대로 생성한다.

명령 취소(U)

최근에 실행한 작업을 역순으로 취소한다.

종료(X)

PEDIT 명령을 종료한다.

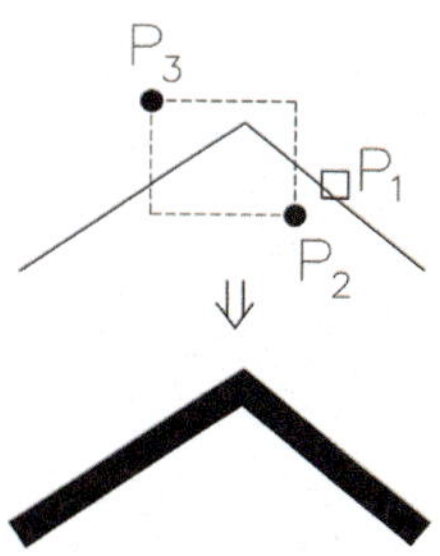

명령: PE
폴리선 선택 또는 [다중(M)]: P_1 부근 선택
선택된 객체가 폴리선이 아님
전환하기를 원하십니까? 〈Y〉
Y Space Bar 또는 마우스 우클릭
옵션 입력 [닫기(C)/결합(J)/폭(W)/...명령 취소(U)]: J
객체 선택: P_2 , P_3 점 선택
1개의 세그먼트가 폴리선에 추가됨
객체 선택: 마우스 우클릭
옵션 입력 [닫기(C)/결합(J)/폭(W)/...]: W
전체 세그먼트에 대한 새 폭 지정: 2
옵션 입력 [닫기(C)/결합(J)/폭(W)/...]: 마우스 우클릭

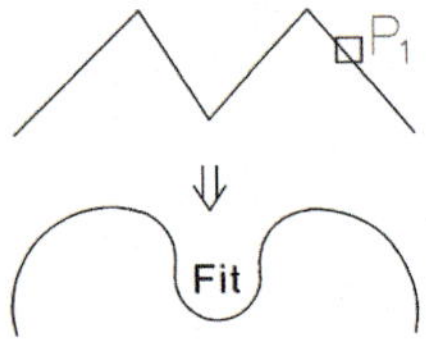

명령: PE
폴리선 선택 또는 [다중(M)]: P, 부근 선택
옵션 입력 [.../맞춤(F)/스플라인(S)/비곡선화(D)/...]: F
옵션 입력 [.../맞춤(F)/스플라인(S)/...]: 마우스 우클릭

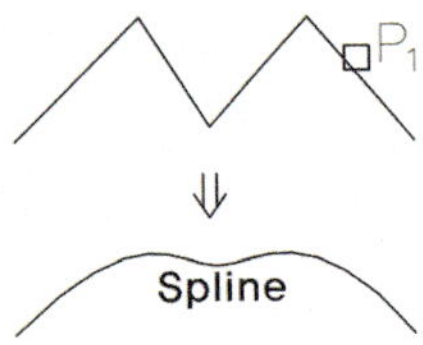

명령: 마우스 우클릭
폴리선 선택 또는 [다중(M)]: P, 부근을 선택한다.
옵션 입력 [.../맞춤(F)/스플라인(S)/비곡선화(D)/...]: S
Enter an option [.../Fit/Spline/.../Undo] : 마우스 우클릭

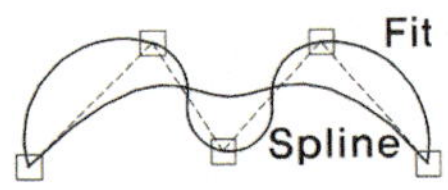

옆 그림의 정점(Vertex)을 선택하여 B-Spline을 다양한 곡선으로 편집할 수 있다.

(3) SPLINE 또는 SPL(단축명령)

모든 정점 또는 지정한 공차 범위 내에서 스플라인 곡선을 그리는 객체 명령

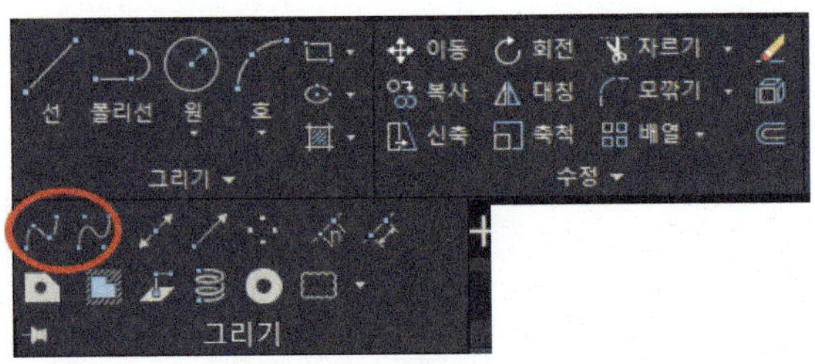

리본 메뉴-홈-그리기에서 (▿)_ 스플라인 맞춤 또는 스플라인 CV 선택

명령: SPL 또는 SPLINE [Enter↵]
현재 설정: 메서드=맞춤 매듭=현
첫 번째 점 지정 또는 [메서드(M)/매듭(K)/객체(O)]:
⇨ 첫 점 선택 또는 O를 입력하여 객체 선택
다음 점 입력 또는 [시작 접촉부(T)/공차(L)]: ⇨ 다음 점 선택
다음 점 입력 또는 [끝 접촉부(T)/공차(L)/명령 취소(U)]:
다음 점 입력 또는 [끝 접촉부(T)/공차(L)/명령 취소(U)/닫기(C)]:
다음 점 입력 또는 [끝 접촉부(T)/공차(L)/명령 취소(U)/닫기(C)]:
다음 점 입력 또는 [끝 접촉부(T)/공차(L)/명령 취소(U)/닫기(C)]:

시작 접촉부(T)

객체의 시작 접촉부를 선택한다.

끝 접촉부(T)

객체의 끝 접촉부를 선택한다.

명령 취소(U)

점 선택 역순으로 취소한다.

공차(L)

스플라인 곡선을 그릴 허용범위를 입력한다.

닫기(C)

시작점으로 닫기 한다.

> 스플라인은 F(허용범위)가 "0" 일 때 모든 정점을 통과하고 F(허용범위)를 정하면 그 범위 안에서 스플라인을 그린다.
> **[참고]** 제도에서 파단선을 스플라인 명령으로 그리면 편리하다.
> 파단선이란 자유로운 곡선이면서 가는 실선으로 그려야한다.

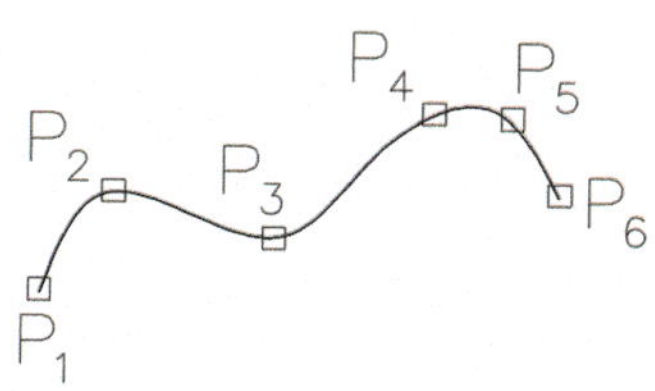

명령: SPL
현재 설정: 메서드=맞춤 매듭=현
첫 번째 점 지정 또는 [.../객체(O)]: P_1 점 선택
다음 점 입력 또는 [시작 접촉부(T)/공차(L)]: P_2 점 선택
다음 점 입력 또는 [끝 접촉부(T)/...]: P_3 점 선택
다음 점 입력 또는 [.../닫기(C)]: P_4 점 선택
다음 점 입력 또는 [.../닫기(C)]: P5 점 선택
다음 점 입력 또는 [.../닫기(C)]: P6 점 선택

(4) SPLINEDIT 또는 SPE(단축명령)

선택된 스플라인을 편집하는 명령

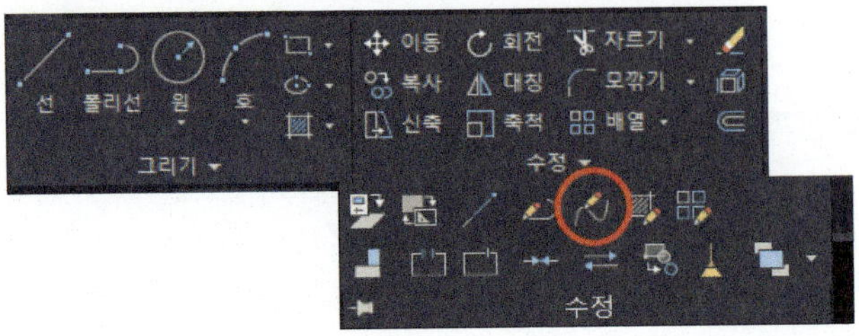

리본 메뉴–홈–수정에서 (▿)_스플라인 편집 선택

명령: SPE 또는 SPLINEDIT Enter↵
스플라인 선택:
옵션 입력 [닫기(C)/결합(J)/맞춤 데이터(F)/정점 편집(E)/폴리선으로 변환(P)/반전(R)/명령 취소(U)/종료(X)] 〈종료〉:

닫기(C)

시작점으로 닫기 한다.

결합(J)

분리된 스플라인을 결합한다.

맞춤 데이터(F)

모든 점을 통과한 정점으로 전환된다.

정점 편집(E)

정점을 이동한다.

폴리선으로 변환(P)

스플라인 정의를 미세하게 조정한다.

반전(R)

스플라인의 방향을 반전한다.

명령 취소(U)

최근에 편집을 취소한다.

(5) SKETCH

지정된 증분값만큼 프리핸드로 그리는 객체 명령, 그려진 선은 기록되기 전까지는 도면에 추가되지 않는다.

명령: SK 또는 SKETCH [Enter↵]
유형 = 선 증분 = 1.0000 공차 = 0.5000
스케치 지정 또는 [유형(T)/증분(I)/공차(L)]: ⇨ I [Space Bar], 증분값 입력
⇨ 마우스로 한 점을 선택하고 자유롭게 움직인다.
스케치 지정: ⇨ [Space Bar]로 종료한다.
46개의 선이(가) 기록됨.

유형(T)

스케치선의 유형을 설정한다.

증분(I)

세그먼트의 증분 길이를 입력한다.

공차(L)

스플라인의 맞춤 공차를 입력한다.

> 시스템 변수 중 SKPOLY를 "1"로 설정하면 SKETCH 객체가 하나의 폴리 객체가 된다.

(6) REVCLOUD

직사각형, 폴리곤, 프리핸드 구름형 리비전을 작성하거나 수정하는 명령

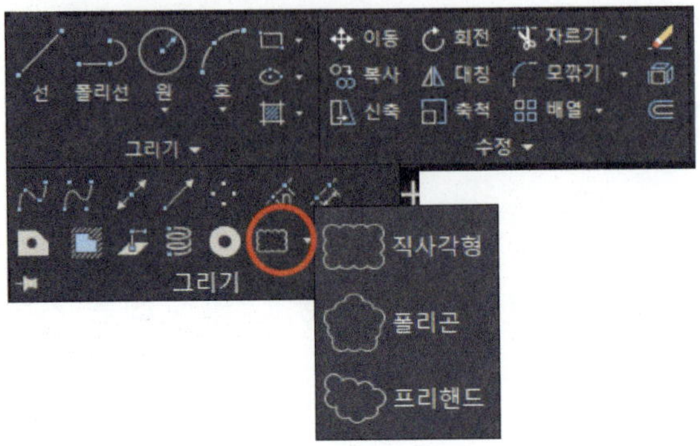

명령: REVCLOUD [Enter↵]
최소 호 길이: 8.4024 최대 호 길이: 16.8048 스타일: 일반 유형: 프리핸드
첫 번째 점 지정 또는 [호 길이(A)/객체(O)/직사각형(R)/폴리곤(P)/프리핸드(F)/
 스타일(S)/수정(M)] 〈객체(O)〉:
구름 모양 경로를 따라 십자선 안내...
구름형 리비전을 완료했습니다.

첫 번째 구석점

직사각형, 폴리곤, 프리핸드 구름형 리비전의 첫 번째 구석점을 지정한다. 프리핸드이면 구름형 리비전을 만들고 첫 번째 구석점으로 이동하면 닫힌다.

호 길이(A)

각 호의 현 길이 근사값을 지정한다. 호 현 길이의 기본값은 구름형 리비전을 처음 작성할 때 자동으로 결정된다.

객체(O)

구름형 리비전으로 변환할 객체를 지정한다.

직사각형(R)

대각선 반대 구석으로 지정된 점을 사용하여 직사각형 구름형 리비전을 작성한다.

폴리곤(P)

폴리곤의 정점으로 사용할 세 개 이상의 점으로 지정되는 구름형 리비전을 작성한다.

프리핸드(F)

자유형 구름형 리비전을 작성한다.

스타일(S)

구름형 리비전의 스타일을 지정한다.

수정(M)

수정 옵션을 사용하고 하나 이상의 새로운 점을 지정하여 기존 구름형 리비전을 재정의할 수 있다.

명령: REVCLOUD
최소 호 길이: 9.3088 최대 호 길이: 18.6176
스타일: 일반 유형: 프리핸드
첫 번째 점 지정 또는 [호 길이(A)/객체(O)/직사각형(R)/폴리곤(P)/프리핸드(F)/스타일(S)/수정(M)] 〈객체(O)〉: _F
첫 번째 점 지정 또는 [호 길이(A)/객체(O)/직사각형(R)/폴리곤(P)/프리핸드(F)/...] 〈객체(O)〉: P_1 점 선택
구름 모양 경로를 따라 십자선 안내...
⇨ 구름 모양으로 드래그
구름형 리비전을 완료했습니다. ⇨ P_1 점 근처로 드래그

2 문자(TEXT) 관련 명령

■ **문자 쓰기 위한 순서**

① STYLE로 문자 스타일(글꼴)을 설정한다.
② TEXT나 MTEXT로 문자를 쓴다.
③ TEXTEDIT로 수정한다.

(1) STYLE 또는 ST(단축명령)

작성할 문자 스타일(글꼴) 및 특성을 설정하는 명령

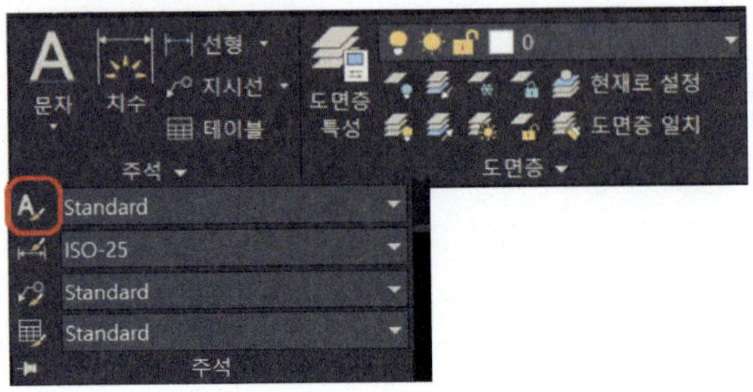

리본 메뉴–홈–주석에서 문자 스타일 선택

명령: ST 또는 STYLE Enter↵

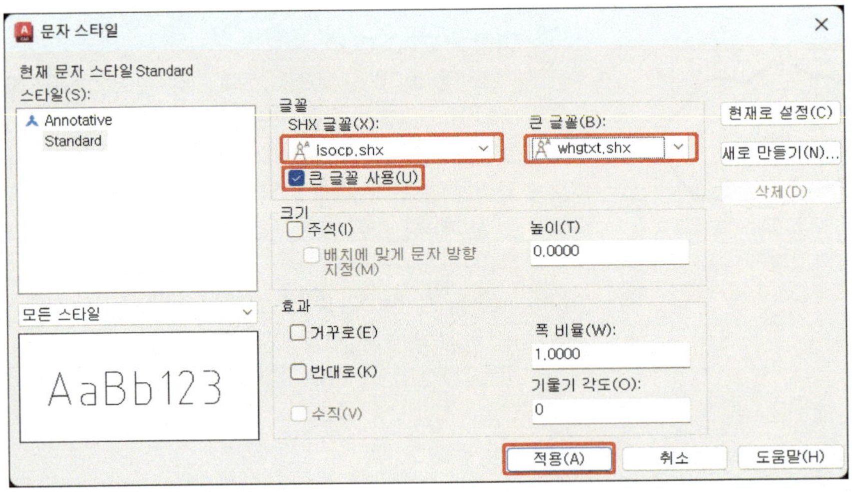

현재로 설정(C)

새로운 문자 스타일을 만들어 현재 스타일로 지정한다.

새로 만들기(N)

새로운 문자 스타일 이름을 만든다.

삭제(D)

기존 문자 스타일 이름을 제거한다.

글꼴

- SHX 글꼴(X) : 영문(숫자) 문자체를 설정할 수 있다.
- 큰 글꼴 사용(U) : 이것을 체크하면 큰 글꼴(B)에서도 문자체를 설정할 수 있다.
- 크기 : 문자 높이를 설정한다.

> **참고)** 높이(T)는 "0"으로 권장, 높이가 주어지면 그 값으로 문자 높이가 고정되어 문자쓸 때 문자 높이를 수정할 수 없다.

효과

- 거꾸로(E) : 문자를 거꾸로(상하) 설정한다.
- 반대로(K) : 문자를 반대로(좌우) 설정한다.
- 수직(V) : 문자를 내려쓰기로 설정한다.
- 폭 비율〈1〉 : 문자의 폭(장평)을 설정한다.
- 기울기 각도(O)_〈0〉 : 문자의 각도로 설정으로 경사체를 지정할 수 있다.

> 제도에서 경사체는 수직에서 15° 기울기로 쓴다.

미리보기

설정한 문자체를 미리 보기 한다.

적용(A)

변경한 내용을 적용한다.

닫기(C)

종료한다.

> 제도에는 문자를 일반적으로 그래픽체(가는체)를 사용하는데 영문체는 romans.shx, simplex.shx, isocp.shx(권장)를 사용하고 한글은 whgtxt.shx를 사용한다.

(2) TEXT 또는 DT(단축명령)

단일 행 문자 쓰기 명령

리본 메뉴-홈-주석에서 문자(▿)_ 그리고 단일 행 문자 선택

명령: DT 또는 TEXT Enter↵
현재 문자 스타일: "Standard" 문자 높이: 2.50 주석: 아니오 자리맞추기: 왼쪽
문자의 시작점 지정 또는 [자리맞추기(J)/스타일(S)]: ⇨ 시작 점 또는 M(중간점)
높이 지정 〈2.5000〉: 3.2 ⇨ 문자 높이값
문자의 회전 각도 지정 〈0〉: ⇨ 쓰기 방향

자리맞추기(J)

문자 정렬을 제어한다.

문자의 시작점 지정 또는 [자리맞추기(J)/스타일(S)] : J
옵션 입력 [정렬(A)/맞춤(F)/중심(C)/중간(M)/오른쪽(R)/좌상단(TL)/상단중앙(TC)/우상단(TR)/좌측중간(ML)/중앙중간(MC)/우측중간(MR)/좌하단(BL)/하단중앙(BC)/우하단(BR)]:

- 정렬(A) : 시작점과 문장의 끝점으로 정렬(높이가 고정되지 않음)
- 맞춤(F) : 시작점과 문장의 끝점, 문자 높이를 입력하여 정렬(폭이 고정되지 않음)
- 중간(M) : 문자의 중간점을 기준으로 정렬(테이블에 문자 정렬할 때 유용함)
- 기타 생략

스타일(S)

문자체의 유형을 변형한다.

특수문자

%%o : 윗줄 긋기
%%u : 밑줄 긋기
%%d : ° 도(Degree) 기호
%%p : ± 기호
%%c : ∅(파이) 기호

(3) MTEXT 또는 MT(단축명령)

장문을 작성하거나 외부 문자 파일을 입력하고자 할 때 사용하는 여러 줄 문자 편집기 명령

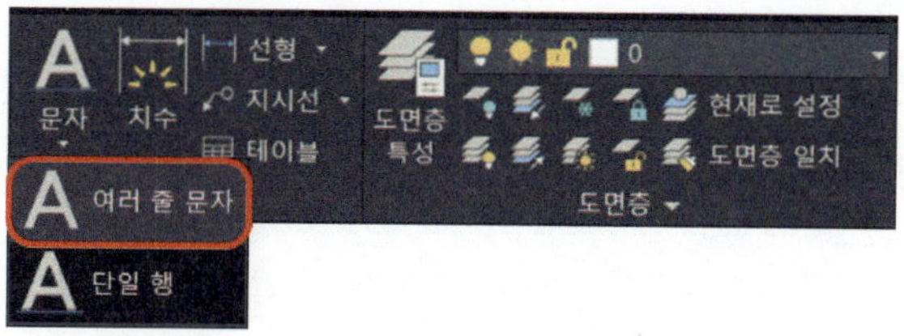

리본 메뉴–홈–주석에서 문자(▿)_ 그리고 여러 줄 문자 선택

명령: MT 또는 MTEXT Enter↵
현재 문자 스타일: "Standard" 문자 높이: 3.2 주석: 아니오
첫 번째 구석 지정:
반대 구석 지정 또는 [높이(H)/자리맞추기(J)/선 간격두기(L)/회전(R)/스타일(S)/폭(W)/열(C)]:

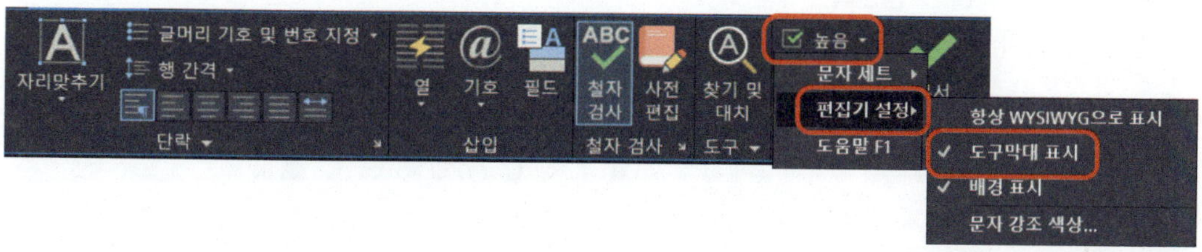

> 전통적인 방식의 문자 형식 도구막대를 사용하기 위하여 시스템 변수 MTEXTTOOLBAR "1"로 변경하거나 위와 같이 리본 메뉴, 문자 편집기–옵션–높음–편집기 설정–도구막대 표시가 체크되면 사용할 수 있다.

높이(H)

미리 높이를 설정한다.

자리맞추기(J)

문자 정렬을 변경한다.

선 간격두기(L)

문자 간격을 설정한다.

회전(R)

문자 쓰기 방향을 설정한다.

스타일(S)

문자체를 설정한다.

폭(W)

문장의 길이를 설정한다.

열(C)

문장의 열 유형을 설정한다.
열 유형 입력 [동적(D)/정적(S)/열 없음(N)] 〈동적(D)〉:

> 장문을 작성하고 문자 내용을 편집할 때 Shift+이동키로 블록을 정하거나 마우스로 끌기로 블록을 입혀 크기 및 색상(굵기 구분)을 편집한다. 그리고 블록 해제나 적용은 마우스 왼쪽 버튼으로 빈 여백을 선택하고 확인을 클릭한다.
> [주의] ESC 키를 누르면 문자 취소 대화창 실행된다.

(4) TEXTEDIT 또는 ED(단축명령)

문자 내용 및 특성을 변경하는 명령

명령: ED 또는 TEXTEDIT Enter↵
주석 객체 선택 또는 [명령 취소(U)]: ⇨ 단일 행 문자 또는 여러 줄 문자 선택

참고) 여러 줄 문자를 선택하면 문자 도구막대로 변경할 수 있음

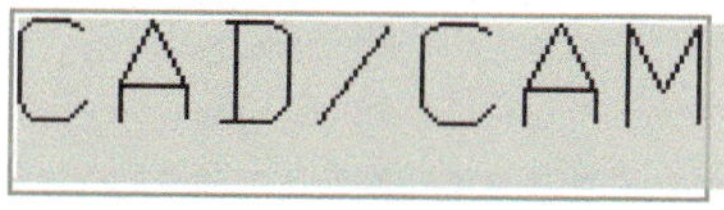

주석 객체 선택 또는 [명령 취소(U)]: ⇨ 마우스 왼쪽 버튼으로 빈 지점 선택하고 우클릭 종료

Undo

변경된 문자를 취소한다.

3 음영 관련 명령

(1) DONUT 또는 DO(단축명령)

채워진(Fill) 원 또는 원환체(2D 도넛 모양)를 그리는 객체 명령

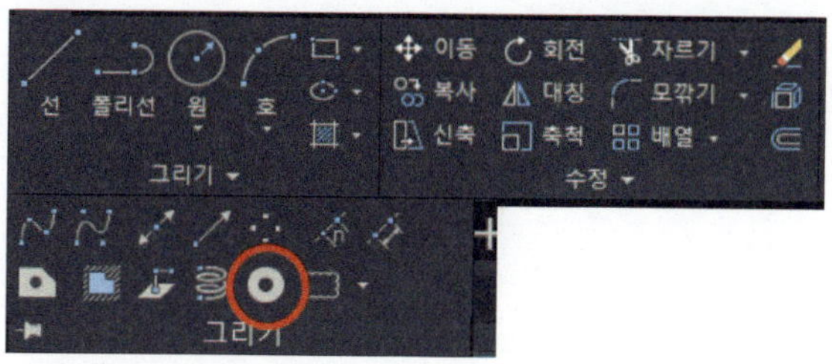

리본 메뉴–홈–그리기에서 (▿)_도넛 선택

명령: DO 또는 DONUT [Enter↵]
도넛의 내부 지름 지정 〈10.0000〉: ⇨ 도넛의 내경 입력
도넛의 외부 지름 지정 〈20.0000〉: ⇨ 도넛의 외경 입력
도넛의 중심 지정 또는 〈종료〉: ⇨ 도넛의 중심점 지정
도넛의 중심 지정 또는 〈종료〉: ⇨ 마우스 우클릭 종료

> DONUT은 원환체 정의 뿐만 아니라 치수 기입 시 위치가 좁아 화살표로 표시 불가능할 때 화살표를 분해하여 제거하고 도넛(내경 "0", 외경 "1.2 정도")으 로 화살표 위치에 대체하여 표시한다.

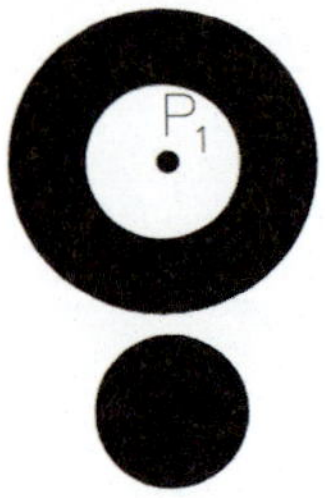

명령: DO
도넛의 내부 지름 지정 〈10.0000〉: 10
도넛의 외부 지름 지정 〈20.0000〉: 20
도넛의 중심 지정 또는 〈종료〉: P1점 선택
도넛의 중심 지정 또는 〈종료〉: 마우스 우클릭
명령: 마우스 우클릭으로 재실행
도넛의 내부 지름 지정 〈10.0000〉: 0
도넛의 외부 지름 지정 〈20.0000〉: 10
도넛의 중심 지정 또는 〈종료〉: 임의의 한 점 선택
도넛의 중심 지정 또는 〈종료〉: 마우스 우클릭

(2) FILL 명령

해치, 2D 솔리드, 굵은 폴리선과 같은 채워진 객체의 표시를 조정하는 명령

명령: FILL [Enter↵]
모드 입력 [켜기(ON)/끄기(OFF)] 〈켜기〉:
명령: RE ⇨ REGEN 갱신해야 변경됨
REGEN 모형 재생성 중.

켜기(ON)

채우기(fill) 모드를 켜기 한다.

끄기(OFF)

채우기(fill) 모드를 해제하고 객체의 윤곽만 표시하고 출력된다.

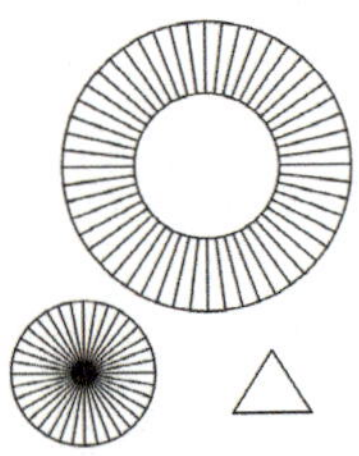

명령: FILL
모드 입력 [켜기(ON)/끄기(OFF)] 〈켜기〉:OFF

명령: RE
REGEN 모형 재생성 중.

(3) SOLID 또는 SO(단축명령)

2D 솔리드로 채워진 다각형을 그리는 객체 명령

명령: SO 또는 SOLID Enter↵
첫 번째 점 지정: ⇨ 첫 점 선택
두 번째 점 지정: ⇨ 두 번째 점 선택
세 번째 점 지정: ⇨ 첫 점 옆 또는 두 번째 점 대각으로 세 번째 점 선택
네 번째 점 지정 또는 〈종료〉: ⇨ 두 번째 점 옆으로 네 번째 점 선택
세 번째 점 지정: ⇨ 마우스 우클릭 종료

SOLID 명령으로 음영이 있는 데이텀의 지시기호로 만들 때 사용한다.

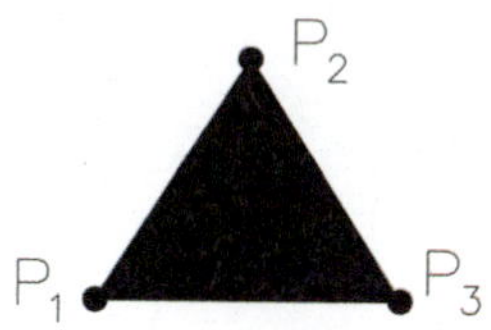

명령: SO
첫 번째 점 지정: P_1 점 선택
두 번째 점 지정: P_2 점 선택
세 번째 점 지정: P_3 점 선택
네 번째 점 지정 또는 〈종료〉: 마우스 우클릭 두 번 선택

명령: SO
첫 번째 점 지정: P_1 점 선택
두 번째 점 지정: P_2 점 선택
세 번째 점 지정: P_3 점 선택
S네 번째 점 지정 또는 〈종료〉: P_4 점 선택
세 번째 점 지정: 마우스 우클릭 두 번 선택

명령: SO
첫 번째 점 지정: P_1 점 선택
두 번째 점 지정: P_2 점 선택
세 번째 점 지정: P_3 점 선택
S네 번째 점 지정 또는 〈종료〉: P_4 점 선택
세 번째 점 지정: 마우스 우클릭 두 번 선택

▮과제 도면 그리기

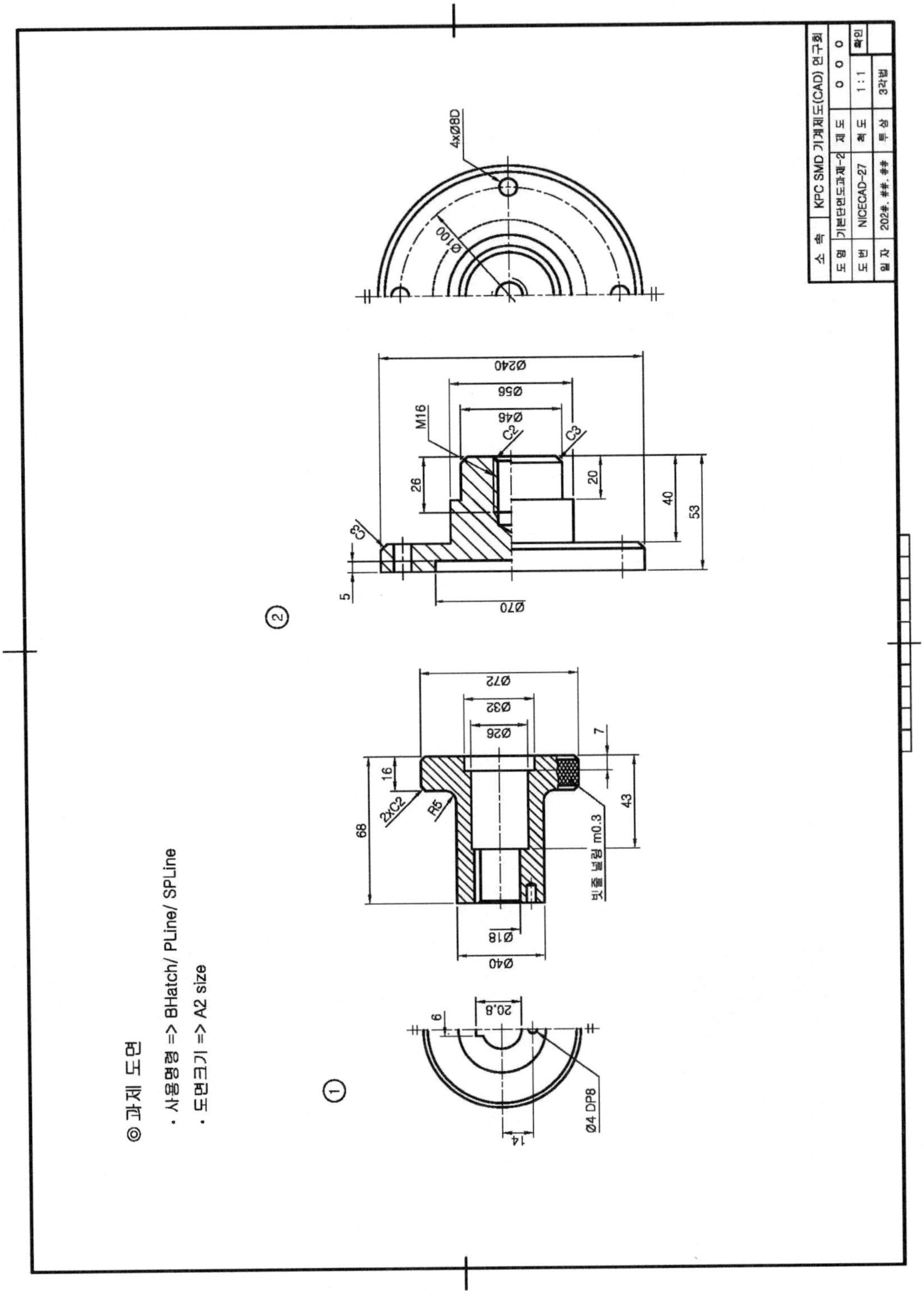

◎ 과제 도면
· 사용명령 => BHatch/ PLine/ SPLine
· 도면크기 => A2 size
①
②
4xØ8D
Ø100
Ø240
Ø56
Ø46
M16
C2
C3
26
20
40
53
5
Ø70
Ø72
Ø32
Ø26
7
16
68
2xC2
R5
43
빗줄 널링 m0.3
Ø18
Ø40
20.8
6
14
Ø4 DP8
소 속 KPC SMD 기계제도(CAD) 연구회
도 명 기본단면도과제-2 제 도 ○ ○ ○
도 번 NICECAD-27 척 도 1 : 1 확인
일 자 202#. ##. ## 투 상 3각법

◎ 과제 도면

- 미 완성된 투상도(조합단면) 연습 도면
- 도면크기 => A2 size

①

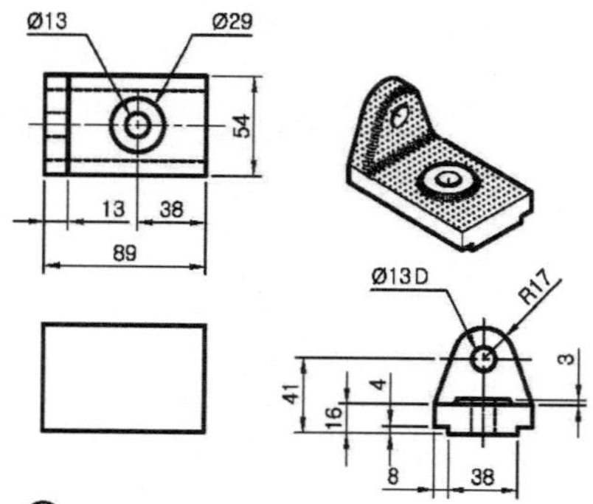

②

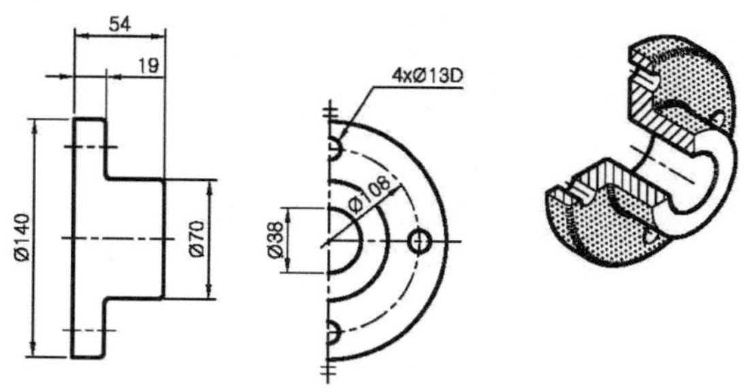

③

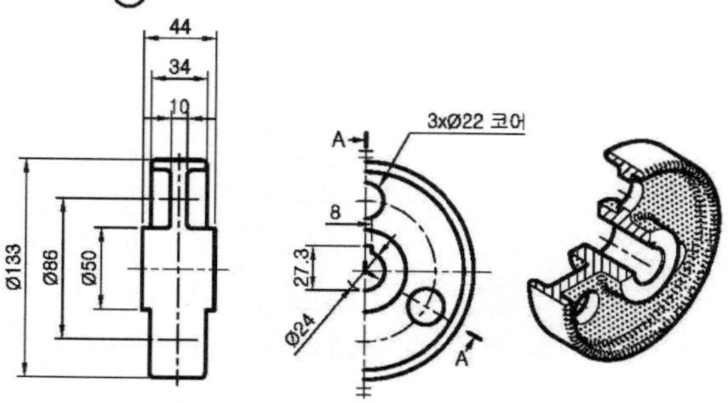

단면 A-A

④

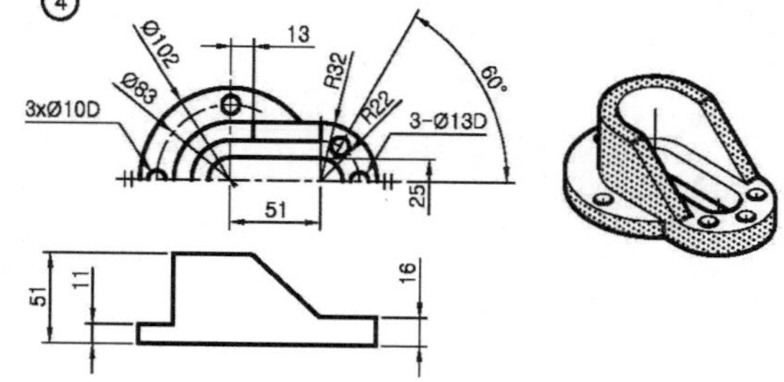

소 속	KPC SMD 기계제도(CAD) 연구회			
도 명	조합단면도연습	제 도	ㅇ ㅇ ㅇ	
도 번	NICECAD-28-1	척 도	1 : 2	확인
일 자	202#. ##. ##	투 상	3각법	

▮조합 단면도 과제 답안

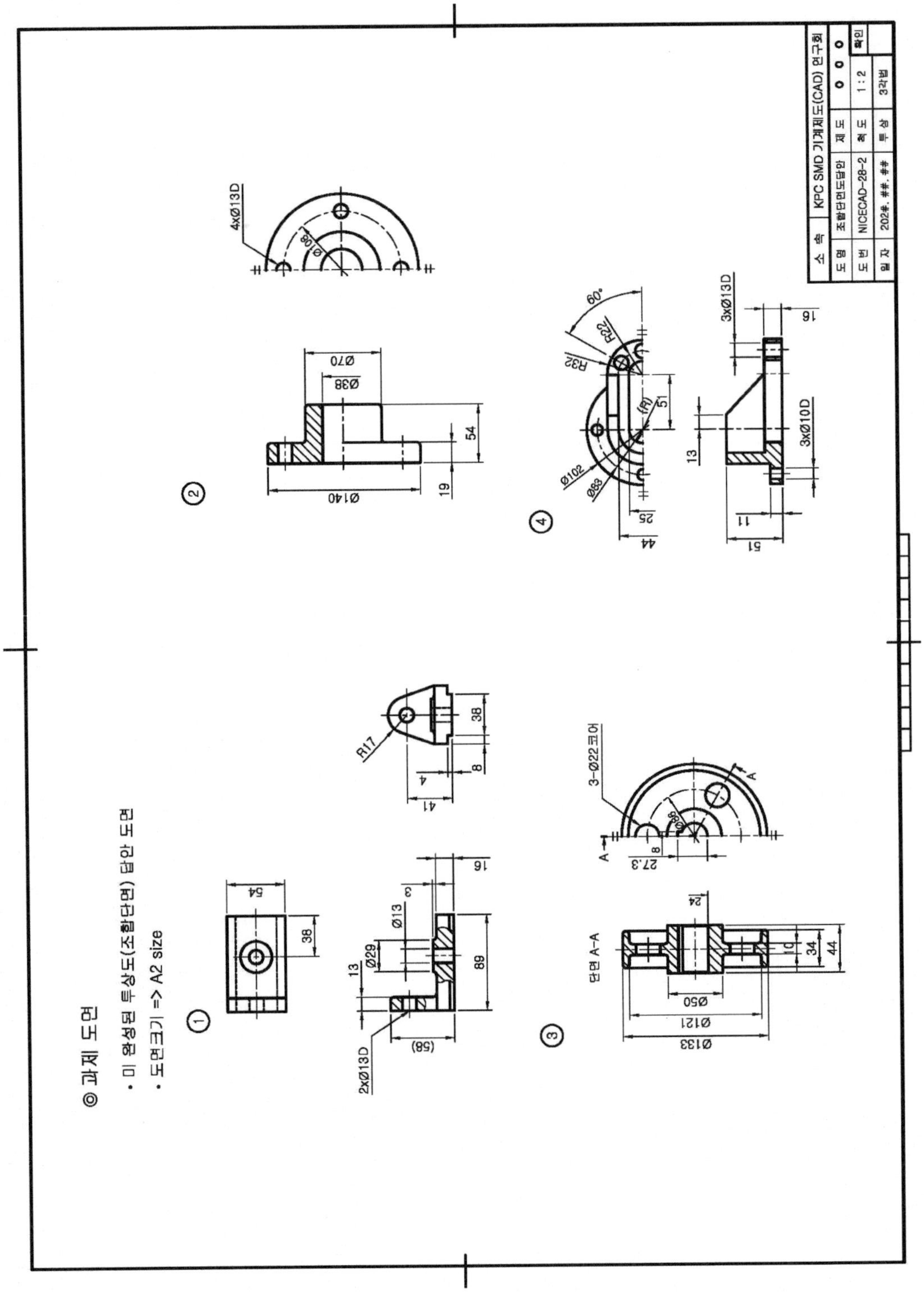
◎ 과제 도면
· 미 완성된 투상도(조합단면) 답안 도면
· 도면크기 => A2 size
단면 A-A
소 속
KPC SMD 기계제도(CAD) 연구회
도 명
조합단면도답안
제 도
○ ○ ○
도 번
NICECAD-28-2
척 도
1 : 2
일 자
202#. ##. ##
투 상
3각법
확인

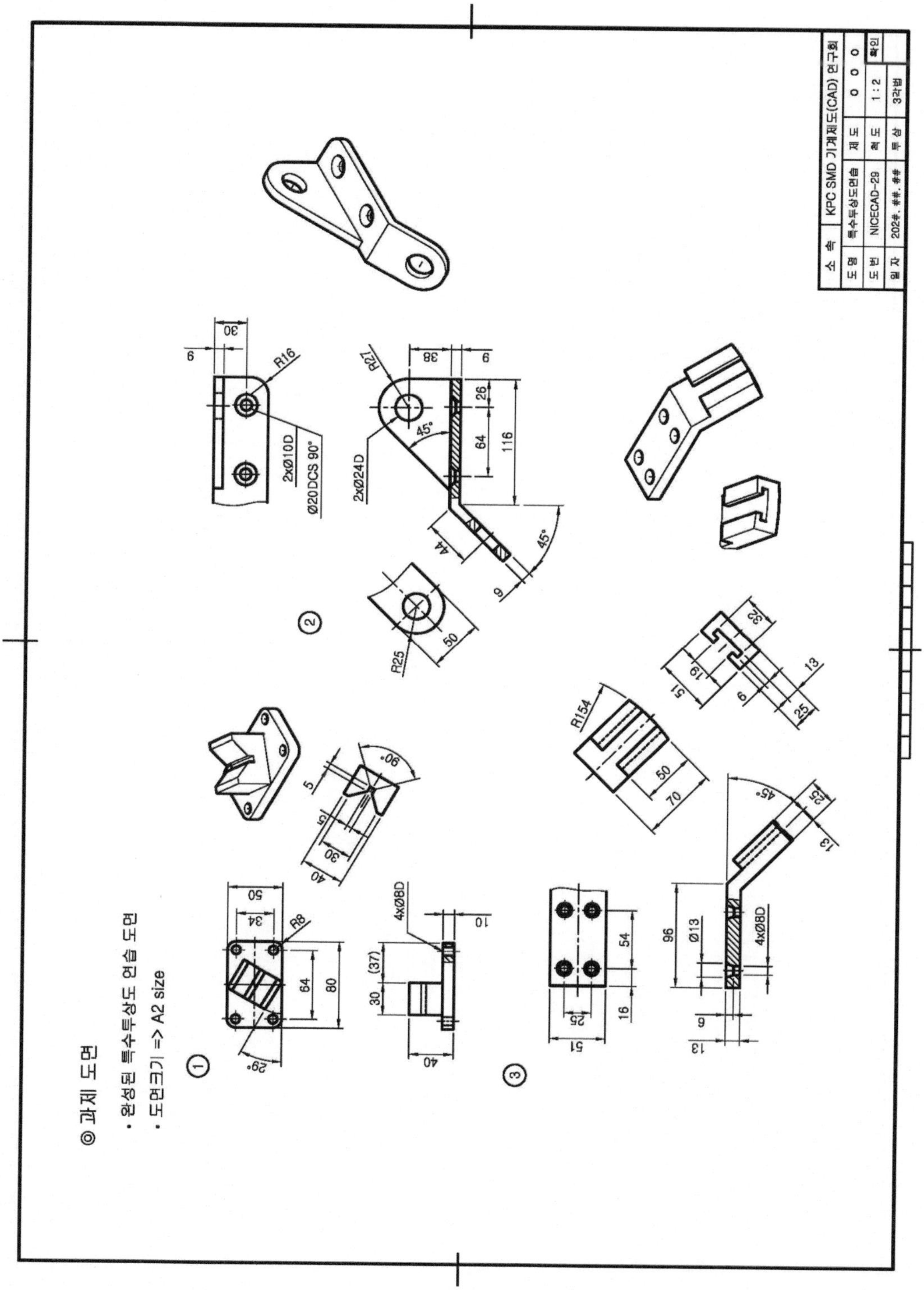
◎ 과제 도면
· 완성된 특수투상도 연습 도면
· 도면크기 => A2 size
KPC SMD 기계제도(CAD) 연구회
특수투상도연습
NICECAD-29
1 : 2
3각법
202#. ##. ##

● 도면 양식 만드는 순서

* //: SAVETIME "2분"

1. 도면 크기 설정 //: MVSETUP
   N, M, 1
   594, 420 : A2 SIZE
   420, 297 : A3 SIZE
2. 윤곽선, 중심마크(10, 15)
3. 표제란/ 부품란 작성
4. 문자 채우기 //: STYLE (isocp.shx, whgtxt.shx)
   //: MT
   M
5. 주서 작성 //:MT (두점 정의)
6. 다듬질 공차 및 치수 공차 정의 (도면 참조)
7. DIM 변수 설정 //: DDIM
   -iso-25 => Modify... 선택
   -Line and Arrow (1, 1, 1.7, 1.5, 3, none)
   -Text (2, 3.2 1.2)
   -Fit (Both text and arrow)
   -Primary units (Decimal, 0.0, .(period))
8. 데이텀 기호 설정
9. LAYER 작성
   0 - white - continuous : 도면 양식
   1 - red - center : 중심선
   2 - yellow - hidden : 숨은선
   3 - green - continuous : 외형선 (현재)
   4 - white - continuous : 가는실선
   5 - white - phantom2 : 가상선
   * linetype
   Global scale factor : 0.3

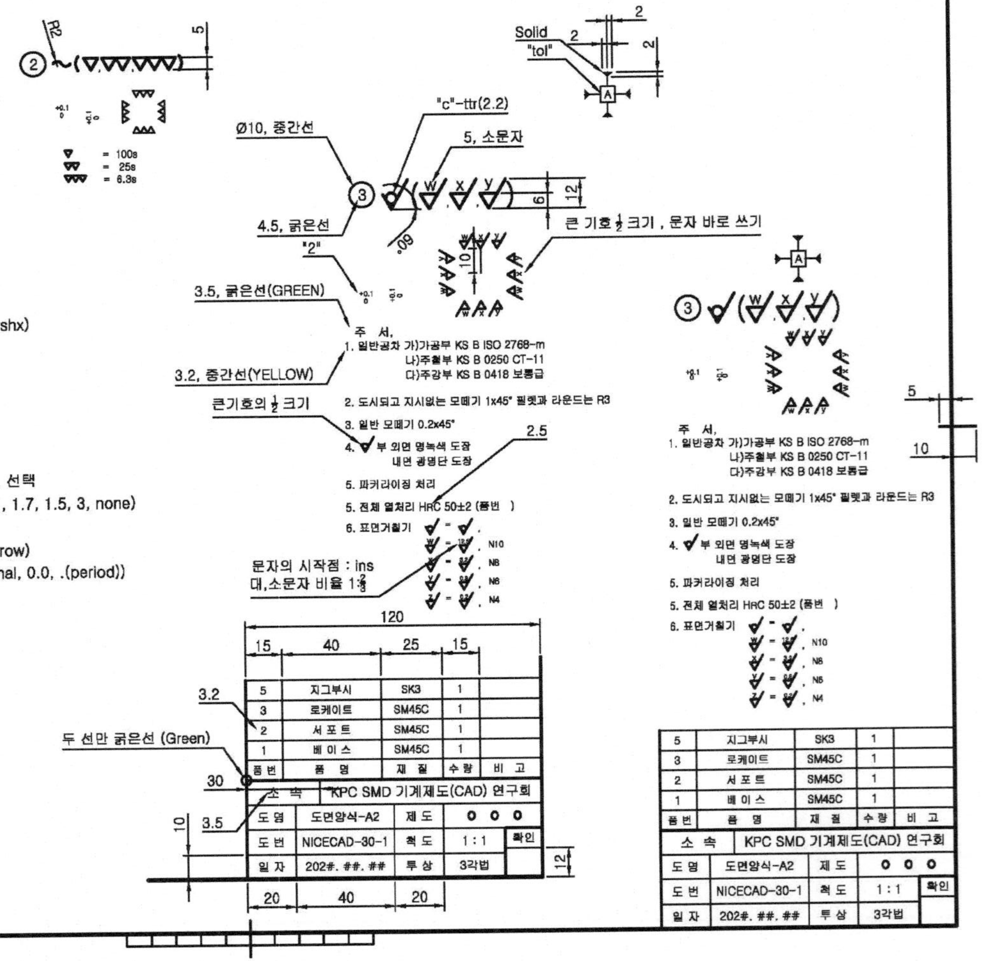

▌다듬질 기호와 데이텀 기호 그리기 순서

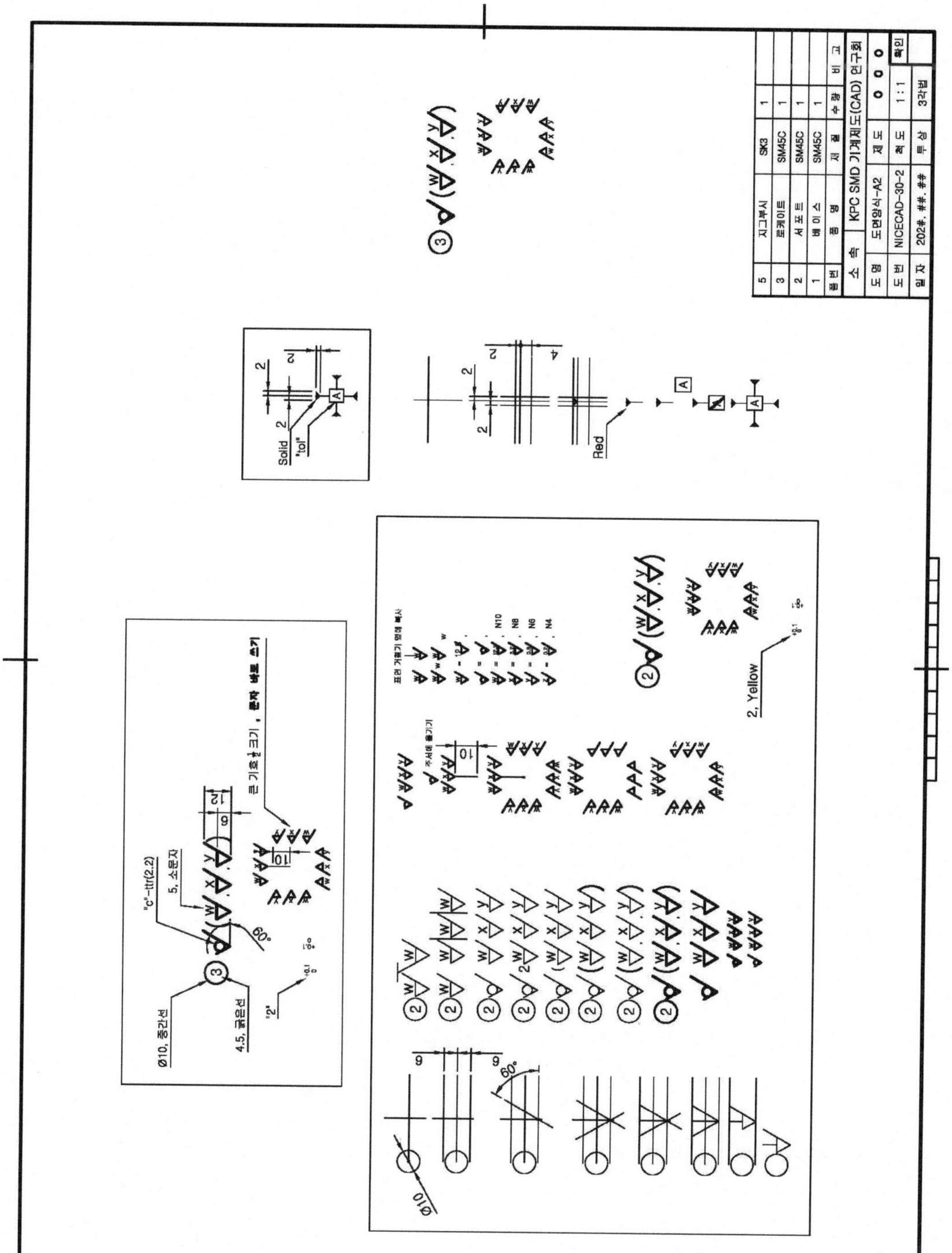

CHAPTER 11

조사(Inquiry) 명령과 단위 및 치수 기입

학습목표

- 조사 명령을 이용하여 도면 요소의 좌표, 길이, 각도, 면적 등을 확인할 수 있다.
- CAD 제도에 사용되는 단위를 설정하여 활용할 수 있다.
- KS 및 ISO 규격 또는 사내 규정에 맞는 도면 유형을 설정하여 도면 요소의 투상 및 치수 등 관련 정보를 생성할 수 있다.

1 조사(Inquiry) 명령

(1) 'ID 명령

사용자가 지정하는 점의 절대 좌표를 표시하는 명령

명령: ID Enter↵
점 지정 : ⇨ 점 지정이나 마지막 점의 좌표를 확인할 시 @ 입력
X = 30.0000　　Y = 20.0000　　Z = 0.0000

(2) 'DIST 또는 DI(단축명령)

선택한 두 점 사이의 거리와 각도를 표시하는 명령

명령: DI 또는 DIST Enter↵
첫 번째 점 지정: ⇨ 선분의 첫 점 입력
두 번째 점 또는 [다중 점(M)] 지정: ⇨ 선분의 두 번째 점 입력
거리 = 30.0000, XY 평면에서의 각도 = 0, XY 평면으로부터의 각도 = 0
X증분 = 30.0000, Y증분 = 0.0000, Z증분 = 0.0000

다중 점(M)

다중점을 지정하여 합산된 전체 길이를 표시한다.

두 번째 점 또는 [다중 점(M)] 지정: M
다음 점 또는 [호(A)/길이(L)/명령 취소(U)/합계(T)] 지정 〈합계〉:
거리 = 30.0000
다음 점 또는 [호(A)/닫기(C)/길이(L)/명령 취소(U)/합계(T)] 지정 〈합계〉:
거리 = 70.0000

Command : DI
첫 번째 점 지정: P_1 점 선택
두 번째 점 또는 [다중 점(M)] 지정: P_2 점 선택
거리 = 30.0000, XY 평면에서의 각도 = 15, XY 평면으로부터의 각도 = 0
X증분 = 28.6178, Y증분 = 9.0012, Z증분 = 0.0000

(3) LIST 또는 LI(단축명령)

선택된 객체에 대한 데이터베이스 정보를 표시하는 명령

명령: LI 또는 LIST Enter↵
객체 선택: ⇨ 조사할 객체를 선택한다.
객체 선택: ⇨ 마우스 우클릭을 하면 리스트를 표시하고 종료
선 도면층: "0"
공간: 모형 공간
핸들 = 20f
시작점 점, X=1803.3567 Y=1100.2396 Z=0.0000
부터 점, X=1831.6410 Y=1128.5239 Z=0.0000
길이 = 40.0000, XY 평면의 각도 =45
X증분=28.2843, Y증분=28.2843, Z증분=0.0000

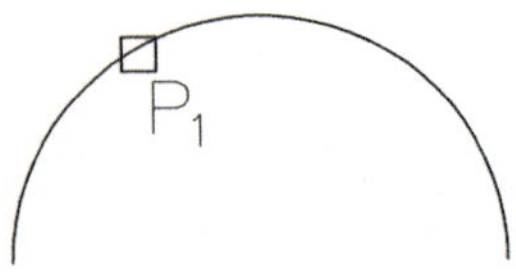

명령: LI
객체 선택: P_1 부근 선택
객체 선택: 마우스 우클릭

호 도면층: "0"
공간: 모형 공간
핸들 = 219
중심 점, X=1844.0502 Y=1089.4118 Z= 0.0000
반지름 12.5000
시작 각도 0
끝 각도 180
길이 39.2699

(4) AREA 또는 AA(단축명령)

객체나 지정된 점들로 둘러싸인 요소의 면적(Area)과 둘레(Perimeter)를 계산하는 명령

명령: AA 또는 AREA Enter↵
첫 번째 구석점 지정 또는 [객체(O)/면적 추가(A)/면적 빼기(S)] 〈객체(O)〉: O
객체 선택: ⇨ 면적 계산할 객체 선택
영역 = 600.0000,, 둘레 = 100.0000

첫 번째 구석점 지정

점을 선택하여 정의된 영역과 둘레를 계산한다.

다음 구석점

영역을 계산하고자 하는 다각형의 점을 선택한다.

다음 점 또는 [호(A)/길이(L)/명령 취소(U)] 지정:

객체(O)

선택된 객체의 영역과 둘레를 계산한다.

면적 추가(A)

추가(Add) 모드로 전환하여 지정하는 후속 면적의 전체 누적 측정값을 표시한다.

면적 빼기(S)

전체 면적에서 지정한 객체의 면적과 둘레를 빼서 표시한다.

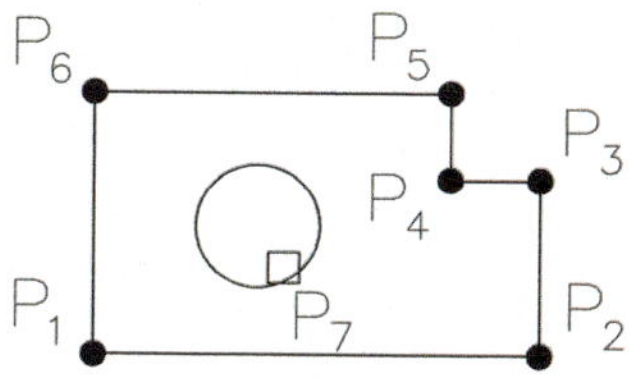

명령: AA
첫 번째 ... [...)/면적 추가(A)/면적 빼기(S)] ...〉: A
첫 번째 구석점 지정 ... [...)/면적 빼기(S)]: P_1 점 선택
(추가 모드)다음 점 ... [호(A)/...] 지정: P_2 점 선택
(추가 모드)다음 점 ... [호(A)/...] 지정: P_3 점 선택
(추가 모드)다음 점 ... 지정 〈합계〉: P_4 점 선택
(추가 모드)다음 점 ... 지정 〈합계〉: P5 점 선택
(추가 모드)다음 점 ... 지정 〈합계〉: P6 점 선택
(추가 모드)다음 점 ... 지정 〈합계〉: 마우스 우클릭
영역 = 111.7642, 둘레 = 45.3334
전체 면적 = 111.7642
첫 번째 구석점 지정 또는 [객체(O)/면적 빼기(S)]: S
첫 번째 구석점 지정 또는 [객체(O)/면적 추가(A)]: O
(빼기 모드) 객체 선택:

영역 = 5.7776, 원주 = 8.5208
전체 면적 = 105.9866
(빼기 모드) 객체 선택: 마우스 우클릭 두 번 선택

(5) MEASUREGEOM 또는 MEA(단축명령)

선택한 객체 또는 연속 점의 거리, 반지름, 각도, 면적 및 체적을 측정하는 복합 명령

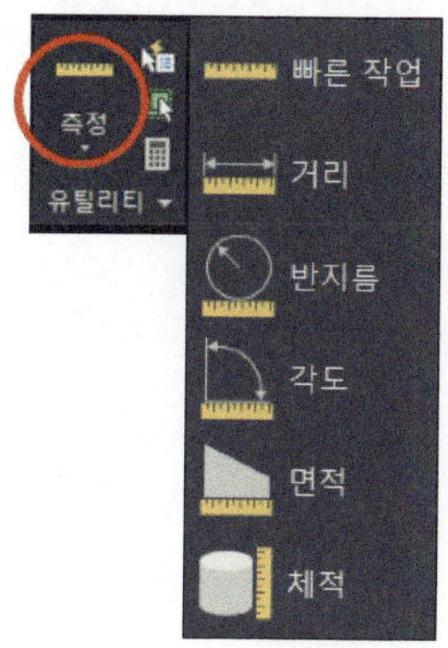

리본 메뉴–홈–유틸리티에서 측정(▿) 빠른 작업 선택

명령: MEA 또는 MEASUREGEOM Enter↵
옵션 입력 [거리(D)/반지름(R)/각도(A)/면적(AR)/체적(V)] 〈거리〉:

거리(D)

두 점 지정으로 거리, 각도 및 증분값을 표시한다.

반지름(R)

원이나 호 선택으로 반지름 및 지름을 표시한다.

각도(A)

두 선 선택으로 사잇각을 표시한다.

면적(AR)

지정 점이나 원이나 폐다각형을 선택하여 면적을 표시한다.
옵션 입력 [거리(D)/반지름(R)/각도(A)/면적(AR)/체적(V)/종료(X)] 〈각도〉: AR
첫 번째 구석점 지정 또는 [객체(O)/면적 추가(A)/면적 빼기(S)/종료(X)] 〈객체(O)〉:

체적(V)

3D-솔리드 모델을 선택하여 체적을 표시한다.
옵션 입력 [거리(D)/반지름(R)/각도(A)/면적(AR)/체적(V)] 〈거리〉: V
첫 번째 구석점 지정 또는 [객체(O)/체적 추가/체적 빼기/종료(X)] 〈객체(O)〉:

(6) QSELECT

필터링 기준에 따라 선택 세트를 작성하는 명령.

리본 메뉴-홈-유틸리티에서 신속 선택

명령: QSELECT Enter↵

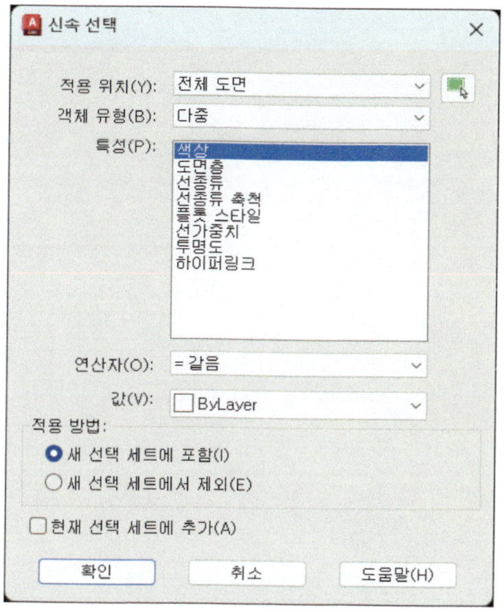

6개의 항목이 선택되었습니다.

(7) _AI_SELAL(ctrl+A)

모든 객체를 선택하는 명령

리본 메뉴–홈–유틸리티에서 모두 선택

명령: ctrl+A 객체를 선택하는 중...종료.

(8) QUICKCALC

빠른 계산기를 열기 명령, 빠른 계산기는 수학, 과학 및 기하 계산을 모두 수행하며 변수를 작성 및 사용하고 측정 단위를 변환한다.

리본 메뉴–홈–유틸리티에서 빠른 계산기 선택

명령: QUICKCALC Enter↵

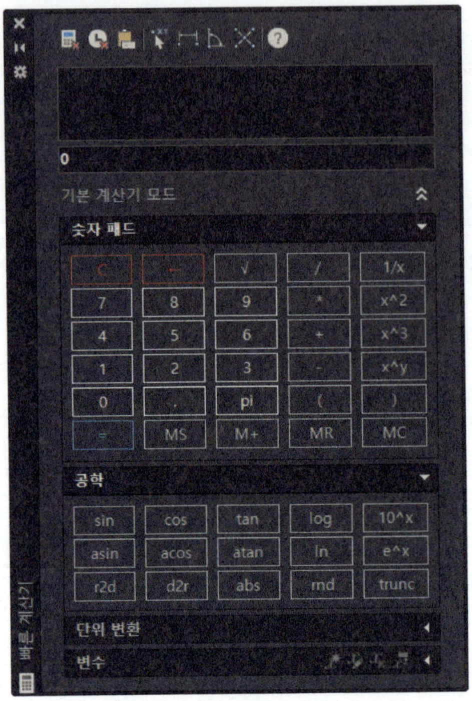

2 단위(Unit) 명령

(1) UNITS 또는 UN(단축명령)

좌표, 거리, 각도 단위 및 정밀도를 조정하는 명령

명령: UN 또는 UNITS Enter↵

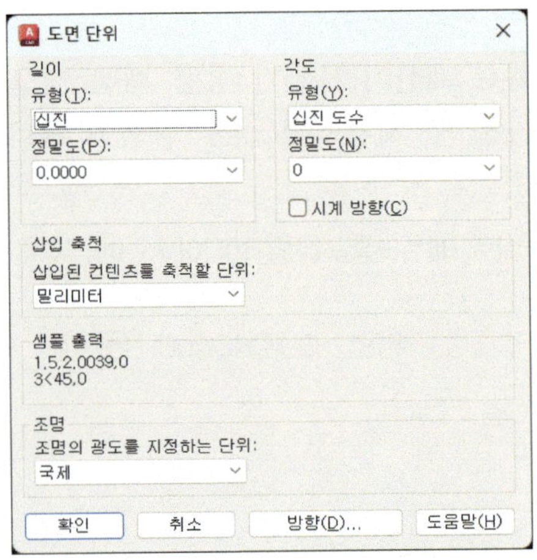

길이

유형(T) : 길이 단위를 설정한다. (기본단위 : “십진_15.50”)

① 건축(Architectural)1′ –3 1/2″

② 공학(Engineering)1′ –3.50″

③ 과학(Scientific)1.55E+01

④ 분수(Fractional)15 1/2

⑤ 십진(Decimal)15.50

정밀도(P)

현재 단위 형식의 정밀도(소수점 아래 자릿수)를 표시하고 설정한다. (0.0000)

각도

유형(Y) : 현재 각도 단위를 설정한다. (십진 도수(Decimal degrees)_45.0000)

① 그래드(Grads)	50.0000g
② 도/분/초(Degrees/minutes/second)	45d0′ 0″
③ 라디안(Radians)	0.7854r
④ 십진 도수(Decimal degrees)	45.0000
⑤ 측량사 단위(Surveyor's units)	N 45d0′ 0″ E

정밀도(N)

현재 각도 단위의 정밀도(소수점 아래 자릿수)를 표시하고 설정한다.

> 시계 방향(C) 앞에 v체크가 표시되지 않은 것은 반 시계방향이 +각도이다.

방향(D)

각도의 방향을 지정하는 데 사용하는 방향 조정 대화상자를 표시한다.
(기준각도 0도가 동(East)쪽으로 설정되어 있다.)

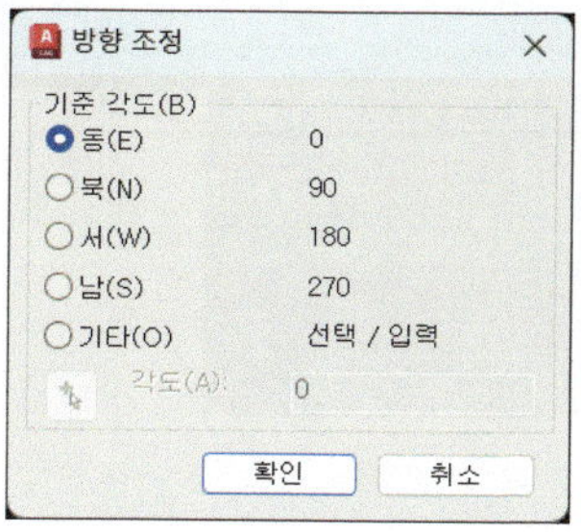

3 치수 기입 관련 명령

치수 기입은 도면에 표시된 도형의 실제 크기를 기입하는 제도법으로 제작자가 도면을 보고 제품을 만드는 데 가장 중요한 요소로서 치수 지시의 명료성과 치수의 명확성으로 나타내어야 한다.

■ 치수 기입 명령 구분

① DIM 변수　　② DIM 객체 명령
③ DIM 편집 명령　　④ DIM 관리 명령

■ 치수 기입 순서

① DIM 변수 설정으로 치수 스타일을 규격에 알맞게 설정한다.
② DIM 객체 명령으로 치수 기입을 한다.
③ DIM 편집 명령으로 치수 및 자세 등 규격에 알맞게 수정 · 편집한다.

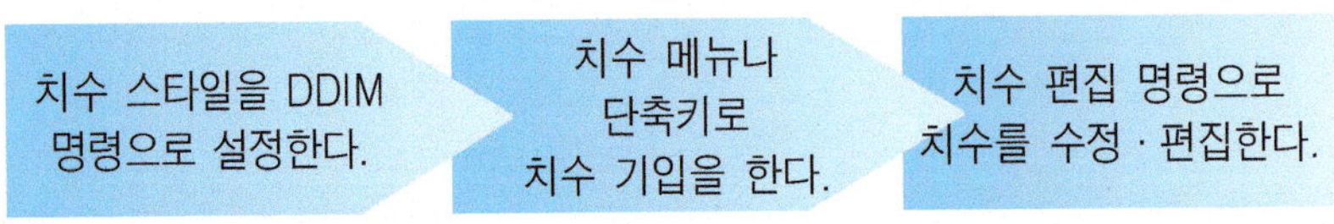

(1) DIM 변수 설정(DDIM 또는 D(단축명령))

제도 규격에 알맞게 치수 기입의 스타일을 설정하는 명령

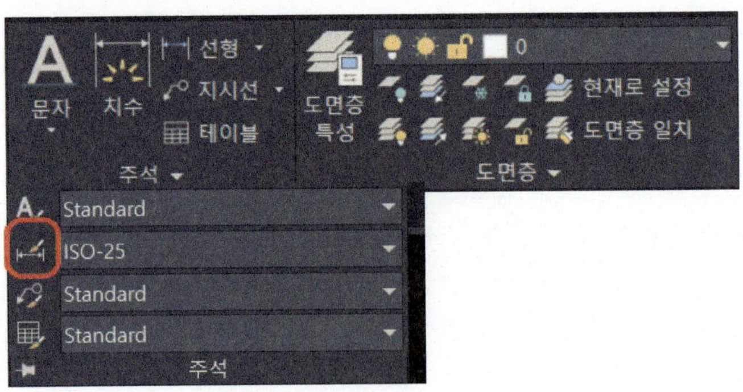

리본 메뉴–홈–주석에서 (▿) 치수 스타일 선택

명령: D 또는 DDIM Enter↵

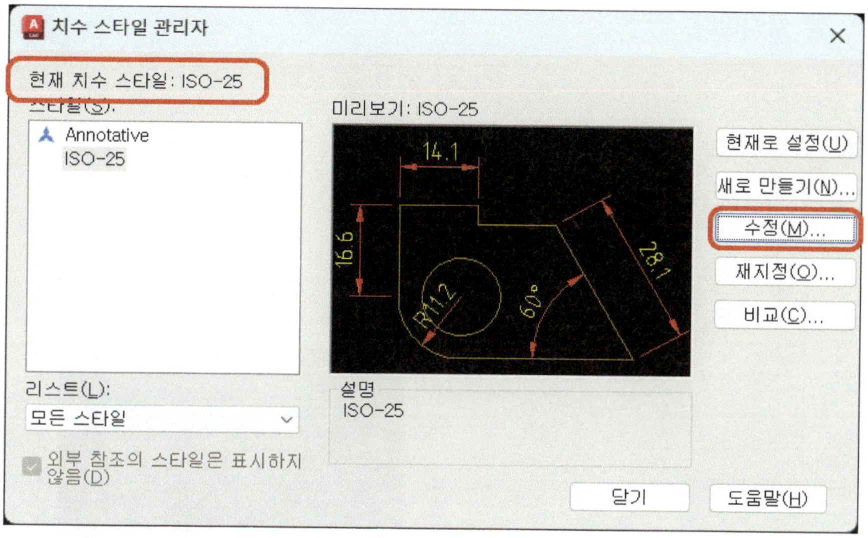

현재로 설정(U)

선택된 치수 스타일을 현재 치수 스타일로 설정한다.

새로 만들기(N)...

새로운 치수 스타일의 이름을 생성한다.

수정(M)...

현재 치수 스타일의 내용을 변경한다.

재지정(O)...

현재 치수 스타일의 내용을 변경하여 선택된 치수 객체를 적용한다.

비교(C)...

치수 스타일(DIM STYLE)들을 비교한다.

닫기

DDIM 명령을 종료한다.

수정(M)...을 클릭한다.

(1) 선 탭을 클릭한다.

치수선 및 치수보조선의 페이지이다.

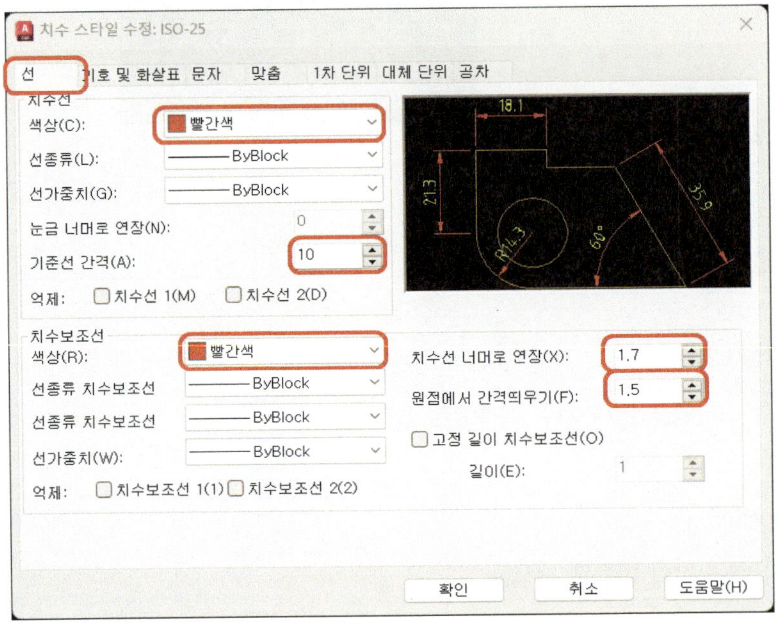

치수선

- 색상(C) : 치수선의 색상을 설정한다. (가는 실선의 색상 선택(Red 권장))
- 선종류 : 치수선의 선 모양을 설정한다. (ByBlock)
- 선가중치 : 치수선의 가중치(두께)를 설정한다. (ByBlock)
- 눈금 너머로 연장(N) : 티크(/) 양 끝 표시일 때 치수보조선보다 지나간 간격을 설정한다.
- 기준선 간격(A) : 병렬 치수 기입 시 치수선과 치수선과의 간격을 설정한다. (10mm 권장)
- 억제 : 치수선 체크한 부분, 반쪽 보이기/보이지 않기를 설정한다.

치수보조선

- 색상(R) : 치수선의 색상을 설정한다. (가는 실선의 색상 선택(Red 권장))

•선종류 치수보조선 1(I) : 치수보조선의 첫 번째 선모양을 설정한다. (ByBlock)
•선종류 치수보조선 2(T) : 치수보조선의 두 번째 선모양을 설정한다. (ByBlock)
•선가중치(W) : 치수선의 가중치(두께)를 설정한다. (ByBlock)
•억제 : 치수보조선 체크한 부분, 보이기/보이지 않기를 설정한다.
•치수선 너머로 연장(X) : 치수선보다 조금 더 연장하는 크기를 설정한다.
(대략 2~3mm 정도(1.7mm 권장))
•원점에서 간격띄우기(F) : 외형에서 인출한 간격을 설정한다.
(약간 정도 (1.5 권장))

(2) 기호 및 화살표 탭을 클릭한다.

화살표, 중심 표식, 호 길이 기호의 페이지를 나타낸다.

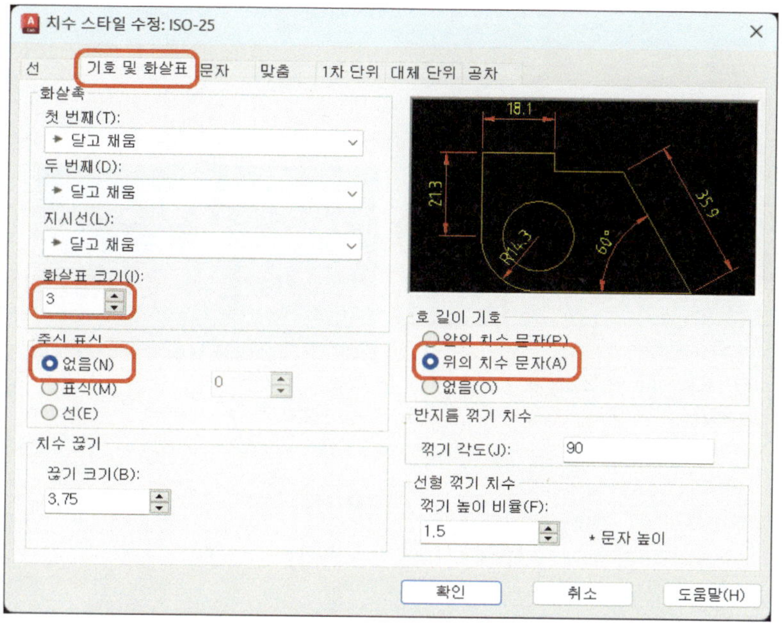

화살촉

•첫 번째(T) : 첫 번째 선택한 지점의 화살표 모양 및 기타 다른 모양을 설정할 수 있다.
(닫고 채움)
•두 번째(D) : 두 번째 선택한 지점의 화살표 모양 및 기타 다른 모양을 설정할 수 있다.
(닫고 채움)
•지시선(L) : 지시선 선택한 지점의 화살표 모양 및 기타 다른 모양을 설정할 수 있다.
(닫고 채움)
•화살표 크기(I) : 화살표 크기를 설정한다. (3 mm 권장)

중심 표식

•없음(표시 없음)/ 표식(중심점)/ 선(중심선)을 설정한다. ("없음" 권장)
•크기 : 중심점이나 중심선의 크기를 입력한다.

호 길이 기호

•앞의 치수 문자(P) : 호의 기호가 치수 앞에 표시된다. (권장)
•위의 치수 문자(A) : 호의 기호가 치수 위에 표시된다.
•없음(O) : 호의 기호를 표시하지 않는다.

(3) 문자 탭을 클릭한다.

치수 문자 내용, 배치 및 정렬 페이지를 나타낸다.

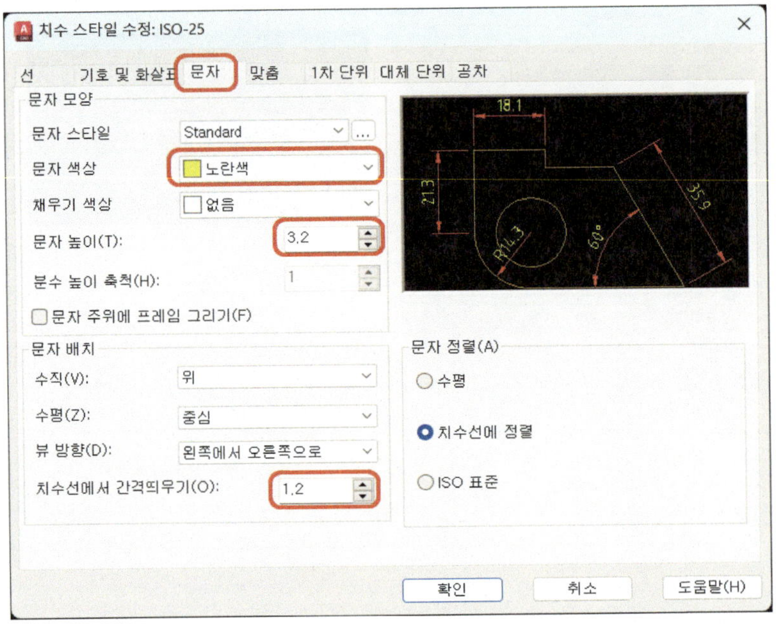

문자 모양

•치수 스타일(Y) : 치수 문자 유형을 설정한다. (가는체(그래픽체) 권장)
(...을 선택하면 STYLE 명령이 실행된다.
※영문은 isocp.shx(simplex.shx) 한글은 whgtxt.shx 사용하기를 권장한다.
•문자 색상(C) : 치수 색상을 설정한다. (중간선의 색상 선택(Yellow 권장))
•채우기 색상(L) : 치수의 음영 색상을 설정한다. (없음)

•문자 높이(T) : 치수 크기를 설정한다. (3.15~6.3mm(3.2mm 권장))
•분수 높이 축척(H) : 한계 치수의 크기를 치수 문자 높이의 배율로 설정한다.
•문자 주위에 프레임 그리기(F) : 이론적으로 정확한 치수, 즉 테두리 안에 치수가 표시된다.

문자 배치

•수직(V) : 치수선에서 치수의 위치를 위나 중간으로 설정한다. (위 권장)
•수평(H) : 치수의 위치를 좌, 우, 중앙 등을 설정한다. (중심 권장)
•뷰 방향(D) : 치수 문자의 쓰기 방향을 설정한다. (왼쪽에서 오른쪽으로 권장)
•치수선에서 간격띄우기(O) : 치수와 치수선의 간격을 설정한다. (약간 정도(1.2mm 권장))

문자 정렬(A)

•수평 : 치수를 항상 수평 방향으로 설정한다.
•치수선의 정렬 : 치수를 치수선과 나란하도록 설정한다. (체그 권장)
•ISO 표준 : 치수가 치수 보조선 사이에 기입될 때 치수선과 나란하고, 치수가 치수 보조선 밖에 기입될 때는 수평 방향으로 설정한다.

(4) 맞춤 탭을 클릭한다.

치수와 화살표 위치(맞춤 옵션) 및 문자 배치, 치수 피처 축척의 페이지를 나타낸다.

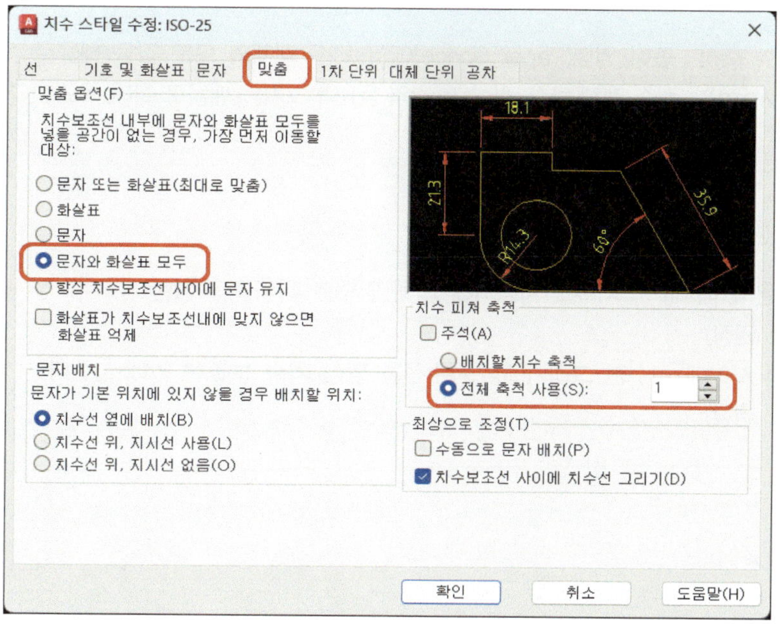

맞춤 옵션(F)

- 문자 또는 화살표(최대로 맞춤)
  치수와 화살표가 기입될 때 모두 치수선 안에 기입하고, 만약 치수선이 좁아서 치수를 나타낼 수 없을 때 치수를 치수 보조선 밖으로 배치한다.
- 화살표 : 치수선이 좁아서 치수와 화살표를 나타낼 수 없을 때 화살표 위주로 치수보조선 안으로 배치한다.
- 문자 : 치수선이 좁아서 치수와 화살표를 나타낼 수 없을 때 치수 문자 위주로 치수보조선 안으로 배치한다.
- 문자와 화살표 모두 : 치수선이 좁아서 치수와 화살표를 나타낼 수 없을 때 모두 치수 보조선 밖으로 배치한다. (권장)
- 항상 치수보조선 사이에 문자 유지 : 치수를 항상 치수 보조선 안쪽에 기입한다.
- 화살표가 치수보조선 내에 맞지 않으면 화살표 억제 : 치수선이 좁아서 화살표가 기입될 여백이 부족하면 화살표를 생략한다.

문자 배치

- 치수선 옆에 배치(B) : 치수를 지시선 없이 치수선 옆에 기입한다. (권장)
- 치수선 위, 지시선 사용(L) : 치수를 일정 간격을 띄워 지시선 치수로 기입한다.
- 치수선 위, 지시선 없음(O) : 치수를 지시선으로 기입하지 않고 치수선에 일정 간격을 띄워서 기입한다.

치수 피쳐 축척

- 배치할 치수 축척 : 종이 영역(Paper Space)에서 치수 객체의 모든 값을 배율로 설정한다.
- 전체 축척 사용(S) : 치수 객체(치수, 화살표, 간격 등) 의 크기를 배율로 확대, 축소한다.("1" 이 기본 값이다.)

최상으로 조정(T)

- 수동으로 문자 배치(P) : 치수를 사용자에 의해 임의로 위치를 지정한다.
  (체크 해제 권장)
- 치수보조선 사이에 치수선 그리기(D) : 치수선을 항상 치수 보조선 안에 그린다.
  (항상 체크 권장)

(5) 1차 단위 탭을 클릭한다.

길이 및 각도 단위에 대한 페이지를 나타낸다.

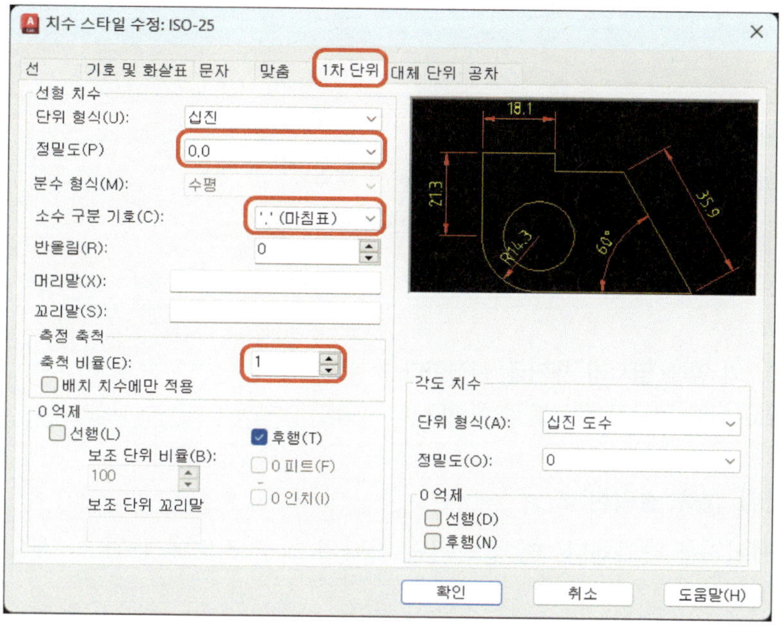

선형 치수

- •단위 형식(U) : 선형 치수 단위를 설정한다. (십진 권장)
- •정밀도(P) : 선형 치수 단위의 정밀도를 설정한다. (0.0 권장)
- •분수 형식 : 십진 분수계 형식을 설정한다.
- •소수 구분 기호(C) : 소수점 모양을 설정한다. ("." (마침표)권장)
- •반올림(R) : 반올림하기 위해 지정한 가까운 배수 값을 설정한다.
- •머리말(X) : 치수 앞에 표식 붙이기를 설정한다.
- •꼬리말(S) : 치수 뒤에 표식 붙이기를 설정한다.

측정 축척

축척 비율 : 축척, 배척일 때 치수 값의 배율을 설정한다.("1" (실척)이 기본값이다.)

- 축척일 경우, 1:20이면 2, 1:30이면 3 등을 입력한다.
- 배척일 경우, 2:1이면 0.5, 3:1이면 1/3(0.3333) 등을 입력한다.

0 억제

•선행(L) : 0.?의 앞에 영자리 제거를 설정한다.
•후행(T) : ?.0 뒤에 영자리 제거를 설정한다. (체크 권장)

각도 치수

각도 치수 단위 칸이다.
•단위 형식(A) : 각도 치수 단위를 설정한다. (십진 도수)
•정밀도(O) : 각도 치수 단위의 정밀도를 설정한다. (0 기본)

0 억제

•선행(D) : 0.?의 앞에 영자리 제거를 설정한다.
•후행(N) : ?.0 뒤에 영자리 제거를 설정한다.

(6) 대체 단위 탭을 클릭한다

대체 단위 페이지를 나타낸다. 대체 단위란 하나의 치수 기입에 단위 두 개로 치수 기입한 것을 말한다.

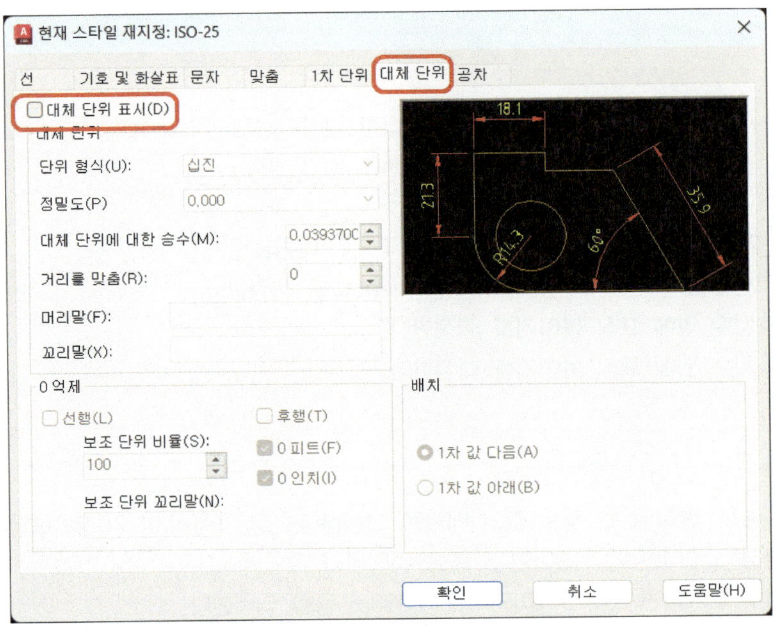

(7) 공차 탭을 클릭한다

공차 형식과 대체 단위 공차 페이지를 나타낸다.

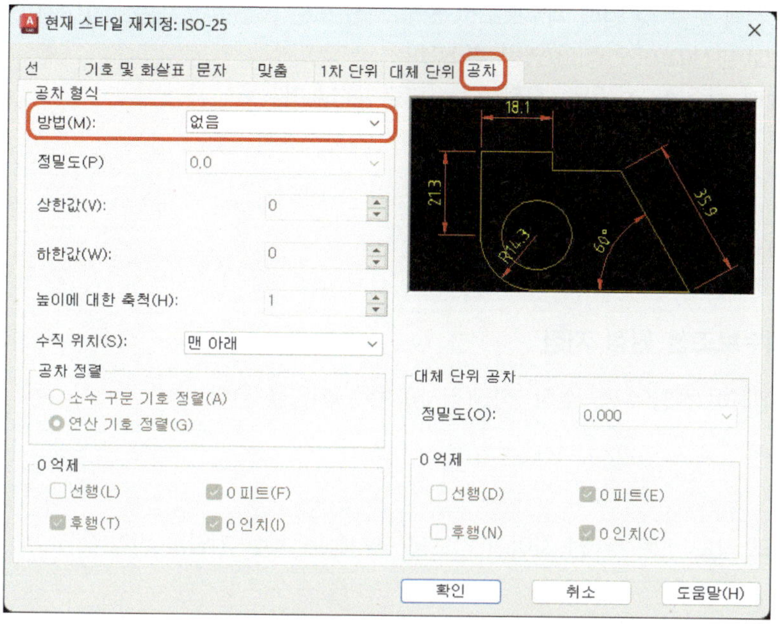

> 위 (6) 대체 단위는 치수에 두 개의 단위 치수 기입을 하는 것으로 일반적으로 사용하지 않고 (7) 공차 페이지도 사용하지 않고 특성창이나 Dtext문자 명령으로 미리 높이 "2.2"로 써 놓고 복사하여 사용하되 ED(textedit) 명령으로 편집해서 공차 표현할 때 빠르고 편리하다.

(2) DIM 객체 명령

선형, 정렬, 각도, 호 길이, 반지름, 지름, 세로 좌표, 꺾기, 지시선의 치수 기입하는 객체 명령

1) Dim 명령

단일 명령으로 선형(수평, 수직, 정렬) 치수, 세로좌표 치수, 각도 치수, 반지름 및 꺾어진 반지름 치수, 지름 치수, 호 길이 치수 등 다중 치수 기입 명령

리본 메뉴–홈–주석에서 치수 선택

> 명령: DIM Enter↵
> 객체 선택 또는 첫 번째 치수보조선 원점 지정 또는 [각도(A)/기준선(B)/계속(C)/세로좌표(O)/정렬(G)/분산(D)/도면층(L)/명령 취소(U)]:
> 두 번째 치수보조선 원점 지정 또는 [명령 취소(U)]:

객체 선택

선택하는 객체에 해당하는 치수 기입을 한다.

첫 번째 치수보조선 원점 지정

두 점을 지정하여 선형(수평, 수직, 정렬(경사)) 치수 기입을 한다.

각도(A)

세 점 사이의 각도 또는 두 선 사이의 각도를 표시하는 치수 기입을 한다.

기준선(B)

이전 또는 선택된 치수의 첫 번째 치수보조선에서 선형, 각도 또는 세로좌표 치수 기입을 한다. (DIMBASELINE 명령과 동일).

계속(C)

선택된 치수의 두 번째 치수보조선에서 선형, 각도 또는 세로좌표 치수 기입을 한다. (DIMCONTINUE 명령과 동일)

세로좌표(O)

세로좌표 치수 기입을 한다. (DIMORDINATE 명령과 동일).

정렬(G)

여러 개의 평행, 동심 또는 동일한 데이터 치수를 선택된 기준 치수에 정렬한다.

분산(D)

선택된 분리된 선형 또는 세로좌표 치수 그룹을 분산하는 방법을 지정한다.

도면층(L)

지정된 도면층에 새 치수를 지정하여 현재 도면층을 재지정한다. 현재 도면층을 사용하려면 현재 사용 또는 " . "을 입력한다. (DIMLAYER 시스템 변수)

명령 취소(U)

마지막 치수 기입을 되돌린다.

2) 리본 메뉴... 선형 치수 등의 명령

리본 메뉴-홈-주석에서 선형(▿) 선택

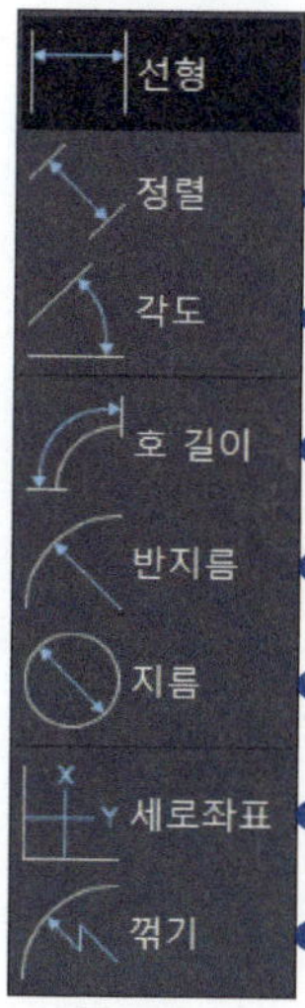

DIMLINEAR 명령으로 가로 치수 및 세로 치수 기입을 한다.

DIMALIGNED 명령으로 정렬 치수 기입을 한다.

DIMANGULAR 명령으로 각도 치수 기입을 한다.

DIMARC 명령으로 호의 길이 치수 기입을 한다.

DIMRADIUS 명령으로 반지름 치수 기입을 한다.

DIMDIAMETER 명령으로 지름 치수 기입을 한다.

DIMORDINATE 명령으로 절대 좌표 치수 기입을 한다.

DIMJOGGED 명령으로 치수선의 원점을 지정하여 반지름 치수 기입을 한다.

3) 다중 지시선 스타일 및 지시선 치수 명령

▸ 다중 지시선 스타일

다중 지시선 스타일을 작성 및 수정한다.

리본 메뉴–홈–주석에서 (▿) 다중 지시선 스타일 선택

명령: MLEADERSTYLE Enter↵

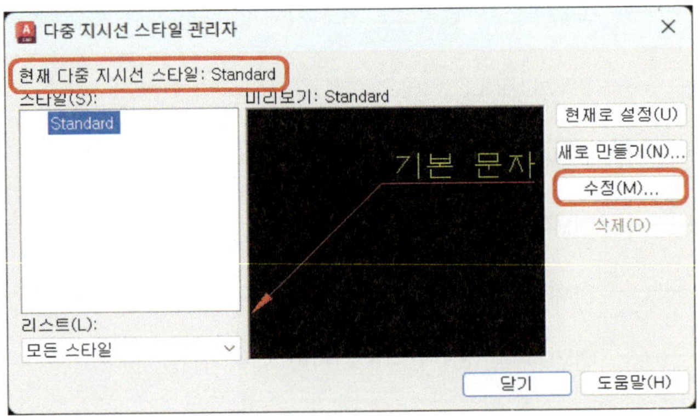

현재로 설정(U)

선택된 다중 지시선 스타일을 현재 다중 지시선 스타일로 설정한다.

새로 만들기(N)...

새로운 다중 지시선 스타일의 이름을 생성한다.

수정(M)...

현재 다중 지시선 스타일의 내용을 변경한다.

닫기

MLEADERSTYLE 명령을 종료한다.

■ 수정(M)...을 클릭한다.

1) 지시선 형식 탭을 클릭한다.

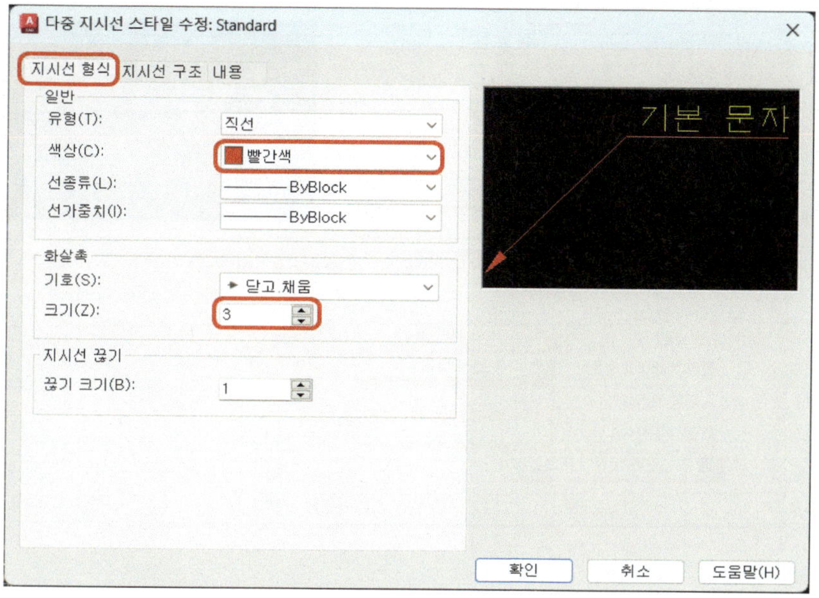

2) 지시선 구조 탭을 클릭한다.

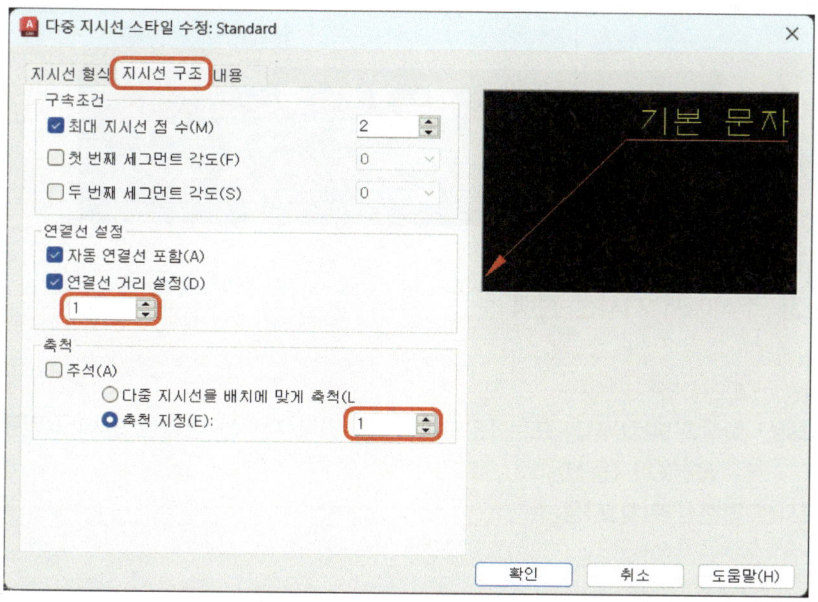

3) 지시선 구조 탭을 클릭한다.

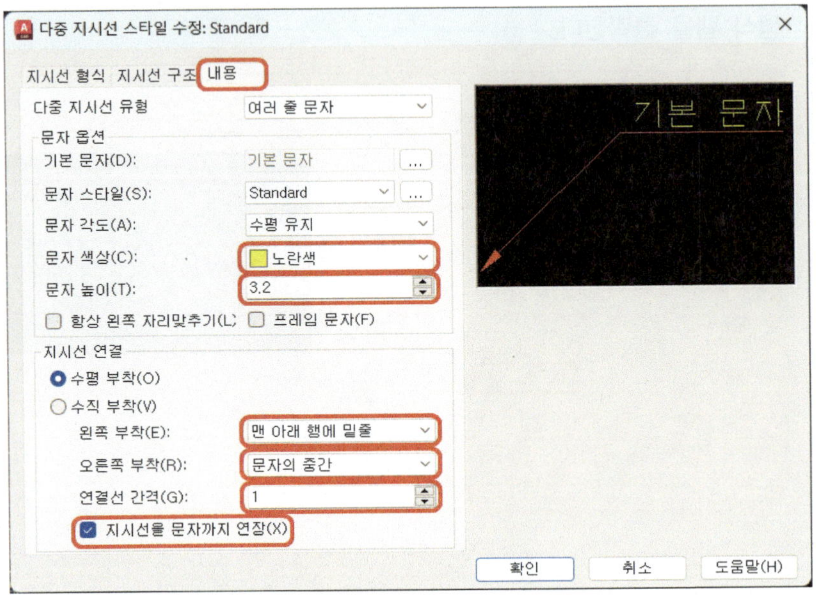

▸ 지시선 치수 기입

지시선 치수 기입 명령,
(참고) 지시선은 60° 로 인출한다.

리본 메뉴-홈-주석에서 지시선 선택

명령: MLEADER Enter↵
지시선 화살촉 위치 지정 또는 [문자(T) 사정 입력/지시선 연결선 먼저(L)/컨텐츠 먼저(C)/
옵션(O)] 〈옵션〉:
지시선 연결선 위치 지정:

4) Dim 아이콘 메뉴

명령: menubar Enter↵ "1"입력하고 풀다운 메뉴, 도구→도구막대→AutoCAD→치수를 클릭하면 아래와 같은 치수 기입 아이콘 메뉴가 나타난다.

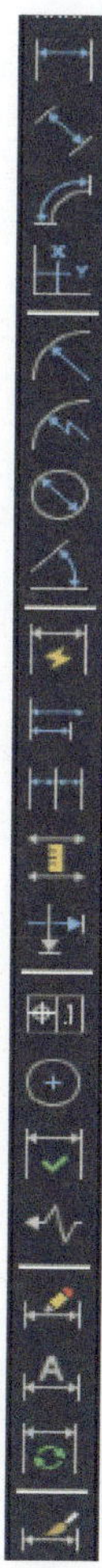

- DIMLINEAR 명령으로 가로 치수 및 세로 치수 기입을 한다.
- DIMALIGNED 명령으로 정렬 치수 기입을 한다.
- DIMARC 명령으로 호의 길이 치수 기입을 한다.
- DIMORDINATE 명령으로 절대 좌표 치수 기입을 한다.
- DIMRADIUS 명령으로 반지름 치수 기입을 한다.
- DIMJOGGED 명령으로 치수선의 원점을 지정하여 반지름 치수 기입을 한다.
- DIMDIAMETER 명령으로 지름 치수 기입을 한다.
- DIMANGULAR 명령으로 각도 치수 기입을 한다.
- QDIM 명령으로 빠른 선형(직렬) 치수 기입을 한다.
- DIMBASE 명령으로 병렬 치수 기입을 한다.
- DIMCONTINUE 명령으로 직렬 치수 기입을 한다.
- DIMSPACE 명령으로 치수선과 치수선 사이들을 일정하게 한다.
- DIMBREAK 명령으로 치수와 겹친 치수보조선을 끊는다.
- TOLERANCE 명령으로 지시선 없는 기하 공차를 기입한다.
- DIMCENTER 명령으로 중심점 및 중심선을 표시한다.
- DIMINSPECT 명령으로 선택한 치수를 검사한다.
- DIMJOGLINE 명령으로 선택한 치수의 치수선을 꺽는다.
- DIMEDIT 명령으로 치수문자 값 변화하고 자세를 편집한다.
- DIMTEDIT 명령으로 치수문자 위치를 편집 한다.
- DIMSTYLE 명령에서 Apply로 현재 DIM변수 값으로 선택된 치수를 갱신한다.
- DDIM 명령으로 치수 스타일을 설정한다.(DIM변수)

(3) 치수 기입 및 수정 · 편집

치수 기입 명령은 길기 때문에 주로 리본 메뉴, 치수 아이콘 명령을 이용하거나 단축명령으로 치수 기입을 한다.

1) 수평, 수직 치수 기입

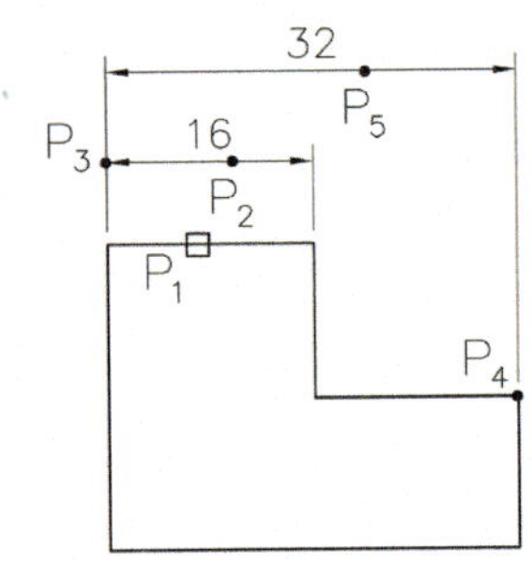

•수평 치수 기입

또는 아이콘 클릭하거나 명령: DIMLINEAR
첫 번째 ... 지정 또는 〈객체 선택〉:
치수 기입할 객체 선택: P_1 부근 선택
치수선의 위치 지정 또는 [...]: P_2 점 선택
치수 문자 = 16
명령: 마우스 우클릭, _DIMLINEAR
첫 번째 ... 지정 또는 〈객체 선택〉: P_3 점 선택
두 번째 치수보조선 원점 지정: P_4 점 선택
치수선의 위치 지정 또는 [...]: P5 점 선택
치수 문자 = 32
아이콘 클릭하거나 명령: _DIMSPACE
기본 치수 선택: P_2 점 선택
간격을 둘 치수 선택: P_3 점 선택
간격을 둘 치수 선택: 마우스 우클릭 선택
값 또는 [자동(A)] 입력 〈자동(A)〉: 10

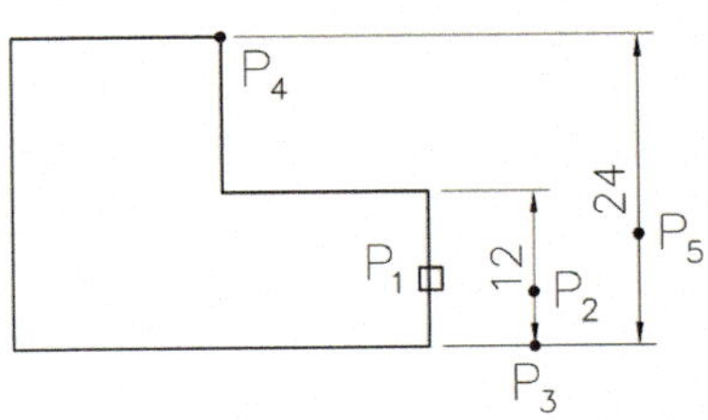

•수직 치수 기입

또는 아이콘 클릭하거나 명령: DIMLINEAR
첫 번째 ... 지정 또는 〈객체 선택〉: 마우스 우클릭 선택
치수 기입할 객체 선택: P_1 부근 선택
치수선의 위치 지정 또는 [...]: P_2 점 선택
치수 문자 = 12
명령: 마우스 우클릭, _DIMLINEAR
첫 번째 ... 지정 또는 〈객체 선택〉: P_3 점 선택
두 번째 치수보조선 원점 지정: P_4 점 선택
치수선의 위치 지정 또는 [...]: P5 점 선택
치수 문자 = 24
아이콘 클릭하거나 명령: _DIMSPACE
기본 치수 선택: P_2 점 선택
간격을 둘 치수 선택: P_3 점 선택
간격을 둘 치수 선택: 마우스 우클릭 선택
값 또는 [자동(A)] 입력 〈자동(A)〉: 10

2) 치수선 경사 치수 기입

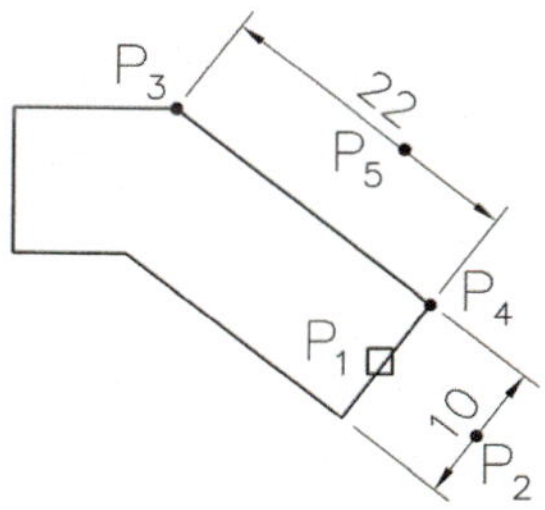

또는 아이콘 클릭하거나 명령: DIMALIGNED
첫 번째 ... 또는 〈객체 선택〉: 마우스 우클릭 선택
치수 기입할 객체 선택: P_1 부근 선택
치수선의 위치 지정 또는 [...]: P_2 점 선택
치수 문자 = 10
명령: 마우스 우클릭 선택, _DIMALIGNED
첫 번째 치수보조선 원점 지정... : P_3 점 선택
두 번째 치수보조선 원점 지정: P_4 점 선택
치수선의 위치 지정 또는 [...]: P5 점 선택
치수 문자 = 22

3) 호 길이 치수 기입

DDim 명령에서 수정...을 클릭하고 기호 및 화살표...를 클릭하면 아래와 같은 칸이 나타난다. 아래 칸에서 위의 치수 문자에 점을 선택하면 치수 위에 호 기호를 기입할 수 있다.

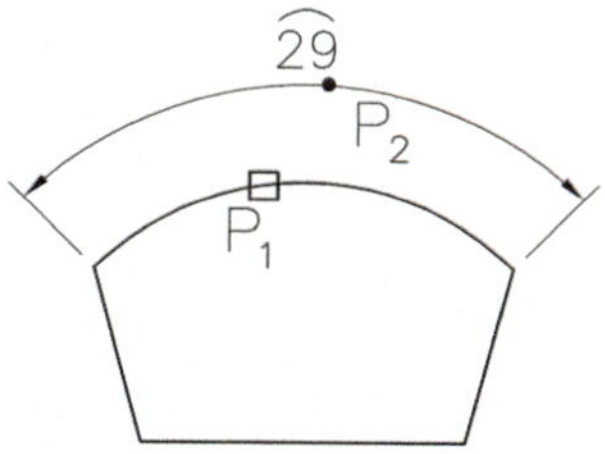

아이콘 클릭하거나 명령: DIMARC
호 또는 폴리선 호 세그먼트 선택: P_1 부근 선택
호 길이 치수 위치 지정 또는 [여러 줄 문자(M)/문자(T)/각도(A)/부분(P)/지시선(L)]: P_2 점 선택
치수 문자 = 29

4) 반지름 치수 기입

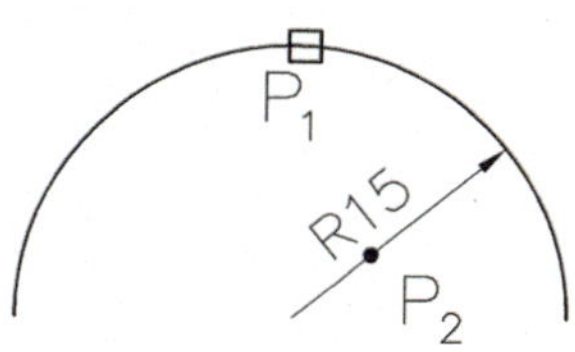

또는 아이콘 클릭하거나 명령: DIMRADIUS
호 또는 원 선택: P_1 부근 선택
치수 문자 = 15
치수선의 위치 지정 또는 [.../문자(T)/각도(A)]: P_2 점 선택

호나 원에 반지름이나 지름 치수 기입 시 치수 위치는 일반적으로 45° 방향에 놓는다.

5) 큰 반지름 치수 기입

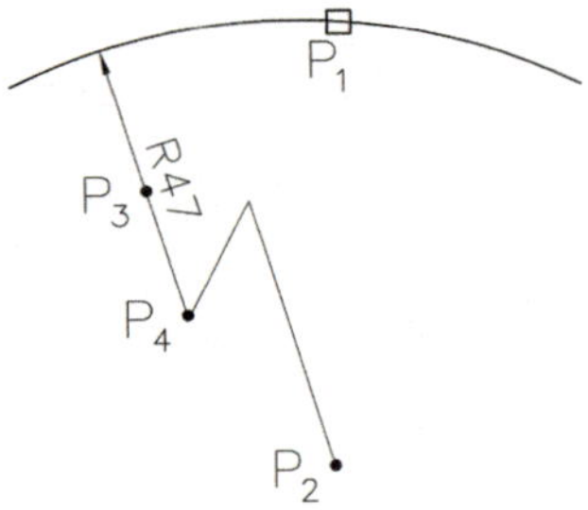

아이콘 클릭하거나 명령: DIMJOGGED
호 또는 원 선택: P_1 부근 선택
중심 위치 재지정 지정: P_2 점 선택
치수 문자 = 47
치수선의 위치 지정 또는 [...]: P_3 점 선택
꺾기 위치 지정: P_4 점 선택

6) 지름 치수 기입

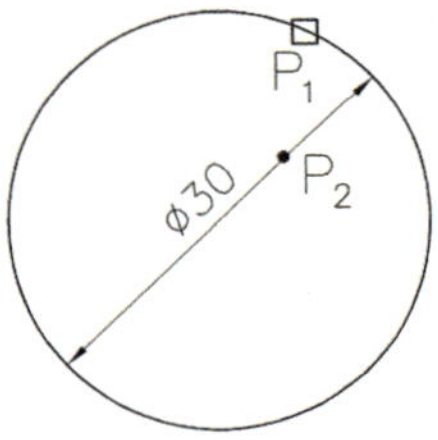

또는 아이콘 클릭하거나 명령: DIMDIAMETER
호 또는 원 선택: P_1 부근 선택
치수 문자 = 30
치수선의 위치 지정 또는 [.../각도(A)]: P_2 점 선택

7) 각도 치수 기입

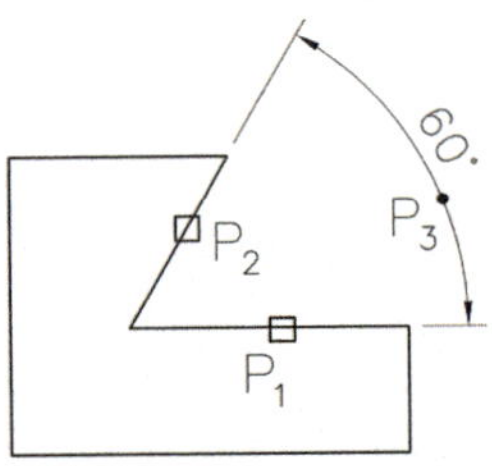

또는 아이콘 클릭하거나 명령: DIMANGULAR
호, 원, 선을 선택하거나 〈정점 지정〉: P_1 부근 선택
두 번째 선 선택: P_2 부근 선택
치수 호 선의 위치 지정 또는 [...]: P_3 점 선택
치수 문자 = 60

8) 신속 치수 기입

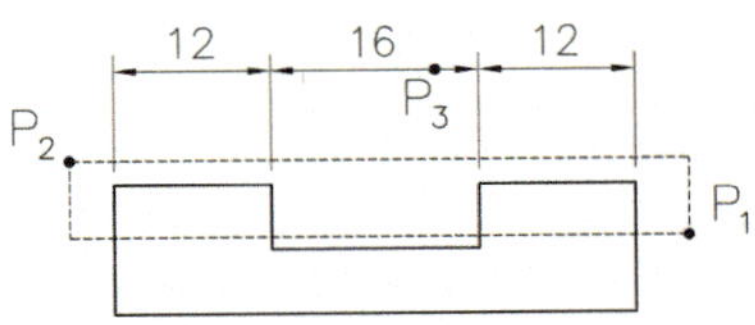

아이콘 클릭하거나 명령: QDIM
연관 치수 우선순위 = 끝점(E)
치수 기입할 형상 선택: P_1 점, P_2 점 선택
치수 기입할 형상 선택: 마우스 우클릭 선택
치수선의 위치 지정 또는 [연속(C)/...]: P_3 점 선택

9) 병렬 치수 기입

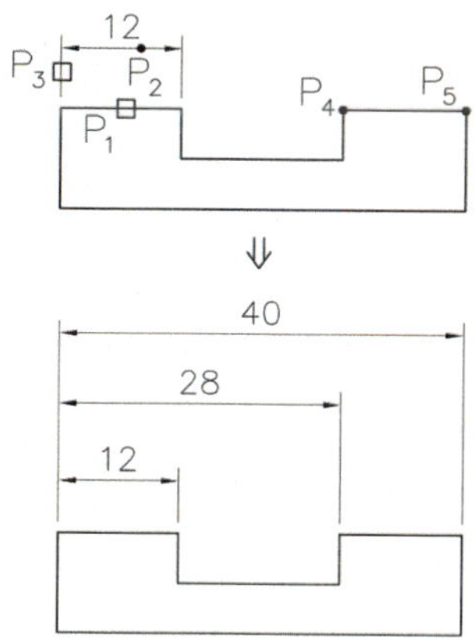

•**수평 치수 기입(12)을 한 후**

치수 또는 아이콘 클릭하거나 명령: DIMBASELINE
두 번째 치수보조선 ... [...] 〈선택(S)〉: 마우스 우클릭
기준 치수 선택: P_3 점 부근을 선택
두 번째 치수보조선 ... [...] 〈선택(S)〉: P_4 점 선택
치수 문자 = 28
두 번째 치수보조선 ... [...] 〈선택(S)〉: P5 점 선택
치수 문자 = 40
두 번째 치수보조선 ... [...] 〈선택(S)〉:
　　마우스 우클릭으로 종료

> 치수선과 치수선의 간격은 DDIM 명령에서 수정...을 클릭하고 선을 클릭하여 기준선 간격(A)란에 10을 입력하면 dimbaseline 치수 기입 시 간격이 적용된다.

10) 직렬 치수 기입

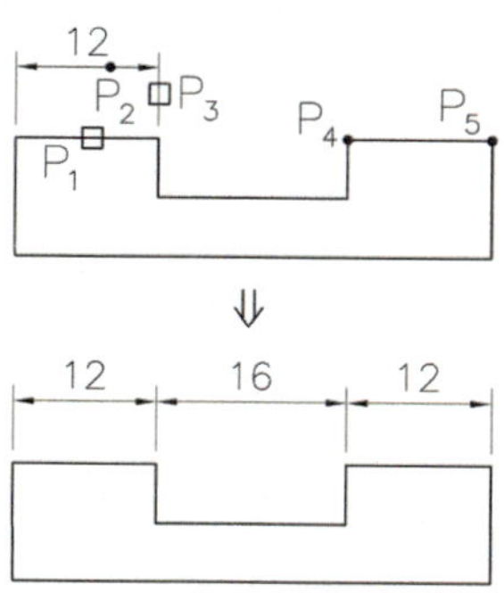

•**수평 치수 기입(12)을 한 후**

치수 또는 아이콘 클릭하거나 명령: DIMCONTINUE
두 번째 치수보조선 ... [...] 〈선택(S)〉: 마우스 우클릭
연속된 치수 선택: P_3 부근 선택
두 번째 치수보조선 ... [...] 〈선택(S)〉: P_4 점 선택
치수 문자 = 16
두 번째 치수보조선 ... [...] 〈선택(S)〉: P5 점 선택
치수 문자 = 12
두 번째 치수보조선 ... [...] 〈선택(S)〉:
　　마우스 우클릭으로 종료

11) 지시선 치수 기입

신속 지시선을 이용하여 지시선 치수나 기하공차를 기입하는 명령

지시선 아이콘 클릭하거나 명령: LE 또는 QLEADER

첫 번째 지시선 지정, 또는 [설정(S)]〈설정〉: Space Bar 또는 마우스 우클릭을 선택하면 다음과 같은 대화상자가 나타난다.

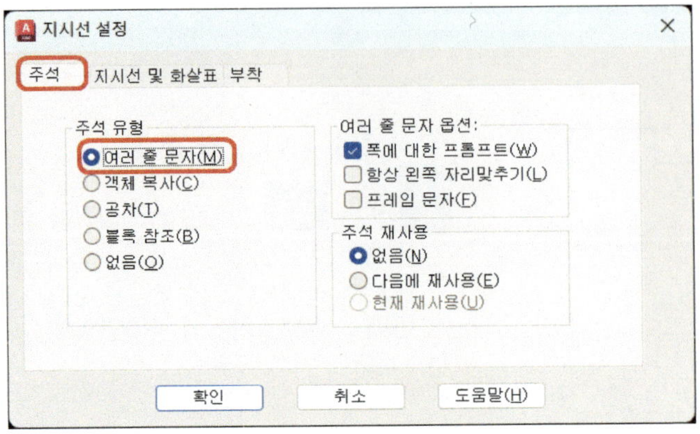

주석

•여러 줄 문자(M) : 지시선으로 치수 기입을 한다.
(치수 밑에 치수선을 나타내려면 부착을 클릭하여 맨 아래 행에 밑줄(U)을 체크해야 한다.)
•공차(T) : 기하 공차를 기입한다.

부착

지시선 치수 기입 시 치수선의 위치를 조정하는 페이지이다.

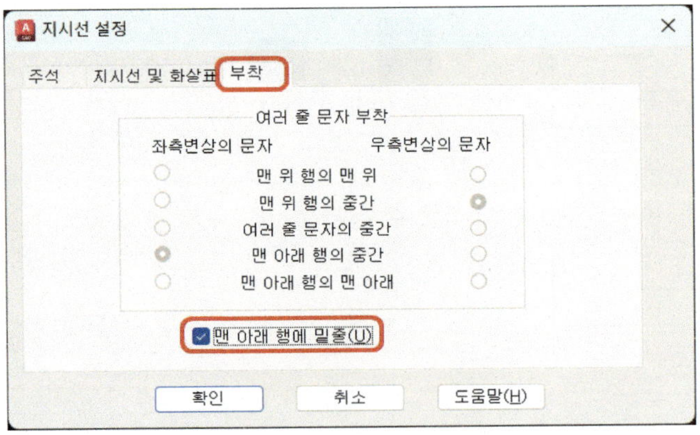

•맨 아래 행에 밑줄(U) : 치수 밑에 치수선을 나타낸다.

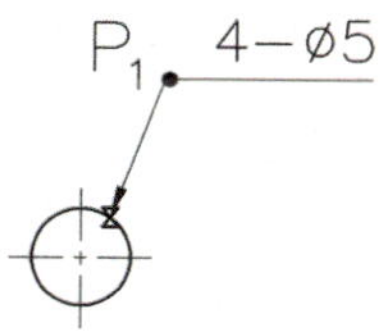

• **지시선 치수 기입할 때...**

지시선 아이콘 클릭하거나 명령: LE 또는 QLEADER
첫 번째 지시선 지정, 또는 [설정(S)]〈설정〉:
원이나 호의 60° 지점을 근처점(Nea_P)으로 선택한다.
다음 점 지정: P_1 점 선택
다음 점 지정: 마우스 우클릭
문자 폭 지정 〈0〉: 마우스 우클릭
주석 문자의 첫 번째 ... 〈여러 줄 ...〉: 마우스 우클릭을 누르면 아래와 같은 창에 나타난다.

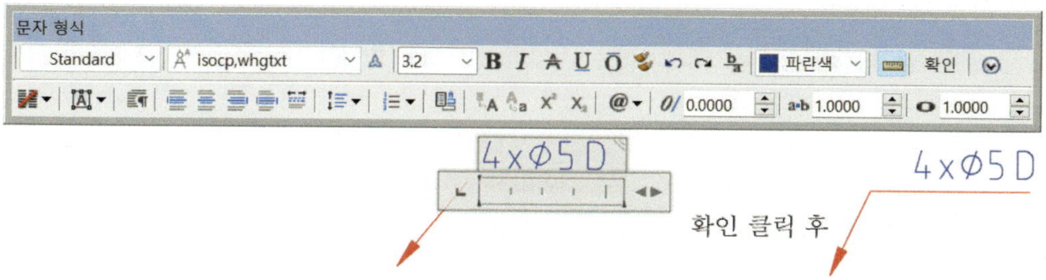

위 여러 줄 문자 창에서 치수를 직접 입력하고 확인을 클릭한다.

> 지시선 치수 기입은 치수와 지시선이 하나의 세트로 구성되어 있지 않다. 그래서 이미 기입된 지시선 치수 기입은 Dim 변수 변경 후 적용이 되지 않아서 인위적으로 편집해야 한다.

12) 기하 공차 기입

① QLEADER 명령으로 지시선(공차붙이)과 같이 기하공차 기입

명령: LE 또는 QLEADER
첫 번째 지시선 지정 또는 [설정(S)]〈설정〉: Space Bar 또는 마우스 우클릭을 선택하면 다음과 같은 대화상자가 나타난다.

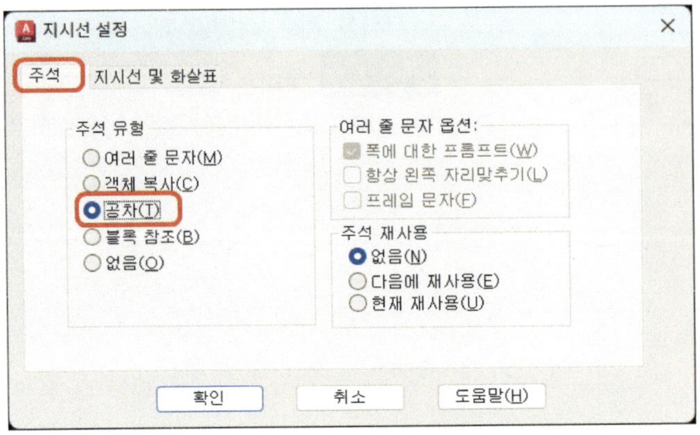

위와 같이 기하 공차를 기입할 때는 공차를 체크해야 한다.

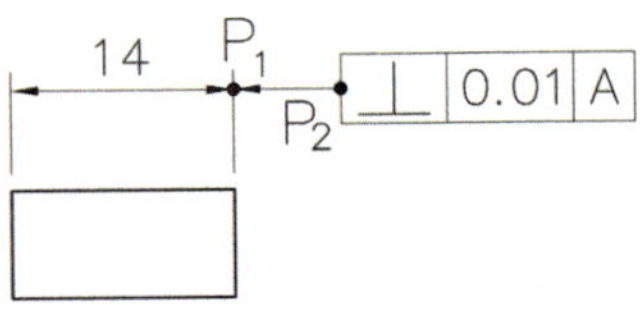

- **기하공차 기입할 때...**

명령: LE 또는 QLEADER
첫 번째 지시선 지정, 또는 [설정(S)]〈설정〉: P_1 점 선택
첫 번째 지시선 지정, 또는 [설정(S)]〈설정〉: P_2 점 선택
다음 점 지정: 마우스 우클릭 또는 세 번째 점 지정
그러면 아래와 같은 대화상자가 나타난다.

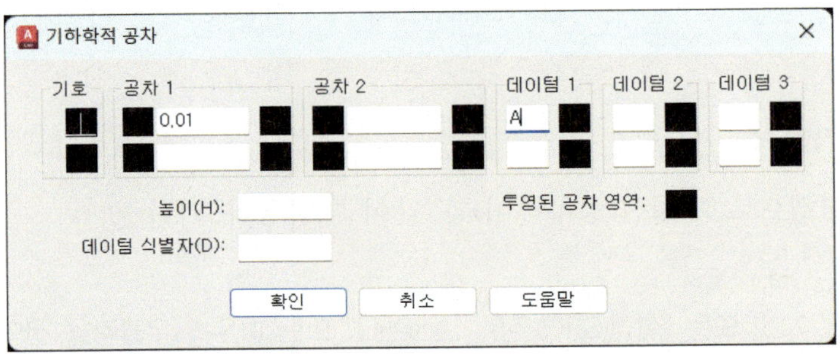

기호 밑에 검정 부근을 선택하면 기하 공차 기호 입력하는 대화상자로 기하 공차 기호를 선택하여 입력할 수 있다.

② TOLERANCE 명령으로 지시선(공차붙이) 없이 기하공차나 데이텀 틀 기입

 아이콘을 누르거나 명령: TOL 또는 TOLERANCE

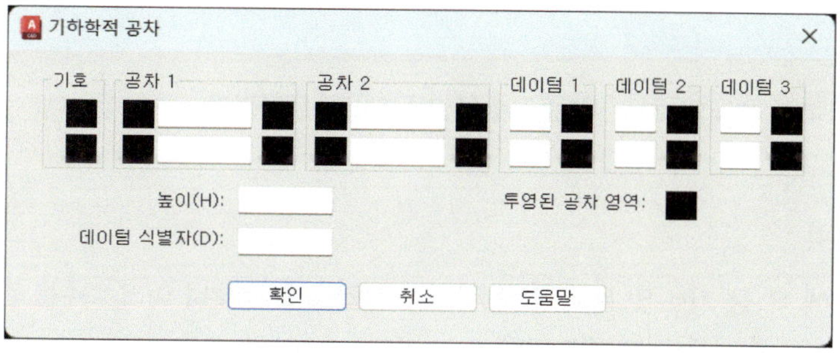

- 지시선(공차붙이) 없이 기하공차 기입틀 : 기호, 공차1, 데이텀1등을 기입하고 확인한 후 화면에 한점을 선택하면 기하 공차 기입틀만 기입된다.

- 데이텀 기입틀 : 데이텀 식별자(D)에 영문자 대문자를 기입하고 확인한 후 화면에 한점을 선택하면 데이텀 기입틀이 기입된다.

데이텀 기호는 데이텀 기입틀과 지시선(공차 붙이)으로 표시한다. 지시선(공차 붙이)는 선과 음영으로 표시하며 데이텀면(기준면)에 이등변 삼각형을 붙인다. 이 이등변 삼각형은 solid 명령으로 세 점 선택하여 만든다.

13) 치수값 변경하기

 아이콘을 누르거나 명령: DIMEDIT

치수 편집의 유형 입력 [홈(H)/새로 만들기(N)/회전(R)/기울기(O)] 〈홈(H)〉: N

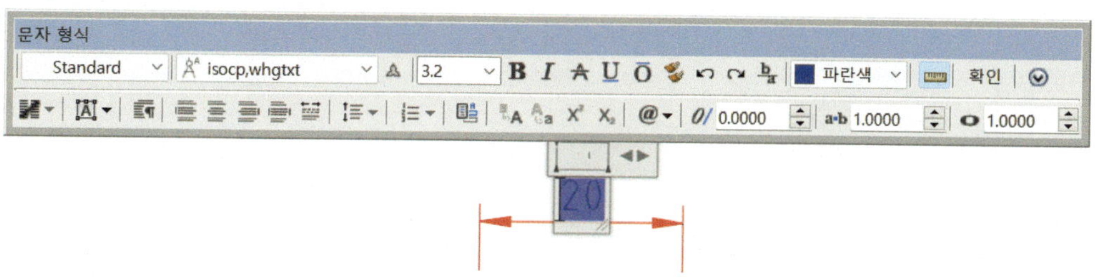

객체 선택:

치수값을 변경하기 위해 DIMEDIT 명령을 입력하고 새로 만들기 N을 입력한 후 입력할 기호나 변경할 치수값을 수정하여 다수 객체를 선택하면 입력할 기호나 치수값이 한꺼번에 변경된다.

홈(H)

Dim 변수에 입력된 원래의 치수 위치(치수선 가운데)로 돌아간다.

새로 만들기(N)

여러 개의 치수에 ∅ 등 기호 및 문자 공차 등 추가 삽입을 할 경우나 여러 치수를 같은 값으로 변경할 경우에 사용하는 자주 사용되는 기능이다.

회전(R)

치수 문자의 기울기를 변경한다.

기울기(O)

치수 보조선의 기울기를 변경한다. 일반적으로 테이퍼 치수 기입 시 치수보조선은 30° 나 60° 의 기울기로 변경해서 치수의 위치를 명확히 할 수 있다.

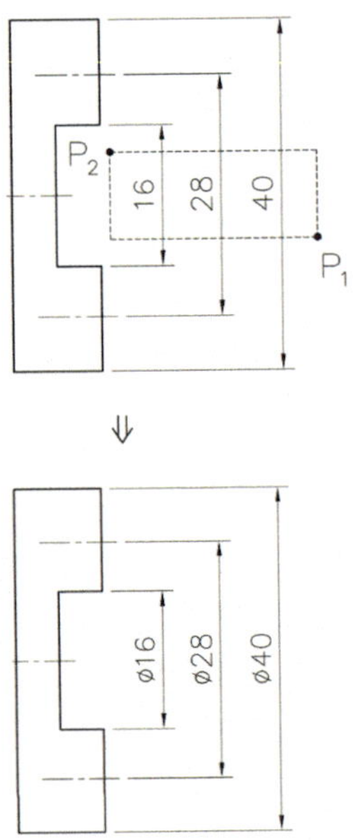

 아이콘 클릭하거나 명령: DIMEDIT

치수 편집의 유형 입력 [홈(H)/새로 만들기(N)/회전(R)/기울기(O)] 〈홈(H)〉: N

그러면 위와 같은 대화상자가 나타난다.

대화상자에서 0앞에 %%C 입력하고 확인을 클릭한 후

객체 선택: P_1 점, P_2 점 선택

객체 선택: 마우스 우클릭으로 종료

14) 치수보조선을 경사선으로 만들기

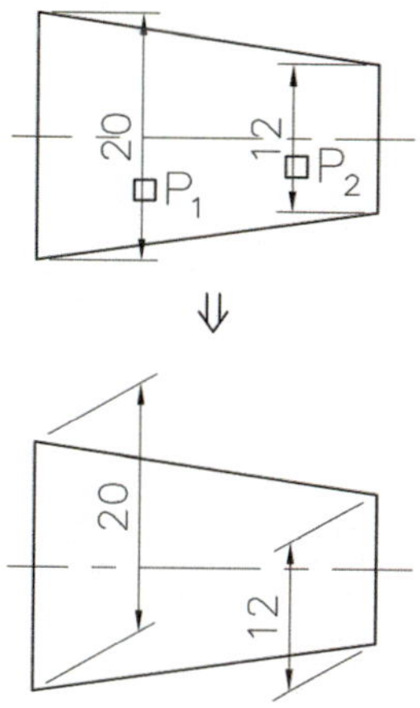

아이콘 클릭하거나 명령: DIMEDIT
치수 편집의 유형 입력 [홈(H)/새로 만들기(N)/회전(R)/
기울기(O)] 〈홈(H)〉: O
객체 선택 : P1 부근 선택
객체 선택 : 마우스 우클릭으로 진행
기울기 각도 입력 (없는 경우 ENTER 키): 30

아이콘 클릭하거나 명령: DIMEDIT
.치수 편집의 유형 입력 [홈(H)/새로 만들기(N)/회전(R)/
기울기(O)] 〈홈(H)〉: O
객체 선택 : P1 부근 선택
객체 선택 : 마우스 우클릭으로 진행
기울기 각도 입력 (없는 경우 ENTER 키): 30

치수보조선의 경사 각도는 절대 각도로 입력한다.

15) 치수위치 변경하기

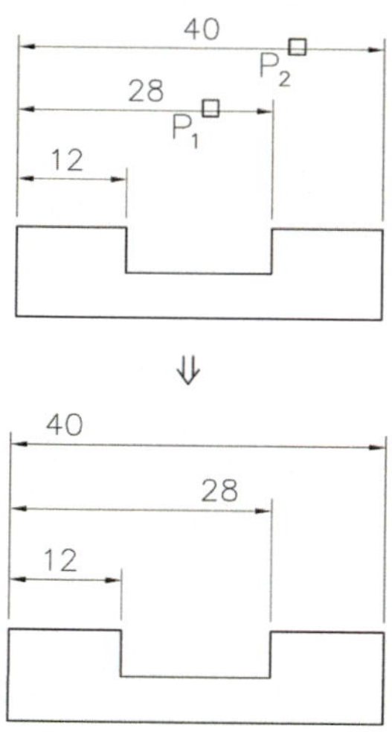

아이콘 클릭하거나 명령: DIMTEDIT
치수 선택: P1 부근 선택
치수 문자에 대한 새 위치 또는 다음을 지정 [왼쪽(L)/
오른쪽(R)/중심(C)/홈(H)/각도(A)]: R ⇨ 오른쪽에 정렬

아이콘 클릭하거나 명령: DIMTEDIT
치수 선택: P1 부근 선택
치수 문자에 대한 새 위치 또는 다음을 지정 [왼쪽(L)/
오른쪽(R)/중심(C)/홈(H)/각도(A)]: L ⇨ 왼쪽에 정렬

(4) DIM 변수 확인 방법

SYSVARMONITOR 및 SETVAR 명령으로 DIM 변수를 확인할 수 있다.

1) SYSVARMONITOR 명령

시스템 변수 리스트를 모니터링하고 리스트 항목이 변경될 때 알림을 나타내는 명령

명령: SYSVARMONITOR Enter↵

이러한 시스템 변수가 변경되는 경우 알림

나열된 시스템 변수의 변경 사항을 추적하고 현재 값이 기본 설정값과 일치하지 않는 경우 알림을 표시한다. (SYSMON 시스템 변수)

모두 재설정

현재값을 나열된 모든 시스템 변수의 기본 설정값으로 대치한다.

리스트 편집

시스템 변수 리스트 편집 대화상자를 표시한다.

▪ 리스트 편집(E)...을 클릭한다.

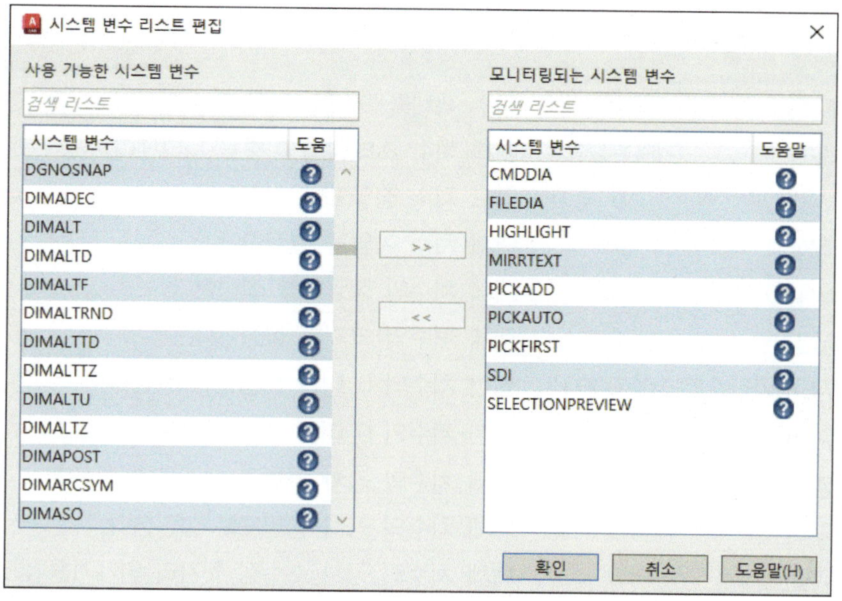

2) SETVAR 명령

시스템 변수의 값을 나열하거나 변경하는 명령

```
명령: SETVAR Enter↵
변수 이름 또는 [?] 입력: ?
나열할 변수(들) 입력 〈*〉: Enter↵
…
DIMADEC        0      ⇦ DIM 변수 시작
…
DIMZIN         8      ⇦ DIM 변수 끝
```

▪ 변수 이름

표시하거나 수정할 변수의 이름을 입력한다.

▪ ? – List

제품의 변수를 알파벳순으로 나열하고 리스트 내를 이동하려면 Enter↵ 키를 누른다.

3) DIM 변수 설명

DIM 변수		설 명
DIMASO	On	치수 객체를 하나의 객체로 설정한다.
DIMSTYLE	ISO-25	현재 치수 스타일의 이름을 나타낸다.
DIMADEC	0	각도 치수 정밀도를 설정한다.
DIMALT	Off	대체 치수 기입을 설정한다.
DIMALTD	3	대체 치수의 정밀도를 설정한다.
DIMALTF	0.0394	대체 치수의 크기를 설정한다.
DIMALTMZF	100.0000	십진 치수의 0 미만 비율을 대체한다.
DIMALTMZS		십진 치수의 0 미만 꼬리말 대체
DIMALTRND	0.0000	대체 치수의 공차 가까운 배수를 설정한다.
DIMALTTD	3	대체 치수의 공차 정밀도를 설정한다.
DIMALTTZ	0	대체 치수의 공차 소수점 뒷자리 영제거를 설정한다.
DIMALTU	2	대체 치수의 공차의 단위를 설정한다.
DIMALTZ	0	대체 치수의 소수점 뒷자리 영제거를 설정한다.
DIMAPOST		대체 치수의 앞, 뒷자리 표식 붙이기를 설정한다.
DIMARCSYM	1	호 길이 기호의 위치를 설정한다.
DIMASZ	3	화살표 크기를 설정한다.
DIMATFIT	0	화살표와 치수의 위치를 설정한다.
DIMAUNIT	0	각도 치수의 단위를 설정한다.
DIMAZIN	0	각도 치수 소수점 뒷자리 영제거를 설정한다.
DIMBLK	ClosedFilled	화살표 형식을 설정한다.
DIMBLK1	ClosedFilled	첫 번째 치수선의 화살표 형식을 설정한다.
DIMBLK2	ClosedFilled	두 번째 치수선의 화살표 형식을 설정한다.
DIMCEN	0	중심점/중심선의 크기를 설정한다.
DIMCLRD	1 (빨간색)	치수선의 색상을 설정한다.
DIMCLRE	1 (빨간색)	치수 보조선의 색상을 설정한다.
DIMCLRT	2 (노란색)	치수의 색상을 설정한다.
DIMDEC	2	치수의 정밀도를 설정한다.
DIMDLE	0.0000	티크(/) 치수 기입할 때 연장선의 크기를 설정한다.

DIM 변수		설 명
DIMDLI	10	병렬 치수 기입할 때 치수선의 간격을 설정한다.
DIMDSEP	.	치수의 소숫점 형식을 설정한다.
DIMEXE	1.7000	치수선 위로 연장하는 간격이다.
DIMEXO	1.5000	외형에서 치수 보조선의 인출 간격을 설정한다.
DIMFRAC	0	치수 단위에서 분수계일 때 분수 형식을 설정한다.
DIMFXL	1.0000	치수보조선 고정 상태를 설정한다.
DIMFXLON	끄기	치수보조선 고정 상태 사용을 설정한다.
DIMGAP	1.2000	치수와 치수선의 간격을 설정한다.
DIMJUST	0	치수 위치의 정렬을 설정한다.
DIMLDRBLK	ClosedFilled	지시선의 화살표 형식을 설정한다.
DIMLFAC	1.0000	축척, 배척일 때 치수를 배율로 설정한다.
DIMLIM	끄기	공차를 허용 한계 치수로 설정한다.
DIMLTEX1	BYBLOCK	치수보조선 1의 선종류를 설정한다.
DIMLTEX2	BYBLOCK	치수보조선 2의 선종류를 설정한다.
DIMLTYPE	BYBLOCK	치수의 선종류를 설정한다.
DIMLTYPE	BYBLOCK	치수의 선종류를 설정한다.
DIMLUNIT	2	치수의 선형 단위를 설정한다.
DIMLWD	−2	치수선/ 치수보조선의 선 가중치를 설정한다.
DIMLWE	−2	치수 보조선의 선 가중치를 설정한다.
DIMMZF	100.0000	십진 치수의 0 미만의 비율을 설정한다.
DIMMZS		십진 치수의 0 미만 꼬리말
DIMPOST		치수의 앞, 뒤 표식 붙이기를 설정한다.
DIMRND	0.0000	치수의 가까운 배수값을 설정한다.
DIMSAH	끄기	화살표 형식에서 첫 번째, 두 번째 형식을 설정한다.
DIMSCALE	1.0000	치수 객체의 크기를 배율로 설정한다.
DIMSD1	끄기	첫 번째 치수선의 반쪽을 가시/ 비가시로 설정한다.
DIMSD2	끄기	두 번째 치수선의 반쪽을 가시/ 비가시로 설정한다.
DIMSE1	끄기	첫 번째 치수 보조선의 반쪽을 가시/ 비가시로 설정한다.
DIMSE2	끄기	두 번째 치수 보조선의 반쪽을 가시/ 비가시로 설정한다.
DIMSOXD	끄기	좁은 치수 기입을 할 때 화살표를 억제를 설정한다.
DIMTAD	1	치수선에서 치수의 위치를 설정한다.

DIM 변수		설 명
DIMTDEC	2	공차의 정밀도를 설정한다.
DIMTFAC	1.0000	공차의 크기를 배율로 설정한다.
DIMTFILL	0	문자 배경 사용을 설정한다.
DIMTFILLCLR	BYBLOCK	문자 배경 색상을 설정한다.
DIMTIH	끄기	세로 치수 기입할 때 치수의 자세를 설정한다.
DIMTIX	끄기	치수를 치수 보조선 안으로 넣는 것을 설정한다.
DIMTM	0.0000	아랫 치수 공차를 설정한다.
DIMTMOVE	0	치수의 이동 관계를 설정한다.
DIMTOFL	켜기	치수 보조선 안으로 치수선 넣기를 설정한다.
DIMTOH	끄기	치수 보조선 밖으로 치수선 정렬을 설정한다.
DIMTOL	끄기	공차 사용을 설정한다.
DIMTOLJ	0	공차의 위치를 정렬한다.
DIMTP	0.0000	윗 치수 공차를 설정한다.
DIMTSZ	0.0000	티크(/) 크기를 설정한다.
DIMTVP	0.0000	치수의 높이를 설정한다.
DIMTXSTY	Standard	치수의 문자 유형을 설정한다.
DIMTXT	3.2000	치수 크기를 설정한다.
DIMTXTDIRECTION	끄기	치수 문자 방향을 설정한다.
DIMTZIN	8	공차의 영자리 제거를 설정한다.
DIMUPT	끄기	치수를 사용자의 임의로 위치하도록 설정한다.
DIMZIN	8	치수의 영자리 제거를 설정한다.

■ 과제 도면 그리기

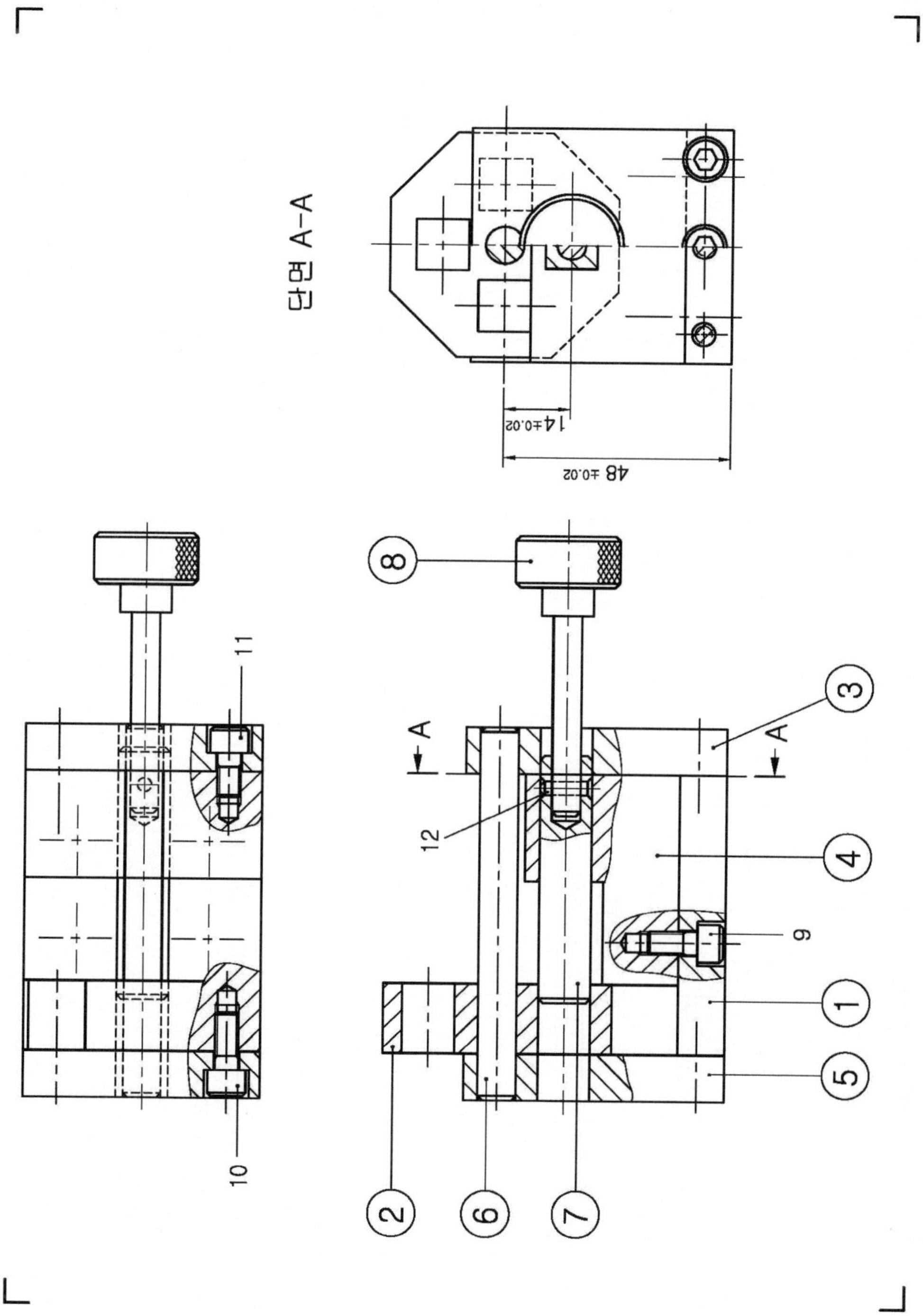

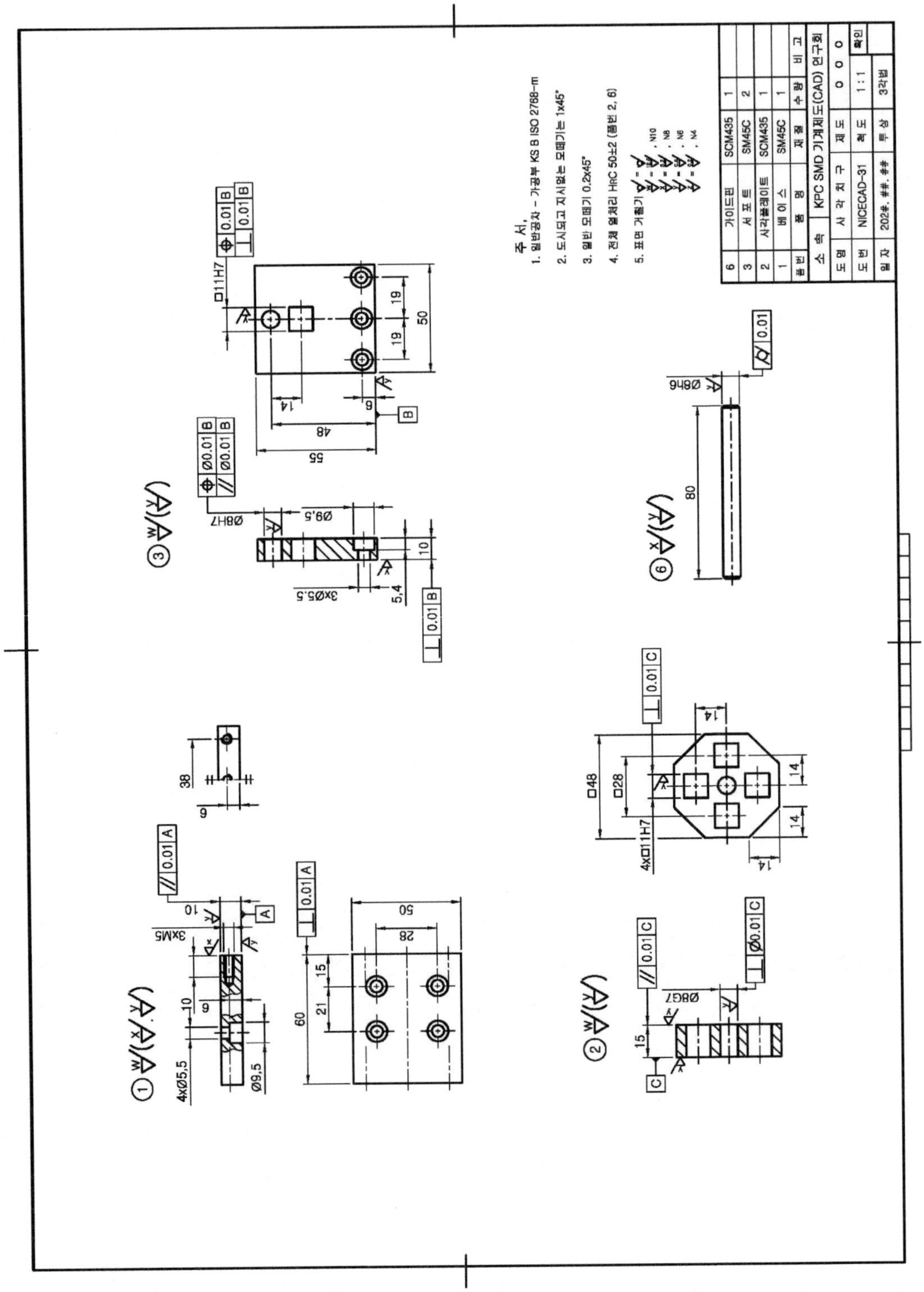

주 서,
1. 일반공차 - 가공부 KS B ISO 2768-m
2. 도시되고 지시없는 모떼기는 1x45°
3. 일반 모떼기 0.2x45°
4. 전체 열처리 HRC 50±2 (품번 2, 6)
5. 표면 거칠기
N10
N8
N6
N4
6 가이드핀 SCM435 1
3 서포트 SM45C 2
2 사각플레이트 SCM435 1
1 베이스 SM45C 1
품번 품명 재질 수량 비고
소속 KPC SMD 기계제도(CAD) 연구회
도명 사각치구 제도 ○ ○ ○
도번 NICECAD-31 척도 1:1 확인
일자 202#. ##. ## 투상 3각법
①
②
③
⑥
4xØ5.5
Ø9.5
3xM5
4x□11H7
□11H7
□48
□28
Ø8H7
Ø8G7
Ø8h6
Ø9.5
3xØ5.5

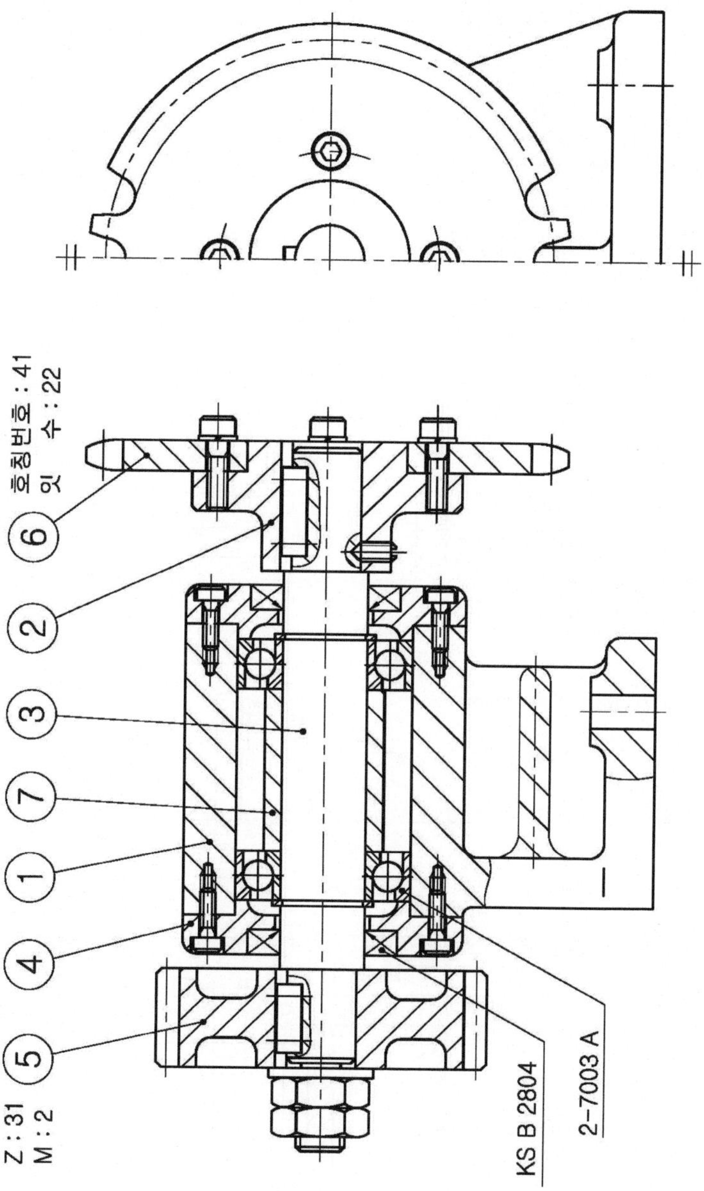

호칭번호 : 41
잇 수 : 22
6
2
3
7
1
4
5
Z : 31
M : 2
KS B 2804
2-7003 A

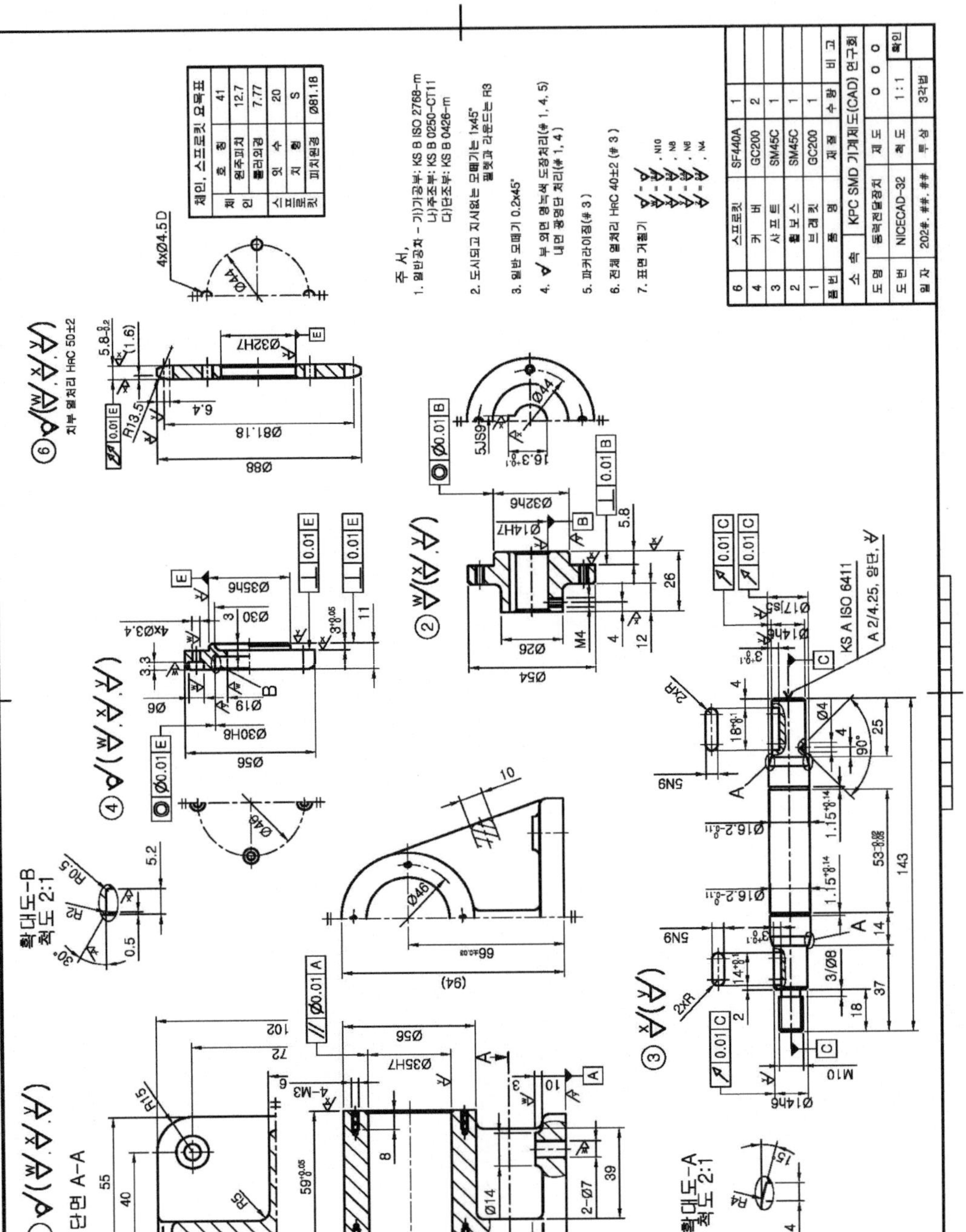

CHAPTER 12

도면 출력, 블록 및 파일 복구 관련 명령들

학습목표

- 요구되는 데이터 형식에 맞도록 프린터, 플로터 등 인쇄 장치의 설치와 출력도면 영역설정으로 실척 및 축(배)척으로 출력할 수 있다.
- 자주 사용되는 도면 요소를 블록화하여 사용할 수 있다.
- 도면 파일이 손상되거나 열기가 되지 않을 때 파일 복구를 수행할 수 있다.

1 도면 출력 명령

모니터 상에 그린 도면은 데이터일 뿐 도면은 아니다. 비로소 규격 용지에 출력된 도면만이 활용될 수 있기에 제도자는 도면 출력(Plotting)을 알맞게 할 수 있는 능력이 요구된다.

■ 플로팅(Plotting) 하기 위한 준비

① 플로터 또는 프린터가 바르게 연결되었는지 확인한다.

플로터는 모든 규격 용지(A0~A4)나 롤 형식의 용지 모두 가능하도록 제작된 도면 전용 출력기이고 프린터는 래스터(점형)방식 즉, 레이저 방식이나 잉크젯 방식 프린트로 용지는 일반적으로 A3, A4 등이 많이 이용되고 있다.

② 운영체제에서 기본 프린터를 설정한다.

운영체제가 Windows일 경우 장치 및 프린터에서 플로터 또는 프린터를 기본 프린터로 설정되어야 한다. 그리고 AutoCAD 내에서도 plot이나 Pagesetup 명령으로 플로터 또는 프린터 디바이스를 설정해야 한다.

③ 현재 도면을 플로팅(Plotting) 하기

현재 선택된 도면을 출력하거나 대량 도면을 출력할 때는 출력용 유틸리티(Utility)나 플로트 파일을 만들어 연속하여 출력할 수 있다.

■ 플로팅(Plotting) 도면 출력 작업 순서

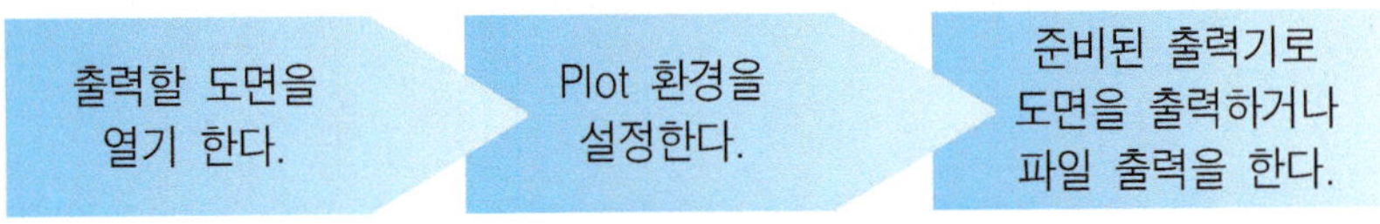

Plot 환경 설정

① Windows 제어판에서 장치 및 프린터의 기본 프린터를 설정하고 확인한다.
② AutoCAD 플롯에서 기본 프린터 디바이스를 설정한다.
③ 출력할 도면 크기를 설정한다.
④ 플롯 영역과 간격띄우기를 설정한다.
⑤ 척도를 설정한다.
⑥ 색상별로 펜 굵기(가중치)를 설정한다.
⑦ 음영처리된 뷰포트 옵션 및 플롯 옵션을 설정한다.
⑧ 도면 방향을 설정한다.
⑨ 미리 보기를 통해서 확인한다.
⑩ 복사 매수를 설정한다.
⑪ 출력기로 출력할 것인지 파일로 출력할 것인지를 설정한다.
⑫ 출력한다.

Plot 관련 명령

① 페이지 설정관리자(G)_Pagesetup : 도면 출력할 환경을 설정하는 명령이다.
② 플로터 관리자(M)_Plottermanager : 플로터 구성을 추가하거나 편집할 수 있는 플로터 관리자를 표시하는 명령이다. (파일 출력 디바이스(*.eps)를 만들 수 있다.)
③ 플롯 스타일 관리자(Y)_Stylesmanager : 색상별로 플롯 스타일 테이블을 추가할 수 있는 명령이다.
④ Plot 또는 Print : 도면을 파일 출력을 하거나 프린트/플로터로 출력하는 명령이다.

(1) PAGESETUP 명령

도면 출력하기 위한 환경을 설정하는 명령

리본 메뉴–출력–플롯에서 페이지 설정 관리자 선택

명령: PAGESETUP Enter↵

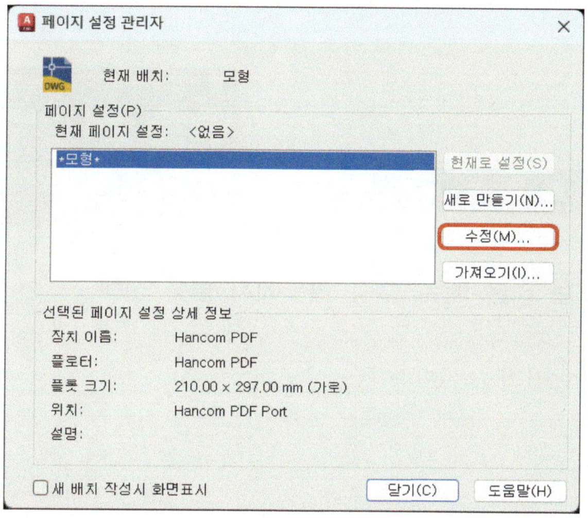

현재 페이지 설정

현재 플롯 환경 항목을 나열한다.

현재로 설정(S)

새로운 플롯 환경을 현재 플롯 환경으로 설정한다.

새로 만들기(N)

새로운 플롯 환경을 만든다.

수정(M)

현재 플롯 환경의 내용을 변경하고 저장한다. (환경 상세는 PLOT 명령 참조)

가져오기(I)

외부에서 플롯 환경 파일을 불러온다.

선택된 페이지 설정 상세 정보

현재 플롯 환경의 내용을 요약하여 표시한다.

(2) PLOT 또는 PRINT 명령

도면을 프린터/플로터 또는 파일로 출력하는 명령

또는

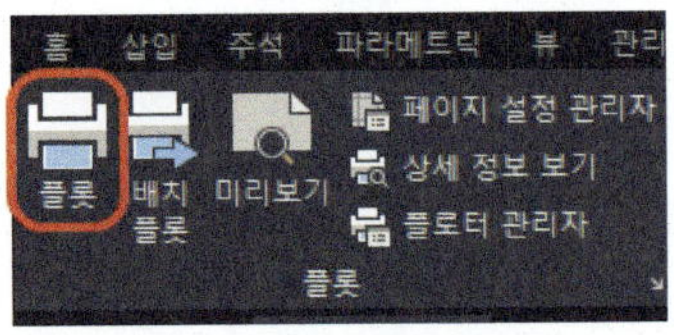

상단 표준에서 플롯 또는 리본 메뉴–출력–플롯에서 플롯 선택

명령: PLOT Enter↵ 또는 Ctrl + P

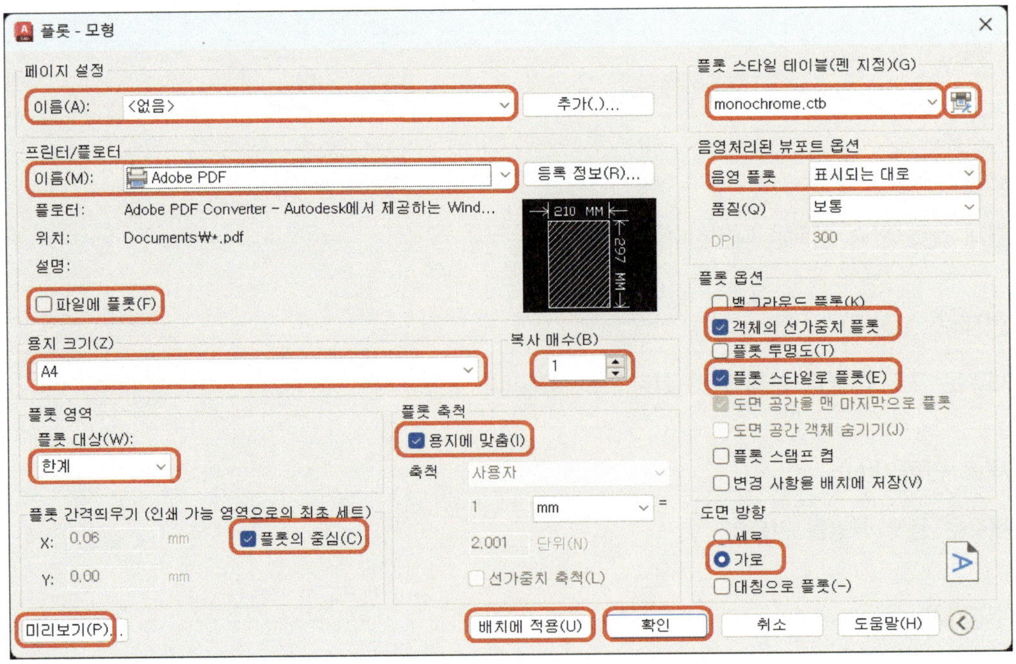

페이지 설정

플롯 페이지를 설정한다.
•없음 : 새로 설정하는 상태로 플롯을 설정한다.
•이전 플롯 : 바로 이전에 출력된 상태로 플롯 스타일을 설정한다. (자주 사용됨)
•가져오기 : 설정된 플롯 파일을 불러와 플롯을 설정한다.

프린터/플로터

플롯 디바이스(장치)를 설정한다.
•파일에 플롯(F) : 플롯 장치로 출력하지 않고 *.plt 파일로 도면 출력한다.

용지 크기(Z)

도면 용지 크기를 설정한다.

플롯 영역

플롯 영역을 설정한다.
•범위 : 화면을 용지 전체로 채워 플롯 영역을 설정한다. (권장)
•윈도우 : 두 점으로 플롯 영역을 설정한다. (자주 사용됨)
•한계 : Limits로 정한 도면 한계로 플롯 영역을 설정한다.
•화면 표시 : 현재 화면 표시 상태로 플롯 영역을 설정한다.

플롯 간격띄우기 (인쇄 가능 영역으로의 최초 세트)

플롯 위치를 설정한다.
•x, y : x값과 y값의 위치로 플롯 위치를 설정한다.
•플롯의 중심(C) : 플롯 위치를 중심점으로 설정한다.

복사 매수(B)

인쇄 페이지 매수를 설정한다.

플롯 축척

플롯과 용지의 척도를 설정한다.
•용지에 맞춤(I) : 용지와 출력장치 간에 최적 상태로 설정한다. (정확한 척도가 아님)
•축척(S) : 정확한 척도를 설정할 때 사용한다.

> 플롯 스타일 테이블을 보이기 < 플롯 스타일 테이블을 감추기

플롯 스타일 테이블(펜 지정)(G)

플롯 스타일 테이블을 설정 · 편집하거나 새 플롯 스타일 테이블을 설정한다.

- 새로 만들기 : 펜 테이블 파일을 설정하거나 가져오기를 할 수 있다.
- 편집 : 펜 테이블을 편집한다.

도면을 흑백 출력하기 위해서 monochrome.ctb 파일을 선택한 후 편집( ) 아이콘을 클릭한다.

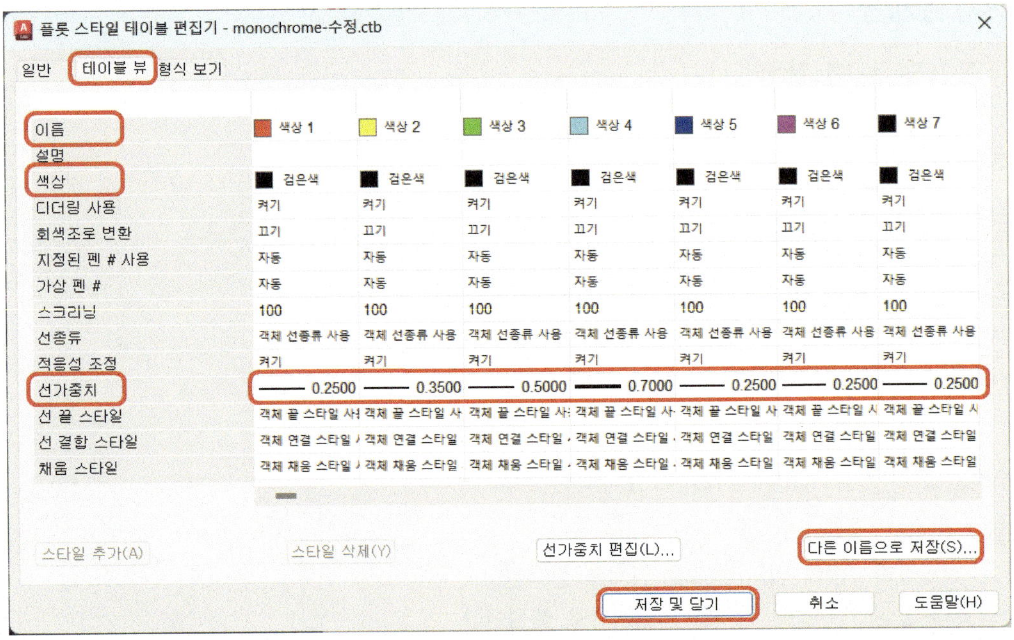

색상별로 선 가중치를 구분하여 선 굵기를 설정한다.

[권장] ① Red-0.18 or 0.25(가는선 용도)

② Yellow-0.25 or 0.35(중간선 용도)

③ Green-0.35 or 0.5(굵은선 용도)

④ Cyan-0.5 or 1(아주굵은선 용도)

⑤ Blue-0.18 or 0.25(가는선 용도) : 권장 색상이 없음.

⑥ Magenter-0.18 or 0.25(가는선 용도) : 권장 색상이 없음.

⑦ White-0.18 or 0.25(가는선 용도)

•다른 이름으로 저장(S)
플롯 스타일 테이블을 다른 이름으로 저장한다.
•저장 및 닫기
플롯 스타일 테이블을 현재 이름으로 저장하고 닫기 한다.

음영처리된 뷰포트 옵션

음영처리나 렌더링 뷰포트에 대한 플롯되는 방법을 지정하고 해상도 수준을 결정한다.
•음영 플롯 : 용지와 적당하게 맞추어 설정한다. (2D 도면은 표시되는 대로 권장)
•품질(Q) : 인쇄 품질 상태를 설정한다. (2D 도면은 보통(300 DPI) 권장)

플롯 옵션

선가중치, 투명도, 플롯 스타일 및 객체가 플롯되는 순서에 대한 옵션을 지정한다.
•객체의 선가중치 플롯 : 객체별 선가중치로 출력상태를 설정한다. (체크 권장)
•플롯 스타일 플롯(E) : 플롯 스타일로 출력상태를 설정한다. (체크 권장)

도면 방향

인쇄 방향을 설정한다.
•세로(A) : 도면을 세로 방향으로 설정한다.
•가로(N) : 도면을 가로 방향으로 설정한다. (권장)
•대칭으로 플롯 : 설정된 방향을 반대로 설정한다.

미리보기(P)

현재 도면과 출력될 용지 상태를 미리보기 한다.

배치에 적용(U)

현재 플롯 대화상자 설정을 현재 배치에 저장한다.

확인

도면을 출력장치 또는 파일로 출력한다.

(3) STYLESMANAGER 명령

색상별로 플롯 스타일 테이블을 추가할 수 있는 명령

명령: STYLESMANAGER Enter↵

위 아이콘을 더블클릭한 후 대화상자에서 다음(N) 세 번 클릭, 파일 이름에서 파일명 입력하고 다음(N)을 선택하고 플롯 스타일 테이블 편집기(S)...를 클릭하면 아래와 같은 대화상자가 나타난다.

플롯 스타일 테이블 편집기(S)

버튼을 클릭하면 앞에서 설명한 펜 테이블 설정창이 나타나 새로운 *.ctb 파일을 생성할 수 있다. 새로운 *.ctb 파일을 적용하려면 AutoCAD를 종료했다가 다시 실행해야 한다.

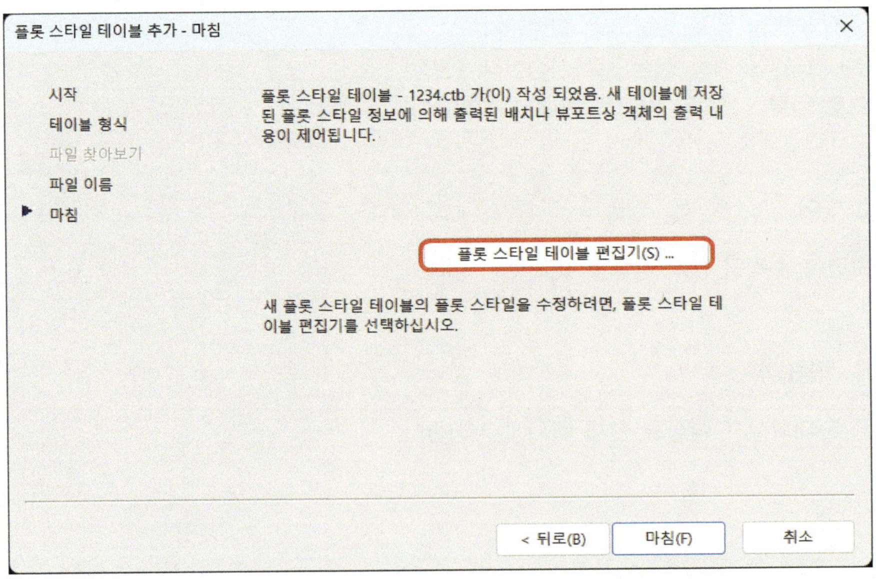

펜 테이블 파일을 도면에 적용하기

현재 도면에서 CH (Properties) 명령으로 Plot Style Table에 새로 생성한 *.ctb 파일을 설정할 수 있다.

명령: CH

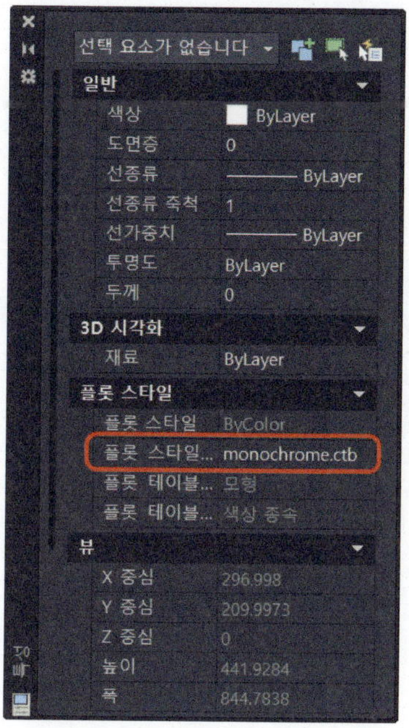

(4) PLOTTERMANAGER 명령

플로터 디바이스(장치 구성)를 추가하거나 편집할 수 있는 플로터 관리자 표시 명령 (파일 출력 디바이스를 만들 수 있다.)

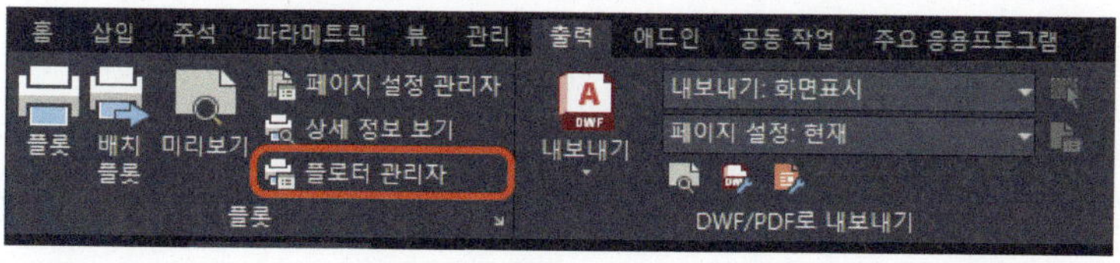

리본 메뉴–출력–플롯에서 플로터 관리자 선택

명령: PLOTTERMANAGER Enter↵

위 아이콘을 더블클릭한 후 대화상자에서 다음(N)을 두 번 선택하면 아래와 같은 대화상자가 나타난다.

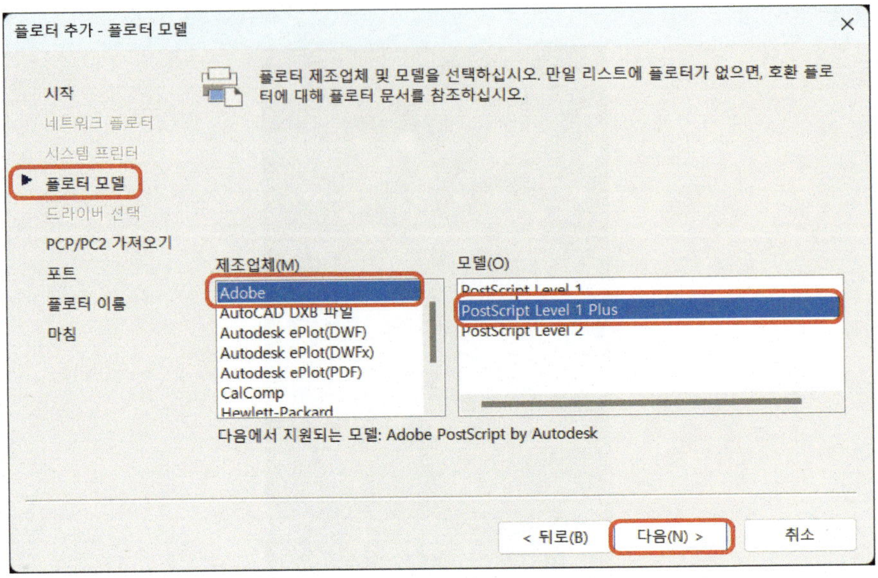

플로터 모델

*.eps 파일 데이터를 출력하기 위해서 제조업체(M)에서 adobe, 모델(O)에서 PostScript Level 1 Plus를 선택한다.

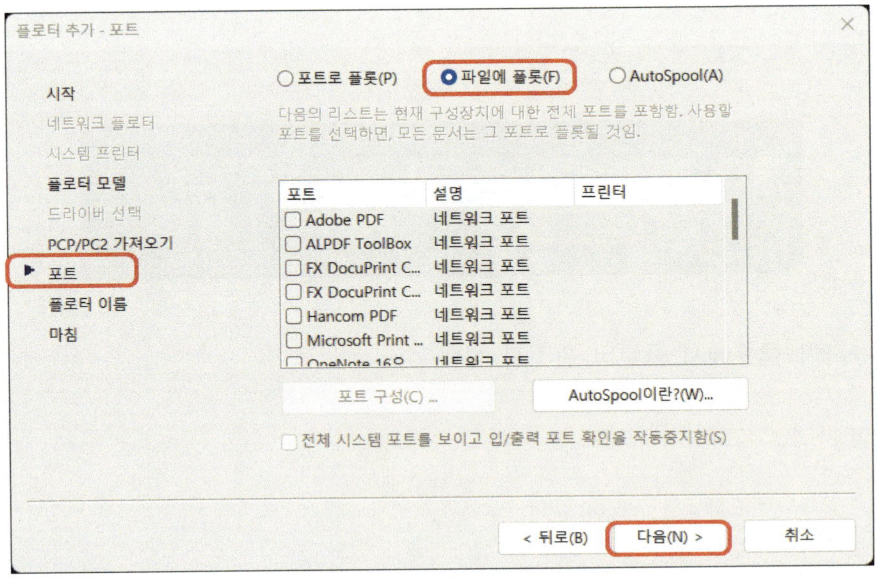

파일에 플롯(F)

여러 가지 특성(*.EPS 등)의 파일 출력 형식을 만들 수 있다.

2 블록 관련 명령

(1) BLOCK 또는 B(단축명령)

도면에 자주 사용되는 객체를 블록 단위로 저장하는 명령 (붙여 넣기는 INSERT 명령이다.)

리본 메뉴–홈–블록에서 작성 선택

명령: B 또는 BLOCK Enter↵

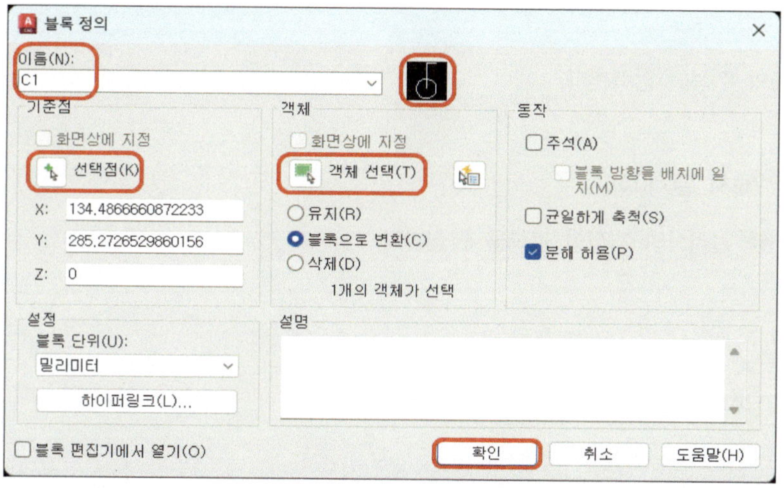

이름(N)

블록 이름을 입력한다.

기준점_선택점(K)

블록의 삽입점을 설정한다. (OSNAP의 삽입점(insert point)이 된다.)

객체 선택(T)

블록으로 저장할 객체를 선택한다.

•유지(R) : 블록으로 저장하고 객체를 그대로 유지한다.

•블록으로 변환(C) : 블록으로 저장하고 선택 객체를 블록 객체로 변환한다.
•삭제(D) : 블록으로 저장하고 객체를 삭제한다.

설정

•볼록(U) : 정의할 블록의 단위를 설정한다.

동작

•주석(A) : 블록이 주석임을 지정한다.
•균일하게 축척(S) : Insert 명령으로 붙일 때 균일하게 척도를 설정한다.
•분해 허용(P) : Insert 명령으로 붙일 때 분해할 수 있도록 허용한다.

설명

정의할 블록의 주석을 입력한다.

블록 편집기에서 열기(O)

블록 편집기를 열기하여 저장할 블록을 편집한다.

확인

블록으로 저장한다.

> 일반적으로 도면에 자주 사용되는 객체들 즉, 다듬질공차 등 각종 기호를 블록으로 저장하여 사용하면 편리하다. 정의된 블록은 현재 도면에서만 INSERT 명령으로 삽입할 수 있고 파일로 저장한 (*.dwg)것은 다른 도면에서도 INSERT 명령으로 붙여 넣을 수 있다.

(2) INSERT 또는 I (단축명령)

저장된 블록이나 기존 파일(*.DWG)을 삽입할 수 있는 탭 팔레트를 표시하는 명령

리본 메뉴–홈–블록에서 삽입 선택

명령: I 또는 INSERT Enter↵

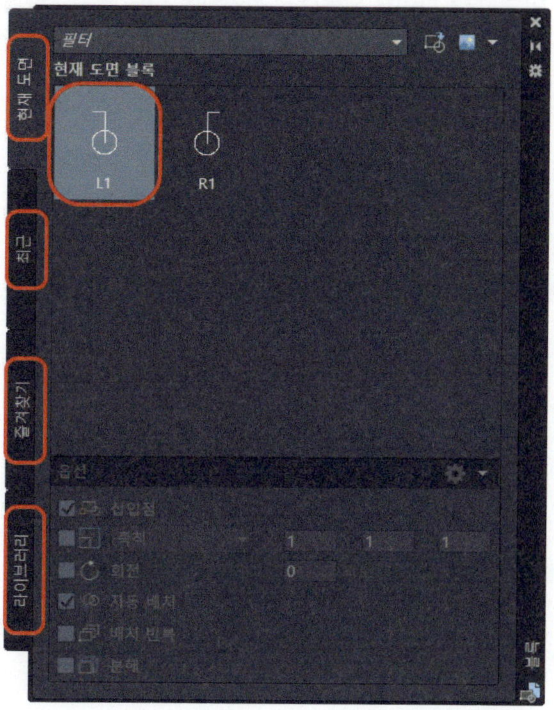

현재 도면 탭

현재 도면에서 사용할 수 있는 블록 정의 리스트 또는 미리보기를 표시한다.

최근 탭

현재 및 이전 세션에서 최근에 삽입 또는 작성된 블록 정의 리스트 및 미리보기를 표시한다. 이러한 블록은 여러 도면에서 가져올 수 있다.

즐겨찾기 탭

미리보기 또는 즐겨찾기 블록 정의 리스트를 표시한다. 이러한 블록은 블록 팔레트의 다른 탭에서 자주 사용하는 블록의 사본이다.

라이브러리 탭

단일한 지정된 도면에서 삽입된 블록 정의 리스트 또는 미리보기를 표시한다. 또는 모든 도면 파일에 블록 정의를 저장할 수 있고 도면 파일을 블록으로 삽입하면 모든 블록 정의를 현재 도면으로 가져온다.

옵션

블록을 클릭하고 배치할 때만 적용되며 블록을 끌어 놓을 때는 적용되지 않는다.

- 삽입점

  블록의 삽입점을 지정한다. (OSNAP의 "삽입점(S)"으로 선택된다.)

  참고) 블록이 선택되면 텍스트 화면에서도 지정할 수 있다.

- 축척

  삽입될 블록의 X축, Y축, Z축의 크기를 입력한다.

  참고) 블록이 선택되면 텍스트 화면에서도 지정할 수 있다.

- 회전

  삽입될 블록의 회전 각도를 지정한다.

- 각도

  삽입될 블록의 자세를 변경하기 위한 각도를 입력한다.

- 자동 배치

  블록을 삽입할 때 배치 제안 사항이 표시되는지 여부를 조정한다.

- 반복 배치

  블록 삽입의 자동 반복 여부를 조정한다.

- 분해

  삽입될 블록의 객체를 각각의 객체로 분해된 것으로 설정한다.

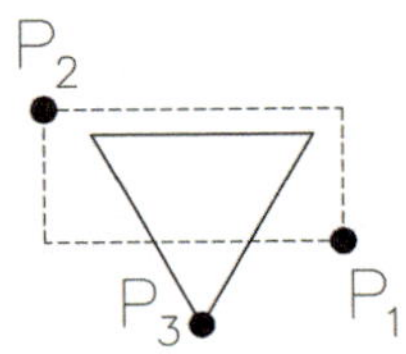

명령: B
이름(N) : rough
객체_객체 선택(T) 클릭: P_1 점과 P_2 점 선택
기준점_선택점(K) 클릭: P_3 점 입력
확인 버튼 클릭으로 종료

명령: I
현재 도면 블록 팔레트에서 삽입할 블록 이름 선택
삽입점 지정 또는 [기준점(B)/축척(S)/X/Y/Z/회전(R)]:
    삽입점 P_1 점 지정
현재 도면 블록 팔레트에서 삽입할 블록 이름 선택
삽입점 지정 또는 [기준점(B)/축척(S)/X/Y/Z/회전(R)]:
    삽입점 P_2 점 지정

(3) BEDIT 또는 BE (단축명령)

편집할 블록을 선택하거나 작성할 새 블록의 이름을 입력한 다음 확인을 클릭하여 블록 편집기를 열어 편집하는 명령

리본 메뉴–홈–블록에서 편집 선택

명령: BE 또는 BEDIT Enter↵
참조 선택 : ⇨ 블록 객체를 선택한다.

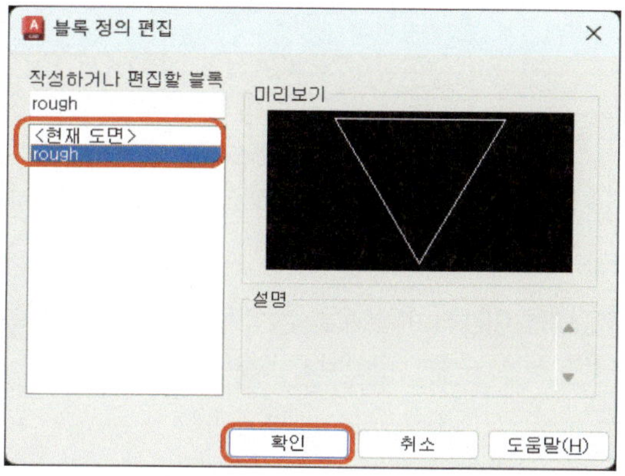

작성하거나 편집할 블록에서 블록 이름을 클릭한 후 "확인" 을 선택하면 아래와 같은 리본 메뉴 나타난다.

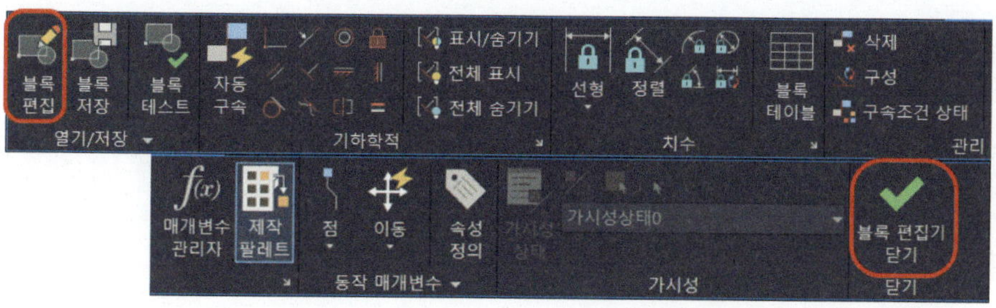

블록 편집

블록 정의 편집 대화상자로 되돌아간다.

블록 저장

현재 블록 이름으로 저장한다.

블록 편집기 닫기

블록 편집기를 닫고 종료한다.

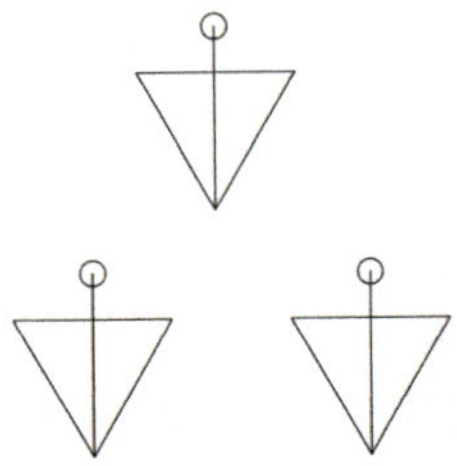

명령: BE
대화상자에서...
작성하거나 편집할 블록에서 편집할 블록 이름을 클릭
선과 원을 그려 추가한다.
블록 편집기 닫기를 클릭한다.
rough이(가) 재정의 되었습니다.와 함께 종료된다.

편집 명령이나 GRIP 명령을 이용하여 블록을 수정한 후 저장하면 블록은 물론이고 도면에 삽입되어 있는 모든 블록이 자동 수정 · 갱신되는 것을 확인할 수 있다.

(4) TABLE 또는 TB (단축명령)

도면에 빈 테이블을 삽입하는 명령

리본 메뉴-홈-주석에서 테이블 선택

명령: TB 또는 TABLE Enter↵

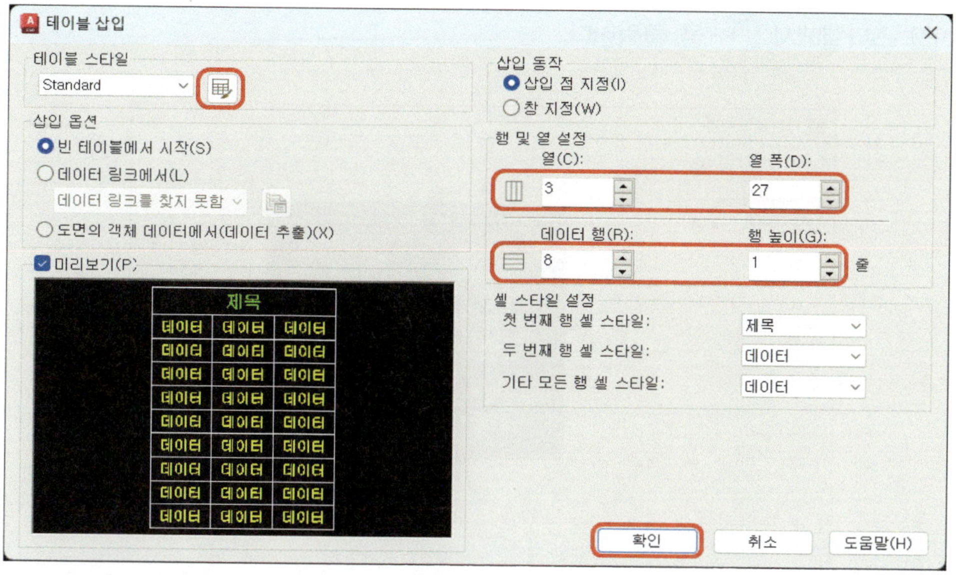

테이블 스타일

테이블 스타일을 설정한다.(을 클릭하면 테이블 스타일 대화상자가 나타난다.)

행 및 열 설정

- 열(C) : 열수 입력
- 열 폭(D) : 열의 폭을 입력한다.
- 데이터 행(R) : 행수 입력
- 행 높이(G) : 행의 높이를 입력한다.

확인

설정을 완료하고 빈 테이블을 삽입한다.

테이블 스타일에서  을 클릭한다.

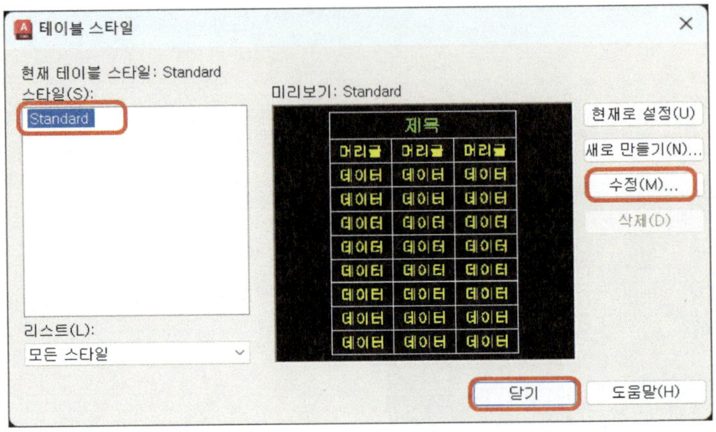

수정(M)

테이블 유형을 편집하기 위한 대화상자를 표시한다.

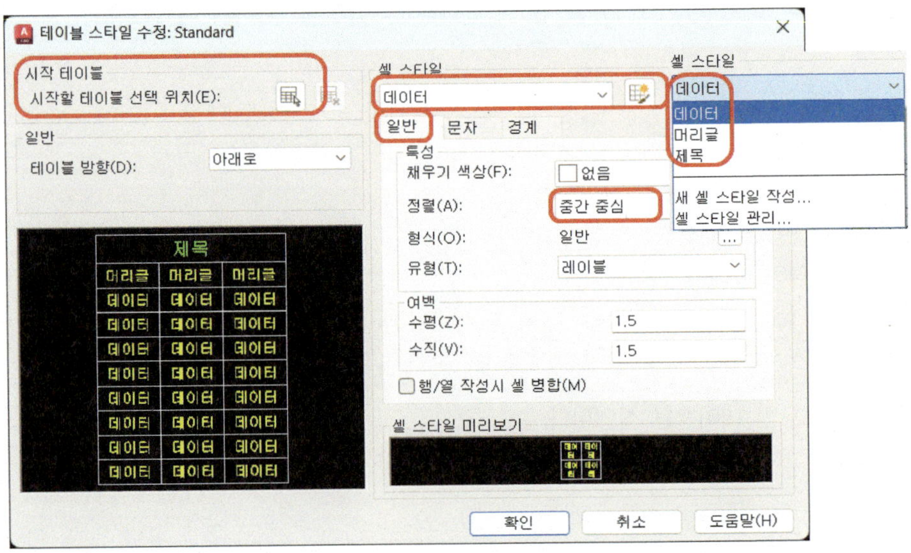

시작 테이블을 클릭

시작할 테이블의 선택 위치를 지정한다.

셀 스타일

제목, 머리글, 데이터의 항목을 선택하여 각각의 일반, 문자, 경계의 특성을 지정한다.
일반은 문자 위치 정렬과 여백을 지정한다. (정렬: 중간 중심 권장)

셀 스타일_문자

• 데이터, 머리글, 제목 각각의 문자의 특성을 편집한다.

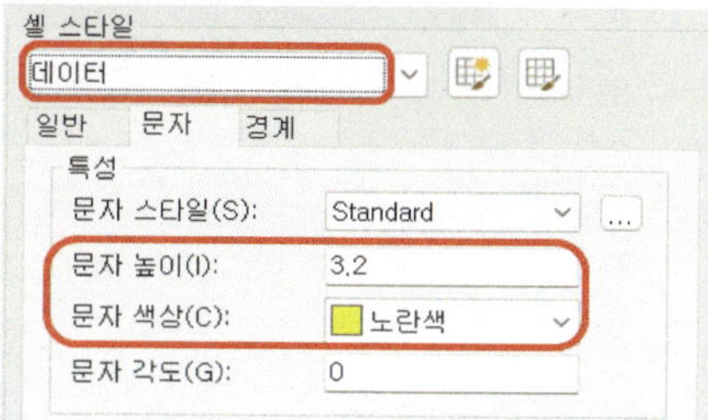

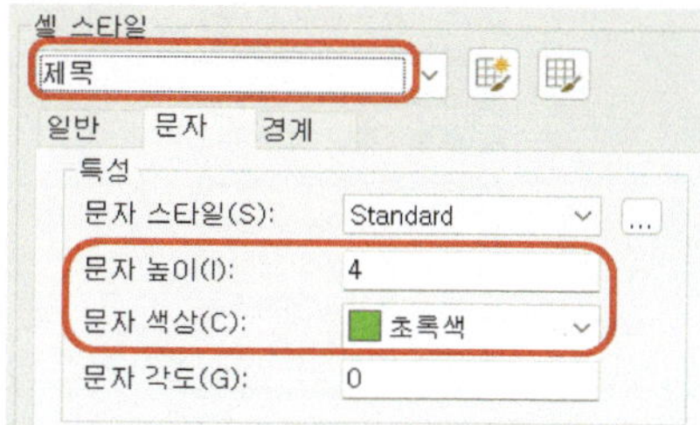

셀 스타일_경계

• 테이블 테두리선의 색상 및 선가중치 등 특성을 편집한다.

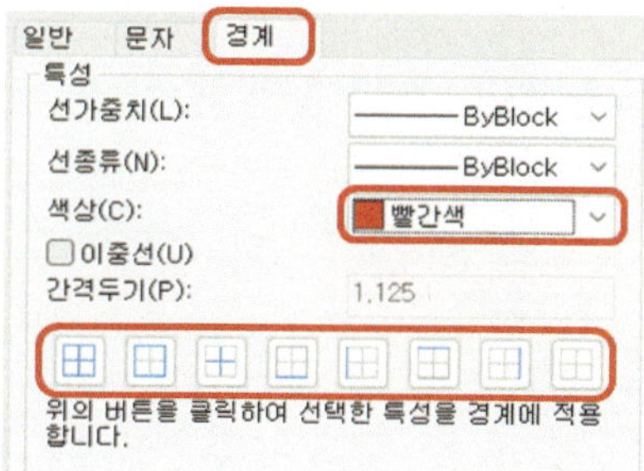

3 파일 복구 관련 명령

(1) RECOVER 명령

예기치 않은 상태에서 종료되어 도면 파일이 손상되거나 기존에 저장된 도면을 OPEN 명령으로 열기가 되지 않을 때 손상된 부분을 도면 열기와 동시에 자동 복구하는 명령

명령: RECOVER Enter↵

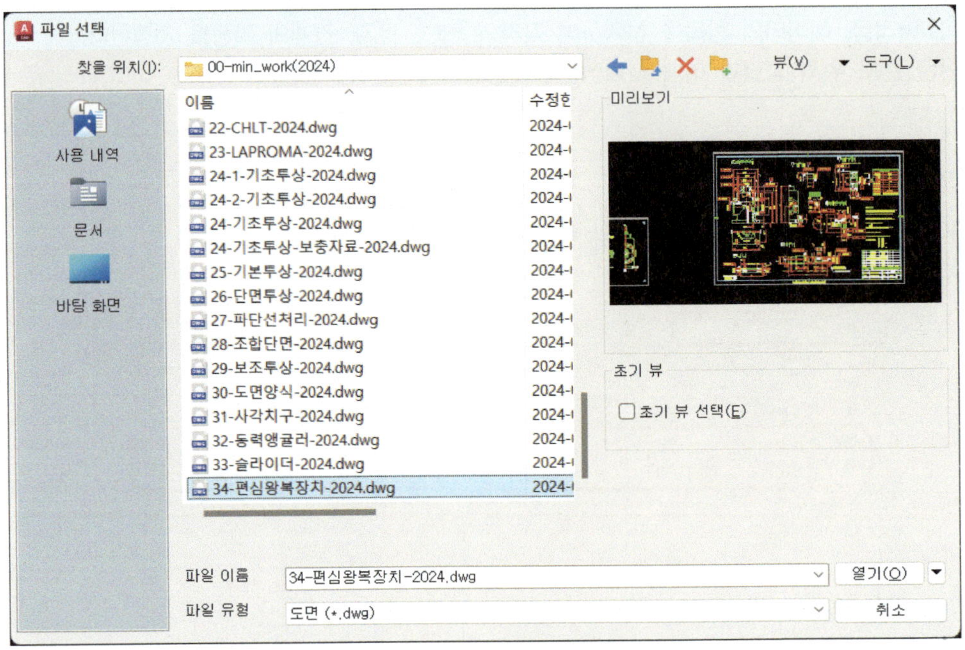

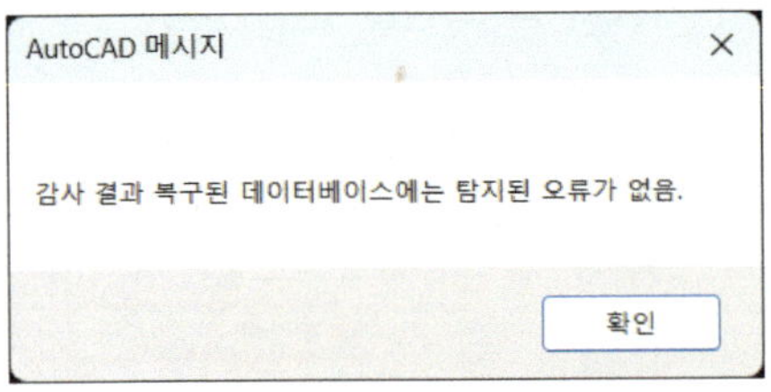

AutoCAD 메시지

감사 결과 복구된 데이터베이스의 메시지를 띄우고 확인을 클릭하여 종료한다.

(2) AUDIT 명령

현재 작업 중인 도면을 검사하여 발견된 오류를 교정하는 명령

명령: AUDIT
탐지된 오류를 수정하겠습니까? [예(Y)/아니오(N)] 〈N〉: Y
헤더 감사 중
테이블 감사 중
도면요소 1 단계 감사 중

1단계 3600개의 객체가 감사됨
도면요소 2단계 감사 중
2단계 3600개의 객체가 감사됨
감사 블록
83개의 블록이 감사됨
AcDsRecords 감사 중
전체 0건의 오류를 찾아서 0건이 수정됨
0개 객체가 지워짐

> 시스템 변수 중 AUDITCTL 이 "1" 인 경우 감사한 내용을 파일 위치 폴더 내에 "*도면이름.ADT" 의 ASCII 파일로 저장한다.

(3) PURGE 또는 PU(단축명령)

현재 작업 중인 도면에서 사용하지 않는 도면층/ 문자 스타일/ 블록/ 선종류/ 여러 줄 스타일/ 치수 스타일/ 테이블 스타일/ 플롯 스타일 등등을 삭제하여 도면 용량을 줄이는 명령

명령: PU 또는 PURGE Enter↵

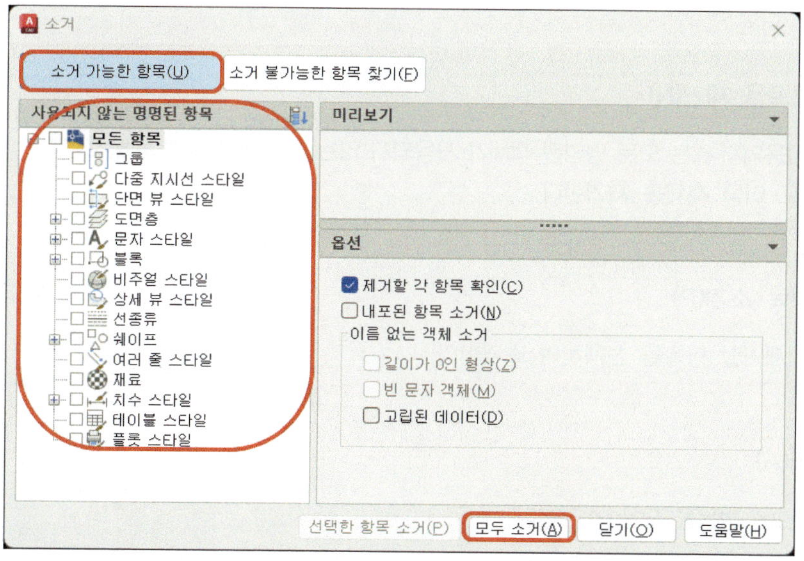

소거 대화상자 뷰

두 개의 뷰는 소거 대화상자의 맨 위에서 사용할 수 있다.

- 소거 가능한 항목
- 소거 불가능한 항목 찾기

소거 가능한 항목

소거할 수 있는 현재 도면의 항목을 왼쪽의 트리 뷰 창에 나열한다.

사용되지 않는 명명된 항목

현재 도면에서 사용되지 않으며 소거할 수 있는 명명된 객체를 나열한다.
일부만 소거할 때는 아래의 항목을 선택한다.

- 그룹
- 단면 뷰 스타일
- 문자 스타일
- 비주얼 스타일
- 선 종류
- 여러 줄 스타일
- 치수 스타일
- 플롯 스타일
- 다중 지시선 스타일
- 도면층
- 블록
- 상세 뷰 스타일
- 쉐이프
- 재료
- 테이블 스타일

제거할 항목 확인(C)

항목을 소거할 때 소거 확인 대화상자를 표시한다.

내포된 항목을 제거(N)

도면에서 사용되지 않는 모든 명명된 객체가 사용되지 않는 다른 명명된 객체에 포함되어 있거나 참조되는 경우에도 이들 객체를 제거한다.

선택한 항목 소거(P)

위 칸에서 제거할 항목을 선택하여 소거한다.

모두 소거(A)

사용하지 않은 항목을 모두 소거한다.

닫기(O)

PURGE 명령을 종료한다.

(4) TIME 명령

도면 작업에 소요된 시간을 나타내는 명령

```
명령: TIME Enter↵
현재 시간:              2024년 2월 17일 토요일   오후 1:00:32:000
이 도면의 시간:
  작성:                 2023년 12월 27일 목요일   오전 11:40:09:000
  최종 업데이트:        2024년 2월 16일 금요일   오후 12:52:56:000
  전체 편집 시간:       1일 02:44:09:310
  경과 타이머 (켜기):   1일 02:44:09:310
  다음 자동 저장:       0일 00:01:53:247

옵션 입력 [표시(D)/켜기(ON)/끄기(OFF)/재설정(R)]:
```

표시(D)

업데이트된 시간과 함께 화면 표시를 반복한다.

켜기(ON)

사용자 경과 타이머가 꺼진 경우 시동한다.

끄기(OFF)

사용자 경과 타이머를 중지한다.

재설정(R)

사용자 경과 타이머를 0일 00:00:00.000로 다시 설정한다.

(5) SAVETIME (시스템 변수)

자동 저장 간격을 설정한다.

참고) 해당 간격은 분 단위이며 초기값은 10분이다.

QSAVE, SAVE 또는 SAVEAS 명령을 수동으로 실행하여 재설정하면 다시 시작한다.

명령: SAVETIME
SAVETIME에 대한 새 값 입력 〈10〉: 2 ⇨ 2~5분 권장
C:₩cad₩34-편심왕복장치-2024_1_30188_b63dd00b.sv$(으)로 자동 저장 ...

> 자동 저장된 파일의 폴더 위치를 옵션-파일-자동 저장 파일 위치에서 지정할 수 있고 현재 파일명이나 자동 저장 파일명에 확장자는 *.SV$로 저장된다.
> 이름 바꾸기를 통해서 파일명은 사용자 임의로 변경하고 확장자는 반드시 *.dwg로 변경해야 열기가 가능하다.
> 만약 확장자가 보이지 않을 때는 탐색기 메뉴에서 … 옵션-폴더 옵션_보기에서 "알려진 파일 형식의 파일 확장자 숨기기"를 해제해야 확장자 변경이 가능해진다.

■ 과제 도면 그리기

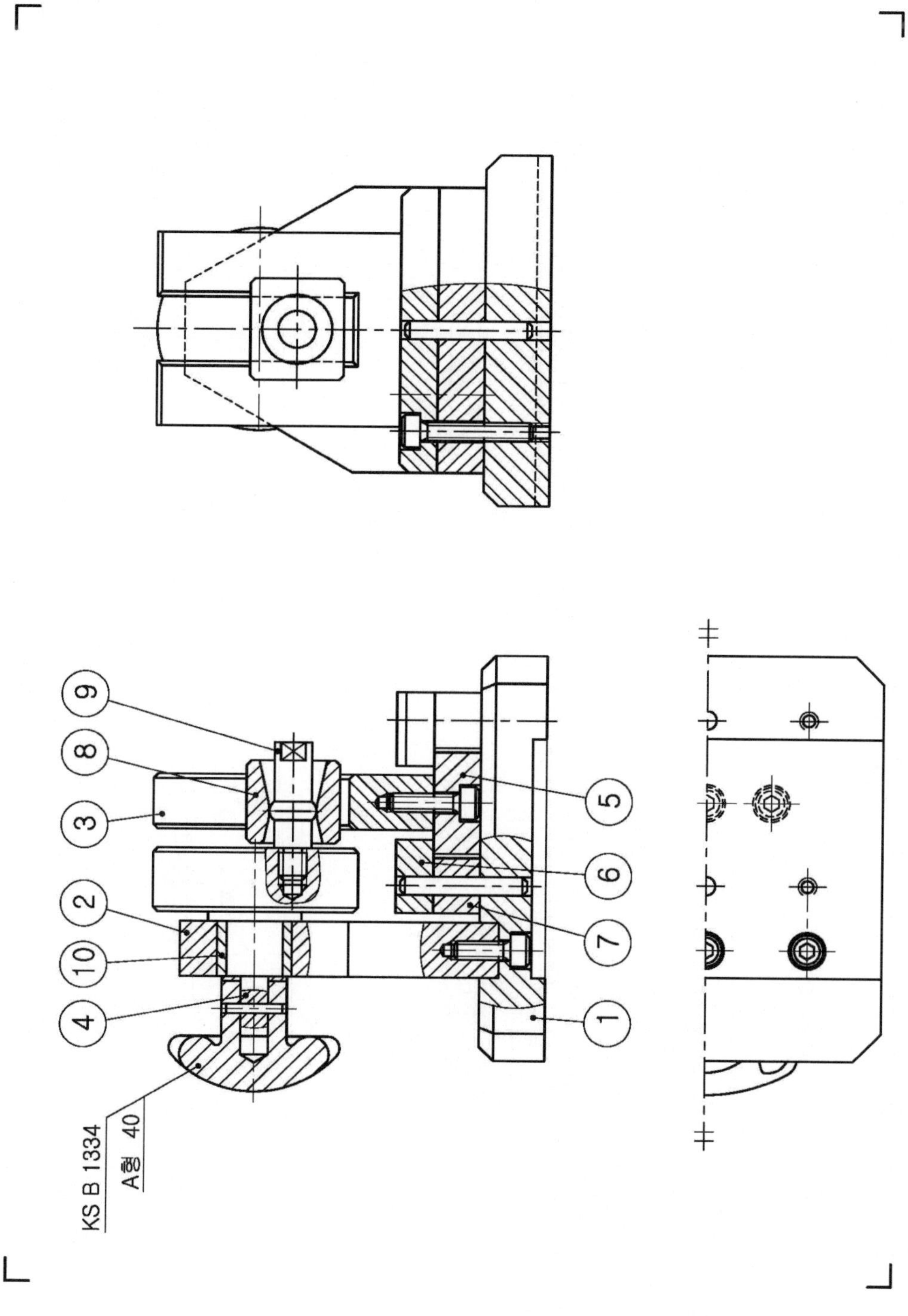

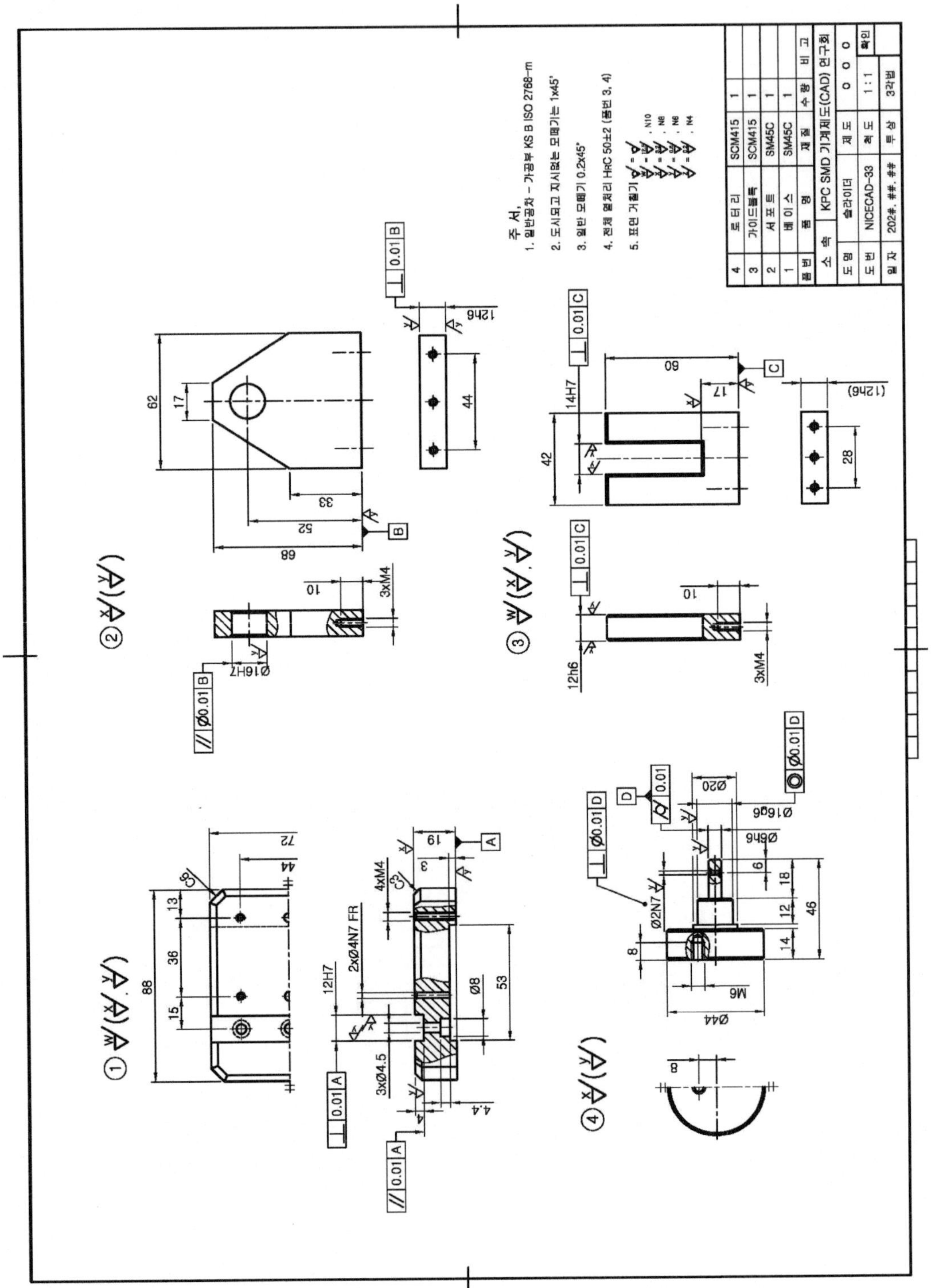
주 서,
1. 일반공차 - 가공부 KS B ISO 2768-m
2. 도시되고 지시없는 모떼기는 1x45°
3. 일반 모떼기 0.2x45°
4. 전체 열처리 HRC 50±2 (품번 3, 4)
5. 표면 거칠기
4 로터리 SCM415 1
3 가이드블록 SCM415 1
2 서포트 SM45C 1
1 베이스 SM45C 1
품번 품명 재질 수량 비고
KPC SMD 기계제도(CAD) 연구회
도명 슬라이더
도번 NICECAD-33
척도 1:1
투상 3각법

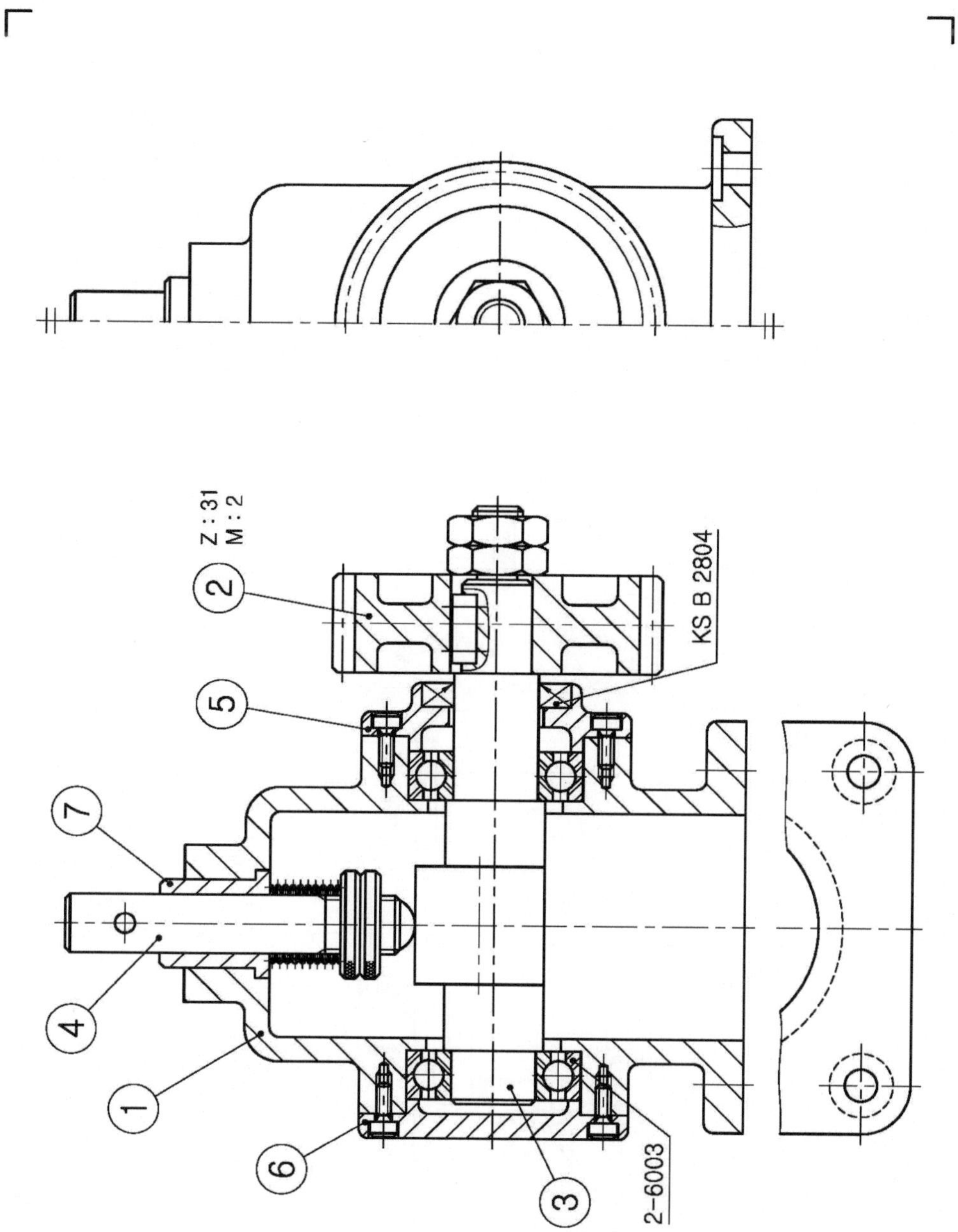
Z : 31
M : 2
KS B 2804
2-6003
1
2
3
4
5
6
7

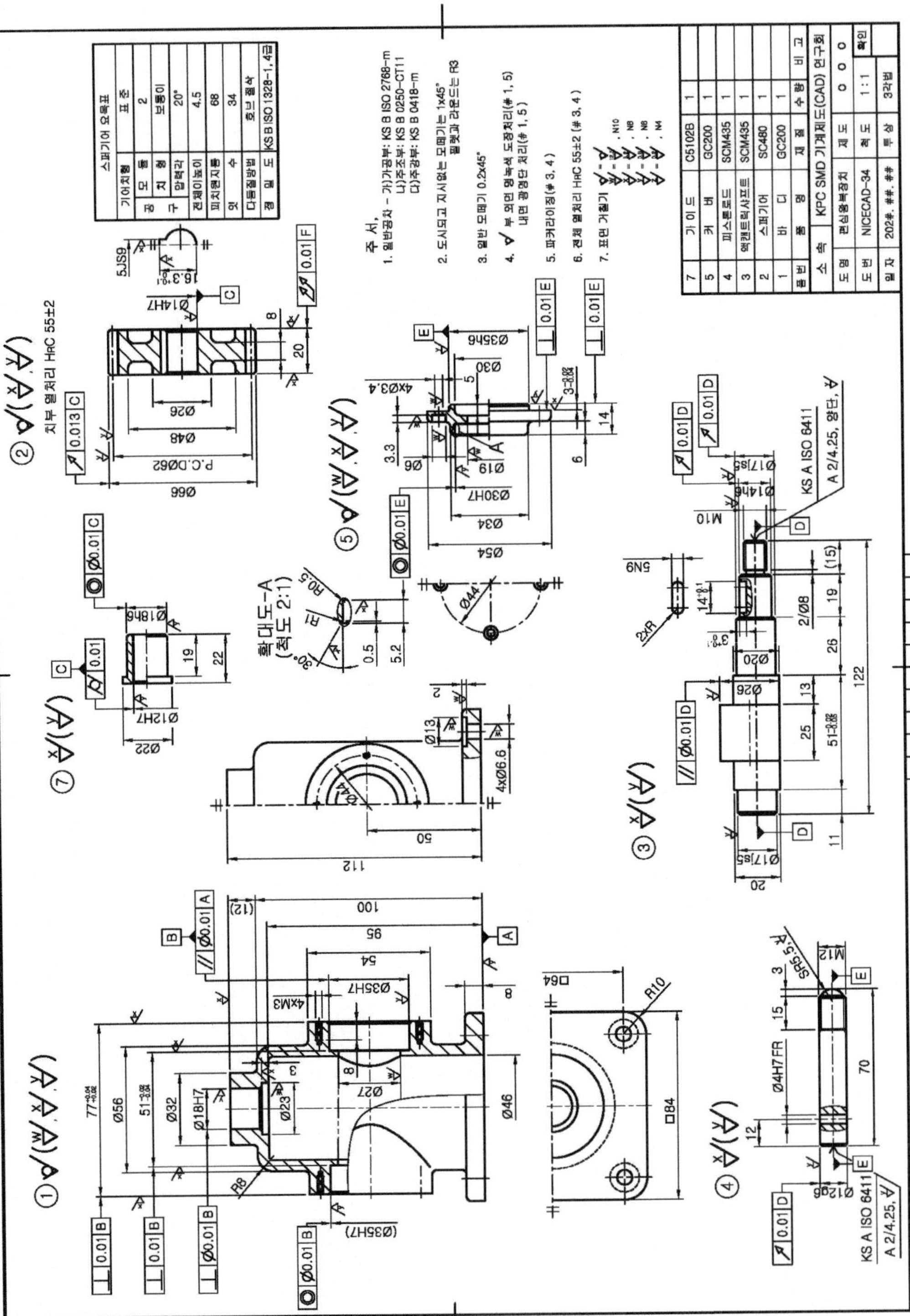
스퍼기어 요목표
기어치형 표준
모듈 2
치형 보통이
압력각 20°
전체이높이 4.5
피치원지름 68
잇수 34
다듬질방법 호브 절삭
정밀도 KS B ISO 1328-1, 4급
주 서,
1. 일반공차 - 가)가공부: KS B ISO 2768-m
나)주조부: KS B 0250-CT11
다)주강부: KS B 0418-m
2. 도시되고 지시없는 모떼기는 1x45° 필렛과 라운드는 R3
3. 일반 모떼기 0.2x45°
4. 부 외면 명녹색 도장처리(# 1, 5) 내면 광명단 처리(# 1, 5)
5. 파커라이징(# 3, 4)
6. 전체 열처리 HRC 55±2 (# 3, 4)
7. 표면 거칠기
7 가이드 C5102B 1
5 커버 GC200 1
4 피스톤로드 SCM435 1
3 익센트릭샤프트 SCM435 1
2 스퍼기어 SC480 1
1 바디 GC200 1
품번 품명 재질 수량 비고
소속 KPC SMD 기계제도(CAD) 연구회
도명 편심왕복장치 제도 ○ ○ ○
도번 NICECAD-34 척도 1:1
일자 202#. ##. ## 투상 3각법
확대도-A (척도 2:1)
치부 열처리 HRC 55±2
KS A ISO 6411 A 2/4.25, 양단

CHAPTER 13

Acad.pgp 단축명령과 전체 명령 해설

학습목표

- 사용자 설정에 따라 단축 명령을 수정, 초기화하여 활용할 수 있다.

(1) REINIT 명령

AutoCAD 실행 중에 입출력 포트, 디지타이저, 디스플레이, 프로그램 매개 변수 파일을 초기화하는 명령으로 특히 ACAD.PGP(단축명령) 파일이 수정된 경우, 다시 로딩하여 초기화하는 명령

명령: REINIT

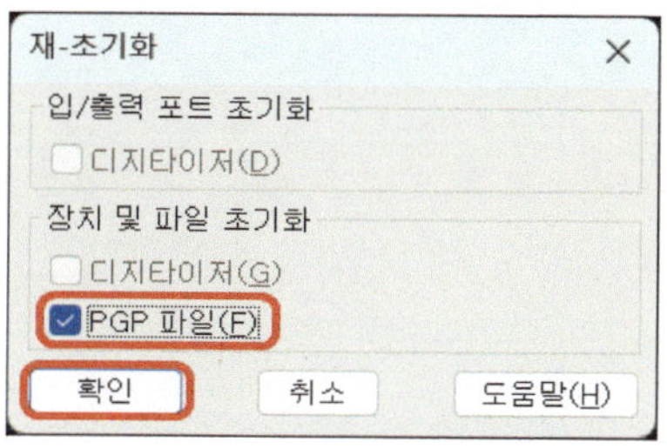

(2) ACAD.PGP

단축명령이나 외부 명령을 정의하는 파일

리본 메뉴–관리–사용자화에서 별칭 편집 선택

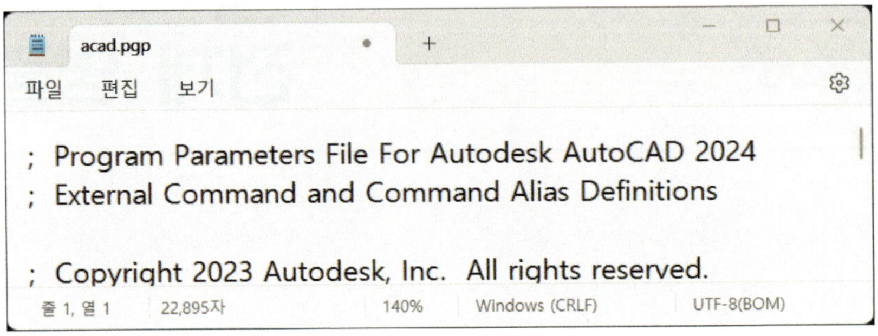

"C:₩Users₩USER₩AppData₩Roaming₩Autodesk₩AutoCAD 2024₩R24.3₩kor₩Support"

위의 폴더에 ACAD.PGP 파일을 열어서 사용자 정의에 의한 단축명령을 사용할 수 있다.
텍스트 파일이기 때문에 메모장에서 편집하거나 확인할 수 있다.

; Command alias format : 단축명령 형식을 말한다.

; 〈Alias(단축명령)〉, *〈Full command name(풀명령)〉

단축명령	*풀 명령	명령 설명
3A,	*3DARRAY	3차원 배열을 작성한다.
3DMIRROR,	*MIRROR3D	평면을 중심으로 객체의 대칭 이미지를 작성한다.
3DNavigate,	*3DWALK	3D 도면의 뷰를 대화식으로 변경하여 모형에서 보행시선을 수행하는 것처럼 보이게 한다.
3DO,	*3DORBIT	3D에서 객체의 대화식 관측을 조정한다.
3DW,	*3DWALK	3D 도면의 뷰를 대화식으로 변경하여 모형에서 보행시선을 수행하는 것처럼 보이게 한다.
3F,	*3DFACE	3D 공간 어디에서나 3면 또는 4면의 곡면을 작성한다.
3M,	*3DMOVE	3D 뷰에서 맞물림 이동 도구를 표시하고 객체를 지정된 방향의 지정된 거리로 이동한다.
3P,	*3DPOLY	3D 공간에 선 세그먼트들로 구성된 폴리선을 작성한다.
3R,	*3DROTATE	맞물림 회전 도구를 3D 뷰에 표시하고 기준점 주위에서 객체를 회전시킨다.
A,	*ARC	호를 그린다.
AC,	*BACTION	동작을 동적 블록 정의에 추가한다.
ADC,	*ADCENTER	블록, 외부 참조 및 해치 패턴과 같은 컨텐츠를 관리하거나 삽입한다.
AECTOACAD	*–ExportToAutoCAD	모든 AEC 객체를 분해하여 새 DWG 파일을 작성한다.
AA,	*AREA	면적을 알아본다.
AIOPEN,	*ACTIVITYINSIGHTS OPEN	달력, 사용자, 이벤트 또는 검색 필터를 사용하여 이벤트를 필터링할 수 있는 도면 활동 정보 팔레트를 표시한다.
AICLOSE	*ACTIVITYINSIGHTS CLOSE	현재 도면에 대한 이벤트를 표시하는 활동 정보 팔레트를 닫는다.
AL,	*ALIGN	객체를 2D 및 3D에서 다른 객체와 정렬한다.
3AL,	*3DALIGN	객체를 2D 및 3D에서 다른 객체와 정렬한다.
AP,	*APPLOAD	응용프로그램을 로드하거나 언로드하고 시작할 때 로드할 응용프로그램을 정의한다.
AR,	*ARRAY	배열 복사한다.
–AR,	*–ARRAY	ARRAY는 명령행에 프롬프트를 표시한다.

단축명령,	*풀 명령	명령 설명
ARR,	*ACTRECORD	입력한 명령 시퀀스는 기록을 시작한 시간부터 정지할 때까지 스크립트에서 캡처된다.
ARM,	*ACTUSERMESSAGE	동작 매크로에 사용자 메시지를 삽입한다.
–ARM,	*–ACTUSERMESSAGE	명령행에서 사용자 메시지를 동작 매크로에 삽입한다.
ARU,	*ACTUSERINPUT	사용자 입력을 위해 동작 매크로를 일시 중지한다.
ARS,	*ACTSTOP	동작 레코더를 중지하고 동작 매크로 파일에 기록된 동작을 저장할 수 있는 옵션을 제공한다.
–ARS,	*–ACTSTOP	동작 레코더를 정지하고 명령행에서 기록된 동작을 동작 매크로 파일에 저장하기 위한 옵션을 제공한다.
ATI,	*ATTIPEDIT	블록 내 속성의 문자 내용을 변경한다.
ATT,	*ATTDEF	속성을 정의한다.
–ATT,	*–ATTDEF	ATTDEF는 명령행에 프롬프트를 표시한다.
ATE,	*ATTEDIT	블록의 속성 정보를 변경한다.
ATTE,	*–ATTEDIT	명령 프롬프트에서 블록의 속성 정보를 변경한다.
B,	*BLOCK	블록을 정의한다.
–B,	*–BLOCK	BLOCK이 명령행에 프롬프트를 표시한다.
BC,	*BCLOSE	블록 편집기를 닫는다.
BE,	*BEDIT	블록 편집기를 연다.
BH,	*BHATCH	해치 패턴 또는 그라데이션 채우기로 채운다.
BLENDSRF,	*SURFBLEND	두 기존 표면 사이에 연속 혼합 표면을 작성한다.
BO,	*BOUNDARY	영역 또는 폴리선을 작성한다.
–BO,	*–BOUNDARY	BOUNDARY가 명령행에 프롬프트를 표시한다.
BR,	*BREAK	선택된 객체를 두 점 사이에서 끊는다.
BS,	*BSAVE	현재 블록 정의를 저장한다.
BVS,	*BVSTATE	동적 블록에서 가시성 상태를 작성, 설정 또는 삭제한다.
C,	*CIRCLE	원을 생성한다.
CAM,	*CAMERA	객체의 3D 투시도를 작성하고 저장한다.
CBAR,	*CONSTRAINTBAR	객체에서 기하학적 구속조건을 표시하거나 숨긴다.

단축명령,	*풀 명령	명령 설명
CH,	*PROPERTIES	기존 객체의 특성을 조정한다.
-CH,	*CHANGE	기존 객체의 특성을 변경한다.
CHA,	*CHAMFER	객체의 모서리를 비스듬히 깎는다.
CHK,	*CHECKSTANDARDS	현재 도면이 표준에 맞는지를 검사한다.
CL,	*CENTERLINE	선택한 두 선 사이에 중심선을 추가한다.
CLI,	*COMMANDLINE	명령행을 표시한다.
CM,	*CENTERMARK	선택한 원이나 호의 중심에 십자 모양 연관 표식을 작성한다.
CMATTACH,	*COORDINATION MODELATTACH	조정 모형(예: NWD 및 NWC Navisworks 파일)에 대한 참조를 삽입한다.
-CMATTACH,	*-COORDINATION MODELATTACH	명령 프롬프트에서 NWD 및 NWC Navisworks 파일 등의 조정 모형에 대한 참조를 삽입한다.
COL,	*COLOR	현재 색상을 설정한다.
CO,	*COPY	객체를 복사한다.
CONVTOMESH,	*MESHSMOOTH	폴리곤 메쉬, 표면, 솔리드 등의 3D 객체를 메쉬 객체로 변환한다.
CP,	*COPY	객체를 복사한다.
CPARAM,	*BCPARAMETER	선택한 객체에 구속조건 매개변수를 적용하거나, 치수 구속조건을 매개변수 구속조건으로 변환한다.
CREASE,	*MESHCREASE	선택한 메쉬 하위 객체의 모서리를 날카롭게 한다.
CREATESOLID,	*SURFSCULPT	체적을 완전히 둘러싸는 표면 또는 메쉬 세트를 자르고 결합하여 3D 솔리드를 작성한다.
CSETTINGS,	*CONSTRAINTSETTINGS	구속조건 막대의 기하학적 구속조건 유형 표시를 대화상자로 조정한다.
CT,	*CTABLESTYLE	새 테이블 스타일을 정의한다.
CUBE,	*NAVVCUBE	현재 뷰 방향을 나타낸다. ViewCube를 끌거나 클릭하면 장면이 회전한다.
CURVATUREANALYSIS,	*ANALYSISCURVATURE	표면 곡률의 다른 측면을 계산하도록 표면에 색상 그라데이션을 표시한다.
CYL,	*CYLINDER	상단을 가진 3면 3D 솔리드를 작성한다.
D,	*DIMSTYLE	치수 스타일을 작성하거나 수정한다.
DAL,	*DIMALIGNED	정렬된 선형 치수를 작성한다.

단축명령,	*풀 명령	명령 설명
DAN,	*DIMANGULAR	각도 치수를 작성한다.
DAR,	*DIMARC	호 길이 치수를 작성한다.
JOG,	*DIMJOGGED	꺽기 반지름 치수를 작성한다.
DBA,	*DIMBASELINE	선형 치수, 각도 치수 또는 세로좌표 치수를 작성한다.
DBC,	*DBCONNECT	외부 데이터베이스 테이블에 인터페이스를 제공한다.
DC,	*ADCENTER	컨텐츠를 관리하거나 삽입한다.
DCE,	*DIMCENTER	원 및 호의 중심 표식 또는 중심선을 작성한다.
DCENTER,	*ADCENTER	컨텐츠를 관리하거나 삽입한다.
DCO,	*DIMCONTINUE	선형 치수, 각도 치수 또는 세로좌표 치수를 작성한다.
DCON,	*DIMCONSTRAINT	선택한 객체 또는 객체의 점에 치수 구속조건을 적용하거나 연관 치수를 치수 구속조건으로 변환한다.
DDA,	*DIMDISASSOCIATE	선택된 치수에서 연관성을 제거한다.
DDEDIT,	*TEXTEDIT	선택된 문자 내용을 변경한다.
DDI,	*DIMDIAMETER	원 및 호의 지름 치수를 작성한다.
DDPTYPE,	*PTYPE	점 객체의 표시 스타일과 크기를 지정한다.
DDVPOINT,	*VPOINT	도면의 3D 시각화를 위한 뷰 방향을 설정한다.
DED,	*DIMEDIT	치수 문자 및 치수보조선을 편집한다.
DELCON,	*DELCONSTRAINT	객체의 선택 세트에서 기하학적 구속조건과 치수 구속조건을 모두 제거한다.
DI,	*DIST	두 점 사이의 거리와 각도를 측정한다.
DIV,	*DIVIDE	일정한 간격으로 점 객체 또는 블록을 배치한다.
DJL,	*DIMJOGLINE	선형 또는 정렬 치수에 꺽기 선을 추가하거나 제거한다.
DJO,	*DIMJOGGED	세로좌표 점 치수를 작성한다.
DL,	*DATALINK	데이터 링크 대화상자를 표시한다.
DLI,	*DIMLINEAR	선형 치수를 작성한다.
DLU,	*DATALINKUPDATE	설정된 외부 데이터 링크로부터 데이터를 업데이트한다.
DO,	*DONUT	채워진 원 및 환을 그린다.
DOR,	*DIMORDINATE	종/횡 좌표 치수 기입을 한다.
DOV,	*DIMOVERRIDE	치수 기입 시스템 변수를 재지정한다.
DR,	*DRAWORDER	그리기 순서를 변경한다.

단축명령	*풀 명령	명령 설명
DRA,	*DIMRADIUS	반지름 치수를 작성한다.
DRE,	*DIMREASSOCIATE	선택된 치수를 기하학적 객체에 연관시킵니다.
DRM,	*DRAWINGRECOVERY	오류 발생 후에 복구할 수 있는 도면 파일 리스트를 표시한다.
DS,	*DSETTINGS	객체 스냅 모드 및 동적 입력을 설정한다.
DST,	*DIMSTYLE	치수 스타일을 작성하거나 수정한다.
DT,	*D문자	문자 쓰기를 한다.
DV,	*DVIEW	평행 투영 뷰 또는 투시도를 정의한다.
DX,	*DATAEXTRACTION	도면 데이터를 추출하고 외부 소스의 데이터를 데이터 추출 테이블 또는 외부 파일에 병합한다.
E,	*ERASE	선택된 객체를 지웁니다.
ED,	*DDEDIT	선택된 문자의 내용을 변경한다.
EL,	*ELLIPSE	타원 또는 타원형 호를 작성한다.
ER,	*EXTERNALREFERENCES	외부 참조 팔레트를 표시한다.
ESHOT,	*EDITSHOT	저장한 명명된 뷰(동작 포함 또는 제외)를 편집한다.
EX,	*EXTEND	객체를 연장하여 다른 객체와 만나도록 한다.
EXIT,	*QUIT	프로그램을 종료한다.
EXP,	*EXPORT	다른 파일 형식으로 저장한다.
EXT,	*EXTRUDE	지정된 거리 및 방향으로 돌출시켜 3D 솔리드 또는 곡면을 작성한다.
EXTENDSRF,	*SURFEXTEND	지정한 거리만큼 표면을 길이 조정한다.
F,	*FILLET	모서리를 둥글게 하거나 모깎기 한다.
FI,	*FILTER	선택 세트에 포함되기 위해 만족해야 하는 요구사항 리스트를 작성한다.
FILLETSRF,	*SURFFILLET	다른 두 표면 사이에 모깎기된 표면을 작성한다.
FREEPOINT,	*POINTLIGHT	기준 위치에서 전방위적으로 빛을 방사하는 포인트 라이트를 작성한다.
FSHOT,	*FLATSHOT	모든 3D 객체의 2D 표현을 작성한다.
G,	*GROUP	객체 세트를 작성하고 관리한다.
–G,	*–GROUP	GROUP이 명령행에 프롬프트를 표시한다.
GCON,	*GEOMCONSTRAINT	객체와 객체의 점 간에 기하학적 관계를 적용하거나 지속시킨다.

단축명령,	*풀 명령	명령 설명
GD,	*GRADIENT	그라데이션 채우기로 채웁니다.
GENERATESECTION,	*SECTIONPLANETOBLOCK	선택한 단면 평면을 2D 또는 3D 블록으로 저장한다.
GEO,	*GEOGRAPHICLOCATION	위치의 위도와 경도를 지정한다.
GR,	*DDGRIPS	그립 기능을 관리한다.
H,	*HATCH	닫힌 영역이나 선택된 객체를 채웁니다.
–H,	*–HATCH	HATCH가 명령행에 프롬프트를 표시한다.
HE,	*HATCHEDIT	기존 해치 또는 채우기를 수정한다.
HB,	*HATCHTOBACK	도면의 모든 해치에 대한 그리기 순서를 다른 모든 객체 뒤로 설정한다.
HI,	*HIDE	3차원 와이어프레임 모형을 재생성한다.
I,	*INSERT	블록 또는 도면을 현재 도면에 배치한다.
–I,	*–INSERT	INSERT가 명령행에 프롬프트를 표시한다.
IAD,	*IMAGEADJUST	이미지 표시를 조정한다.
IAT,	*IMAGEATTACH	새로운 이미지를 부착한다.
ICL,	*IMAGECLIP	이미지 객체의 하부 영역을 정의한다.
IM,	*IMAGE	외부 참조 팔레트를 표시한다.
–IM,	*–IMAGE	IMAGE가 명령행에 프롬프트를 표시한다.
IMP,	*IMPORT	파일을 다양한 형식으로 가져오기한다.
IN,	*INTERSECT	복합 솔리드나 영역을 작성하거나 교차점 밖의 영역을 제거한다.
INSERTCONTROLPOINT,	*CVADD	조정 정점을 NURBS 표면 및 스플라인에 추가한다.
INF,	*INTERFERE	겹쳐진 3D 솔리드 강조 표시를 한다.
IO,	*INSERTOBJ	링크된 객체 또는 포함된 객체 삽입을 한다.
ISOLATE,	*ISOLATEOBJECTS	용자가 선택하는 객체를 제외한 모든 객체의 화면표시를 일시적으로 억제한다.
QVD,	*QVDRAWING	미리보기 이미지를 사용하여 열린 도면 및 도면 내 배치를 표시한다.
QVDC,	*QVDRAWINGCLOSE	열려 있는 도면 및 해당 배치의 미리보기 이미지를 닫는다.
QVL,	*QVLAYOUT	현재 도면 내 모형 공간 및 배치의 미리보기 이미지를 표시한다.

단축명령,	*풀 명령	명령 설명
QVLC,	*QVLAYOUTCLOSE	현재 도면 내 모형 공간 및 배치의 미리보기 이미지를 닫는다.
J,	*JOIN	단일 객체를 형성한다.
JOGSECTION,	*SECTIONPLANEJOG	꺾어진 세그먼트를 단면 객체에 추가한다.
L,	*LINE	직선 세그먼트를 작성한다.
LA,	*LAYER	도면층 및 도면층 특성 관리를 한다.
–LA,	*–LAYER	LAYER는 명령행에 프롬프트를 표시한다.
LE,	*QLEADER	빠른 지시선으로 치수 기입을 한다.
LEN,	*LENGTHEN	길이 방향으로 늘리거나 줄이다.
LESS,	*MESHSMOOTHLESS	메쉬 객체의 부드럽기 정도를 한 레벨 낮춘다.
LI,	*LIST	선택된 객체의 속성을 알아봅니다.
LINEWEIGHT	, *LWEIGHT	선 굵기를 설정한다.
LMAN,	*LAYERSTATE	도면층 상태라고 불리는 도면층 설정 세트를 저장하고, 복원하고, 관리한다.
LO,	*–LAYOUT	도면 배치 탭을 작성 및 수정한다.
LS,	*LIST	선택된 객체의 속성을 알아봅니다.
LT,	*LINETYPE	선 모양을 설정한다.
–LT,	*–LINETYPE	명령 프롬프트에서 선종류를 로드, 설정 및 수정한다.
LTS,	*LTSCALE	선 모양을 배율로 조절한다.
LW,	*LWEIGHT	현재 선가중치, 선가중치 표시 옵션 및 선가중치 단위를 설정한다.
M,	*MOVE	선택된 객체를 이동한다.
MA,	*MATCHPROP	선택된 객체의 속성으로 갱신한다.
MAT,	*MATERIALS	재료를 관리, 적용 및 수정한다.
ME,	*MEASURE	크기만큼 분할한다.
MI,	*MIRROR	대칭이동/복사를 한다.
ML,	*MLINE	여러줄을 그린다.
MLA,	*MLEADERALIGN	선택한 다중 지시선 객체를 정렬하고 간격을 둔다.
MLC,	*MLEADERCOLLECT	블록이 포함된 다중 지시선을 선택하여 행 또는 열로 구성하고 그 결과를 지시선 하나로 표시한다.
MLD,	*MLEADER	다중 지시선 객체를 작성한다.
MLE,	*MLEADEREDIT	다중 지시선 객체에 지시선을 추가하거나 지시선을 제거한다.

단축명령,	*풀 명령	명령 설명
MLS,	*MLEADERSTYLE	다중 지시선 스타일을 작성 및 수정한다.
MO,	*PROPERTIES	기존 객체의 특성을 조정한다.
MORE,	*MESHSMOOTHMORE	메쉬 객체의 부드럽기 정도를 한 레벨 높인다.
MOTION,	*NAVSMOTION	설계 검토, 프리젠테이션 및 북마크 스타일 탐색을 위한 영화 카메라 애니메이션 작성/재생에 사용하도록 화면상 표시 기능을 제공한다.
MOTIONCLS,	*NAVSMOTIONCLOSE	명명된 뷰를 선택하여 도면 내부를 탐색할 수 있는 ShowMotion 인터페이스를 닫는다.
MS,	*MSPACE	도면 공간에서 모형 공간 뷰포트로 전환한다.
MSM,	*MARKUP	표식의 상세 정보를 표시하며 사용자가 상태를 변경할 수 있다.
MT,	*M문자	단락문자를 작성한다.
MV,	*MVIEW	배치 뷰포트를 작성하고 조정한다.
NETWORKSRF,	*SURFNETWORK	U 및 V 방향의 여러 곡선 사이 공간에 표면(표면 및 솔리드 모서리 하위 객체 포함)을 작성한다.
NORTH,	*GEOGRAPHICLOCATION	도면 파일에 지리적 위치 정보를 지정한다.
NSHOT,	*NEWSHOT	ShowMotion으로 볼 때 재생되는 동작을 포함시켜 명명된 뷰를 작성한다.
NVIEW,	*NEWVIEW	현재 뷰포트의 화면표시를 사용하거나 직사각형 윈도우를 정의하여 새 명명된 뷰를 저장한다.
O,	*OFFSET	나란히 복사한다.
OFFSETSRF,	*SURFOFFSET	원본 표면에서 지정된 거리에 평행 표면을 작성한다.
OP,	*OPTIONS	도면의 환경을 관리한다.
ORBIT,	*3DORBIT	3D에서 객체의 대화식 관측을 조정한다.
OS,	*OSNAP	객체의 속성점을 설정한다.
–OS,	*–OSNAP	OSNAP은 명령행에 옵션을 제공한다.
P,	*PAN	현재 뷰포트에서 뷰를 이동한다.
–P,	*–PAN	도면 표시 화면에서 초점 이동할 변위를 지정할 수 있다.
P2D,	*PUSHTODOCSOPEN	Autodesk Docs에 PDF로 업로드할 AutoCAD 배치를 선택할 수 있는 Push to Autodesk Docs 팔레트를 열기 한다.
P2DCLOSE,	*PUSHTODOCSCLOSE	Push to Autodesk Docs 팔레트를 닫는다.

단축명령,	*풀 명령	명령 설명
PA,	*PASTESPEC	클립보드의 데이터를 삽입하고 데이터의 서식을 조정한다.
RAPIDPROTOTYPE,	*3DPRINT	3D 플롯 설정을 지정하고 3D로 인쇄할 도면을 준비한다.
PAR,	*PARAMETERS	현재 도면의 모든 치수 구속조건 매개변수, 참조 매개변수 및 사용자 변수를 포함하는 매개변수 관리자 팔레트를 열기 한다.
-PAR,	*-PARAMETERS	현재 도면의 모든 치수 구속조건 매개변수, 참조 매개변수 및 사용자 변수를 포함하는 매개변수 관리자 팔레트를 열기 한다.
PARAM,	*BPARAMETER	맞물림을 가진 매개변수를 동적 블록 정의에 추가한다.
PARTIALOPEN,	*-PARTIALOPEN	명령 프롬프트에서 선택한 뷰 또는 도면층의 형상 및 명명된 객체를 도면에 로드한다.
PATCH,	*SURFPATCH	닫힌 루프를 형성하는 표면 모서리 위에 캡을 맞춰 새 표면을 작성한다.
PCATTACH,	*POINTCLOUDATTACH	점 구름 스캔(RCS) 또는 프로젝트 파일(RCP)을 현재 도면에 삽입한다.
EPDFSHX,	*PDFSHX	도면을 PDF 파일로 내보낼 때 SHX 글꼴을 사용하는 문자 객체를 PDF 파일에 주석으로 저장할지 아니면 숨겨진 문자로 저장할지를 조정한다.
PE,	*PEDIT	폴리선 및 3차원 다각형 메쉬를 편집한다.
PL,	*PLINE	폴리선을 그린다.
PO,	*POINT	점을 나타낸다.
POFF,	*HIDEPALETTES	리본 및 도면 탭과 함께 표시된 모든 팔레트를 숨긴다.
POINTON,	*CVSHOW	지정된 NURBS 표면 또는 곡선의 조정 정점을 표시한다.
POINTOFF,	*CVHIDE	모든 NURBS 표면 및 곡선에 대해 조정 정점 표시를 끈다.
POL,	*POLYGON	정 다각형을 그린다.
PON,	*SHOWPALETTES	숨겨진 팔레트, 리본 및 도면 탭의 표시를 복원한다.
PR,	*PROPERTIES	기존 객체의 특성을 조정한다.
PRCLOSE,	*PROPERTIESCLOSE	특성 팔레트를 닫는다.
PROPS,	*PROPERTIES	기존 객체의 특성을 조정한다.
PRE,	*PREVIEW	도면이 플롯될 모양을 보여줍니다.
PRINT,	*PLOT	현재 도면을 프린트 한다.
PS,	*PSPACE	모형 공간에서 도면 공간으로 전환한다.
PSOLID,	*POLYSOLID	3D 폴리솔리드를 작성한다.

단축명령,	*풀 명령	명령 설명
PU,	*PURGE	현재 도면의 속성을 제거한다.
–PU,	*–PURGE	PURGE가 명령행에 프롬프트를 표시한다.
PYR,	*PYRAMID	3D 솔리드 피라미드를 작성한다.
QC,	*QUICKCALC	QuickCalc 계산기를 엽니다.
QCUI,	*QUICKCUI	사용자 인터페이스 사용자화 편집기를 축소된 상태로 표시한다.
QP,	*QUICKPROPERTIES	선택한 객체의 빠른 특성 데이터를 표시한다.
R,	*RE그리기	현재 뷰포트의 화면표시를 갱신한다.
RA,	*RE그리기ALL	모든 뷰포트의 화면표시를 갱신한다.
RC,	*RENDERCROP	렌더링할 이미지의 특정 영역(오리기 윈도우)을 선택한다.
RE,	*REGEN	현재 뷰포트에서 전체 도면을 재생성한다.
REA,	*REGENALL	도면을 재생성하고 모든 뷰포트를 갱신한다.
REBUILD,	*CVREBUILD	NURBS 표면 및 곡선의 쉐이프를 재생성한다.
REC,	*RECTANG	직사각형 폴리선을 그린다.
REFINE,	*MESHREFINE	선택한 메쉬 객체 또는 면의 면 수를 곱한다.
REG,	*REGION	영역을 둘러싼 객체를 영역 객체로 변환한다.
REMOVECONTROLPOINT,	*CVREMOVE	조정 정점을 NURBS 표면 및 곡선에서 제거한다.
REN,	*RENAME	명명된 객체의 이름을 변경한다.
–REN,	*–RENAME	RENAME은 명령행에 프롬프트를 표시한다.
REV,	*REVOLVE	축을 중심으로 회전하여 3D 솔리드 또는 곡면을 작성한다.
RO,	*ROTATE	기준점을 중심으로 객체를 회전시킵니다.
RP,	*RENDERPRESETS	렌더 사전 설정을 지정한다.
RPR,	*RPREF	고급 렌더 설정 팔레트를 표시한다.
RR,	*RENDER	사실적으로 음영처리된 이미지를 작성한다.
RW,	*RENDERWIN	렌더 윈도우를 표시한다.
S,	*STRETCH	객체를 이동 또는 신축한다.
SC,	*SCALE	크기를 일정하게 확대 또는 축소한다.
SCR,	*SCRIPT	일련의 명령을 실행한다.

단축명령,	*풀 명령	명령 설명
SE,	*DSETTINGS	객체 스냅 모드 및 동적 입력을 설정한다.
SEC,	*SECTION	평면과 솔리드의 교차점을 사용하여 영역을 작성한다.
SET,	*SETVAR	시스템 변수의 값을 나열하거나 변경한다.
SHA,	*SHADEMODE	VSCURRENT 명령을 시작한다.
SL,	*SLICE	평면 또는 곡면으로 솔리드를 자릅니다.
SMOOTH,	*MESHSMOOTH	폴리곤 메쉬, 표면, 솔리드 등의 3D 객체를 메쉬 객체로 변환한다.
SN,	*SNAP	커서의 움직임을 지정된 간격으로 제한한다.
SO,	*SOLID	솔리드로 채워진 삼각형과 사변형을 작성한다.
SP,	*SPELL	도면에서 철자를 검사한다.
SPL,	*SPLINE	일련의 점에 부드러운 곡선을 맞춥니다.
SPLANE,	*SECTIONPLANE	3D 객체에서 절단 평면 기능을 하는 단면 객체를 작성한다.
SPLIT,	*MESHSPLIT	메쉬 면을 두 개로 분할한다.
SPE,	*SPLINEDIT	스플라인 또는 스플라인 맞춤 폴리선을 편집한다.
SSM,	*SHEETSET	시트 세트 관리자를 엽니다.
ST,	*STYLE	문자 스타일을 작성, 수정 또는 설정한다.
STA,	*STANDARDS	표준 파일과 도면의 연관성을 관리한다.
SU,	*SUBTRACT	선택된 영역 또는 솔리드를 빼기로 결한다.
T,	*M문자	단락 문자를 작성한다.
–T,	*–M문자	내부 문자 편집기를 생략하고 추가 프롬프트를 명령행에 표시한다.
TA,	*TABLET	부착한 디지타이징 타블렛을 조정하고, 구성하며, 켜고 끕니다.
TB,	*TABLE	도면에 빈 테이블 객체를 작성한다.
TEDIT,	*TEXTEDIT	선택한 여러 줄 또는 한 줄 문자 객체나 치수 객체의 문자를 편집한다.
TH,	*THICKNESS	굵기를 지정한다.
TI,	*TILEMODE	종이 영역과 모델 영역으로 전환한다.
TO,	*TOOLBAR	도구막대를 표시하고, 숨기며, 사용자화한다.
TOL,	*TOLERANCE	기하학적 공차를 작성한다.
TOR,	*TORUS	3D 도넛형 솔리드를 작성한다.

단축명령,	*풀 명령	명령 설명
TP,	*TOOLPALETTES	도구 팔레트 윈도우를 연다.
TR,	*TRIM	경계선으로 지난 객체를 자르기 한다.
TS,	*TABLESTYLE	새 테이블 스타일을 정의한다.
UC,	*UCSMAN	정의된 사용자 좌표계를 관리한다.
UN,	*UNITS	좌표 및 각도 표시 형식과 정밀도를 조정한다.
–UN,	*–UNITS	UNITS는 명령행에 프롬프트를 표시한다.
UNCREASE,	*MESHUNCREASE	선택한 메쉬의 면, 모서리 또는 정점에서 각진 부분을 제거한다.
UNHIDE,	*UNISOLATEOBJECTS	이전에 ISOLATEOBJECTS 또는 HIDEOBJECTS 명령을 사용하여 숨겼던 객체를 표시한다.
UNI,	*UNION	선택한 영역 또는 솔리드를 추가로 결합한다.
UNISOLATE,	*UNISOLATEOBJECTS	이전에 ISOLATEOBJECTS 또는 HIDEOBJECTS 명령을 사용하여 숨겼던 객체를 표시한다.
V,	*VIEW	명명된 뷰, 카메라 뷰, 배치 뷰 및 사전 설정 뷰를 저장하고 복원한다.
VGO,	*VIEWGO	명명된 뷰를 복원한다.
VPLAY,	*VIEWPLAY	명명된 뷰에 연관된 애니메이션을 재생한다.
–V,	*–VIEW	VIEW는 명령행에 프롬프트를 표시한다.
VP,	*DDVPOINT	3차원 관측 방향을 설정한다.
–VP,	*VPOINT	도면의 3차원 시각화를 위한 관측 방향을 설정한다.
VS,	*VSCURRENT	현재 뷰포트의 뷰 스타일을 설정한다.
VSM,	*VISUALSTYLES	뷰 스타일을 작성하고 수정한 다음 뷰 스타일을 뷰포트에 적용한다.
–VSM,	*–VISUALSTYLES	VISUALSTYLES는 명령행에 프롬프트를 표시한다.
W,	*WBLOCK	객체 또는 블록을 새로운 도면 파일에 쓴다.
–W,	*–WBLOCK	명령행의 프롬프트 다음에 오는 새 도면 파일에 대한 이름을 지정하는 표준 파일 선택 대화상자가 표시된다.
WE,	*WEDGE	X축을 따라 테이퍼 되는 경사진 면이 있는 5면 3D 솔리드를 작성한다.
WHEEL,	*NAVSWHEEL	커서에서 빠르게 액세스 가능한 고급 탐색 도구에 액세스할 수 있다.
X,	*EXPLODE	복합 객체를 해당 구성객체 객체로 분해한다.
XA,	*XATTACH	외부 참조를 현재 도면에 부착한다.

단축명령,	*풀 명령	명령 설명
XB,	*XBIND	외부 참조에서 명명된 객체의 하나 이상의 정의를 현재 도면으로 결합한다.
–XB,	*–XBIND	XBIND는 명령행에 프롬프트를 표시한다.
XC,	*XCLIP	외부 참조 또는 블록 자르기 경계를 정의하고 앞면 및 뒷면 자르기 평면을 설정한다.
XL,	*XLINE	무한선을 작성한다.
XR,	*XREF	EXTERNALREFERENCES 명령을 시작한다.
–XR,	*–XREF	XREF는 명령행에 프롬프트를 표시한다.
Z,	*ZOOM	현재 뷰포트에서 객체의 표시되는 크기를 확대 또는 축소한다.
ZEBRA,	*ANALYSISZEBRA	스트라이프를 3D 모형에 투영하여 표면 연속성을 분석한다.

P.A.R.T 2

3D MODELING

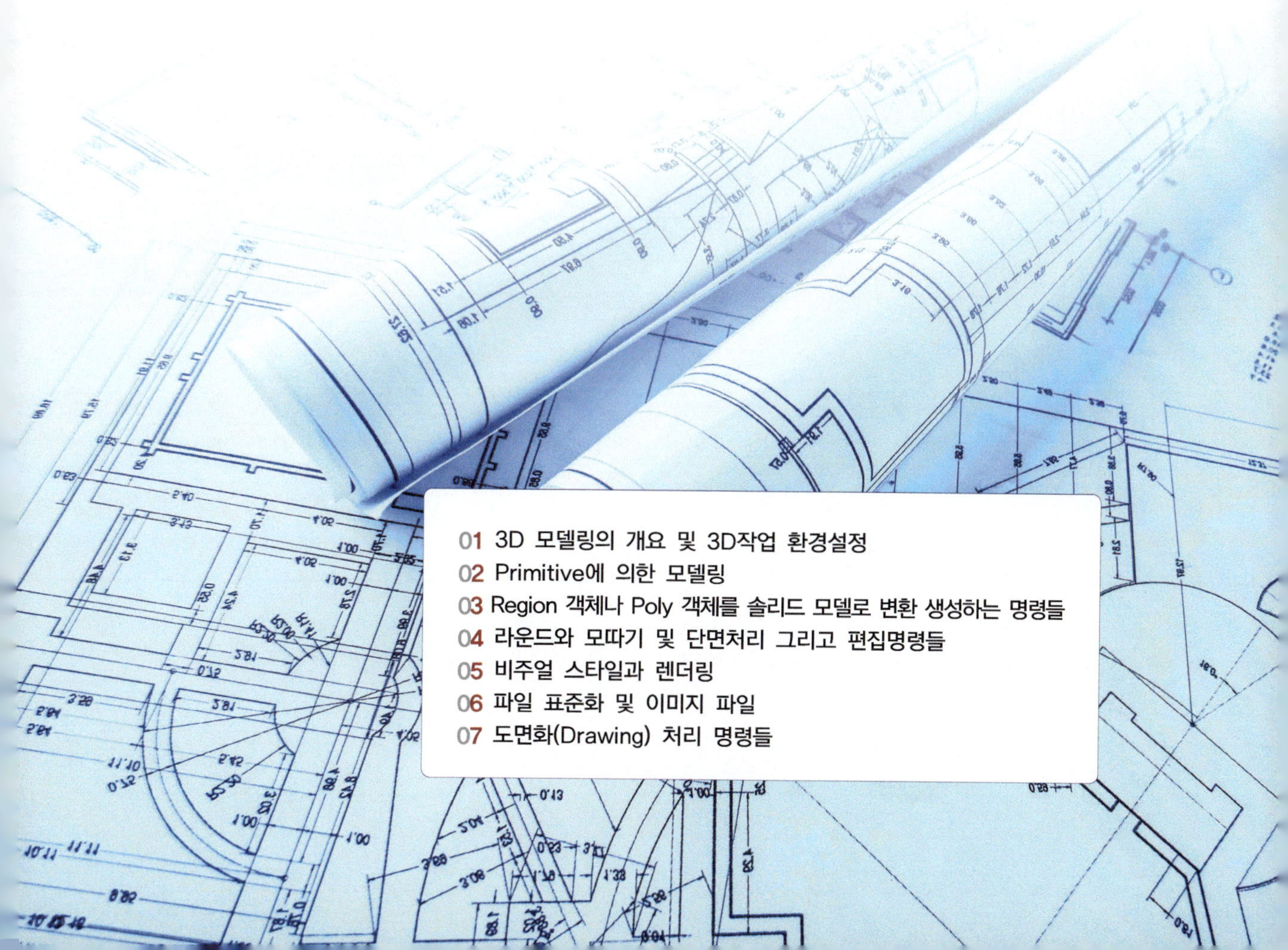

02

3D MODELING

CHAPTER 01

3D 모델링의 개요 및 3D 작업 환경설정

학습목표

- 3D CAD 개요 및 목적을 이해하고 목적에 맞게 활용할 수 있다.
- 명령어를 이용하여 3D CAD 프로그램을 사용자 환경에 맞도록 설정할 수 있다.
- KS 및 ISO 관련 규격을 준수하여 형상모델링할 수 있도록 준비할 수 있다.

1 3D 모델링의 개요

(1) 개요 및 활용 목적

모델링(geometric modeling)은 CAD/CAM 시스템으로 설계하고 제품을 생산할 때 우선적으로 작업을 해야 하는 것으로 형상 정보를 컴퓨터의 화면에 시각적으로 나타내어 실물과 같이 보고 느낄 수 있도록 물체의 형상을 구성하는 과정을 말한다.

일련의 과정을 통해 모델링된 데이터는 다음과 같이 활용되고 있다.

① 해석(Analysis)

FEM(유한요소법 : Finite Element Method)을 이용하여 최적 설계데이터를 산출한다.

② 설계, 자동제도(Design, Auto Drawing)

디자인 변경 및 자동으로 도면을 제작한다.

③ 자동 제품 생산(Manufacturing)

CNC(Computer Numerical Control)나 RP 장비(신속조형기 : Rapid Prototyping Machine), 3D 프린터를 통하여 제품을 생산한다.

④ 제품 디자인(Graphic Design)

다양한 형태 디자인이나 이미지를 표현한다.

⑤ 기타

(2) 형상정보를 표현하기 위한 차원(D : Dimension)

형상정보를 표현하기 위한 차원은 2D, $2\frac{1}{2}$D 또는 2.5D, 3D의 3가지로 구분할 수 있다.

① 2D 또는 2차원

2차원적인(평면) 자료로써, 2D 도면을 작성하는 방법으로 모델링 보다는 드로잉(Drawing)이라고 말한다.

② $2\frac{1}{2}$D 또는 2.5차원

평면에서 입체 형상처럼 그리는 방법으로 아이소메트릭(Isometric)이라고 하거나 제도법에서 등각투상도라고 한다.

③ 3D 또는 3차원

입체를 표현하는 x, y, z 축의 좌표값으로 입력하거나 또는 표시함으로써 3차원의 입체 형상을 구현하는 방법으로 모델링이라고 말한다. 3D 모델링에는 기본적으로 와이어프레임 모델링, 서피스 모델링 그리고 솔리드 모델링 등 세 가지 표현 방식이 있다.

(3) 모델링의 종류 및 특징

1) 와이어 프레임 모델링(Wire Frame Modeling)

점, 직선, 원과 호 그리고 곡선 등의 기하학적인 객체로 마치 철사를 연결한 구조물과 같이 모델링을 한다. 소요 시간이 적게 들고 메모리의 용량이 적어도 모델링이 가능하여 주로 2차원의 도면 출력을 위한 용도와 평면 가공에 적합한 모델링 방식이다.

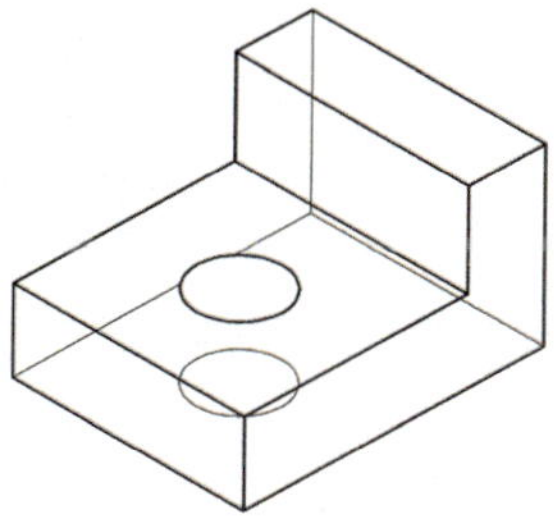

그림 와이어 프레임 모델링

2) 서피스 모델링(Surface Modeling)

물체의 경계면을 구성하는 객체를 기초로 하여 만든 것으로 흔히 경계면 모델링(boundary surface modeling)이라고 한다. 와이어 프레임의 데이터에 표면의 데이터를 인식할 수 있도록 만든 것으로 가공 면을 정확히 인식하여 NC 정보로 가공 데이터를 만들 수 있는 방식이다. 한편 표면에 대한 정보는 제공하는 반면에 물체의 내부에 대한 정보를 제공하지 못하기 때문에 컴퓨터에 의한 물체의 용적이나 체적을 구할 수 없는 단점이 있다.
한편 서피스를 구성하는 방법은 다음과 같다.

① Plane : 평면을 기준으로 면(Surface)을 생성한다.
② Ruled Surface : 2개의 객체(직선 또는 곡선)를 기준으로 면(Surface)을 생성한다.
③ Tab Surface : 면을 구성할 곡선(curve)과 폭을 지정하는 선분(vector)을 이용하여 면(Surface)을 생성한다.
④ Revolved Surface : 회전 곡면을 구성할 곡선과 축을 기준으로 면(Surface)을 생성한다.
⑤ Mesh Surface : 경계를 표현하는 선분들을 지정하여 자유 곡면을 생성한다.
⑥ Blending Surface : 곡면과 곡면이 만나는 모서리 면을 매끄럽게 연결할 수 있도록 표면을 생성한다.

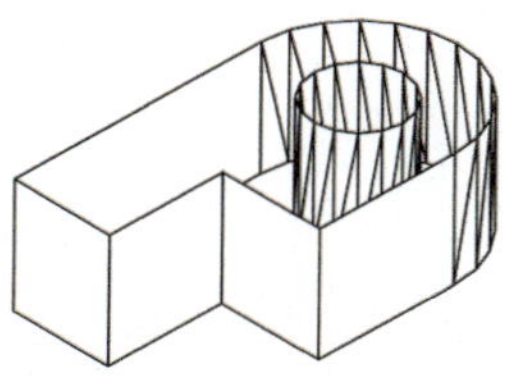

그림 서피스 모델링

3) 솔리드 모델링(Solid modeling)

모델링에서 가장 진보적인 방식으로 3차원으로 형상화된 물체의 내부를 공학적으로 분석할 수 있는 방식이다. 물체를 가공하기 전에 가공 상태를 예측하거나 부피, 무게 등의 다양한 정보를 제공한다. 솔리드 모델링에 의한 물체의 표현 방식에는 CSG 방식과 B-rep 방식이 있다.

① CSG(Constructive Solid Geometry) 방식

CSG에 의한 방식은 형상을 서로 조합하는 방식을 사용한다. 이때 쓰이는 형상의 조합을 불리언 연산(boolean operation)이라고 한다.

불리언 연산은 크게 합집합(union/fusion), 차집합(subtract/difference), 교집합(inte-rsect/common)으로 이루어진다. 이 연산 처리 작업은 빠르고 많은 메모리를 요구하는 작업이며 물체의 내부까지도 연산해야 하는 것으로 물체의 표면적(surfacearea), 무게중심(center of gravity), 부피(volume), 무게(weight)의 물질 특성 등의 내용을 알 수 있다. 대부분의 솔리드 모델링 프로그램(Solid modeling Program)은 이러한 작업이 가능하다.

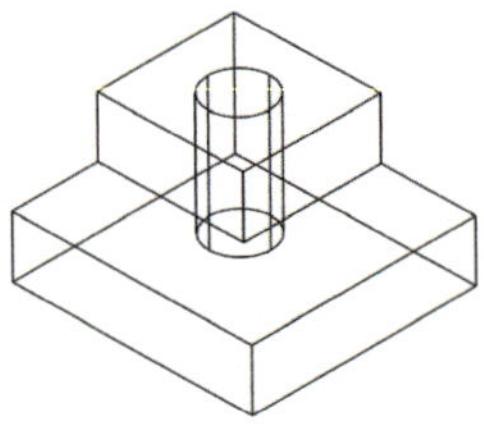

그림 **솔리드 모델링(CSG 형)**

② B-rep(Boundary Representation)방식

B-rep에 의한 모델링은 정점(vertex), 면(face), 모서리(edge)가 서로 어떻게 연결되어 있는가에 대한 상관관계를 이용해 물체를 형상화하는 것이다.

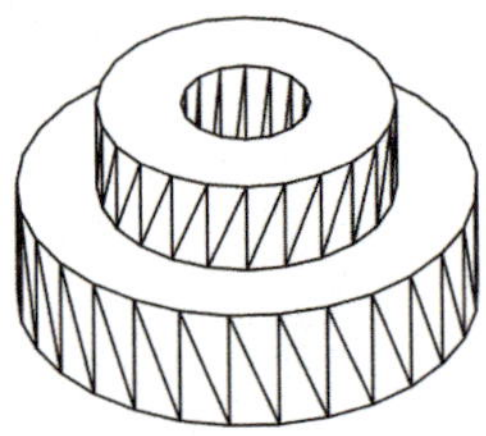

그림 **솔리드 모델링(B-rep 형)**

(4) 3D CAD System의 종류 및 특징

3D 모델링 프로그램의 성능 및 기능의 우수성은 데이터베이스의 구축이 어떻게 되어 있는가에 따라 판정되며 저장된 자료의 수정, 편집, 추가 삭제하기가 쉽고 다양한 용도에 적용할 수 있어야 그 우수성을 인정받게 되는 것이다.

1) Catia

Dassault system에서 개발한 3D CAD system으로 Acis 커널을 사용한다. 초기 전투기 개발을 위한 목적으로 탄생하여 기능개발을 통해서 자동차 분야에서 사용하게 되었다. 설계데이터(형상 모델)와의 완전한 통합을 이루었고 응력, 좌굴 및 고유 진동해석을 위한 용이한 전, 후처리를 지원한다.

신속하고 정확한 Solver를 사용하여 다양한 해석 결과를 제공하며 향상된 Surface Mesh 기능과 최적화를 이용한 제품 설계 기능을 제공한다.

2) UG NX(UniGraphics NX)

GM을 모기업으로 하는 UGS에서 개발한 3D CAD system으로 지금은 Siemens사로 인수 되어 Siemens 회사 제품으로 NX라는 이름의 제품이 출시되며 Parasolid 커널을 사용한다. 초기 자동차 설계를 위한 목적으로 개발되어 현재까지 사용되고 있으며, 국내에서는 초기에 금형 분야에서 주로 사용하였다. Hybrid 방식의 설계를 지원하여 기존 Parasolid 방식의 문제점을 개선하였다. CAD/CAM/CAE/CAQ 시스템으로서 높은 신뢰성을 바탕으로 다양한 디자인 기능과 대용량 데이터의 처리 능력, 뛰어난 현장 감각을 가진 Manufacturing 기능, 전문화된 CAE package 와의 Interface를 제공하고, 단일 데이터베이스에 의한 시스템의 운용 관리가 가능한 개방형 구조이며 또한 Siemens사에서 개발 공급하고 있는 통합 프로그램인 NX는 차세대 모델링 기법인 Hybrid Modeler를 제공한다.

Hybird Modeling 기법은 Parametric/Variational 설계가 지원하지 못하는 다양한 설계기법(복합설계기법)을 동시에 제공하며, 기존방식의 설계기법과 이들의 Parametric Wireframe, Surface, Solid 및 Feature-Based Non-Parametric 설계기법을 동시에 지원한다.

3) CREO (종전 Pro Engineer(PRO-E))

원래 이 프로그램은 이름이 Pro-Engineer였다. 보통 프로이 즉 Pro-E라는 식으로 불렸다. 미국에서는 NURBS/SubD 프리스타일 서피스 디자인등 제품 디자인 용도로도 많이 사용되기 때문에 리브랜딩을 한 것이다. 결국 Pro-E는 5.0을 끝으로 이름이 CREO로 바뀌었다.

지멘스의 NX(Unigraphics), 다쏘 시스템즈의 CATIA와 함께 엔터프라이즈 대기업용 프로그램 중 하나이다. 안타깝게도 국내에서는 현재 시장점유율은 계속 떨어지고 있다.

미국의 PTC에서 개발한 3D CAD system으로 NX와 동일한 parasolid 커널을 사용한다. Parametric 기법을 근간으로 하여 Feature base로 설계가 가능하다.

CREO는 Parametric, Feature 기반, 완전 연관구조를 통한 기계설계 자동화의 실질적 표준으로서 제품 개념을 설계하고, 시뮬레이션에서 제작에 이르는 개발 공정 전반에 대한 포괄적인 솔루션을 제공한다.

4) Solidworks

Solidworks는 CAD 소프트웨어에 요구되는 첨단의 기술들을 탑재하고 있으며, 특히 대부분의 CAD 소프트웨어들이 실제 설계에는 큰 도움이 되지 않는 불필요한 기능들을 나열하고 있는 것에 반하여 설계자에게 필요한 최신의 다양하고 혁신적인 기능들로 구성되어 있다. 강력한 설계 능력, 쉬운 사용법으로 Solidworks는 현재 MS-windows 시스템 기반의 CAD 시스템 중 가장 많은 사용자를 보유하고 있으며, 기계설계 솔루션의 표준으로 자리 잡고 있다. Solidworks는 3차원 형상을 쉽게 생성할 수 있는 기본적인 feature를 기반으로 하며, 설계자는 SolidWorks에서 제공하는 다양한 feature들을 사용하여 자신이 구현하고자 하는 3차원 형상을 쉽게 표현할 수 있다. 또한, 사용된 모든 치수는 변수로 정의되므로 설계자는 초기 설계 시 정확한 치수를 입력할 필요가 없으며, 대략적 형상이 완료된 후에 정확한 치수를 입력함으로써 원하는 형상을 완성할 수 있다.

SolidWorks에서는 단품, 혹은 조립품을 구성하는 모든 치수에 상관성을 부여할 수 있으며, 이를 통해 어느 한 치수가 변경될 때 다른 치수가 자동으로 바뀌도록 설정할 수 있다. 부품, 조립품 및 도면은 서로 완벽한 연계성을 가지므로 이들 중 한 가지의 치수를 변경할 경우 연관된 모든 파일의 치수는 자동으로 변경되어 설계오류방지 및 설계시간 단축의 효과를 기대할 수 있다.

SolidWorks를 사용할 경우 직관적인 제품의 설계가 가능하며, 설계시간의 단축으로 제품 개발 시 리드 타임을 단축할 수 있으며, 물성치의 자동 산출, PART LIST의 자동 산출, 간섭탐지 및 구동 상의 문제 확인, 2D 도면의 자동 제도 등의 이점을 얻을 수 있으며, 최종적으로 제품 개발 비용을 감소시킬 수 있다.

5) Solidedge

Solid Edge은 기계설계의 모델링 및 어셈블리 모델을 쉽게 처리한다. 상향식 및 하향식 기술을 모두 지원하는 Solid Edge는 팀 구성원 간에 설계 작업을 분배하고 완료된 서브-어셈블리를 공유하여 최종 제품을 순조롭게 조립할 수 있도록 한다.

인접 부품이나 배치의 형상을 직접 사용하여 어셈블리 모델 내에서 설계하여 부품이 정확하게 맞도록 할 수 있다. 어셈블리 모델 작성 시간을 줄이기 위해 설계자는 부품이 알맞은 접합과 정렬 관계를 사용하여 제 위치에 자동으로 스냅 되도록 시스템에 기억시킬 수 있다.

Solid Edge는 상호 조립 성능을 최적화하여 단시간에 더 많은 설계 방법을 시험해볼 수 있다. 어셈블리를 신속하고 쉽게 재구성하고, 어셈블리 군을 작성하여 여러 제품구성을 평가하고 동작 부품이 있는 어셈블리 모델을 다른 위치에서 작성할 수 있다.

내장된 어셈블리 관리 도구로 Solid Edge는 설계 데이터관리 기간을 단축시킨다. 통합된 부품 라이브러리 및 개정 보조도구로 어셈블리 구성객체를 신속하게 찾고 대치하고 개정할 수 있다. 가볍고 단순화된 부품 표현으로, 수천 개의 부품으로 구성된 어셈블리 작업이 더 쉽고 효율적이다. 또한, Solid Edge의 어셈블리 작업은 레이아웃 설계를 위한 다양한 기법들을 제공하고 있다.

초기 설계 레이아웃을 어셈블리 환경에서 구축 후 팀이나 개인 단위로 분배할 수 있으며 이렇게 분배된 개개인의 작업 파일을 추후 어셈블리로 불러와 하나의 프로젝트를 완성할 수 있는 기능을 제공하고 있다.

(5) 3D 좌표계(Coordinate System)

1) 직교 좌표계(Rectangular Coordinate System)

평면이나 공간상의 한 점의 위치를 서로 직교하는 직선 축을 이용하여 정해지는 것을 말한다.

형식 : x, y, z

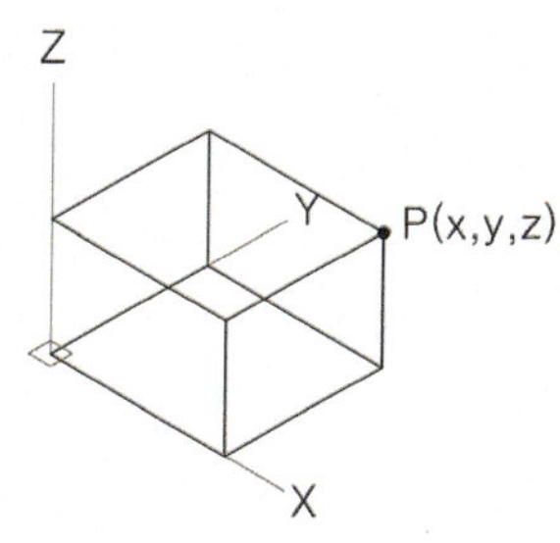

그림 3D 직교 좌표계

2) 극 좌표계(Polar Coordinate System)

임의의 점의 위치를 정점으로부터의 거리와 방향(θ)으로 정해지는 것을 말한다.

형식 : 거리(R)<각도(θ)

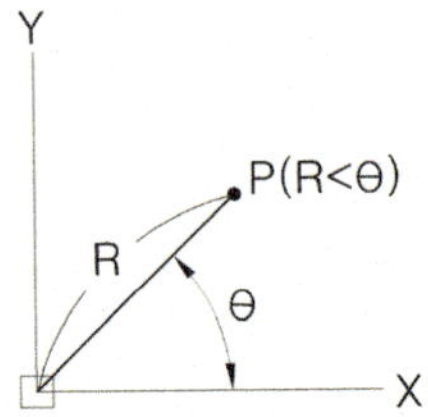

그림 극 좌표계

3) 원통 좌표계(Cylinder Coordinate System)

3차원 공간을 나타내기 위해, 평면 극 좌표계에 평면으로부터의 높이 z(혹은 h)를 더해, r, θ, z로 정해지는 것을 말한다.

형식 : 거리(R)<각도(θ), z

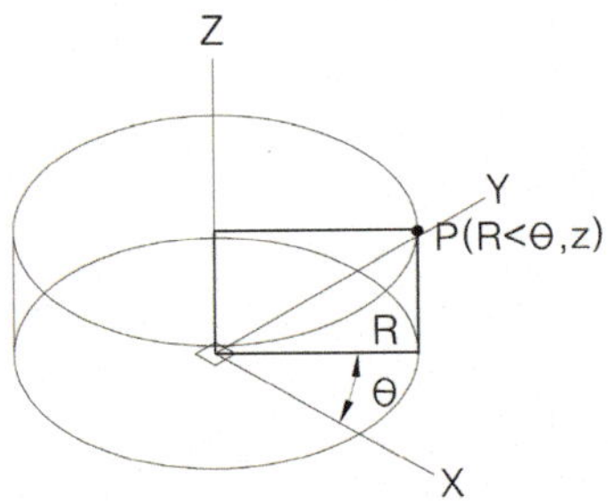

그림 원통 좌표계

4) 구면 좌표계(Spherical Coordinate System)

공 모양의 표면에서 물체의 위치를 나타내는 좌표로서, 중심으로부터의 거리와 두 개의 각도로 정해지는 것을 말한다.

형식 : 거리(R)<각도(x → y로 회전하는 각 : θ_1)
각도(xy → z축으로 회전하는 각 : θ_2)

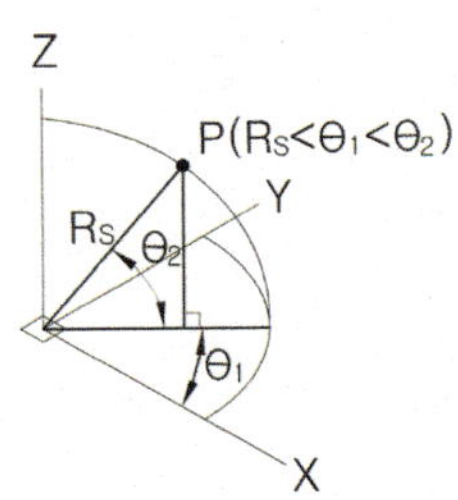

그림 구면 좌표계

(6) 모델링 방법

1) 폼 디자인(Form Design)

Primitive에 의한 모델링 방식으로 상자, 원추, 원통 등의 기본 블록으로 불리언 연산하여 형상을 만들어 가는 것을 말한다.

EX Box, Cone, Cylinder 등을 조합하여 합하거나 빼거나 해서 형상을 만든다.

2) 프리 폼 디자인(Free Form Design)

작업 평면에서 2D-스케치하여 닫힌 도형을 만들어 솔리드로 변환 생성하는 방법을 말한다.

EX Region이나 Poly 객체로 만들어 Extrude, Revolve, Sweep, Loft 등으로 형상을 만든다.

프리 폼 디자인 작업 순서

① 작업 평면을 설정한다.
② Sketch 한다.
③ 구속조건을 부여한다.
④ 변환 생성하여 모델링 한다.

2 3D 작업 환경설정

(1) 3D Modeling 화면 구성

AutoCAD 2024는 다양한 형상을 편리하게 모델링 하기 위하여 작업 환경을"제도 및 주석"리본 메뉴 화면에서 3D 모델링에 필요한 아이콘 메뉴 6가지를 활성화해 놓은 작업 화면을 설정하고 모델링하는 방법을 설명한다.

3D 모델링을 위한 화면 구성

제도 및 주석 리본 메뉴 화면 구성에서 다음과 같은 내용을 추가로 실행한다.

1) CURSORSIZE 명령으로 십자선의 크기를 5로 변경한다.
CURSORSIZE에 대한 새 값 입력 〈100〉: 5

2) 명령: MENUBAR "1"로 높으면 풀다운 메뉴가 활성화 되고, 도구–도구막대(▶) –AutoCAD(▶) 클릭하면 아이콘 서브 메뉴가 나타난다. 3D 모델링에 필요한 아이콘 메뉴를 v체크하여 아래 그림과 같이 끌어서 놓기(drag and drop)하여 활성화한다.

① UCS ② 궤도 ③ 기하학적 구속조건
④ 모델링 ⑤ 비주얼 스타일 ⑥ 솔리드 편집
⑦ 치수 구속조건

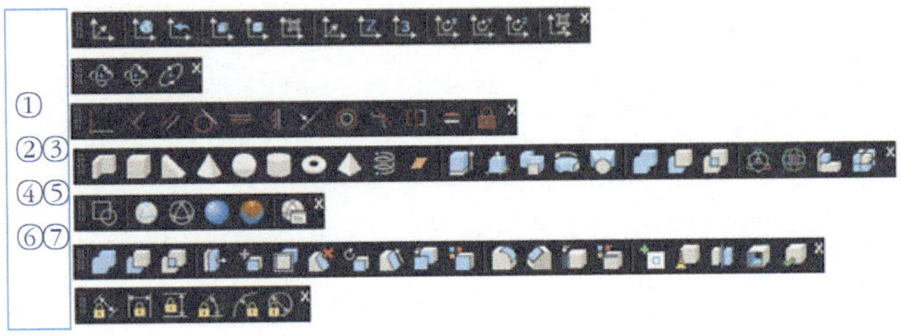

3) 화면에 활성화한 아이콘 메뉴를 다음 그림과 같이 화면 구성한다. 이 화면으로 3D 모델링을 설명한다.

⇨ 3D 모델링을 위한 화면 구성

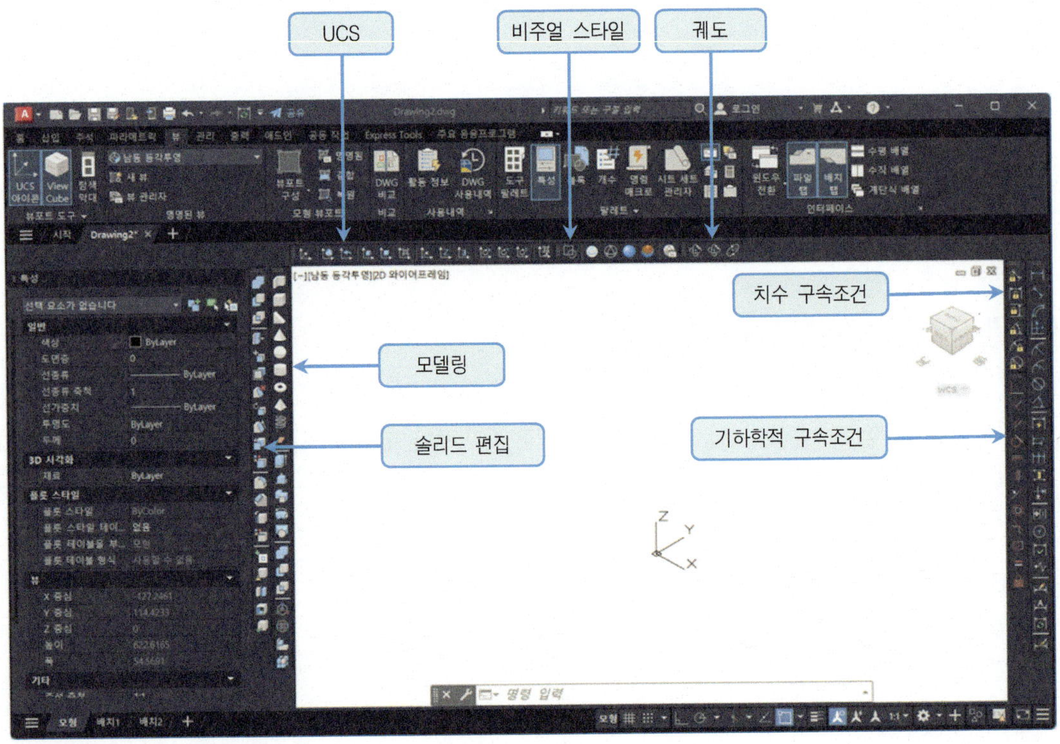

(2) VPORTS 명령

모형 공간이나 배치(도면 공간)에서 여러 뷰포트를 작성하고 저장하는 명령

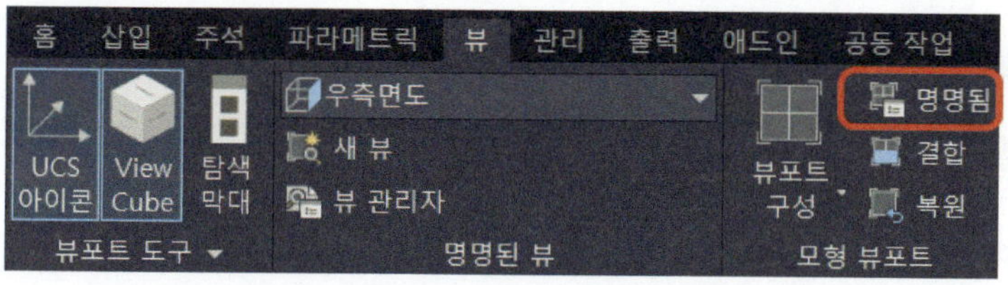

리본 메뉴–뷰–모형 뷰포트에서 뷰포트 구성(▿) 선택

명령: VPORTS Enter↵

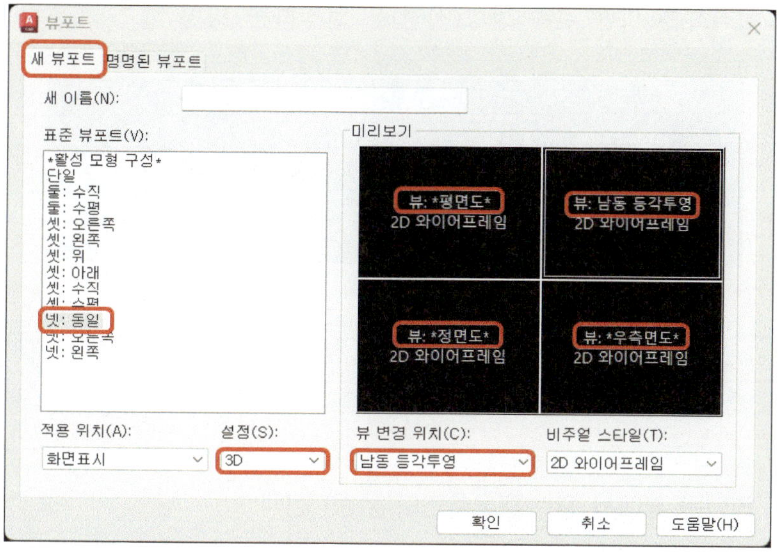

새 뷰포트

표준 뷰포트의 구성된 리스트를 표시하고 3D 화면 분할을 한다.

명명된 뷰포트

현재 설정된 뷰포트를 저장하거나 명명된 뷰포트(N)의 리스트를 나열한다.

표준 뷰포트(V)

화면 분할의 리스트를 나열한다. ((넷 : 동일)권장)

설정(S)

2D, 3D 화면을 설정한다. ((3D)권장)

뷰 변경 위치(C) :

각각의 분할된 화면에 관측 방향(시점)을 설정한다.

> 위 그림에서 미리보기와 같이 뷰포트를 설정하는 것이 다양한 형상 모델링을 좀 더 빠르고 편리하게 할 수 있다.

(3) VPOINT 명령

도면의 3차원 시각화를 위한 관측 방향(시점)을 설정하는 명령

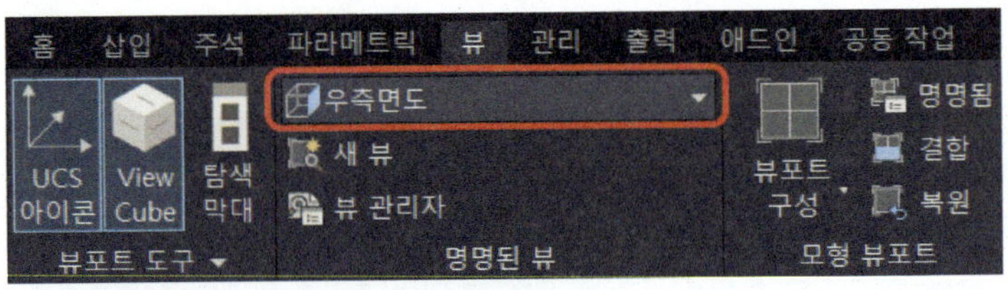

> 하나의 분할된 뷰포트에 커서로 클릭하고 위 명명된 뷰 리본 메뉴를 직접 클릭하여 관측 방향을 지정할 수 있다.

리본 메뉴–뷰–명명된 뷰에서 관측점(우측면도 등등) 선택

명령: VPOINT Enter↵

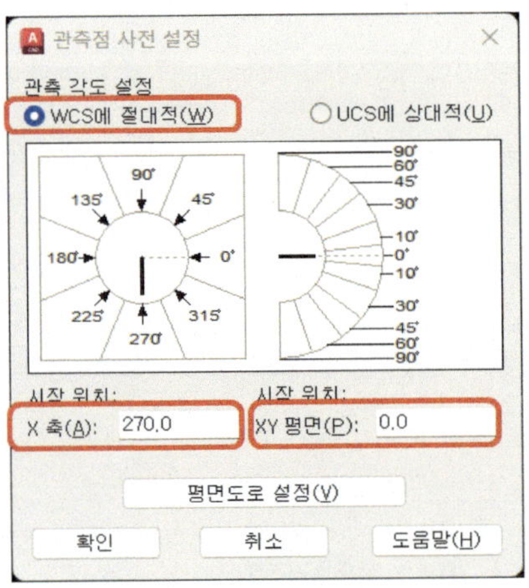

■ 관측 방향

① 정면도(Front view : ⇨ X축: 270, XY축 평면: 0
② 평면도(Top view) : ⇨ X축: 270, XY축 평면: 90
③ 우측면도(Right view) : ⇨ X축: 0, XY축 평면: 0
④ 좌측면도(Left view : ⇨ X축: 180, XY축 평면: 0
⑤ 저면도(Bottom view : ⇨ X축: 270, XY축 평면: −90
⑥ 배면도(Back view : ⇨ X축: 90, XY축 평면: 0
⑦ 등각도(SE Isometric view) : ⇨ X축: 315, XY축 평면: 35.3

관측 각도 설정

뷰 방향을 표준 좌표계(WCS) 또는 사용자 좌표계(UCS)를 기준으로 설정한다.
•WCS에 절대적: 뷰 방향을 WCS에 상대적으로 설정한다.
•UCS에 상대적: 뷰 방향을 현재 UCS에 상대적으로 설정한다.

시작점으로 스냅

관측 각도를 지정한다.
•X축: X 축으로부터의 각도를 지정한다.
•XY 평면: XY 평면으로부터의 각도를 지정한다.

(4) UCS 명령

사용자 좌표계(UCS)로 작업 평면, 즉 x, y 평면을 설정하는 명령

위 아이콘 메뉴를 클릭하여 작업 평면을 설정할 수 있다. 특히  세 점(원점, x방향, y방향)으로 작업 평면을 설정한다. (경사면을 작업 평면으로 설정할 때 반드시 사용해야 한다.)

명령: UCS Enter↵
현재 UCS 이름: *정면도* ⇨ 현재 커서의 위치 UCS
UCS의 원점 지정 또는 [면(F)/이름(NA)/객체(OB)/이전(P)/뷰(V)/표준(W)/X(X)/Y(Y)/Z(Z)/Z축(ZA)] 〈표준〉: ⇨ 옵션 선택

UCS의 원점 지정

한 점을 선택하여 원점을 지정한다. (물체의 기준점으로 정확한 크기를 입력할 때 필요하다.)

면(F)

3D 솔리드의 선택한 면에 UCS를 정렬한다.

이름(NA)

자주 사용되는 UCS 방향을 이름별로 저장하고 복원한다.

객체(OB)

선택한 3D 객체를 기준으로 새로운 작업 평면을 설정한다.

이전(P)

이전 UCS를 복원한다.

뷰(V)

관측 방향에 수직인(화면에 평행인) XY 평면으로 새로운 작업 평면을 설정한다.
(관측방향을 작업평면으로 설정하기에 가장 편리하여 많이 사용한다.)

표준(W)

현재 사용자 좌표계를 표준 좌표계로 설정한다.

X/Y/Z

지정한 축을 중심으로 현재 UCS를 회전하여 작업 평면을 설정한다.

Z축(ZA)

원점과 지정된 양의 Z축 방향을 선택하여 작업 평면을 설정한다.

> UCS 명령으로 작업평면을 설정할 때 반드시 네 가지를 알고 사용해야 한다.
> ① 뷰(V) : 관측 방향을 작업 평면으로 설정
> ② 3P : 세 점(원점, x방향, y방향)으로 작업 평면을 설정
> ③ 원점(OR) : 한 점으로 원점을 설정
> ④ 〈표준〉 : 표준 좌표계로 전환

(5) UCSICON 명령

UCS 아이콘의 가시성과 배치를 조정하는 명령

명령: UCSICON Enter↵
옵션 입력 [켜기(ON)/끄기(OFF)/전체(A)/원점없음(N)/원점(OR)/선택 가능(S)/특성(P)]
〈켜기〉: A ⇨ 분할된 모든 뷰포트에 적용한다.
옵션 입력 [켜기(ON)/끄기(OFF)/원점없음(N)/원점(OR)/선택 가능(S)/특성(P)]
〈켜기〉: N ⇨ 좌표계를 화면 좌측 하단에 표시한다.

켜기(ON)

UCS 아이콘을 표시한다.

끄기(OFF)

UCS 아이콘의 표시를 끈다.

전체(A)

변경 사항을 모든 활성 뷰포트에 적용한다.

원점없음(N)

UCS를 원점의 위치에 관계 없이 아이콘을 뷰포트의 왼쪽 하단에 표시한다.

원점(OR)

아이콘을 현재 좌표계의 원점(0, 0, 0)에 표시한다.

선택 가능(S)

UCS 아이콘의 스타일, 가시성 및 위치를 조정할 수 있는 UCS 아이콘 대화상자를 표시한다.
옵션 입력 [켜기(ON)/끄기(OFF)/원점없음(N)/원점(OR)/선택 가능(S)/특성(P)] : P

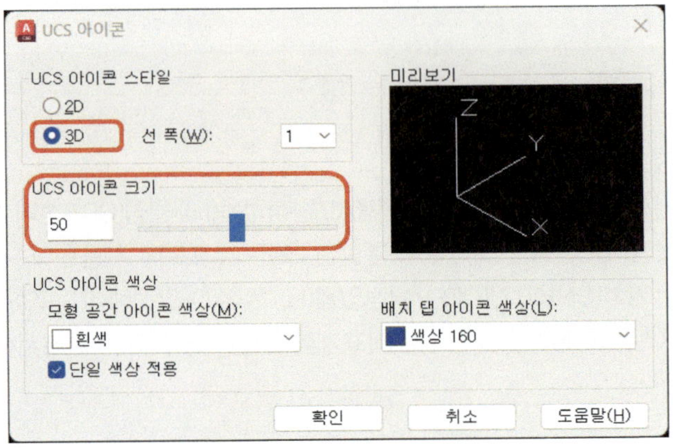

그림 UCS 아이콘의 특성

(6) PLAN 명령

선택한 뷰포트의 사용자 좌표계의 평면 뷰를 표시하는 명령

명령: PLAN Enter↵
옵션 입력 [현재 UCS(C)/UCS(U)/표준(W)] 〈현재〉: ⇨ 옵션 선택

현재 UCS(C)

도면 범위가 현재 UCS의 현재 뷰포트에 맞도록 화면표시의 평면 뷰를 재생성한다.

UCS(U)

이전에 저장한 UCS의 평면 뷰를 변경하고 화면표시를 재생성한다.

표준(W)

도면 범위가 표준 좌표계의 화면에 맞도록 화면표시의 평면 뷰를 재생성한다.

(7) 화면 제어에 필요한 명령들...

3D 뷰포트에서 물체를 적당하게 보기 위해 사용하는 명령들만 소개한다.

Zoom 명령

물체를 적당하게 보기 위해 화면을 확대, 축소하는 명령으로 3D 화면에서 자주 사용되는 줌 명령의 옵션은 범위(E), 최대(V), 자동 윈도우 또는 마우스의 롤 버튼을 이용하면 편리하다.

명령: Z Enter↵
윈도우 구석을 지정, 축척 비율 (nX 또는 nXP)을 입력, 또는
[전체(A)/중심(C)/동적(D)/범위(E)/이전(P)/축척(S)/윈도우(W)/객체(O)]
〈실시간〉:

마우스 롤 버튼

롤 버튼을 돌리면 확대, 축소 기능이고 롤 버튼을 누르고 드래그를 하면 화면이동이 된다.

> 뷰포트에 물체를 적당하게 보이도록 조절할 때 조절할 뷰포트를 선택한 후
>
> 명령:Z
> [전체(A)/중심(C)/동적(D)/범위(E)/이전(P)/축척(S)/윈도우(W)/객체(O)] 〈실시간〉: E
> 그리고 마우스 롤 버튼을 돌리며 모델링하는 물체가 적당하게 보이도록 조정한다.

REgen 또는 REGENALL 명령

현재 뷰포트에서 전체 도면을 재생성 한다.
명령: RE Enter↵

(8) 3DORBIT 명령

3D 화면에서 끌기하여 관측을 조정하는 명령

명령: 3DORBIT Enter↵

(9) 3DFORBIT 명령

자유 궤도를 사용하여 3D 화면에서 끌기하여 관측을 조정하는 명령

명령: 3DFORBIT Enter↵

(10) 3DCORBIT 명령

3D 화면에서 끌기하는 방향으로 객체가 연속적으로 회전 동작하는 명령

명령: 3DCORBIT Enter↵

▌과제 도면 스케치 하기

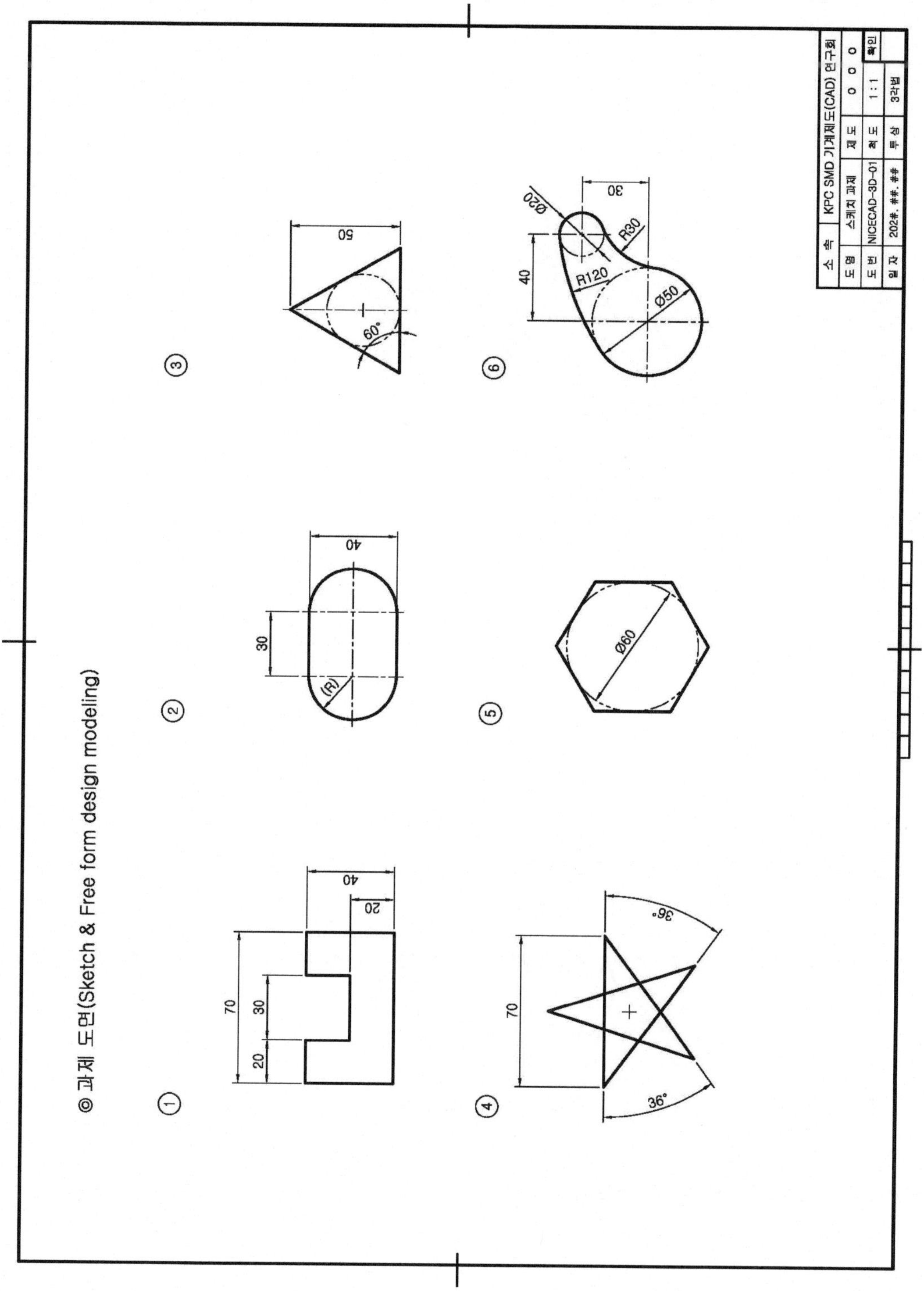
◎ 과제 도면(Sketch & Free form design modeling)
소 속
KPC SMD 기계제도(CAD) 연구회
도 명
스케치 과제
제 도
ㅇ ㅇ ㅇ
도 번
NICECAD-3D-01
척 도
1:1
확인
일 자
202#. ##. ##
투 상
3각법
Ø60
Ø50
Ø20
R120
R30
36°
60°
(R)

▌과제 도면 모델링 하기

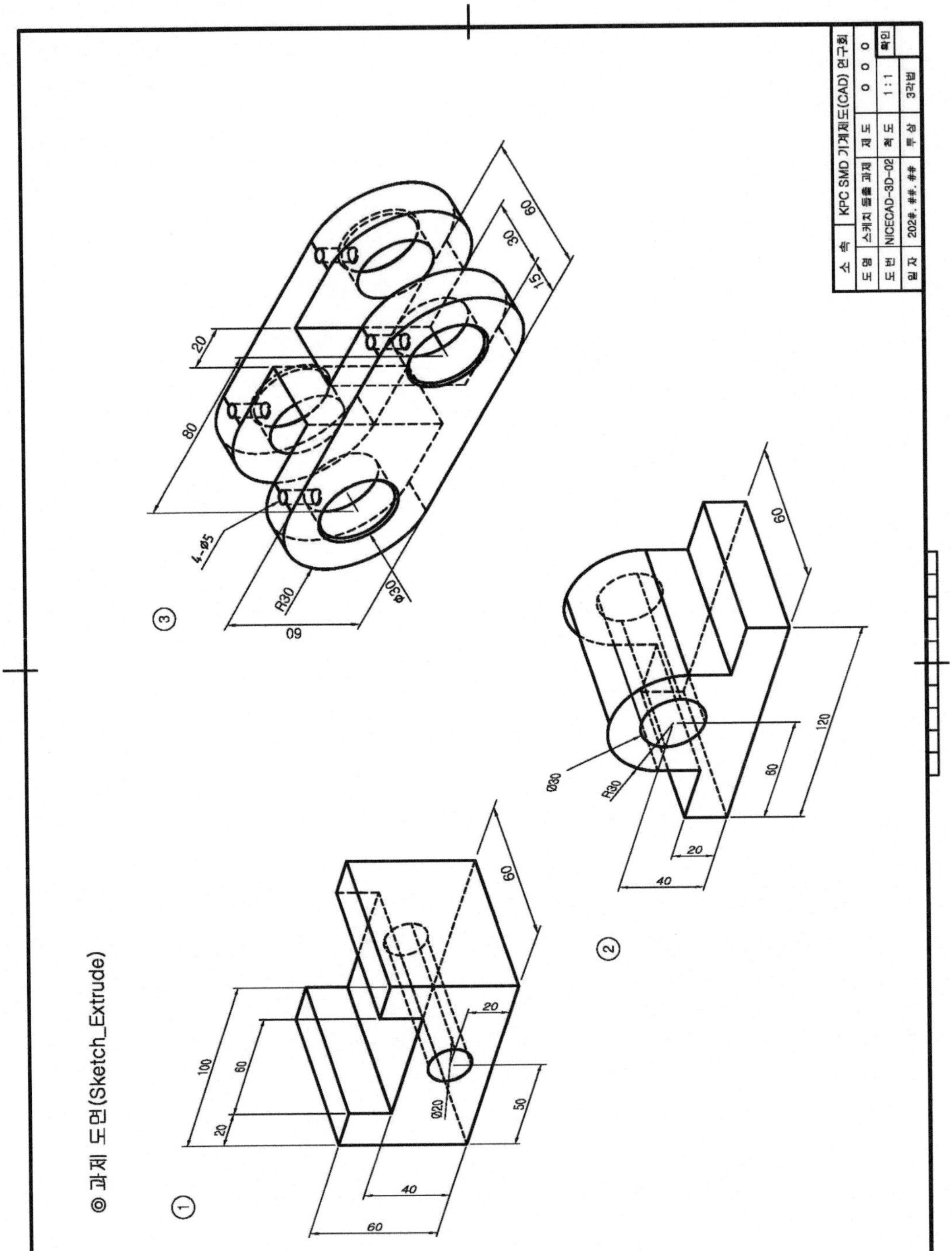
◎ 과제 도면(Sketch_Extrude)
①
②
③
소 속
KPC SMD 기계제도(CAD) 연구회
도 명
스케치 돌출 과제
제 도
ㅇ ㅇ ㅇ
도 번
NICECAD-3D-02
척 도
1 : 1
일 자
202#. ##. ##
투 상
3각법
확인

CHAPTER 02

Primitive에 의한 모델링

학습목표

- 3D 형상모델링에 필요한 부가 명령을 설정할 수 있다.
- 모델링 명령을 이용하여 3D 도면 요소를 형상화할 수 있다.
- 불(boolean) 연산 명령을 이용하여 3D 도면 요소를 편집할 수 있다.

1 Primitive 모델 명령

(1) BOX 명령

3D 솔리드 상자(육면체)를 만드는 명령

명령: BOX Enter↵

첫 번째 구석 지정 또는 [중심(C)]: ⇨ 코너의 첫 점이거나 C로 상자의 도심점을 입력한다.

반대 구석 지정 또는 [정육면체(C)/길이(L)]: L

⇨ C로 정육면체가 될 한 변의 길이를 입력하거나 L로 직육면체의 길이, 폭, 높이를 입력한다.

길이 지정: ⇨ 길이(x 방향)를 입력한다.

폭 지정: ⇨ 폭(y 방향)을 입력한다.

높이 지정 또는 [2점(2P)] 〈0.0001〉: ⇨ 높이(z 방향)을 입력한다.

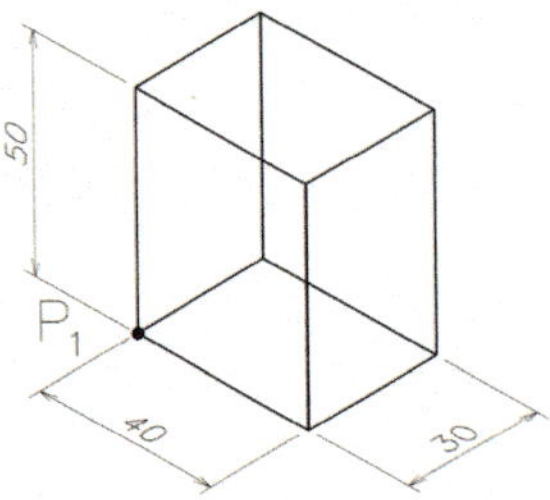

명령:BOX
첫 번째 구석 지정 또는 [중심(C)]: P_1 점 선택
반대 구석 지정 또는 [정육면체(C)/길이(L)]: L
길이 지정: 40
폭 지정: 30
높이 지정 또는 [2점(2P)] 〈0.0001〉: 50

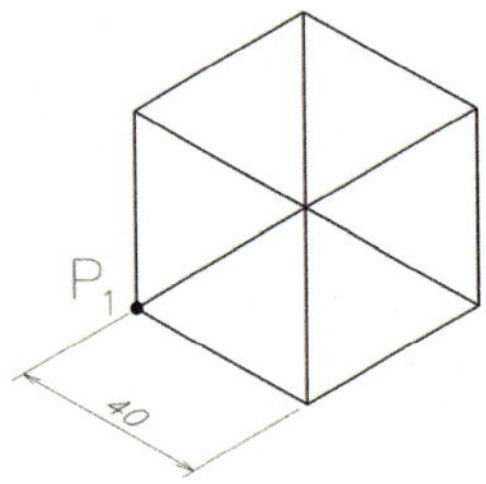

명령:BOX
첫 번째 구석 지정 또는 [중심(C)]: P_1 점 선택
대 구석 지정 또는 [정육면체(C)/길이(L)]: C
길이 지정 〈40.0000〉 : 40

(2) CYLINDER 또는 CYL(단축명령)

3D 솔리드 원통형 또는 타원통형을 만드는 명령

명령: CYL 또는 CYLINDER Enter↵
기준 중심점 지정 또는 [3P(3P)/2P(2P)/Ttr–접선 접선 반지름(T)/타원형(E)]:
⇨ 중심점이나 옵션을 선택한다.
기준 반지름 지정 또는 [지름(D)] 〈0.0000〉:
⇨ 밑면의 반경을 입력하거나 D로 직경을 입력한다.
높이 지정 또는 [2점(2P)/축 끝점(A)] 〈0.0000〉:
⇨ 기둥이 될 높이를 입력하거나 옵션을 선택한다.

3P(3P)

세 점을 지정하여 원통의 밑면 원주 및 밑면 평면을 정의한다.

2P(2P)

두 점을 지정하여 원통의 밑면 지름을 정의한다.

Ttr-접선 접선 반지름(T)

두 객체에 접하는 지정된 반지름을 갖는 원통의 밑면을 정의한다.

타원형(E)

원통에 대해 타원형 밑면을 지정한다.

지름(D)

원통의 밑면에 대한 지름을 지정한다.

2점(2P)

원통의 높이가 지정된 두 점 사이의 거리가 되도록 지정한다.

축 끝점(A)

원통 축에 대한 끝점 위치를 지정한다.

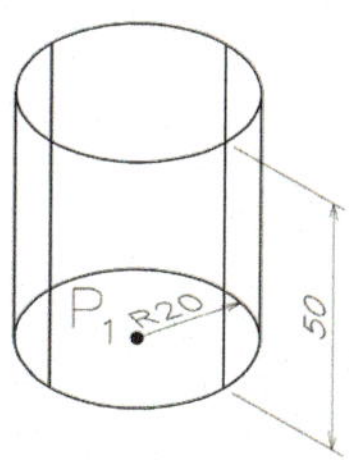

명령:CYL
기준 중심점 지정 또는 [...타원형(E)]: P_1 점 선택
기준 반지름 지정 또는 [지름(D)] 〈30.0000〉: 20
높이 지정 또는 [2점(2P)/축 끝점(A)] 〈50.0000〉: 50

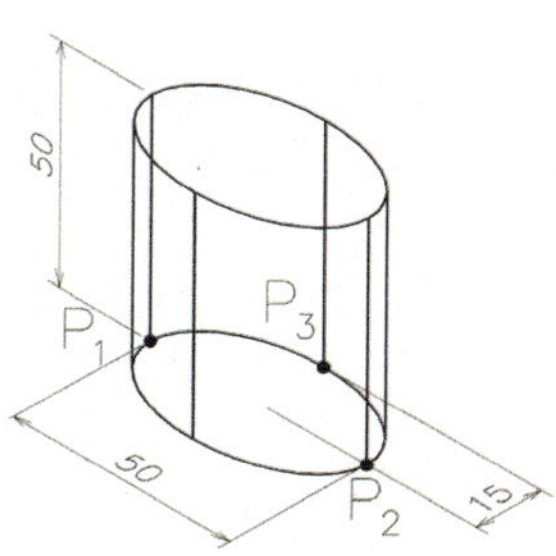

명령:CYL
기준 중심점 지정 또는 [.../타원형(E)]: E
첫 번째 축의 끝점 지정 또는 [중심(C)]: P_1 점 선택
첫 번째 축의 다른 끝점 지정:
F8로 〈직교 켜기〉 마우스를 x축 방향으로 향하고 50
두 번째 축의 끝점 지정: 마우스를 y축 방향으로 향하고 15
높이 지정 또는 [2점(2P)/축 끝점(A)] 〈30.0000〉: 50

(3) CONE 명령

3D 솔리드 원추이나 잘린 원추를 만드는 명령

명령: CONE Enter↵
기준 중심점 지정 또는 [3P(3P)/2P(2P)/Ttr-접선 접선 반지름(T)/타원형(E)]:
⇨ 중심점이나 옵션을 선택한다.
기준 반지름 지정 또는 [지름(D)] 〈0.0000〉:
⇨ 밑면의 반경을 입력하거나 D로 직경을 입력한다.
높이 지정 또는 [2점(2P)/축 끝점(A)/상단 반지름(T)] 〈0.0000〉:
⇨ 원뿔이 될 높이를 입력하거나 옵션을 선택한다.

3P(3P)

세 점을 지정하여 원추 밑면을 만든다.

2P(2P)

두 점을 지정하여 원추 밑면의 지름을 만든다.

Ttr-접선 접선 반지름(T)

두 객체에 접하는 지정된 반지름을 갖는 원추의 밑면을 만든다.

타원형(E)

타원추에 대해 타원형 밑면을 만든다.

지름(D)

원추의 밑면에 대한 지름을 지정한다.

2점(2P)

원추의 높이가 지정된 두 점 사이의 거리가 되도록 지정한다.

축 끝점(A)

원추 축에 대한 끝점 위치를 지정한다.

상단 반지름(T)

잘린 원추를 만들기 위한 상단의 반지름을 지정한다.

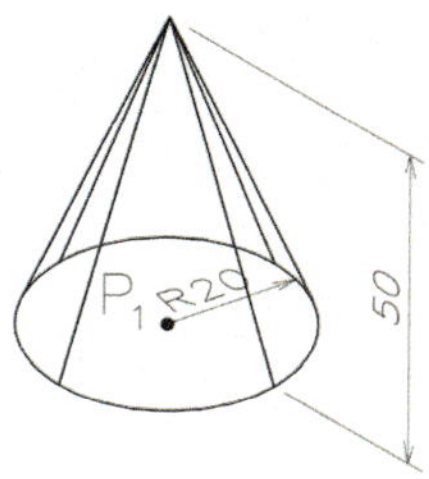

명령:CONE
기준 중심점 지정 또는 [.../타원형(E)]: P_1 점 선택
기준 반지름 지정 또는 [지름(D)] 〈0.0000〉: 20
높이 지정 또는 [.../상단 반지름(T)] 〈0.0000〉: 50

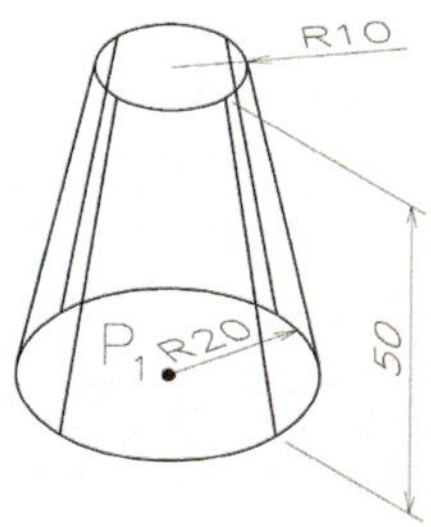

명령:CONE
기준 중심점 지정 또는 [.../타원형(E)]: P_1 점 선택
기준 반지름 지정 또는 [지름(D)] 〈20.0000〉: 20
높이 지정 또는 [.../상단 반지름(T)] 〈0.0000〉: T
상단 반지름 지정 〈0.0000〉 : 10
높이 지정 또는 [.../상단 반지름(T)] 〈50.0000〉: 50

(4) SPHERE 명령

3D 솔리드 구형을 만드는 명령

명령: SPHERE Enter↵
중심점 지정 또는 [3점(3P)/2점(2P)/Ttr-접선 접선 반지름(T)]:
⇨ 구형의 중심점을 선택한다.
반지름 지정 또는 [지름(D)] 〈20.0000〉:
⇨ 반경을 입력하거나 D를 입력하여 직경을 입력할 수 있다.

3점(3P)

3D 공간에 3점을 지정하여 구형을 만든다.

2점(2P)

3D 공간에 2점을 지정하여 구형을 만든다.

Ttr-접선 접선 반지름(T)

두 객체에 접하며 지정된 반지름을 갖는 구형을 만든다.

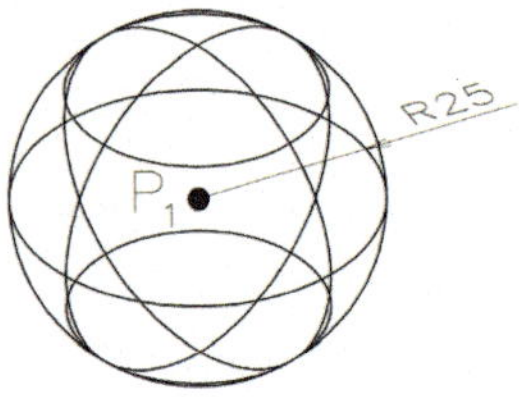

명령:SPHERE
중심점 지정 또는 [3점(3P)/2점(2P)/Ttr-...(T)]:
        중심(P_1)점 선택
반지름 지정 또는 [지름(D)] 〈20.0000〉:
        D 직경으로 크기를 선택
지름 지정 : 50

(5) TORUS 명령

3D 솔리드 원환체(도넛형)를 만드는 명령

명령: TORUS Enter↵
중심점 지정 또는 [3점(3P)/2점(2P)/Ttr-접선 접선 반지름(T)]:
        ⇨ 원환체의 중심점을 선택한다.
반지름 지정 또는 [지름(D)] 〈30.0000〉:
        ⇨ 원환체의 반경을 입력하거나 D를 입력하여 직경을 입력할 수 있다.
튜브 반지름 지정 또는 [2점(2P)/지름(D)]:
        ⇨ 튜브의 반경을 입력하거나 D를 입력하여 직경을 입력할 수 있다.

3점(3P)

지정한 3점을 가진 원환체를 만든다.

2점(2P)

지정한 2점을 가진 원환체를 만든다.

Ttr-접선 접선 반지름(T)

지정된 반지름이 두 객체에 접하는 원환체를 만든다.

지름(D)

원환체의 지름을 지정한다.

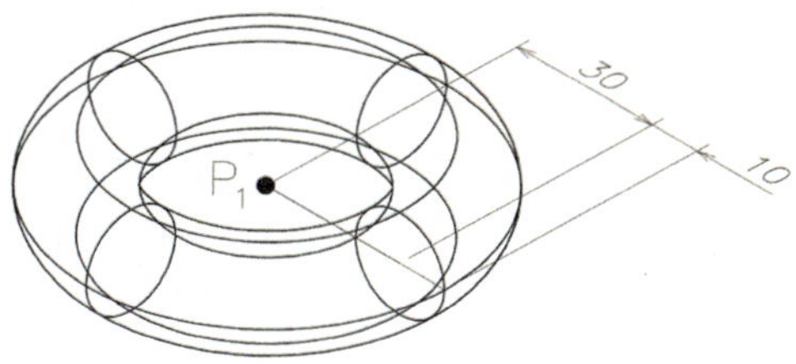

명령:TORUS
중심점 지정 또는 [.../Ttr-...(T)]: P_1 점 선택
반지름 지정 또는 [지름(D)] 〈30.0000〉: D
원환체의 직경(튜브의 중심점간의 거리)
토러스의 지름 지정 〈0.0000〉: 60
튜브 반지름 지정 또는 [2점(2P)/지름(D)]: D
튜브 지름 지정 〈0.0000〉: 20

(6) WEDGE 명령

3D 솔리드 쐐기형을 만드는 명령이다.

명령: WEDGE Enter↵
첫 번째 구석 지정 또는 [중심(C)]: ⇨ 쐐기형 밑면의 첫 점을 선택한다.
반대 구석 지정 또는 [정육면체(C)/길이(L)]: ⇨ 대각선의 두 번째 점을 선택한다.
높이 지정 또는 [2점(2P)] 〈50.0000〉 ⇨ 높이를 입력한다.

중심(C)

지정된 중심점을 사용하여 쐐기형을 만든다.

정육면체(C)

변의 길이가 동일한 쐐기형을 만든다.

길이(L)

지정한 길이, 폭 및 높이의 값으로 쐐기형을 만든다.

2점(2P)

쐐기형의 높이가 지정된 두 점 사이의 거리가 되도록 지정한다.

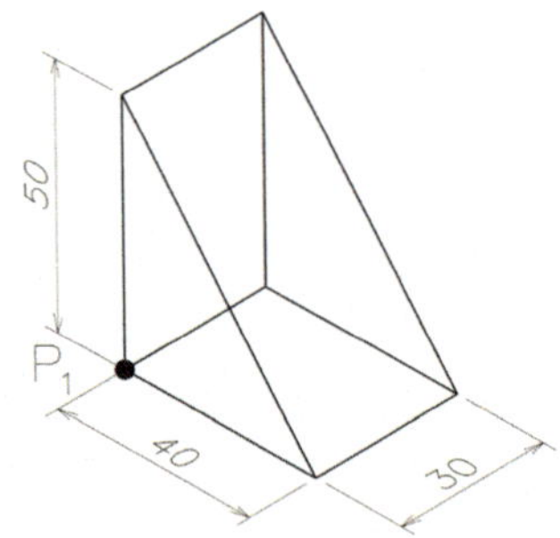

명령:WEDGE
첫 번째 구석 지정 또는 [중심(C)]:
반대 구석 지정 또는 [정육면체(C)/길이(L)]: L
길이 지정 〈0.0000〉: 40
폭 지정 〈0.0000〉: 30
높이 지정 또는 [2점(2P)] 〈0.0000〉: 50

(7) PYRAMID 명령

3D 솔리드 피라미드 만드는 명령

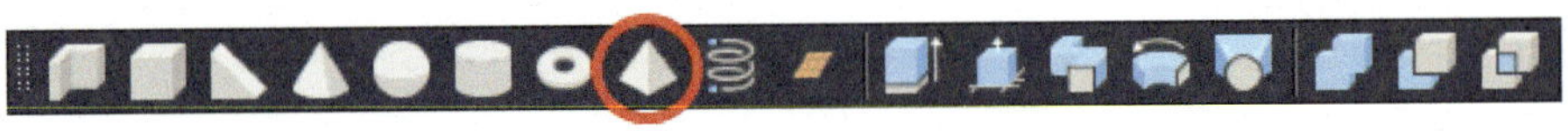

명령: PYRAMID Enter↵
4면 외접
기준 중심점 지정 또는 [모서리(E)/변(S)]:
기준 반지름 지정 또는 [내접(I)] 〈30.0000〉:
높이 지정 또는 [2점(2P)/축 끝점(A)/상단 반지름(T)] 〈50.0000〉:

모서리(E)

피라미드 밑면의 한 모서리 길이를 지정한다. 두 점을 선택할 수 있다.

변(S)

피라미드 면의 수를 지정한다.

내접(I)

피라미드의 기준 반지름 안에 피라미드의 밑면이 내접하도록(그려지도록) 지정한다.

높이 지정

피라미드의 높이는 두 개의 지정된 점 사이의 거리로 지정한다.

축 끝점(A)

피라미드 축의 끝점 위치를 지정한다.

상단 반지름(T)

피라미드의 상단 반지름을 지정하여 피라미드 절두체를 작성한다.

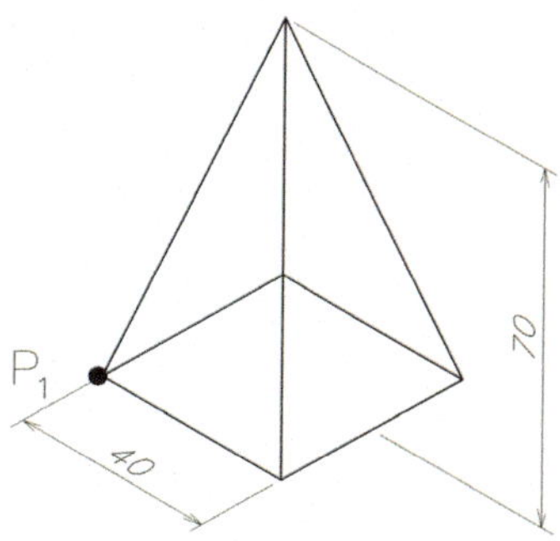

명령:PYRAMID
4면 외접
기준 중심점 지정 또는 [모서리(E)/변(S)]: S
면의 수 입력 〈4〉:
기준 중심점 지정 또는 [모서리(E)/변(S)]: E
모서리의 첫 번째 끝점 지정: P_1 점 선택
모서리의 두 번째 끝점 지정: @40<0
높이 지정 또는 [.../상단 반지름(T)] 〈149.4372〉: 70

(8) HIDE 또는 HI(단축명령)

보이지 않는 모서리는 감추고 보이는 부분만을 면 처리하여 B-rep형으로 재생성하는 명령

명령: HI 또는 HIDE Enter↵

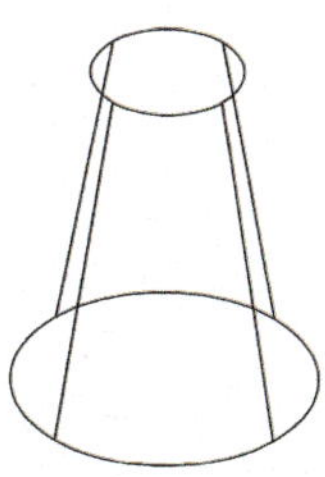

그림 HIDE 전

그림 HIDE 후

(9) REGEN 또는 RE(단축명령)

현재 뷰포트에서 전체 도면을 CSG형으로 재생성 하는 명령

명령: RE 또는 REGEN Enter↵

그림 HIDE 상태

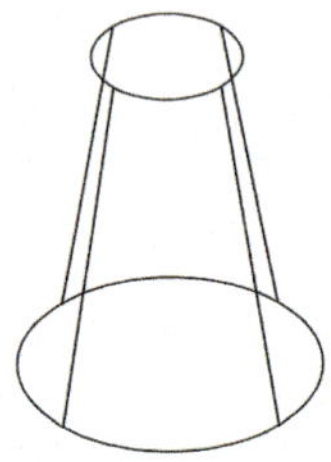

그림 REGEN 후

2 Boolean Operation(불리언 연산)

(1) UNION 또는 UNI(단축명령)

두 개의 솔리드(객체)를 합치기 하는 명령

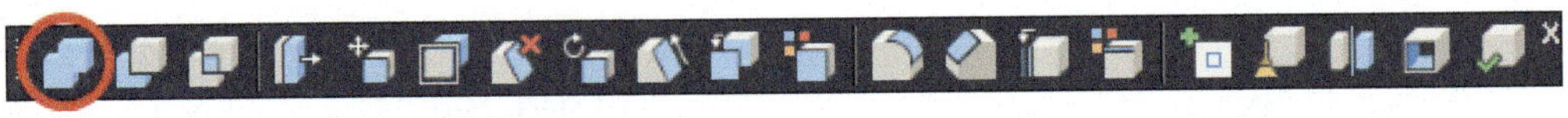

명령: UNI 또는 UNION Enter↵
객체 선택: ⇨ 합쳐질 모델을 모두 선택한다.
객체 선택: ⇨ 마우스 우클릭으로 종료한다.

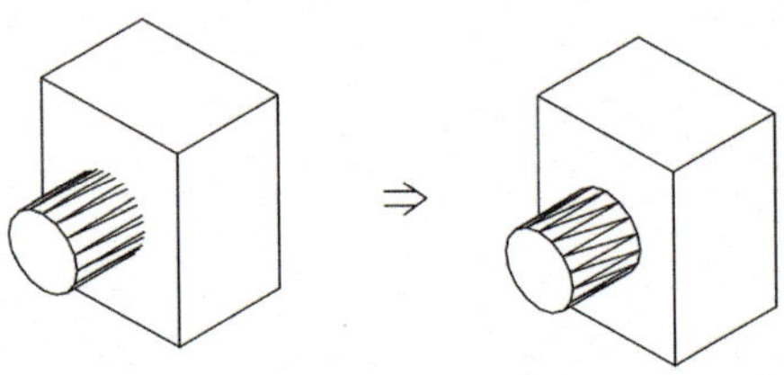

명령:UNI
객체 선택: 상자와 원통을 모두 선택
객체 선택: 마우스 우클릭으로 종료

(2) SUBTRACT 또는 SU(단축명령)

선택한 솔리드 솔리드를 빼기하는 명령

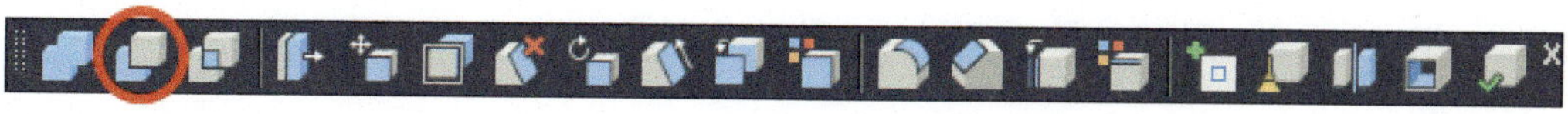

명령: SU 또는 SUBTRACT Enter↵

객체 선택: ⇨ 원본 모델을 선택한다.

객체 선택: ⇨ 마우스 우클릭으로 구분한다.

제거할 솔리드, 표면 및 영역을 선택 ..

객체 선택: ⇨ 빼기할 모델을 선택한다.

객체 선택: ⇨ 마우스 우클릭으로 종료한다.

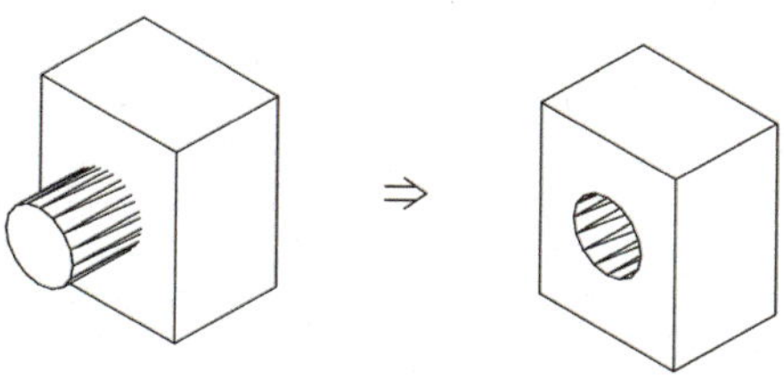

명령:SU
객체 선택: 상자를 선택한다.
객체 선택: 마우스 우클릭으로 구분한다.
제거할 솔리드, 표면 및 영역을 선택 ..
객체 선택: 빼기할 원통을 선택한다.
객체 선택: 마우스 우클릭으로 종료한다.

(3) INTERSECT 또는 IN(단축명령)

선택된 영역들이나 솔리드들의 중첩된 부분만 남기고 중첩하지 않은 부분을 제거하여 새로이 생성하는 명령

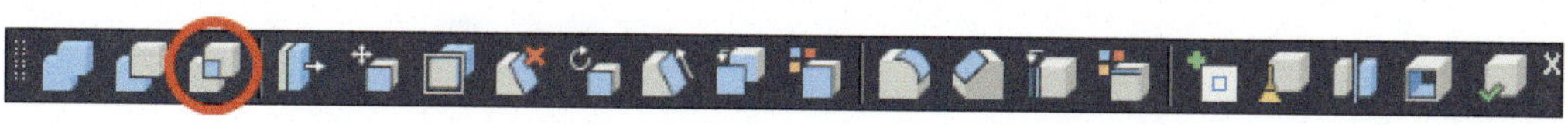

명령: IN 또는 INTERSECT Enter↵

객체 선택: ⇨ 교차 부분만을 남길 모델을 모두 선택한다.

객체 선택: ⇨ 마우스 우클릭으로 종료한다.

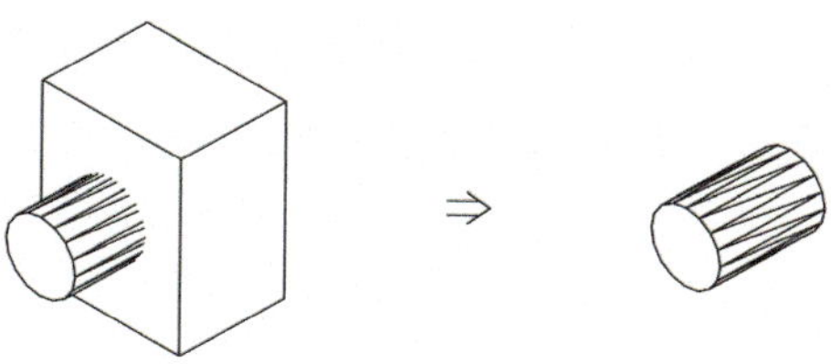

명령:IN
객체 선택: 상자와 원통을 모두 선택
객체 선택: 마우스 우클릭으로 종료

(4) INTERFERE 명령

겹쳐진 3D 솔리드들의 간섭부분을 체크하여 간섭부분만 추가로 생성하는 명령

수정(M) 메뉴에서 3D 작업(3)을 선택한 후 간섭 검사(I) 선택

> 명령: INTERFERE Enter↵
> 첫 번째 객체 집합 선택 또는 [내포된 선택(N)/설정(S)]:
> ⇨ 간섭체크 할 모델들을 선택하거나 옵션을 입력한다.
> 첫 번째 객체 집합 선택 또는 [내포된 선택(N)/설정(S)]:
> 두 번째 객체 집합 선택 또는 [내포된 선택(N)/현재 검사(K)] 〈검사(K)〉:

내포된 선택(N)/

블록 및 외부 참조에 내포된 개별 솔리드 객체를 선택할 수 있다.

설정(S)

간섭 객체의 뷰 스타일 및 색상을 설정하는 대화상자가 나타난다.

현재 검사(K)

간섭 검사 대화상자가 나타나 간섭에 대한 정보를 보인다.

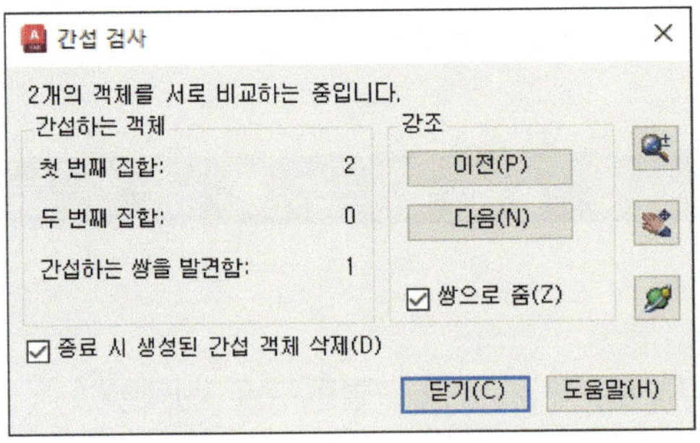

종료 시 생성된 간섭 객체 삭제(D)

대화상자가 닫히면 간섭 객체를 삭제한다. 체크를 풀면 간섭 부분을 새로이 생성한다.

명령:INTERFERE
첫 번째 객체 집합 선택 또는 [내포된 선택(N)/설정(S)]:
    간섭체크 할 상자와 원통 선택
첫 번째 객체 집합 선택 또는 [내포된 선택(N)/설정(S)]:
    마우스 우클릭으로 진행
두 번째 객체 집합 선택 또는 [내포된 선택(N)/현재 검사(K)] 〈검사(K)〉:
    마우스 우클릭으로 간섭 검사 창을 띄우며 간섭정보를 보여줌

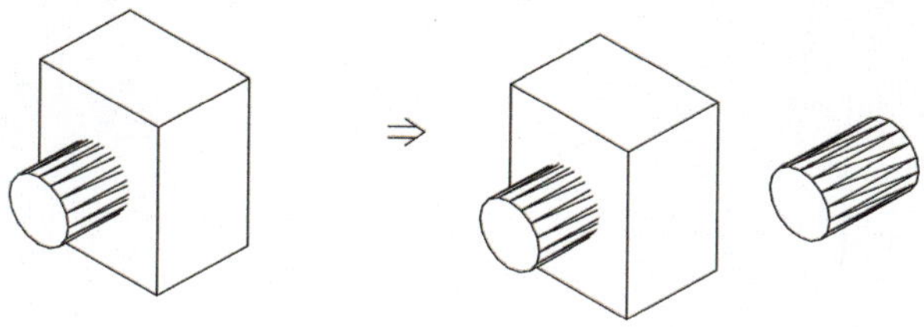

3 솔리드 모델의 주요 변수들

(1) ISOLINES 명령

솔리드 모델에서 CSG형의 에지(Edge)수를 지정하는 명령(0에서 2047까지 입력할 수 있다.)

명령: ISOLINES Enter↵
ISOLINES에 대한 새 값 입력 〈8〉: ⇨ 에지의 수를 입력한다.

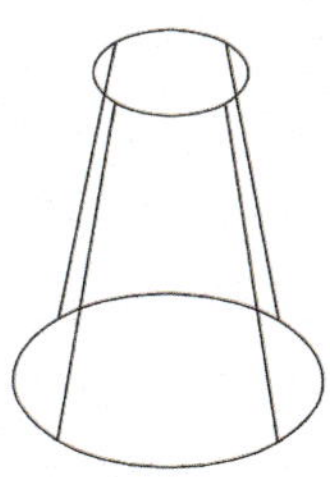

그림 ISOLINES 〈4〉

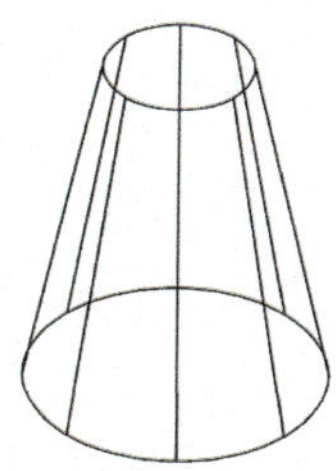

그림 ISOLINES 〈8〉

(2) FACETRES 명령

음영처리 및 렌더링된 객체의 면 밀도를 조정하는 명령

명령: FACETRES Enter↵
FACETRES에 대한 새 값 입력 ⟨0.5000⟩:

그림 FACETRES ⟨0.5000⟩

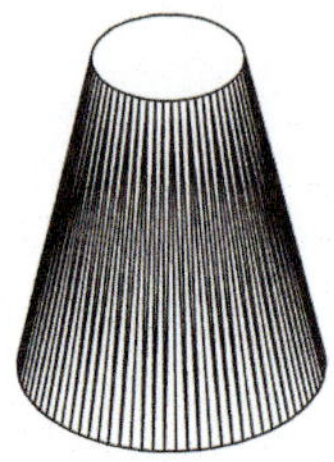

그림 FACETRES ⟨5.0000⟩

(3) DISPSILH 명령

3D 솔리드 모델의 실루엣 표시를 조정하는 명령

명령: DISPSILH Enter↵
DISPSILH에 대한 새 값 입력 ⟨0⟩:
1 : 실루엣 처리 표시한다.
0 : B-rep형으로 처리하여 표시한다.

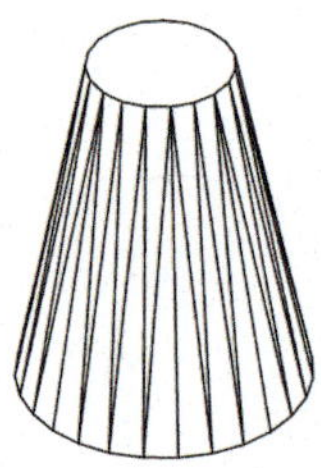

그림 DISPSILH ⟨0⟩

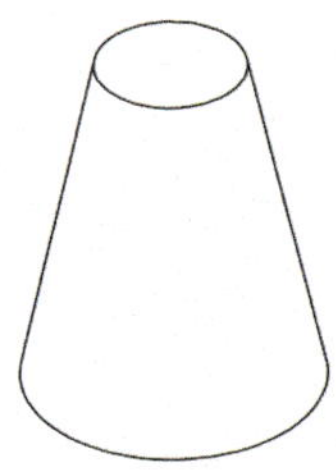

그림 DISPSILH ⟨1⟩

▌과제 도면 모델링 하기

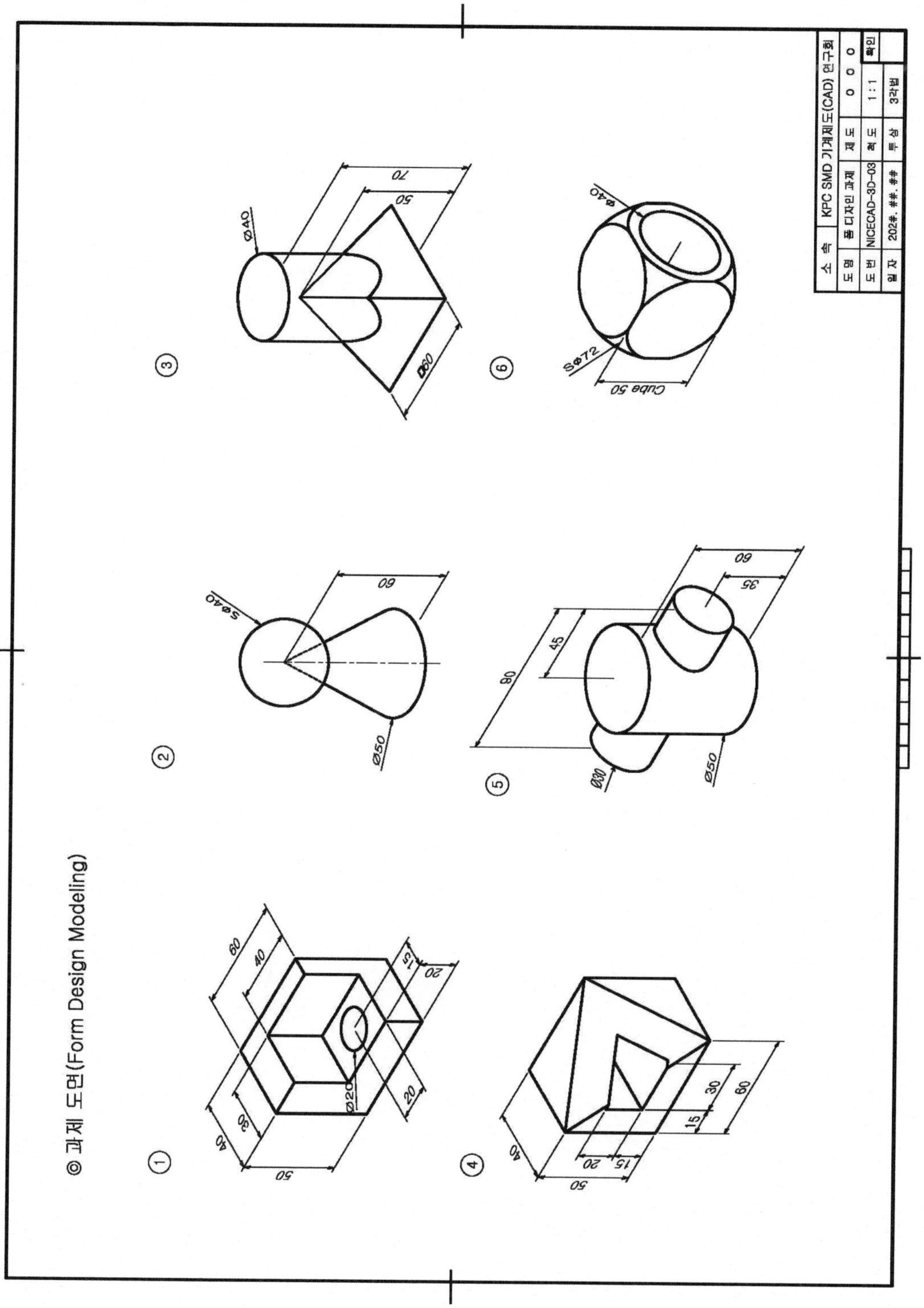

◎ 과제 도면(Form Design Modeling)
소 속 KPC SMD 기계제도(CAD) 연구회
도 명 폼 디자인 과제
제 도 ○ ○ ○
도 번 NICECAD-3D-03
척 도 1:1
일 자 202#. ##. ##
투 상 3각법
확인

▮과제 도면 모델링 하기

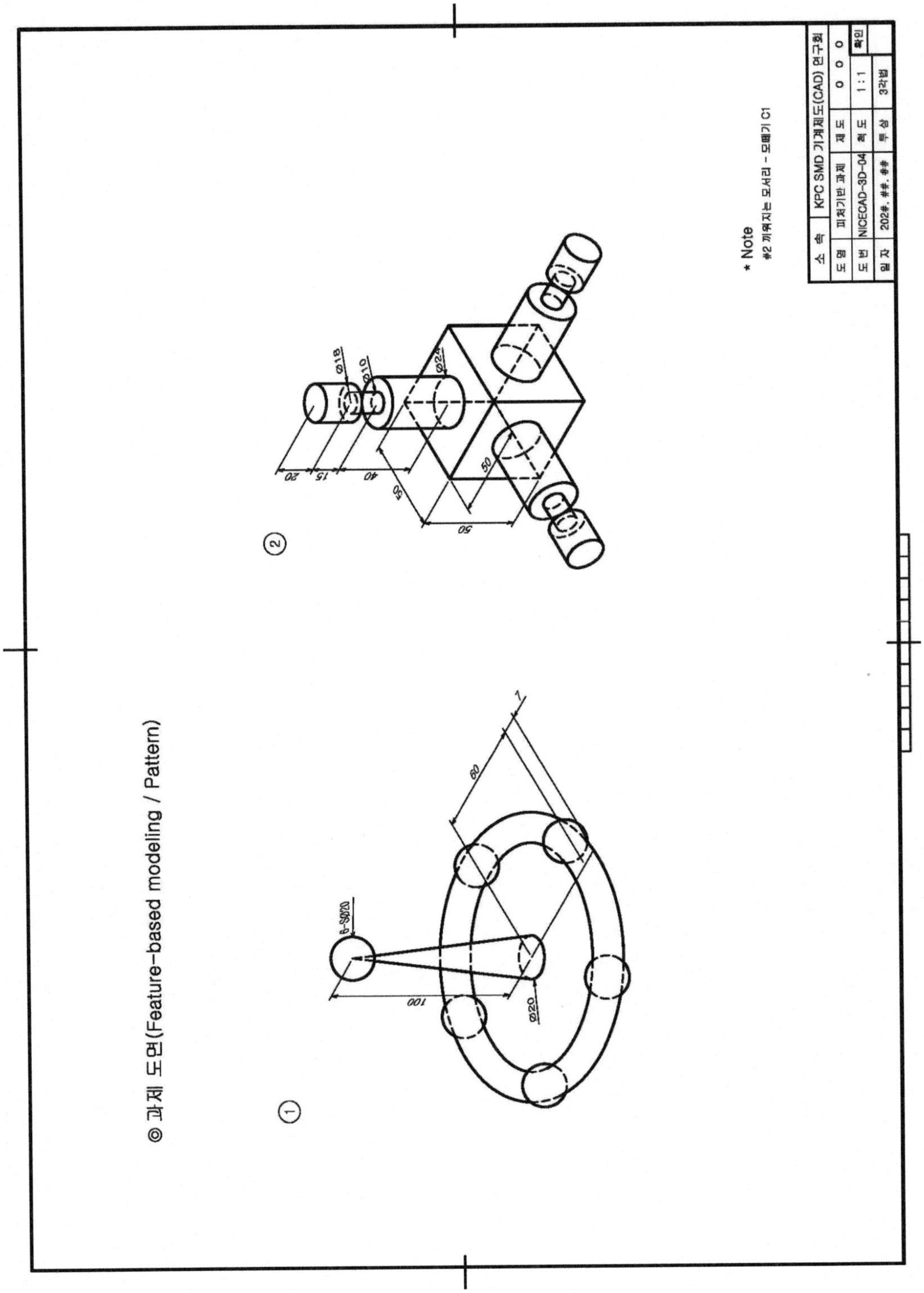

◎ 과제 도면(Feature-based modeling / Pattern)
①
②
* Note
#2 끼워지는 모서리 - 모떼기 C1
소 속 KPC SMD 기계제도(CAD) 연구회
도 명 피처기반 과제
제 도 ○ ○ ○
도 번 NICECAD-3D-04
척 도 1:1
확인
일 자 202#. ##. ##
투 상 3각법

CHAPTER 03

Region 객체나 Poly 객체를 솔리드 모델로 변환 생성하는 명령들

학습목표

- 3D 형상모델링에 필요한 부가 명령을 사용할 수 있다
- 명령어를 이용하여 객체를 3D 솔리드, 곡면으로 변환 생성할 수 있다.

1 Region 객체나 Poly 객체로 만드는 명령

(1) REGION 또는 REG(단축명령)

정점이 연결된 폐다각형 객체를 영역 객체(솔리드 판)로 변환하는 명령

명령: REG 또는 REGION Enter↵
객체 선택: ⇨ 영역 객체(솔리드 판)로 변환할 폐다각형 객체를 선택한다.

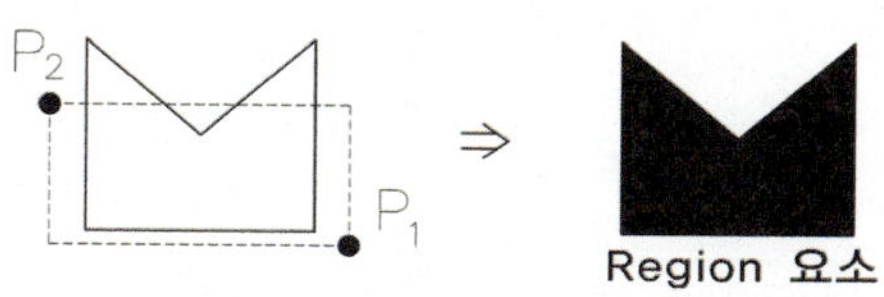

명령: REG
객체 선택:P_1 점과 P_2 점 선택
객체 선택:마우스 우클릭으로 종료

(2) BPOLY 또는 BOUNDARY 또는 BO(단축명령)

닫힌 영역 내에서 지정된 점을 사용하여 영역(솔리드 판) 또는 폴리선을 만드는 명령

명령: BO 또는 BPOLY Enter↵

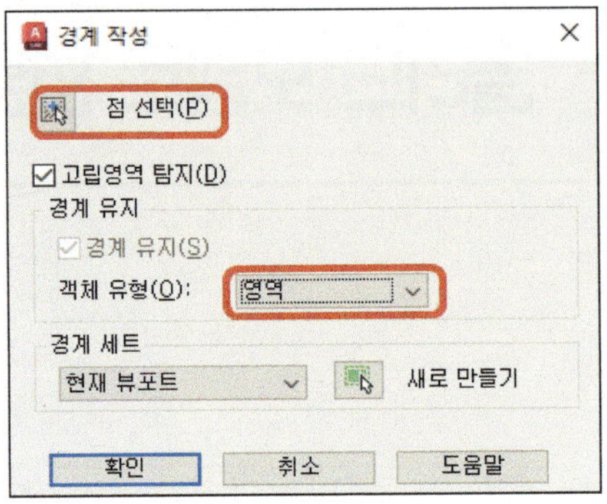

점 선택(P)

지정된 점을 기준으로 닫힌 영역을 구성하는 기존 객체들로부터 경계를 결정한다.

고립영역 탐지(D)

BOUNDARY가 고립 영역이라고 불리는 닫힌 내부 경계를 탐지할지를 조정한다.

객체 유형(O)

Region 객체나 Poly 객체로 선택할 수 있다.

확인

생성하며 명령이 종료된다.

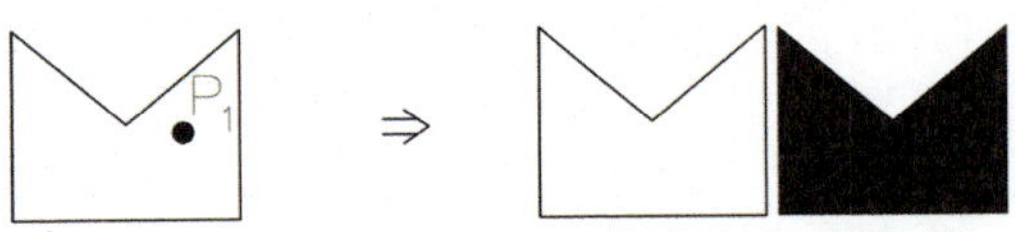

추가하여 생성 됨

명령:BO
내부 점 선택: 모든 것 선택...
가시적인 모든 것 선택 중...
선택된 데이터 분석 중...
내부 고립영역 분석 중...
내부 점 선택: 폐다각형 선택
경계 1 폴리선을(를) 작성함

Bpoly 명령은 객체들의 정점이 붙어있지 않아 Region 명령이나 Pedit 명령으로 붙이기가 되지 않을 때 Zoom 명령으로 화면을 최대한 축소하고 사용하면 Region 객체나 Poly 객체로 만들 수 있다.

(3) PEDIT 또는 PE(단축명령)

폴리선 및 3차원 다각형 메쉬를 편집하는 명령

명령: PE 또는 PEDIT Enter↵
폴리선 선택 또는 [다중(M)]: ⇨ 폴리 객체 또는 모든 객체 선택
선택된 객체가 폴리선이 아님
전환하기를 원하십니까? 〈Y〉
옵션 입력 [닫기(C)/결합(J)/폭(W)/정점 편집(E)/맞춤(F)/스플라인(S)/비곡선화(D)/
선종류생성(L)/반전(R)/명령 취소(U)]:

결합(J)

선, 호 또는 조각난 객체들을 폴리선으로 만든다.
옵션 입력 [닫기(C)/결합(J)/폭(W)/정점 편집(E)/맞춤(F)/스플라인(S)/비곡선화(D)/선종류생성(L)/
반전(R)/명령 취소(U)]:J
객체 선택: ⇨ 연결할 객체들을 선택한다. (정점(vertex)이 반드시 만나야 함)

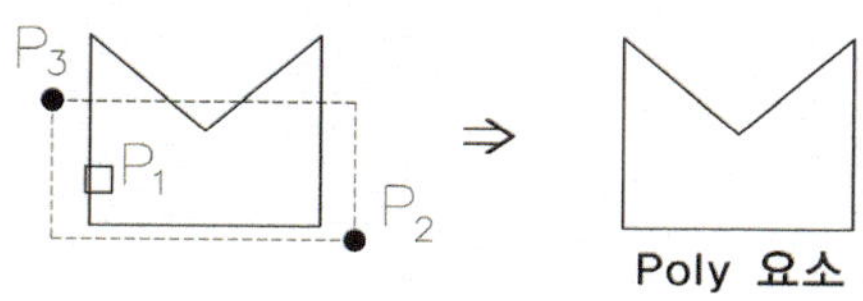

명령:PE
폴리선 선택 또는 [다중(M)]: P_1 부근 선택
선택된 객체가 폴리선이 아님
전환하기를 원하십니까? 〈Y〉
옵션 입력 [.../결합(J)/.../명령 취소(U)]: J
객체 선택:P_2 점과 P_3 점 선택
객체 선택: 마우스 우클릭 두 번 선택으로 종료

2 솔리드로 변환 생성하는 명령

(1) EXTRUDE 또는 EXT(단축명령)

Region 객체나 Poly 객체를 선택하여 지정된 거리 또는 방향으로 돌출시켜 3D 솔리드 또는 곡면을 변환 생성하는 명령

명령: EXT 또는 EXTRUDE Enter↵
현재 와이어프레임 밀도: ISOLINES=8, 닫힌 윤곽 작성 모드 = 솔리드
돌출할 객체 선택 또는 [모드(MO)]:
⇨ 돌출하기 위한 Region 객체나 Poly 객체를 선택한다.
돌출할 객체 선택 또는 [모드(MO)]: ⇨ 마우스 우클릭으로 진행한다.
돌출 높이 지정 또는 [방향(D)/경로(P)/테이퍼 각도(T)/표현식(E)] 〈40.0000〉:
⇨ z축 방향으로 돌출하기 위한 높이를 입력한다.

방향(D)

지정한 두 점을 가진 돌출의 길이 및 방향을 지정한다.

경로(P)

지정된 객체를 기준으로 돌출 경로를 선택한다.

테이퍼 각도(T)

각도를 입력하여 테이퍼 형상을 생성한다.(+각 : 안쪽으로, –각 : 바깥쪽으로)

표현식(E)

공식이나 방정식을 입력하여 돌출 높이를 지정한다.

명령: EXT
현재 와이어프레임 밀도: ISOLINES=8, 닫힌 윤곽 작성 모드 = 솔리드
돌출할 객체 선택 또는 [모드(MO)]: P_1 부근 선택
돌출할 객체 선택 또는 [모드(MO)]: 마우스 우클릭으로 진행
돌출 높이 지정 또는 [방향(D)/경로(P)/테이퍼 각도(T)/표현식(E)] ⟨30.0000⟩: 60

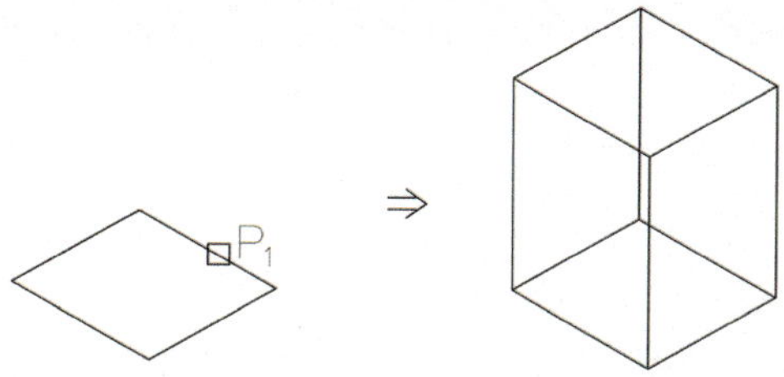

명령: EXT
현재 와이어프레임 밀도: ISOLINES=8, 닫힌 윤곽 작성 모드 = 솔리드
돌출할 객체 선택 또는 [모드(MO)]: P_1 부근 선택
돌출할 객체 선택 또는 [모드(MO)]: 마우스 우클릭으로 진행
돌출 높이 지정 또는 [방향(D)/경로(P)/테이퍼 각도(T)/표현식(E)] ⟨30.0000⟩: P
돌출 경로 선택 또는 [테이퍼 각도(T)]: P_2 부근 선택

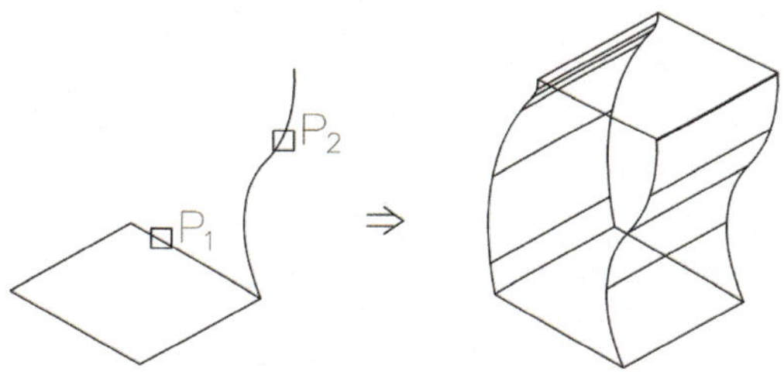

명령: EXT
현재 와이어프레임 밀도: ISOLINES=8, 닫힌 윤곽 작성 모드 = 솔리드
돌출할 객체 선택 또는 [모드(MO)]: P_1 부근 선택
돌출할 객체 선택 또는 [모드(MO)]: 마우스 우클릭으로 진행
돌출 높이 지정 또는 [방향(D)/경로(P)/테이퍼 각도(T)/표현식(E)] ⟨30.0000⟩: T
돌출에 대한 테이퍼 각도 지정 또는 [표현식(E)] ⟨60⟩: 5
돌출 높이 지정 또는 [방향(D)/경로(P)/테이퍼 각도(T)/표현식(E)] ⟨30.0000⟩: 60

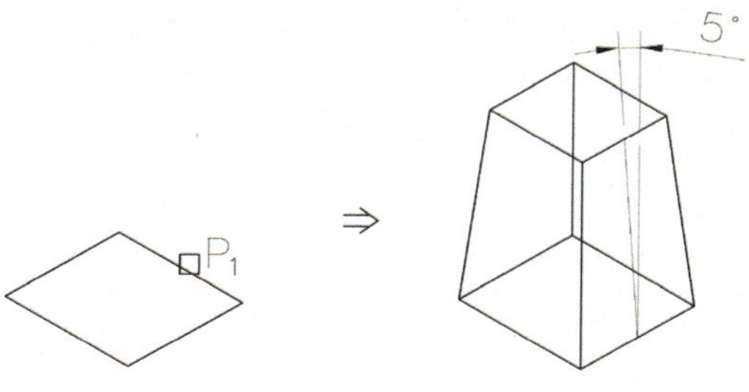

(2) REVOLVE 또는 REV (단축명령)

Region 객체나 Poly 객체를 선택하여 기준 축으로부터 회전시켜 3D 솔리드 또는 곡면을 변환 생성하는 명령

명령: REV 또는 REVOLVE [Enter↵]
현재 와이어프레임 밀도: ISOLINES=8, 닫힌 윤곽 작성 모드 = 솔리드
회전할 객체 선택 또는 [모드(MO)]:
⇨ 회전하기 위한 Region 객체나 Poly 객체를 선택한다.
회전할 객체 선택 또는 [모드(MO)]: ⇨ 마우스 우클릭으로 진행한다.
축 시작점 지정 또는 다음에 의해 축 지정 [객체(O)/X/Y/Z] 〈객체(O)〉:
⇨ 두 점으로 기준 축을 선택하거나 옵션을 선택한다.
회전 각도 지정 또는 [시작 각도(ST)/반전(R)/표현식(EX)] 〈360〉:

객체(O)

선택한 객체를 회전할 기준 축을 지정한다.

X/Y/Z

선택하는 X 또는 Y 또는 Z를 기준 축으로 지정한다.

명령: REV
현재 와이어프레임 밀도: ISOLINES=8, 닫힌 윤곽 작성 모드 = 솔리드
회전할 객체 선택 또는 [모드(MO)]: P_1 부근 선택
회전할 객체 선택 또는 [모드(MO)]: 마우스 우클릭으로 진행
축 시작점 지정 또는 다음에 의해 축 지정 [객체(O)/X/Y/Z] 〈객체(O)〉: O
객체 선택: P_2 부근 선택
회전 각도 지정 또는 [시작 각도(ST)/반전(R)/표현식(EX)] 〈360〉: 마우스 우클릭

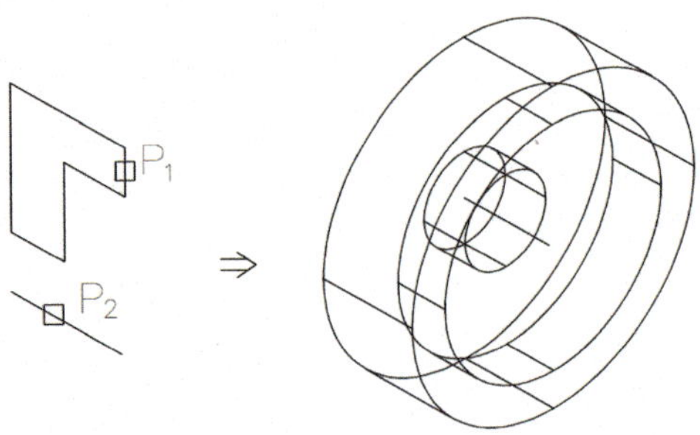

명령: REV
현재 와이어프레임 밀도: ISOLINES=8, 닫힌 윤곽 작성 모드 = 솔리드
회전할 객체 선택 또는 [모드(MO)]: P_1 부근 선택
회전할 객체 선택 또는 [모드(MO)]: 마우스 우클릭으로 진행
축 시작점 지정 또는 다음에 의해 축 지정 [객체(O)/X/Y/Z] 〈객체(O)〉: P_2 점 선택
축 끝점 지정: P_3 점 선택
회전 각도 지정 또는 [시작 각도(ST)/반전(R)/표현식(EX)] 〈360〉: 마우스 우클릭

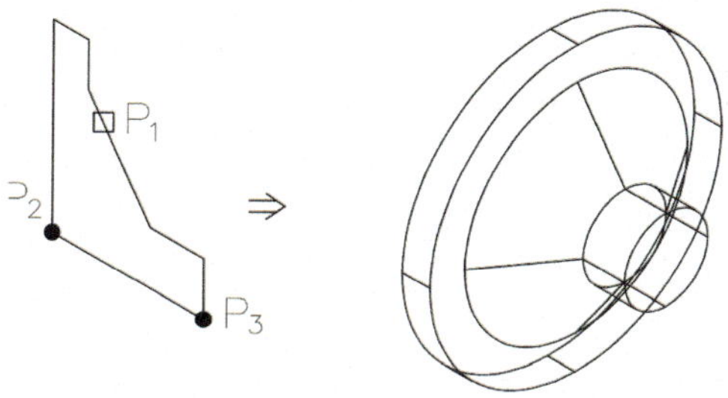

(3) SWEEP 또는 SW (단축명령)

Region 객체나 Poly 객체를 선택하여 경로를 기준으로 스윕하여 새로운 솔리드 또는 곡면을 변환 생성하는 명령

명령: SW 또는 SWEEP Enter↵
현재 와이어프레임 밀도: ISOLINES=8, 닫힌 윤곽 작성 모드 = 솔리드
스윕할 객체 선택 또는 [모드(MO)]:
　　⇨ 스윕하기 위한 Region 객체나 Poly 객체를 선택한다.
스윕할 객체 선택 또는 [모드(MO)]: ⇨ 마우스 우클릭으로 진행한다.
스윕 경로 선택 또는 [정렬(A)/기준점(B)/축척(S)/비틀기(T)]:
　　⇨ 스윕하기 위한 경로를 선택하거나 옵션을 입력한다.

정렬(A)

윤곽이 스윕 경로의 접선 방향에 수직으로 정렬될지를 지정한다. 기본적으로 윤곽이 정렬된다.

기준점(B)

스윕할 객체에 대한 기준점을 지정한다. 지정한 점이 선택된 객체의 평면에 있지 않은 경우 평면에 투영된다.

축척(S)

스윕 작업을 위한 축척 비율을 지정한다.

비틀기(T)

스윕되는 객체에 대한 회전 각도를 설정한다.

명령: SW
현재 와이어프레임 밀도: ISOLINES=8, 닫힌 윤곽 작성 모드 = 솔리드
스윕할 객체 선택 또는 [모드(MO)]: P_1 부근 선택
스윕할 객체 선택 또는 [모드(MO)]: 마우스 우클릭으로 진행
스윕 경로 선택 또는 [정렬(A)/기준점(B)/축척(S)/비틀기(T)]: P_2 부근 선택

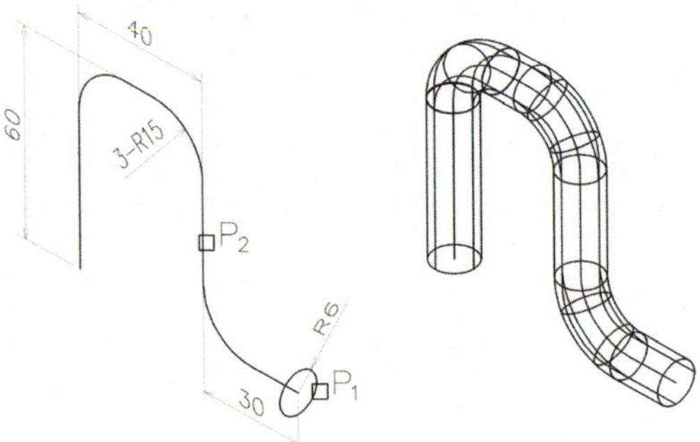

(4) LOFT 명령

둘 이상의 객체들을 선택하여 로프트로 3D 솔리드 또는 곡면을 변환 생성하는 명령

명령: LOFT Enter↵
현재 와이어프레임 밀도: ISOLINES=8, 닫힌 윤곽 작성 모드 = 솔리드
올림 순서로 횡단 선택 또는 [점(PO)/다중 모서리 결합(J)/모드(MO)]:
⇨ 로프팅을 하기 위한 객체들을 순서대로 선택한다.

올림 순서로 횡단 선택 또는 [점(PO)/다중 모서리 결합(J)/모드(MO)]:

⇨ 로프팅을 하기 위한 객체들을 순서대로 선택한다.

올림 순서로 횡단 선택 또는 [점(PO)/다중 모서리 결합(J)/모드(MO)]:

⇨ 마우스 우클릭으로 진행한다.

2개의 횡단이 선택됨

옵션 입력 [안내(G)/경로(P)/횡단만(C)/설정(S)] 〈횡단만〉:

⇨ 안내곡선이나 경로에 대한 옵션을 선택한다.

안내(G)

로프트 솔리드 또는 곡면의 쉐이프를 조정하는 안내 곡선을 지정한다.

경로(P)

로프트 솔리드 또는 곡면에 대한 단일 경로를 지정한다.

횡단만(C)

안내 또는 경로를 사용하지 않고 로프트된 객체를 작성한다.

설정(S)

로프트 설정 대화상자를 표시한다.

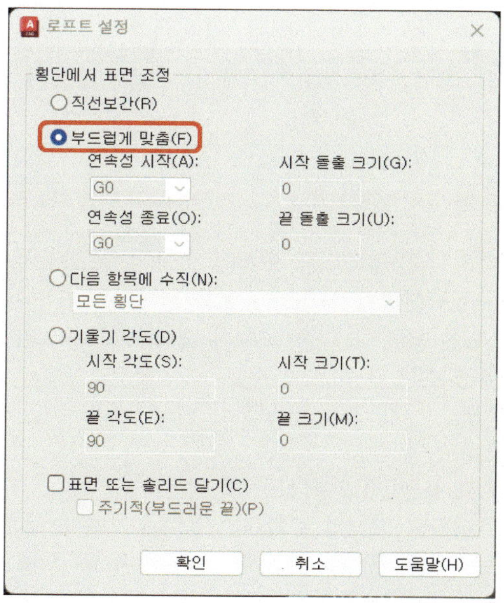

횡단에서 표면 조정

연결 부위에서 곡면을 조절한다.
•직선보간(R) : 직선으로 보간한다.
•부드럽게 맞춤(F) : 부드러운 곡선으로 보간한다.
•다음 항목에 수직(N) : 항복에 수직하게 조절한다.
•기울기 각도(D) : 기울기 각도를 입력한다.
•표면 또는 솔리드 닫기(C) : 곡면 또는 솔리드로 닫는다.

확인

로프트 생성하고 종료한다.

명령: LOFT
올림 순서로 횡단 선택 또는 [점(PO)/다중 모서리 결합(J)/모드(MO)]: P_1 부근 선택
올림 순서로 횡단 선택 또는 [점(PO)/다중 모서리 결합(J)/모드(MO)]: P_2 부근 선택
올림 순서로 횡단 선택 또는 [점(PO)/다중 모서리 결합(J)/모드(MO)]: P_3 부근 선택
올림 순서로 횡단 선택 또는 [점(PO)/다중 모서리 결합(J)/모드(MO)]: P_4 부근 선택
올림 순서로 횡단 선택 또는 [점(PO)/다중 모서리 결합(J)/모드(MO)]: 마우스 우클릭으로 종료

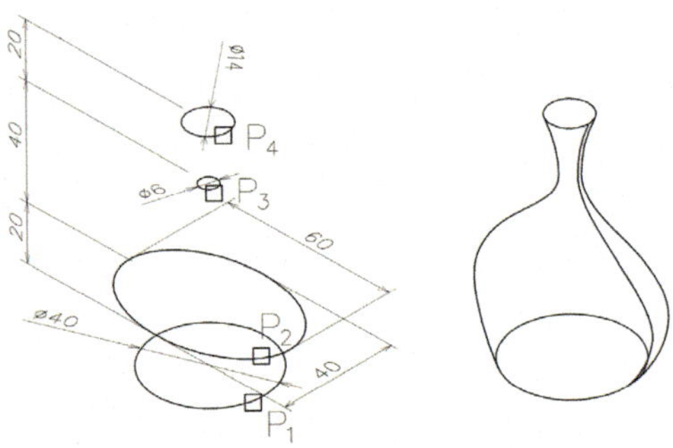

명령: LOFT
올림 순서로 횡단 선택 또는 [점(PO)/다중 모서리 결합(J)/모드(MO)]:
R30의 원 우측 부근 선택
올림 순서로 횡단 선택 또는 [점(PO)/다중 모서리 결합(J)/모드(MO)]:
R5의 원 우측 부근 선택
올림 순서로 횡단 선택 또는 [점(PO)/다중 모서리 결합(J)/모드(MO)]:
마우스 우클릭으로 진행
옵션 입력 [안내(G)/경로(P)/횡단만(C)/설정(S)] 〈횡단만〉: G
안내 프로파일 선택 또는 [다중 모서리 결합(J)]: 연결된 호를 순서대로 모두 선택
안내 프로파일 선택 또는 [다중 모서리 결합(J)]: 마우스 우클릭으로 종료

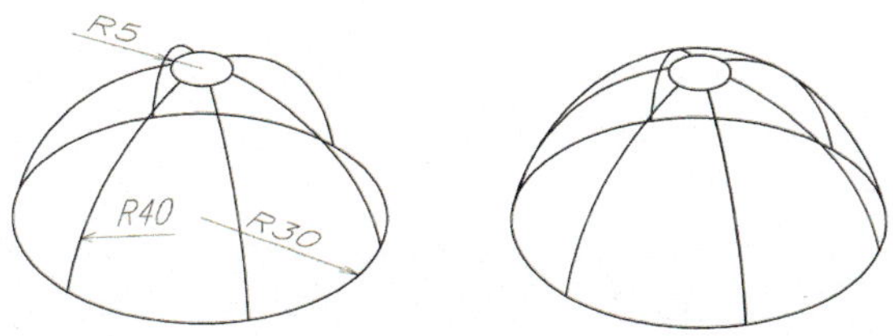

(5) PRESSPULL 명령

솔리드 모델의 경계 영역을 선택하여 인장하거나(늘리거나) 압축하여 새로이 생성하는 명령

명령: PRESSPULL [Enter↵]

객체 또는 경계 영역 선택: ⇨ 늘리거나 압축할 솔리드의 면의 경계를 선택한다.

돌출 높이 지정 또는 [다중(M)]: ⇨ 늘리거나 압축할 높이를 지정한다.

돌출 높이 지정 또는 [다중(M)]: ⇨ 마우스 우클릭으로 종료한다.

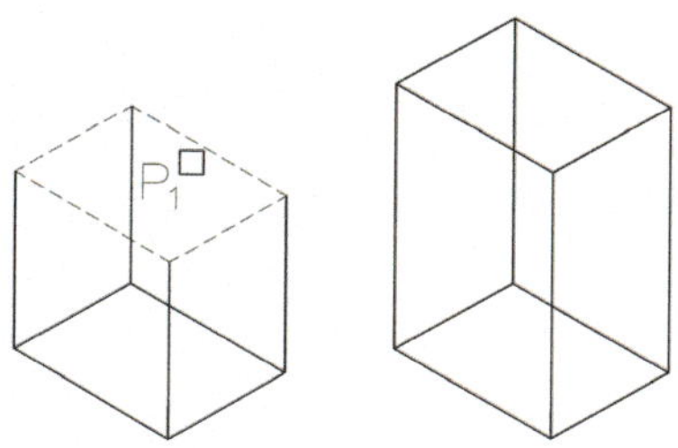

명령: PRESSPULL
객체 또는 경계 영역 선택:
　　P₁ 부근, 즉 윗 면의 경계 안쪽 선택
돌출 높이 지정 또는 [다중(M)]:
　　20(+값은 늘리기(인장))
돌출 높이 지정 또는 [다중(M)]:
　　마우스 우클릭으로 종료

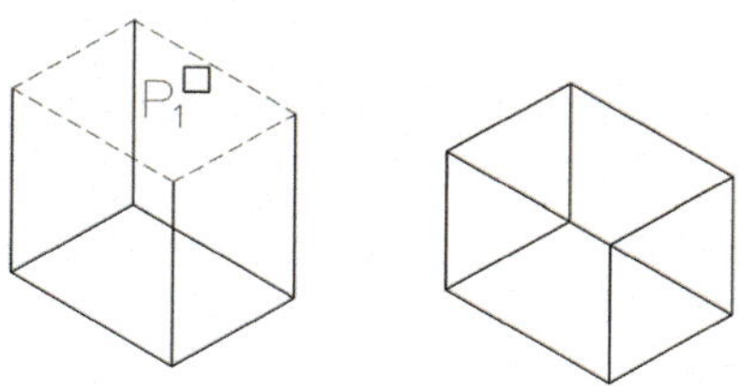

명령: PRESSPULL
객체 또는 경계 영역 선택:
　　P₁ 부근, 즉 윗 면의 경계 안쪽 선택
돌출 높이 지정 또는 [다중(M)]:
　　−10(−값은 압축하기)
돌출 높이 지정 또는 [다중(M)]:
　　마우스 우클릭으로 종료

(6) POLYSOLID 명령

미리정한 높이와 두께 값으로 객체들을 선택하여 솔리드로 변환 생성하는 명령

명령: POLYSOLID Enter↵
높이 = 100.0000, 폭 = 10.0000, 자리맞추기 = 중심
시작점 지정 또는 [객체(O)/높이(H)/폭(W)/자리맞추기(J)] 〈객체〉:
⇨ 첫 점을 선택하거나 옵션을 선택한다.
다음 점 지정 또는 [호(A)/명령 취소(U)]:
다음 점 지정 또는 [호(A)/명령 취소(U)]:
다음 점 지정 또는 [호(A)/닫기(C)/명령 취소(U)]:

객체(O)

솔리드로 변환할 객체를 선택한다. 다음을 변환할 수 있다.

높이(H)

솔리드의 높이를 지정한다.

폭(W)

솔리드의 폭을 지정한다.

자리맞추기(J)

명령을 사용하여 프로파일을 정의할 경우, 솔리드의 폭 및 높이를 왼쪽, 오른쪽 또는 중심 정렬하여 맞추기로 설정한다.

명령: POLYSOLID
100.0000, 폭 = 10.0000, 자리맞추기 = 중심
시작점 지정 또는 [객체(O)/높이(H)/폭(W)/자리맞추기(J)] 〈객체〉: H
높이 지정 〈100.0000〉: 60 높이를 미리 지정
높이 = 60.0000, 폭 = 10.0000, 자리맞추기 = 중심
시작점 지정 또는 [객체(O)/높이(H)/폭(W)/자리맞추기(J)] 〈객체〉: W
폭 지정 〈10.0000〉: 5 폭을 미리 지정
높이 = 60.0000, 폭 = 5.0000, 자리맞추기 = 중심
시작점 지정 또는 [객체(O)/높이(H)/폭(W)/자리맞추기(J)] 〈객체〉: 마우스 우클릭
객체 선택 : 폴리 객체를 선택

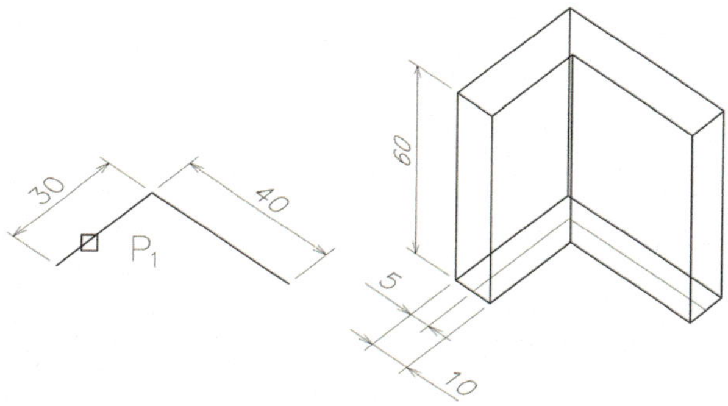

(7) HELIX 명령

2D 또는 3D 나선을 그리는 명령

명령: HELIX Enter↵
회전 수 = 3.0000 비틀기=CCW
기준 중심점 지정: ⇨ 밑면의 중심점을 선택한다.
기준 반지름 지정 또는 [지름(D)] 〈1.0000〉:
⇨ 밑면의 반경 또는 D를 입력 후 직경을 입력한다.
상단 반지름 지정 또는 [지름(D)] 〈60.0000〉:
⇨ 윗면의 반경 또는 D를 입력 후 직경을 입력한다.
나선 높이 지정 또는 [축 끝점(A)/회전(T)/회전 높이(H)/비틀기(W)] 〈1.0000〉:
⇨ 나선의 높이를 입력하거나 옵션을 선택한다.

축 끝점(A)

나선 축의 끝점 위치를 지정한다.

회전(T)

나선의 회전(선회)수를 지정한다.

회전 높이(H)

나선 안에서 하나의 완전한 회전의 높이를 지정한다.

비틀기(W)

나선을 시계 방향(CW)으로 그릴지 또는 시계 반대 방향(CCW : 기본값)으로 그릴지 지정한다.

```
명령: HELIX
회전 수 = 3.0000          비틀기=CW
기준 중심점 지정: 중심점 입력한
기준 반지름 지정 또는 [지름(D)] <20.0000>: 20 밑면의 반경 20
상단 반지름 지정 또는 [지름(D)] <20.0000>: 윗면의 반경 20
나선 높이 지정 또는 [축 끝점(A)/회전(T)/회전 높이(H)/비틀기(W)] <60.0000>: W
나선의 비틀기 방향 입력 [CW/CCW] <CW>: CW 시계방향
나선 높이 지정 또는 [축 끝점(A)/회전(T)/회전 높이(H)/비틀기(W)] <60.0000>: T
회전 수 입력 <3.0000>: 3 회전
나선 높이 지정 또는 [축 끝점(A)/회전(T)/회전 높이(H)/비틀기(W)] <60.0000>: 60
```

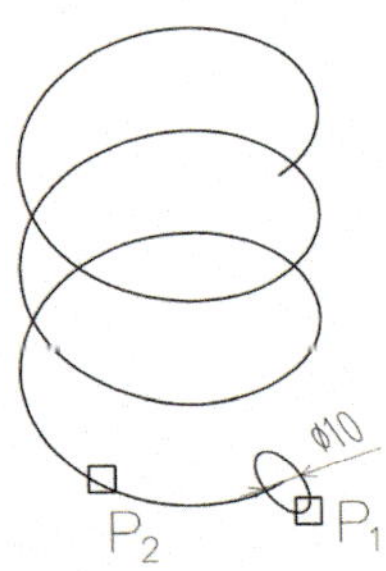

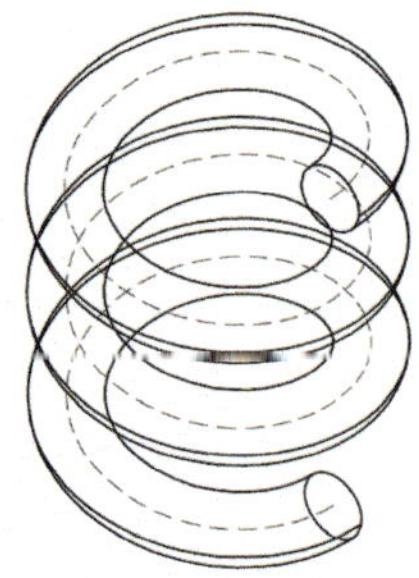

▮과제 도면 모델링 하기

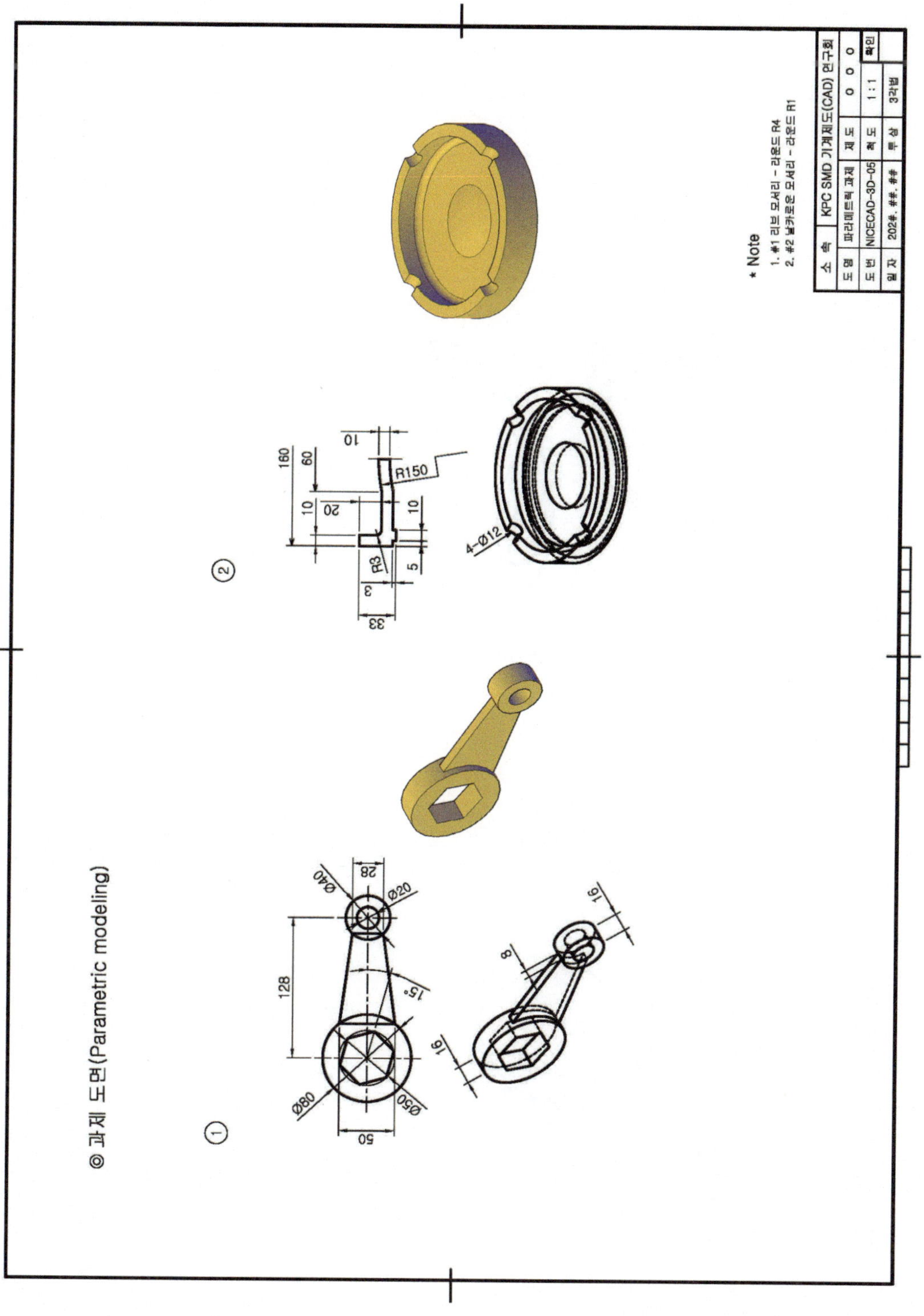
◎ 과제 도면(Parametric modeling)
* Note
1. #1 리브 모서리 - 라운드 R4
2. #2 날카로운 모서리 - 라운드 R1
소 속
KPC SMD 기계제도(CAD) 연구회
도 명
파라메트릭 과제
제 도
○ ○ ○
도 번
NICECAD-3D-05
척 도
1 : 1
확인
일 자
202#. ##. ##
투 상
3각법

▮과제 도면 모델링 하기

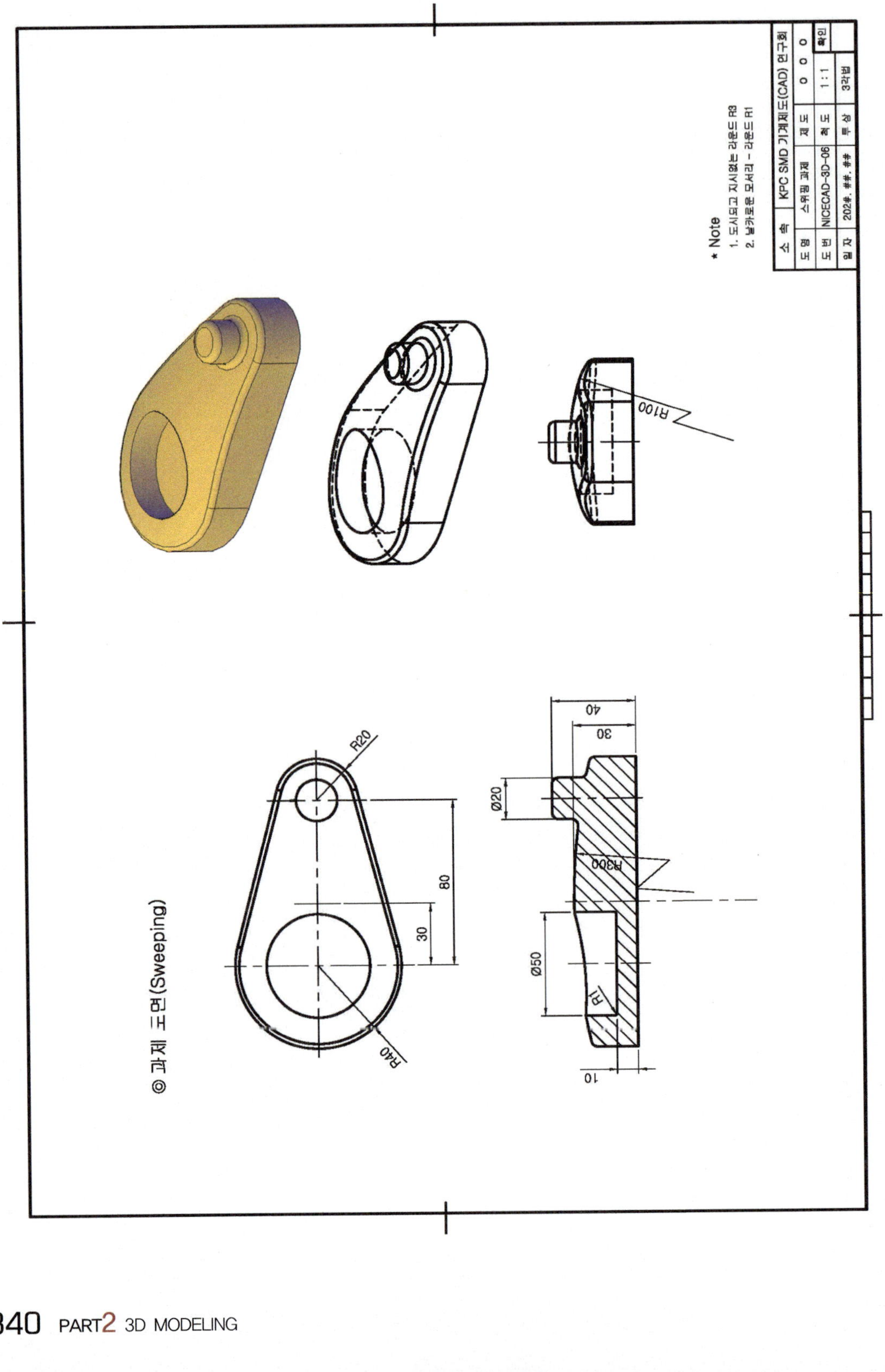

◎ 과제 도면(Sweeping)
* Note
1. 도시되고 지시없는 라운드 R3
2. 날카로운 모서리 - 라운드 R1
소 속
KPC SMD 기계제도(CAD) 연구회
도 명
스위핑 과제
제 도
○ ○ ○
도 번
NICECAD-3D-06
척 도
1 : 1
확인
일 자
202#. ##. ##
투 상
3각법
R100
R20
R40
80
30
40
30
Ø20
R300
Ø50
R1
10

▮과제 도면 모델링 하기

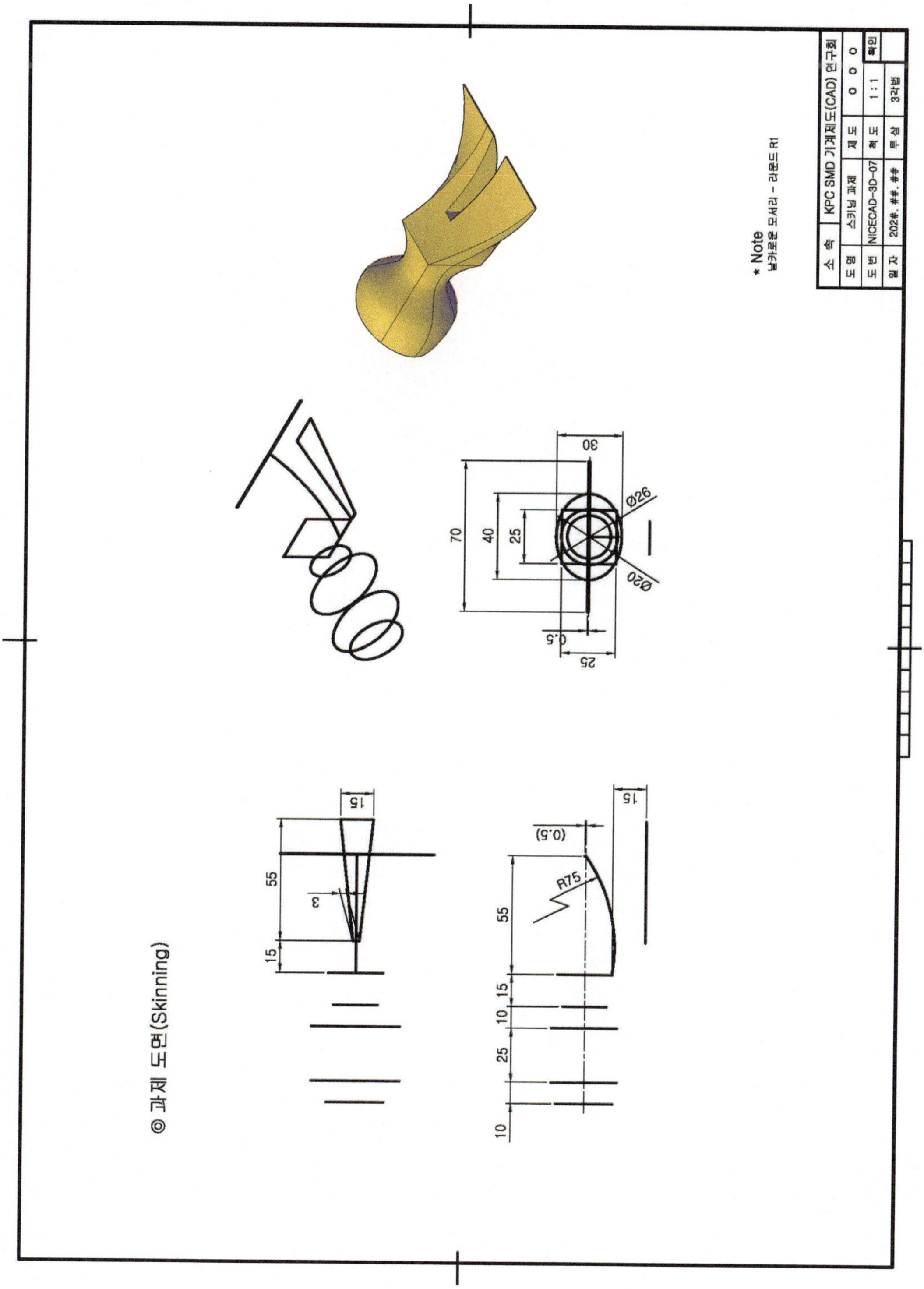
◎ 과제 도면(Skinning)
* Note
날카로운 모서리 - 라운드 R1
KPC SMD 기계제도(CAD) 연구회
소 속
도 명
스키닝 과제
제 도
○ ○ ○
도 번
NICECAD-3D-07
척 도
1 : 1
확인
일 자
202#. ##. ##
투 상
3각법
70
40
25
30
Ø26
Ø20
(0.5)
25
15
55
15
3
R75
55
15
10
25
10

▮과제 도면 모델링 하기

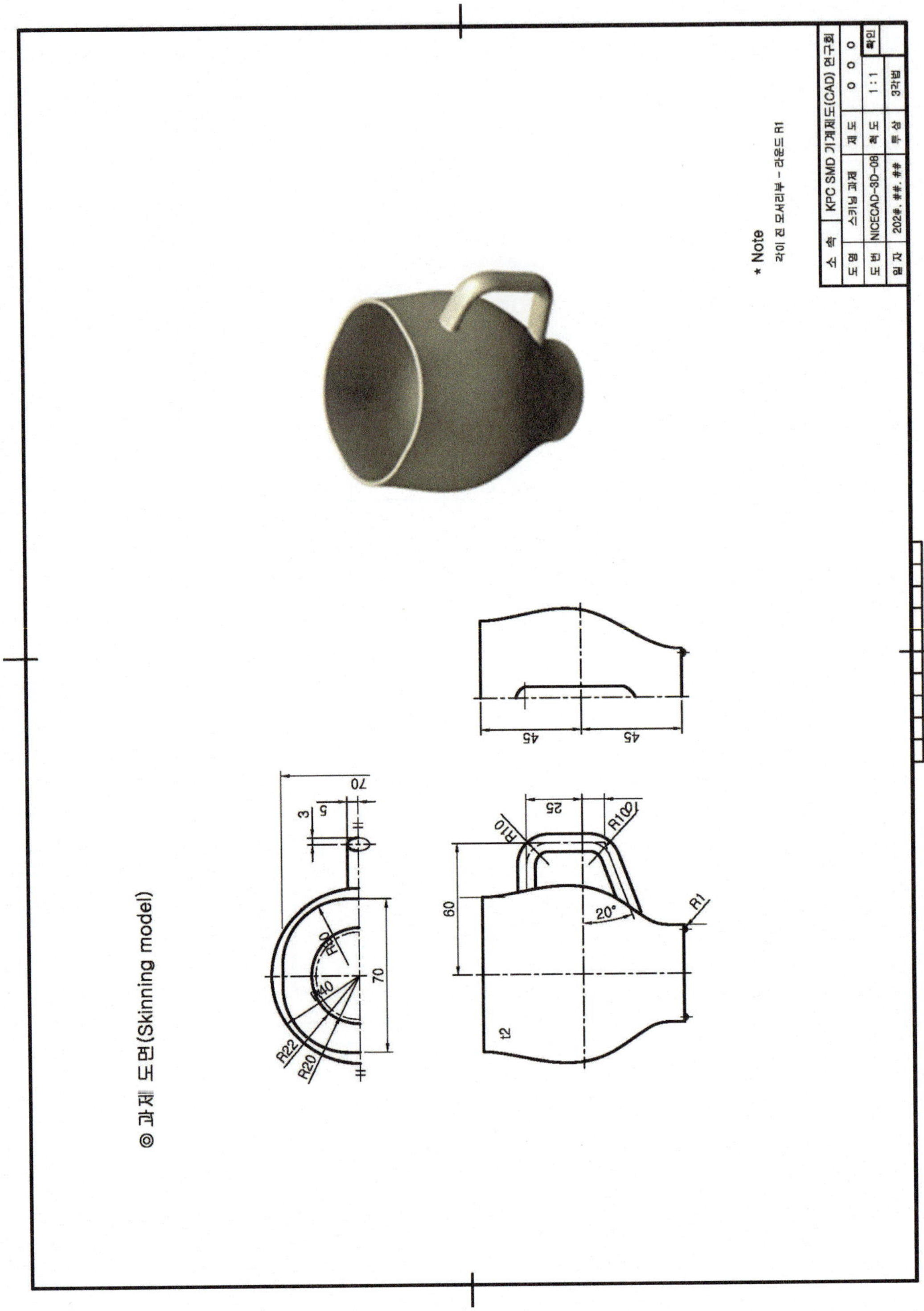

CHAPTER 04

라운드와 모따기 및 단면처리 그리고 편집 명령들

학습목표

- 스케치 도구를 이용하여 디자인을 형상화할 수 있다.
- 부가명령어를 이용하여 3D 솔리드를 단면 처리할 수 있다,
- 연관 기능을 이용하여 솔리드를 원하는 형상으로 편집하고 변환할 수 있다.

1 라운드와 모따기 처리 명령

(1) FILLET 또는 F(단축명령)

솔리드 모델의 모서리를 선택하여 라운드 처리 명령

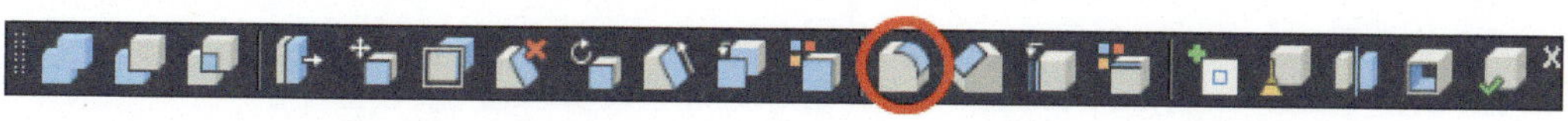

명령: F 또는 FILLET Enter↵
현재 설정: 모드 = 자르기, 반지름 = 0.0000
첫 번째 객체 선택 또는 [명령 취소(U)/폴리선(P)/반지름(R)/자르기(T)/다중(M)]:
⇨ 솔리드 모델의 모서리를 선택한다.
모깎기 반지름 입력 또는 [표현식(E)]: ⇨ 라운드 처리할 반경을 입력한다.
모서리 선택 또는 [체인(C)/루프(L)/반지름(R)]:
⇨ 추가로 라운드 처리할 모서리를 선택하거나 옵션을 선택한다.

모서리 선택 또는 [체인(C)/루프(L)/반지름(R)]:
2개의 모서리(들)이(가) 모깎기를 위해 선택됨.

체인(C)

단일 모서리 선택에서 접해 있는 연속 모서리 한 번에 선택한다.

루프(L)

솔리드 면에 모서리 루프를 지정한다.

Radius

모깎기 호의 반지름을 정의한다.

명령: F
현재 설정: 모드 = 자르기, 반지름 = 0.0000
첫 번째 객체 선택 또는 [명령 취소(U)/폴리선(P)/반지름(R)/자르기(T)/다중(M)]:
　　P_1 부근의 모서리 선택
모깎기 반지름 입력 또는 [표현식(E)]: 10 모깎기의 반경 입력
모서리 선택 또는 [체인(C)/루프(L)/반지름(R)]: P_2 부근의 모서리 선택
모서리 선택 또는 [체인(C)/루프(L)/반지름(R)]: P_3 부근의 모서리 선택
모서리 선택 또는 [체인(C)/루프(L)/반지름(R)]: 마우스 우클릭으로 종료
3개의 모서리(들)이(가) 모깎기를 위해 선택됨.

명령: F
현재 설정: 모드 = 자르기, 반지름 = 10.0000
첫 번째 객체 선택 또는 [명령 취소(U)/폴리선(P)/반지름(R)/자르기(T)/다중(M)]:
　　P_1 부근의 모서리 선택
모깎기 반지름 입력 또는 [표현식(E)]: 10 모깎기의 반경 입력
모서리 선택 또는 [체인(C)/루프(L)/반지름(R)]: C
모서리 선택 또는 [체인(C)/루프(L)/반지름(R)]: P_1 부근의 모서리 다시 선택
모서리 선택 또는 [체인(C)/루프(L)/반지름(R)]: 마우스 우클릭으로 종료
2개의 모서리(들)이(가) 모깎기를 위해 선택됨.

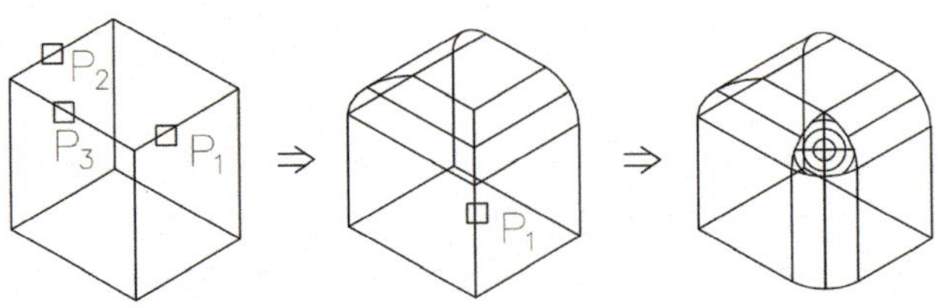

(2) CHAMFER 또는 CHA(단축명령)

솔리드의 모서리를 선택하여 모따기 처리하는 명령

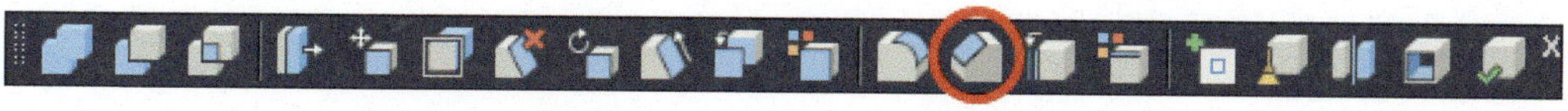

명령: CHA 또는 CHAMFER Enter↵

(자르기 모드) 현재 모따기 거리1 = 0.0000, 거리2 = 0.0000

첫 번째 선 선택 또는 [명령 취소(U)/폴리선(P)/거리(D)/각도(A)/자르기(T)/메서드(E)/다중(M)]:

⇨ 솔리드의 모서리를 선택한다.

기준 표면 선택... ⇨ 기준면을 선택한다.

표면 선택 옵션 입력 [다음(N)/확인(OK)] 〈확인(OK)〉: N

⇨ 다음 면을 기준면으로 선택할 때 N을 입력한다.

표면 선택 옵션 입력 [다음(N)/확인(OK)] 〈확인(OK)〉:

⇨ 마우스 우클릭으로 진행한다.

기준 표면 모따기 거리 지정 또는 [표현식(E)]:

⇨ 모따기 할 기준면의 안쪽으로 거리값을 입력한다.

다른 표면 모따기 거리 지정 또는 [표현식(E)] 〈0.0000〉:

⇨ 모따기 할 기준면의 바깥쪽으로 거리값을 입력한다.

모서리 선택 또는 [루프(L)]: ⇨ 모따기 할 기준면의 모서리를 선택하거나 L을 입력한다.

모서리 선택 또는 [루프(L)]: ⇨ 마우스 우클릭으로 종료한다.

루프(L)

기준 면의 모든 모서리를 선택한다.

명령: CHA
(자르기 모드) 현재 모따기 거리1 = 0.0000, 거리2 = 0.0000
첫 번째 선 선택 또는 [명령 취소(U)/폴리선(P)/거리(D)/각도(A)/자르기(T)/메서드(E)/다중(M)]:
    P_1 부근의 모서리 선택
기준 표면 선택...
표면 선택 옵션 입력 [다음(N)/확인(OK)] 〈확인(OK)〉: N
기준 표면을 윗면으로 올리기 위해 N 입력
표면 선택 옵션 입력 [다음(N)/확인(OK)] 〈확인(OK)〉:
    마우스 우클릭으로 진행
기준 표면 모따기 거리 지정 또는 [표현식(E)]: 10
다른 표면 모따기 거리 지정 또는 [표현식(E)] 〈10.0000〉: 5
모서리 선택 또는 [루프(L)]: P_1 부근의 모서리 선택
모서리 선택 또는 [루프(L)]: P_2 부근의 모서리 선택
모서리 선택 또는 [루프(L)]: 마우스 우클릭으로 종료

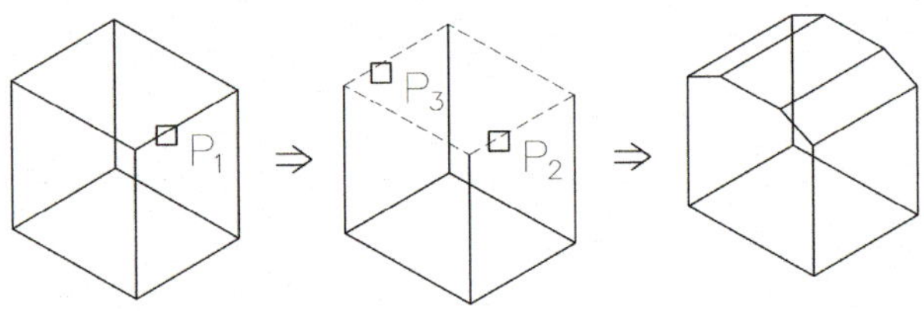

명령: CHA
(자르기 모드) 현재 모따기 거리1 = 0.0000, 거리2 = 0.0000
첫 번째 선 선택 또는 [명령 취소(U)/폴리선(P)/거리(D)/각도(A)/자르기(T)/메서드(E)/다중(M)]:
P_1 부근의 모서리 선택
    기준 표면 선택...
표면 선택 옵션 입력 [다음(N)/확인(OK)] 〈확인(OK)〉: N
    N을 입력하여 윗면을 기준평면으로 선택
표면 선택 옵션 입력 [다음(N)/확인(OK)] 〈확인(OK)〉: 마우스 우클릭
기준 표면 모따기 거리 지정 또는 [표현식(E)]: 10
다른 표면 모따기 거리 지정 또는 [표현식(E)] 〈10.0000〉: 5
모서리 선택 또는 [루프(L)]: L
루프 모서리 선택 또는 [모서리(E)]: P_2 부근의 모서리 선택
루프 모서리 선택 또는 [모서리(E)]: 마우스 우클릭으로 종료

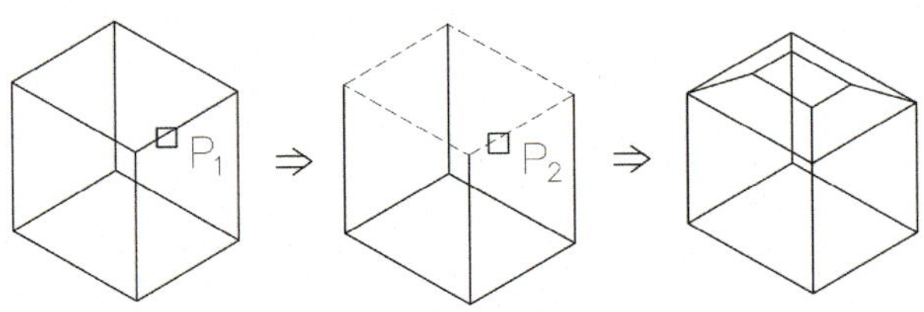

2 단면 처리 명령

(1) SLICE 또는 SL(단축명령)

평면 또는 곡면으로 솔리드를 자르기 하는 명령

명령: SL 또는 SLICE Enter↵
슬라이스할 객체 선택: ⇨ 솔리드를 선택한다.
슬라이스할 객체 선택: ⇨ 마우스 우클릭으로 진행한다.
슬라이싱 평면의 시작점 지정 또는 [평면형 객체(O)/표면(S)/Z축(Z)/뷰(V)/XY(XY)/YZ(YZ)/ZX(ZX)/3점(3)] 〈3점〉: ZX
⇨ 자르기 할 기준면의 첫 점을 입력하거나 옵션을 선택한다.
ZX 평면 위의 점 지정 〈0,0,0〉: ⇨ 자르기 위한 기준점을 선택한다.
원하는 면 위의 점 지정 또는 [양쪽 면 유지(B)] 〈양쪽(B)〉:
⇨ 남겨질 부분의 한 점을 선택하거나 B를 입력한다.

평면형 객체(O)/표면(S)/Z축(Z)/뷰(V)/XY(XY)/YZ(YZ)/ZX(ZX)/3점(3)

평면/객체/곡면/z방향/관측면/XY평면/YZ평면/ZX평면/3점을 사용하여 절단 평면을 정의한다.

양쪽 면 유지(B)

양쪽 면으로 분리하여 유지한다.

명령: SL
슬라이스할 객체 선택: P_1 부근의 모서리 선택
슬라이스할 객체 선택: 마우스 우클릭으로 진행
라이싱 평면의 시작점 지정 또는 [평면형 객체(O)/표면(S)/Z축(Z)/뷰(V)//XY(XY)/YZ(YZ)/ZX(ZX)/3점(3)] 〈3점〉: zx ZX 평면 위의 점 지정 〈0,0,0〉: ZX
zx ZX 평면 위의 점 지정 〈0,0,0〉: mid 〈– MID of P_2 점 선택
원하는 면 위의 점 지정 또는 [양쪽 면 유지(B)] 〈양쪽(B)〉: B

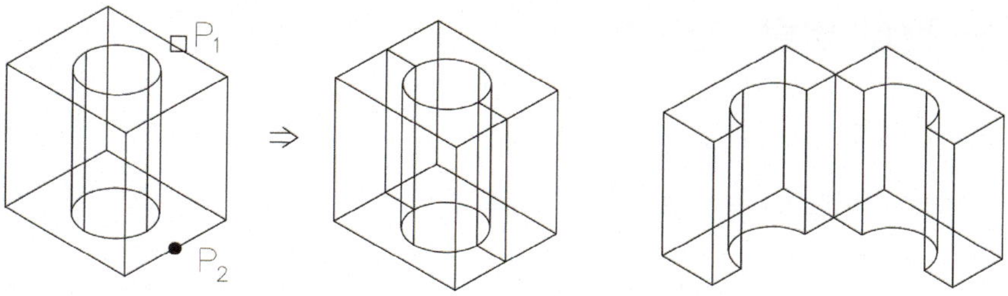

(2) SECTION 명령

평면과 솔리드의 교차점을 사용하여 영역을 생성하는 명령

명령: SECTION Enter↵
객체 선택: ⇨ 솔리드를 선택한다.
객체 선택: ⇨ 마우스 우클릭으로 진행한다.
다음을 사용하여 단면 평면위에 첫 번째 점 지정 [객체(O)/Z축(Z)/뷰(V)/XY(XY)/YZ(YZ)/ZX(ZX)/3점(3)] 〈3점〉: ZX
⇨ 솔리드에 생성할 단면의 첫 점을 입력하거나 옵션을 입력한다.
ZX 평면 위의 점 지정 〈0,0,0〉: ⇨ 단면 영역을 생성할 기준점을 선택한다.

객체(O)/Z축(Z)/뷰(V)/XY(XY)/YZ(YZ)/ZX(ZX)/3점(3)

평면/Z방향/관측면/XY평면/YZ평면/ZX평면/3점을 사용하여 기준 평면을 정의한다.

명령:SEC
객체 선택: P_1 부근의 모서리를 선택한다.
객체 선택: 마우스 우클릭으로 진행한다.
다음을 사용하여 단면 평면위에 첫 번째 점 지정 [객체(O)/Z축(Z)/뷰(V)/XY(XY)/YZ(YZ)/ZX(ZX)/3점(3)] 〈3점〉: ZX
ZX 평면 위의 점 지정 〈0,0,0〉: P_2 점을 선택한다.

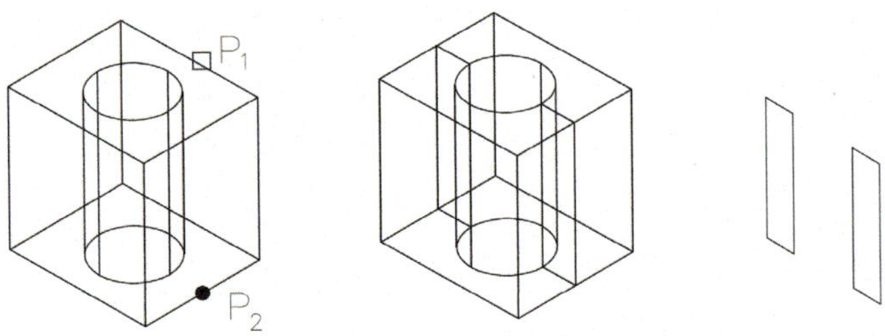

3 솔리드 편집 명령

(1) SOLIDEDIT 명령

3D 솔리드 모델의 면과 모서리 그리고 바디를 편집하는 명령

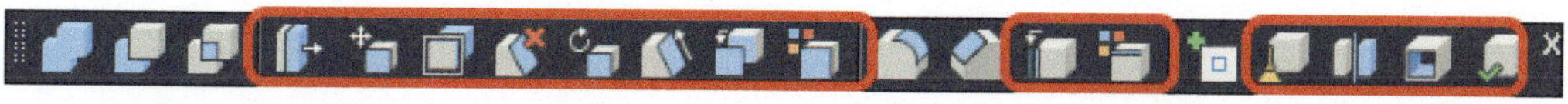

위 아이콘을 클릭하여 아래와 같은 편집 기능을 사용할 수 있다.

명령: SOLIDEDIT Enter↵
솔리드 편집 자동 점검: SOLIDCHECK=1
솔리드 편집 옵션 [면(F)/모서리(E)/본체(B)/명령 취소(U)/종료(X)] 〈종료〉: F
F(면)를 입력한다.
솔리드 편집 옵션을 선택한다.

면(F)/모서리(E)/본체(B)/명령 취소(U)/종료(X)

평면/모서리/솔리드 바디 선택하거나 취소/종료를 할 수 있다.

면(F)

솔리드 편집 옵션 [면(F)/모서리(E)/본체(B)/명령 취소(U)/종료(X)] 〈종료〉: F
F(평면)를 선택하면 다음과 같은 옵션이 나타난다.
면 편집 옵션 입력
[돌출(E)/이동(M)/회전(R)/간격띄우기(O)/테이퍼(T)/삭제(D)/복사(C)/색상(L)/재료(A)/
명령 취소(U)/종료(X)] 〈종료(X)〉:

모서리(E)/본체(B)

모서리를 선택하여 복사/색상변경을 하거나 취소/종료를 할 수 있다.
솔리드 편집 옵션 [면(F)/모서리(E)/본체(B)/명령 취소(U)/종료(X)] 〈종료〉: E
모서리 편집 옵션 [복사(C)/색상(L)/명령 취소(U)/종료(X)] 〈종료〉:

본체(B)

바디를 선택하여 각인/분리/셀/삭제/체크를 하거나 취소/종료를 할 수 있다.
솔리드 편집 옵션 [면(F)/모서리(E)/본체(B)/명령 취소(U)/종료(X)] 〈종료〉: B
본체 편집 옵션 입력
[각인(I)/솔리드 분리(P)/쉘(S)/비우기(L)/점검(C)/명령 취소(U)/종료(X)]
〈종료〉:

명령: SOLIDEDIT
솔리드 편집 옵션 [면(F)/모서리(E)/본체(B)/명령 취소(U)/종료(X)] 〈종료〉:_F
[돌출(E)/이동(M)/회전(R)/간격띄우기(O)/테이퍼(T)/삭제(D)/복사(C)/색상(L)/재료(A)/
명령 취소(U)/종료(X)] 〈종료(X)〉: R
면 선택 또는 [명령 취소(U)/제거(R)]: P_1 부근의 모서리 선택
면 선택 또는 [명령 취소(U)/제거(R)/전체(ALL)]: P_2 부근의 모서리 선택
면 선택 또는 [명령 취소(U)/제거(R)/전체(ALL)]: 마우스 우클릭으로 진행
축 점 지정 또는 [객체의 축(A)/뷰(V)/X축(X)/Y축(Y)/Z축(Z)] 〈2점〉
회전축 상의 두 번째 점 지정: 회전하기 위한 중심점 선택
회전 각도 지정 또는 [참조(R)]: 90

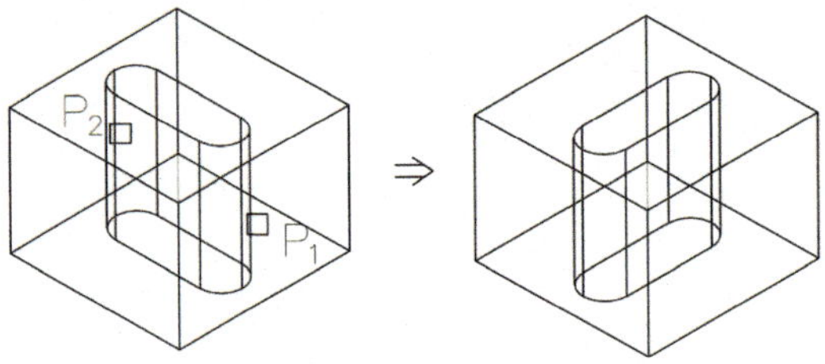

명령: SOLIDEDIT
솔리드 편집 자동 점검: SOLIDCHECK=1
솔리드 편집 옵션 [면(F)/모서리(E)/본체(B)/명령 취소(U)/종료(X)] 〈종료〉: F
면 편집 옵션 입력
[돌출(E)/이동(M)/회전(R)/간격띄우기(O)/테이퍼(T)/삭제(D)/복사(C)/색상(L)/재료(A)/
명령 취소(U)/종료(X)] 〈종료(X)〉: T
면 선택 또는 [명령 취소(U)/제거(R)]: P_1 부근의 모서리 선택
면 선택 또는 [명령 취소(U)/제거(R)/전체(ALL)]: R
면 제거 또는 [명령 취소(U)/추가(A)/전체(ALL)]: 밑면 모서리를 선택하여 선택을 제거
면 제거 또는 [명령 취소(U)/추가(A)/전체(ALL)]: 마우스 우클릭으로 진행
기준점 지정: 기준점(P_2) 입력
테이퍼축을 따라 다른 점 지정: P_3 점 입력
테이퍼 각도를 지정: 10 테이퍼 각도 입력

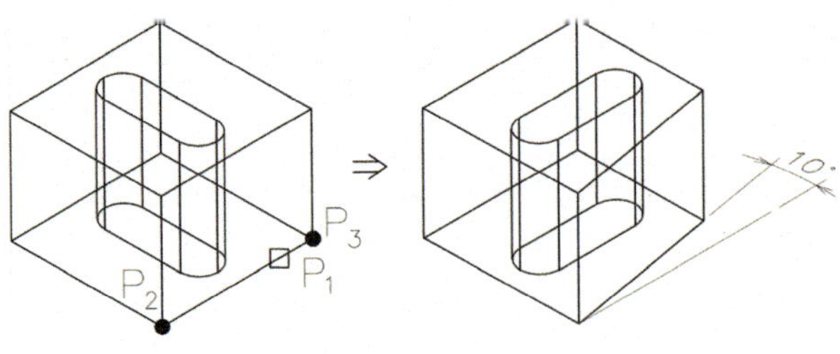

명령: SOLIDEDIT
솔리드 편집 자동 점검: SOLIDCHECK=1
솔리드 편집 옵션 [면(F)/모서리(E)/본체(B)/명령 취소(U)/종료(X)] 〈종료〉: B
본체 편집 옵션 입력
[각인(I)/솔리드 분리(P)/쉘(S)/비우기(L)/점검(C)/명령 취소(U)/종료(X)] 〈종료〉: I
3D 솔리드 선택: P_1 부근의 모서리 선택
각인할 하나의 객체를 선택: P_2 부근의 객체 선택
원본 객체를 삭제합니까? [예(Y)/아니오(N)] 〈N〉: Y
각인할 하나의 객체를 선택: P_3 부근의 객체 선택
원본 객체를 삭제합니까? [예(Y)/아니오(N)] 〈Y〉: Y
각인할 하나의 객체를 선택: 마우스 우클릭으로 종료

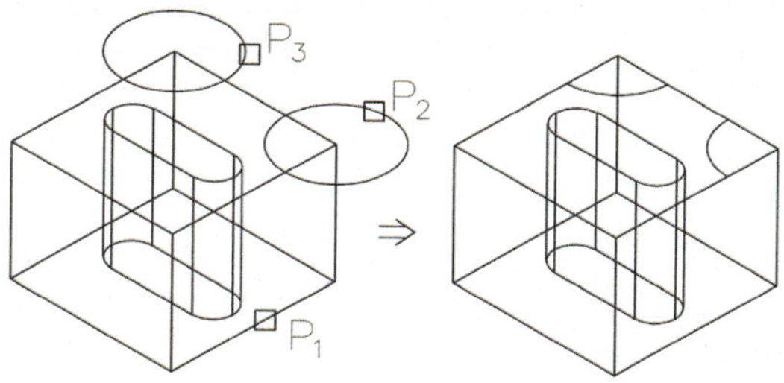

명령: SOLIDEDIT
솔리드 편집 자동 점검: SOLIDCHECK=1
솔리드 편집 옵션 [면(F)/모서리(E)/본체(B)/명령 취소(U)/종료(X)] 〈종료〉: B
본체 편집 옵션 입력
[각인(I)/솔리드 분리(P)/쉘(S)/비우기(L)/점검(C)/명령 취소(U)/종료(X)] 〈종료〉: S
3D 솔리드 선택: P_1 부근 선택
면 제거 또는 [명령 취소(U)/추가(A)/전체(ALL)]: 제거할 면인 P_2 부근 선택
면 제거 또는 [명령 취소(U)/추가(A)/전체(ALL)]: A
면 선택 또는 [명령 취소(U)/제거(R)/전체(ALL)]: 추가할 P_3 부근 선택
면 선택 또는 [명령 취소(U)/제거(R)/전체(ALL)]: 마우스 우클릭으로 진행
쉘 간격띄우기 거리 입력: 5 셀 두께값 입력

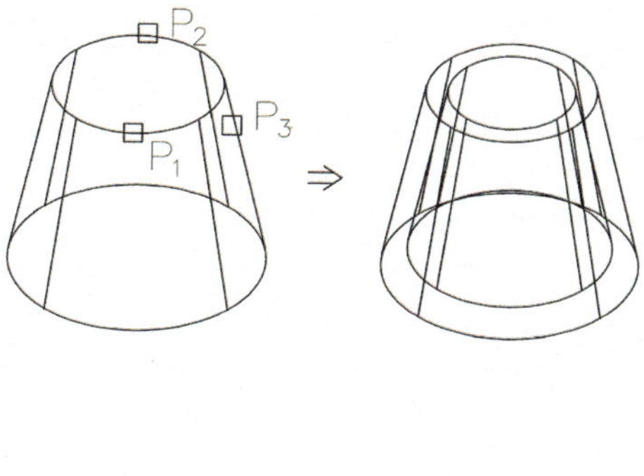

(2) ALIGN 또는 AL (단축명령)

객체를 2D 및 3D에서 또다른 객체와 이동 및 회전하여 정렬하는 명령

명령: AL 또는 ALIGN [Enter↵]	
객체 선택:	⇨ 정렬할 객체를 선택한다.
객체 선택:	⇨ 마우스 우클릭으로 진행한다.
첫 번째 근원점 지정:	⇨ 정렬할 물체의 첫 점을 입력한다.
첫 번째 대상점 지정:	⇨ 정렬될 목표의 첫 점을 입력한다.
두 번째 근원점 지정:	⇨ 정렬할 물체의 두 번째 점을 입력한다.
두 번째 대상점 지정:	⇨ 정렬될 목표의 두 번째 점을 입력한다.
세 번째 근원점 지정 또는 〈계속〉:	⇨ 정렬할 물체의 세 번째 점을 입력한다.
세 번째 대상점 지정:	⇨ 정렬될 목표의 세 번째 점을 입력한다.

명령: AL
객체 선택: 정렬할 솔리드 선택
객체 선택: 마우스 우클릭
첫 번째 근원점 지정: 원본의 기준점(P_1) 입력
첫 번째 대상점 지정: 목표의 기준점(P_2) 입력
두 번째 근원점 지정: 원본의 P_3 점 입력
두 번째 대상점 지정: 목표의 P_4 점 입력
세 번째 근원점 지정 또는 〈계속〉: 원본의 P5 점 입력
세 번째 대상점 지정: 목표의 P6 점 입력

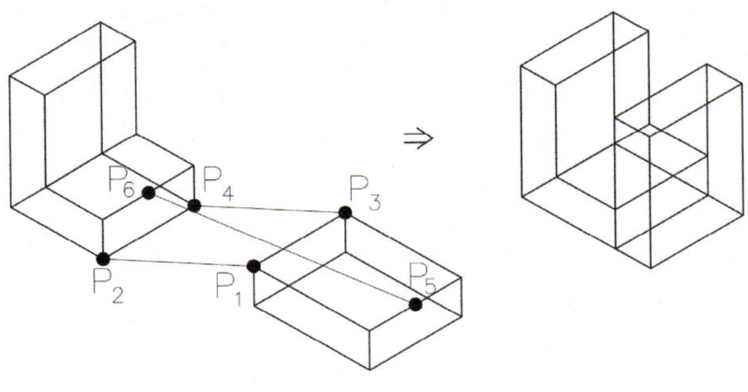

(3) 3DALIGN 명령

객체를 2D 및 3D에서 다른 객체와 이동과 회전하여 정렬하는 명령

명령: 3DALIGN [Enter↵]

객체 선택: ⇨ 정렬할 객체를 선택한다.

객체 선택: ⇨ 마우스 우클릭으로 진행한다.

원본 평면 및 방향 지정...

기준점 지정 또는 [복사(C)]: ⇨ 원본의 기준점을 지정한다.

두 번째 점 지정 또는 [계속(C)] 〈C〉: ⇨ 원본의 두 번째 점을 지정한다.

세 번째 점 지정 또는 [계속(C)] 〈C〉: ⇨ 원본의 세 번째 점을 지정한다.

대상 평면 및 방향 지정...

첫 번째 대상점 지정: ⇨ 목표의 첫 번째 대상점을 지정한다.

두 번째 대상점 지정 또는 [종료(X)] 〈X〉: ⇨ 목표의 두 번째 대상점을 지정한다.

세 번째 대상점 지정 또는 [종료(X)] 〈X〉: ⇨ 목표의 세 번째 대상점을 지정한다.

명령: 3DALIGN
객체 선택: 정렬할 솔리드 선택
객체 선택: 마우스 우클릭으로 진행
원본 평면 및 방향 지정...
기준점 지정 또는 [복사(C)]: 정렬할 솔리드의 P_1 점 선택
두 번째 점 지정 또는 [계속(C)] 〈C〉: 정렬할 솔리드의 P_2 점 선택
세 번째 점 지정 또는 [계속(C)] 〈C〉: 정렬할 솔리드의 P_3 점 선택
대상 평면 및 방향 지정...
첫 번째 대상점 지정: 목표 솔리드의 P_1 점 선택
두 번째 대상점 지정 또는 [종료(X)] 〈X〉: 목표 솔리드의 P_2 점 선택
세 번째 대상점 지정 또는 [종료(X)] 〈X〉: 목표 솔리드의 P_3 점 선택

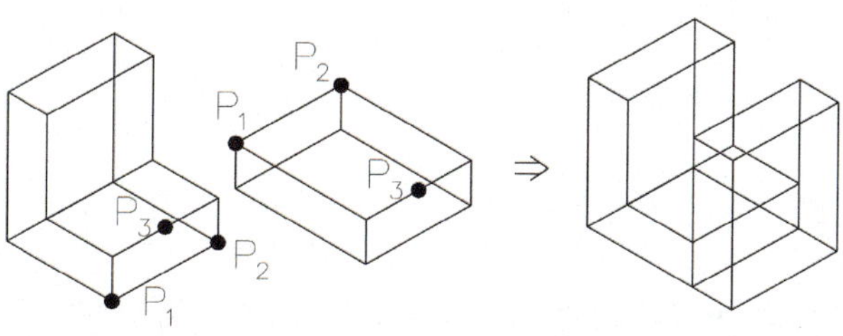

(4) 3DMOVE 명령

3D 뷰에서 맞물림 이동 도구를 표시하고 객체를 지정된 방향의 지정된 거리로 이동하는 명령

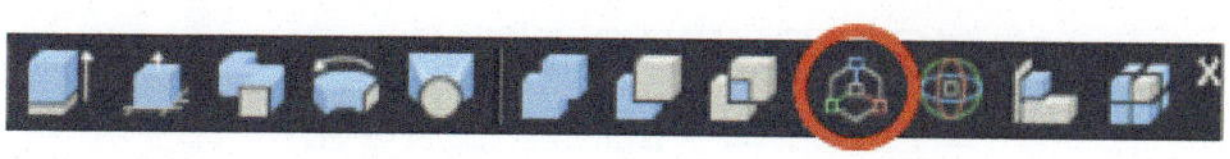

명령: 3DMOVE [Enter↵]

객체 선택: ⇨ 이동할 솔리드를 선택한다.
객체 선택: ⇨ 마우스 우클릭으로 진행한다.
기준점 지정 또는 [변위(D)] 〈변위〉:
⇨ 이동 도구로 기준점을 입력하거나 D(변위)를 입력한다.
두 번째 점 지정 또는 〈첫 번째 점을 변위로 사용〉: ⇨ 이동할 점을 입력한다.

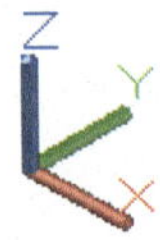

변위(D)

D를 입력하고 50, 20, 30 입력하면 상대 좌표로 이동한다.

변위 지정 〈0.0000, 0.0000, 0.0000〉: 50,20,30

명령: 3DMOVE
객체 선택:이동할 솔리드 모델 선택
객체 선택:마우스 우클릭으로 진행
기준점 지정 또는 [변위(D)] 〈변위〉: 기준점(P_1 점) 선택
두 번째 점 지정 또는 〈첫 번째 점을 변위로 사용〉: 이동할 점(P_2 점) 선택

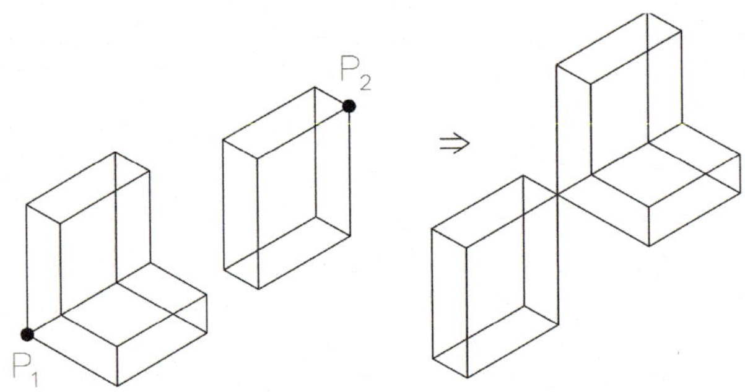

(5) 3DROTATE 명령

맞물림 회전 도구를 3D 뷰에 표시하고 기준점 주위에서 객체를 회전시키는 명령

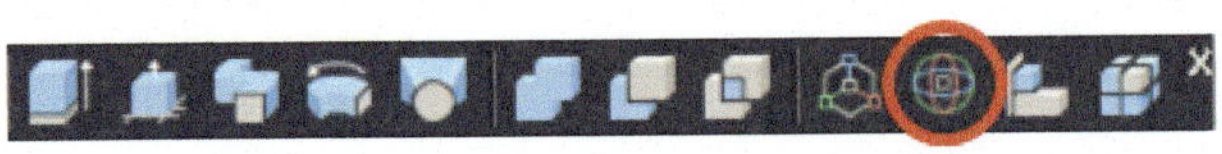

명령: 3DROTATE Enter↵
현재 UCS에서 양의 각도: 측정 방향=시계 반대 방향 기준 방향=0
객체 선택: ⇨ 회전할 객체를 선택한다.
객체 선택: ⇨ 마우스 우클릭으로 진행한다.
기준점 지정: ⇨ 회전 도구로 기준점을 선택한다.
회전축 선택: ⇨ 회전하기 위한 기준 축을 선택한다.

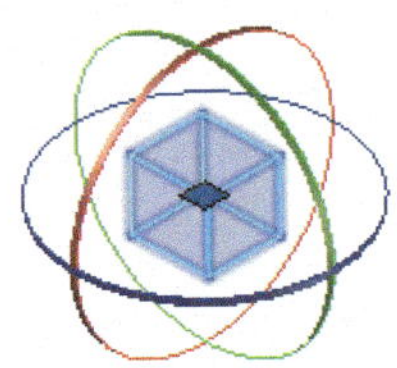

각도 시작점 지정 또는 각도 입력:

⇨ 회전 값을 입력하거나 각도 시작점과 끝점을 지정한다.

명령: 3DROTATE
현재 UCS에서 양의 각도: 측정 방향=시계 반대 방향 기준 방향=0
객체 선택: 회전할 솔리드(P_1 부근) 선택
객체 선택: 마우스 우클릭으로 진행
기준점 지정: 기준점(P_2 점) 입력
회전축 선택: 회전 축(P_2 –P_3 선분) 입력
각도 시작점 지정 또는 각도 입력: 90 회전 각도 입력

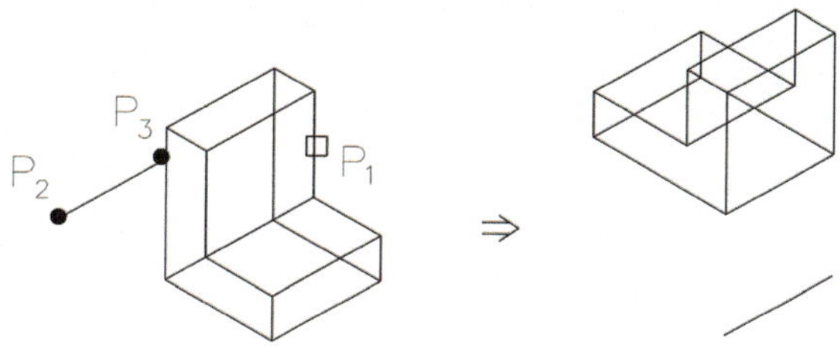

(6) MIRROR3D 명령

평면을 중심으로 객체의 대칭 복사를 하거나 대칭 이동하는 명령이다.

수정(M) 메뉴에서 3D 작업(3)을 선택한 후 3D 대칭(D) 선택

명령: MIRROR3D Enter↵
객체 선택: ⇨ 대칭 복사할 객체를 선택한다.
객체 선택: ⇨ 마우스 우클릭으로 진행한다.
대칭 평면 (3점)의 첫 번째 점 지정 또는
[객체(O)/최종(L)/Z축(Z)/뷰(V)/XY/YZ/ZX/3점(3)] 〈3점〉: XY
⇨ 대칭복사 할 기준면의 첫 점을 선택하거나 옵션을 입력한다.
다음 위의 점 지정 XY 평면 〈0,0,0〉: ⇨ XY 평면의 위치를 입력한다.
원본 객체를 삭제합니까? [예(Y)/아니오(N)] 〈N〉: ⇨ N은 대칭 복사, Y는 대칭 이동한다.

명령: MIRROR3D
객체 선택: 회전할 솔리드(P_1 부근) 선택
객체 선택: 마우스 우클릭으로 진행
대칭 평면 (3점)의 첫 번째 점 지정 또는
[객체(O)/최종(L)/Z축(Z)/뷰(V)/XY/YZ/ZX/3점(3)] 〈3점〉: P_2 점 선택
대칭 평면 위의 두 번째 점 지정: P_3 점 선택
대칭 평면 위의 세 번째 점 지정: P_4 점 선택
원본 객체를 삭제합니까? [예(Y)/아니오(N)] 〈N〉: N : 대칭 복사한다.
Y : 대칭 이동한다.

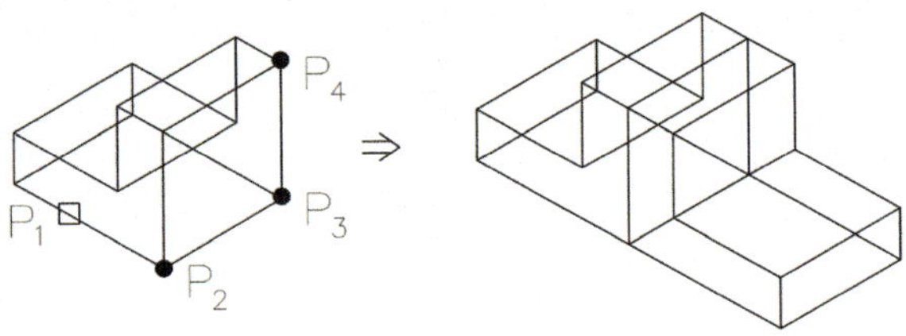

(7) 3DARRAY 명령

3차원 직사각형이나 원형 배열 복사하는 명령

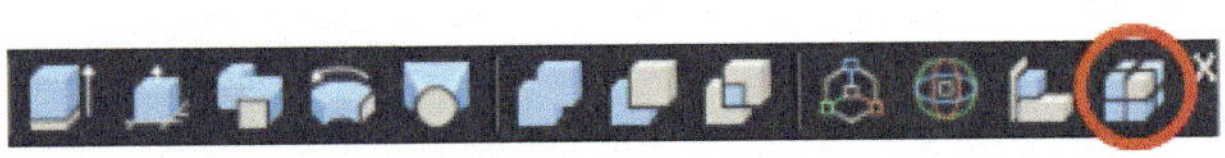

사각(Rectangular) 배열 복사

명령: 3DARRAY Enter↵
객체 선택: ⇨ 배열할 객체를 선택한다.
객체 선택: ⇨ 마우스 우클릭으로 진행한다.
배열의 유형 입력 [직사각형(R)/원형(P)] 〈R〉: R
행 수 입력 (---) 〈1〉: ⇨ 행 수를 입력한다.
열 수 입력 (|||) 〈1〉: ⇨ 열 수를 입력한다.
레벨 수 입력 (...) 〈1〉: ⇨ 층 수를 입력한다.
행 사이의 거리를 지정(---): ⇨ 행 사이거리 Y 방향으로(+ : 윗쪽, - : 아랫쪽)
열 사이의 거리를 지정 (|||): ⇨ 렬 사이거리 X 방향으로(+ : 오른쪽, - : 왼쪽)
레벨 사이의 거리를 지정 (...): ⇨ 층 사이거리 Z 방향으로(+ : 윗쪽, - : 아랫쪽)

원형(Polar) 배열 복사

명령: 3DARRAY Enter↵
객체 선택: ⇨ 배열할 객체를 선택한다.
객체 선택: ⇨ 마우스 우클릭으로 진행한다.
배열의 유형 입력 [직사각형(R)/원형(P)] 〈R〉: P
배열에서 항목 수 입력: ⇨ 원형 배열 복사할 개수를 입력한다.
채우기할 각도 지정 (+=ccw, −=cw) 〈360〉: ⇨ 채울 각도를 입력한다.
배열된 객체를 회전하시겠습니까? [예(Y)/아니오(N)] 〈Y〉: ⇨ Y : 배열한 객체들을 회전
⇨ N : 배열한 객체들을 회전하지 않기
배열의 중심점 지정: ⇨ 배열을 위한 중심점을 입력한다.
회전축 상의 두 번째 점 지정: ⇨ 회전하기 위한 축의점을 입력한다.

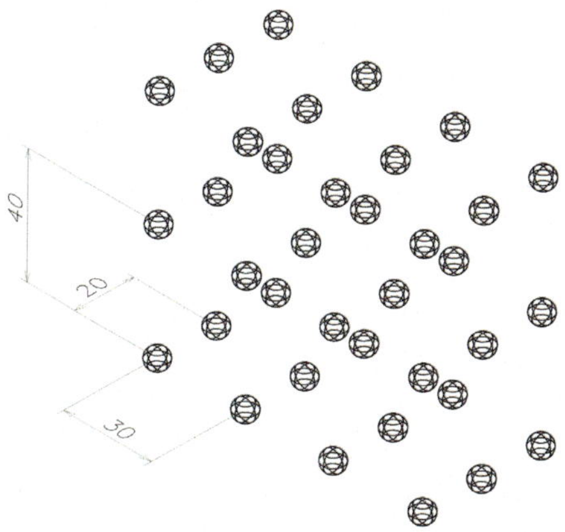

명령: 3DARRAY
초기화 중... 3DARRAY 가 로드됨.
객체 선택: 구형 선택
객체 선택: 마우스 우클릭으로 진행
배열의 유형 입력 [직사각형(R)/원형(P)] 〈R〉: R
행 수 입력 (——) 〈1〉: 3
열 수 입력 (|||) 〈1〉: 4
레벨 수 입력 (...) 〈1〉: 3
행 사이의 거리를 지정(——): 20
열 사이의 거리를 지정 (|||): 30
레벨 사이의 거리를 지정 (...): 40

명령: 3DARRAY
객체 선택: P_1 부근 선택
객체 선택: 마우스 우클릭으로 진행
배열의 유형 입력 [직사각형(R)/원형(P)] 〈R〉:p
배열에서 항목 수 입력: 4
채우기할 각도 지정 (+=ccw, −=cw) 〈360〉: 180
배열된 객체를 회전하시겠습니까? [예(Y)/아니오(N)] 〈Y〉: 마우스 우클릭
배열의 중심점 지정: P_2 점 선택
회전축 상의 두 번째 점 지정: P_3 점 선택

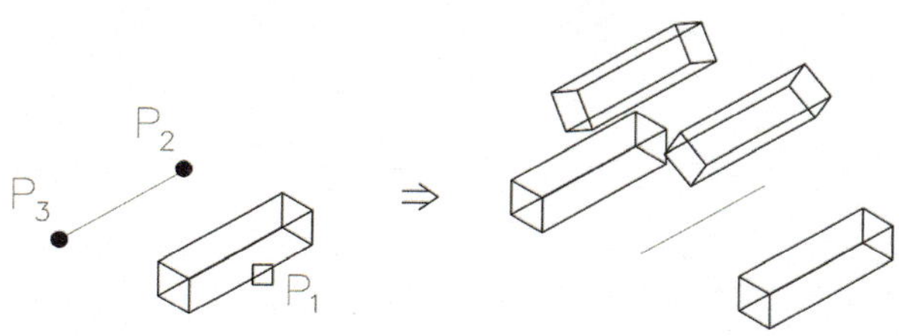

▮과제 도면 모델링 하기

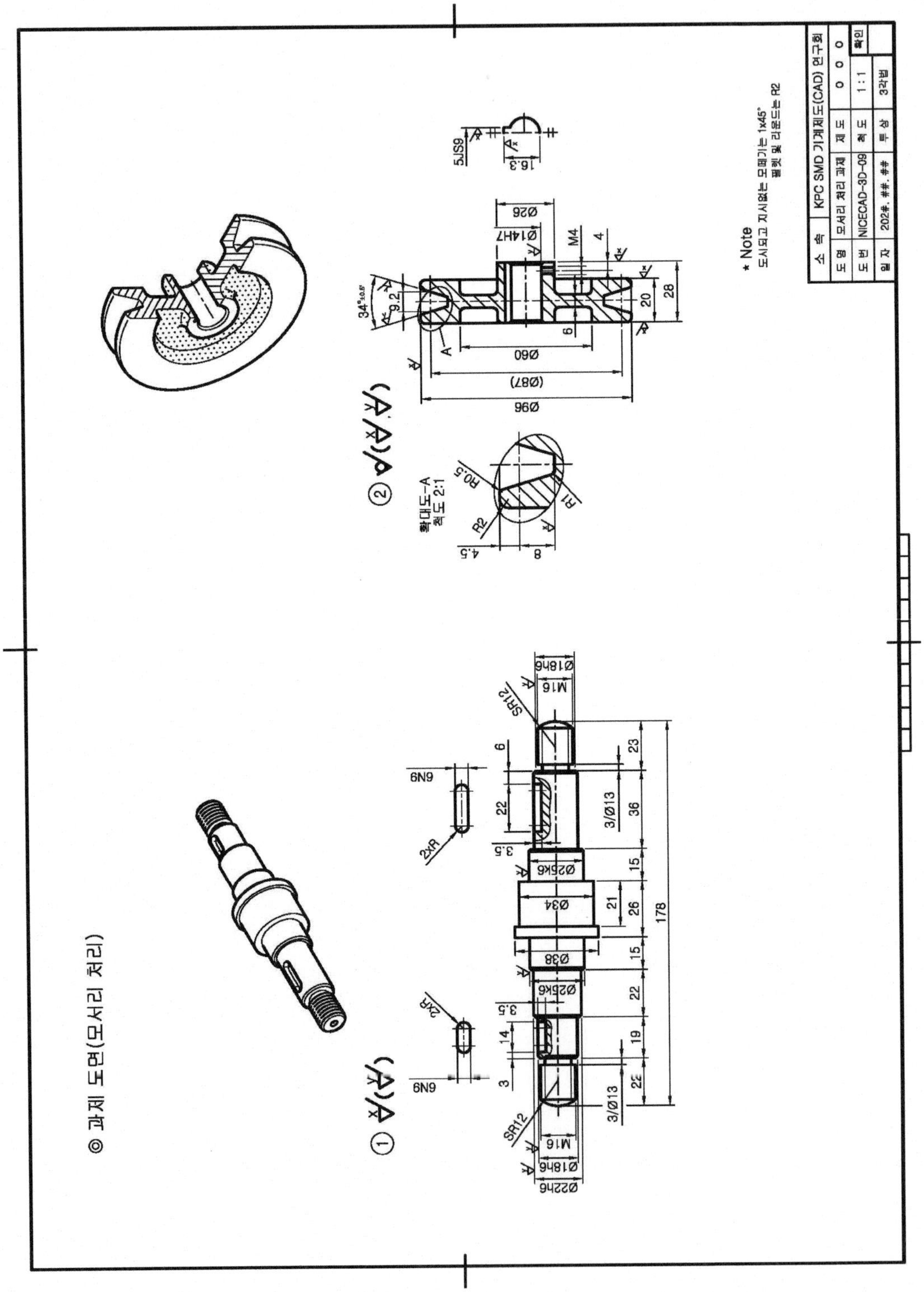

◎ 과제 도면(모서리 처리)
①
②
확대도-A
척도 2:1
* Note
도시되고 지시없는 모떼기는 1x45°
필렛 및 라운드는 R2
KPC SMD 기계제도(CAD) 연구회
소 속
도 명
모서리 처리 과제
도 번
NICECAD-3D-09
일 자
202#. ##. ##
제 도
척 도
1 : 1
투 상
3각법
확인

■ 과제 도면 모델링 하기

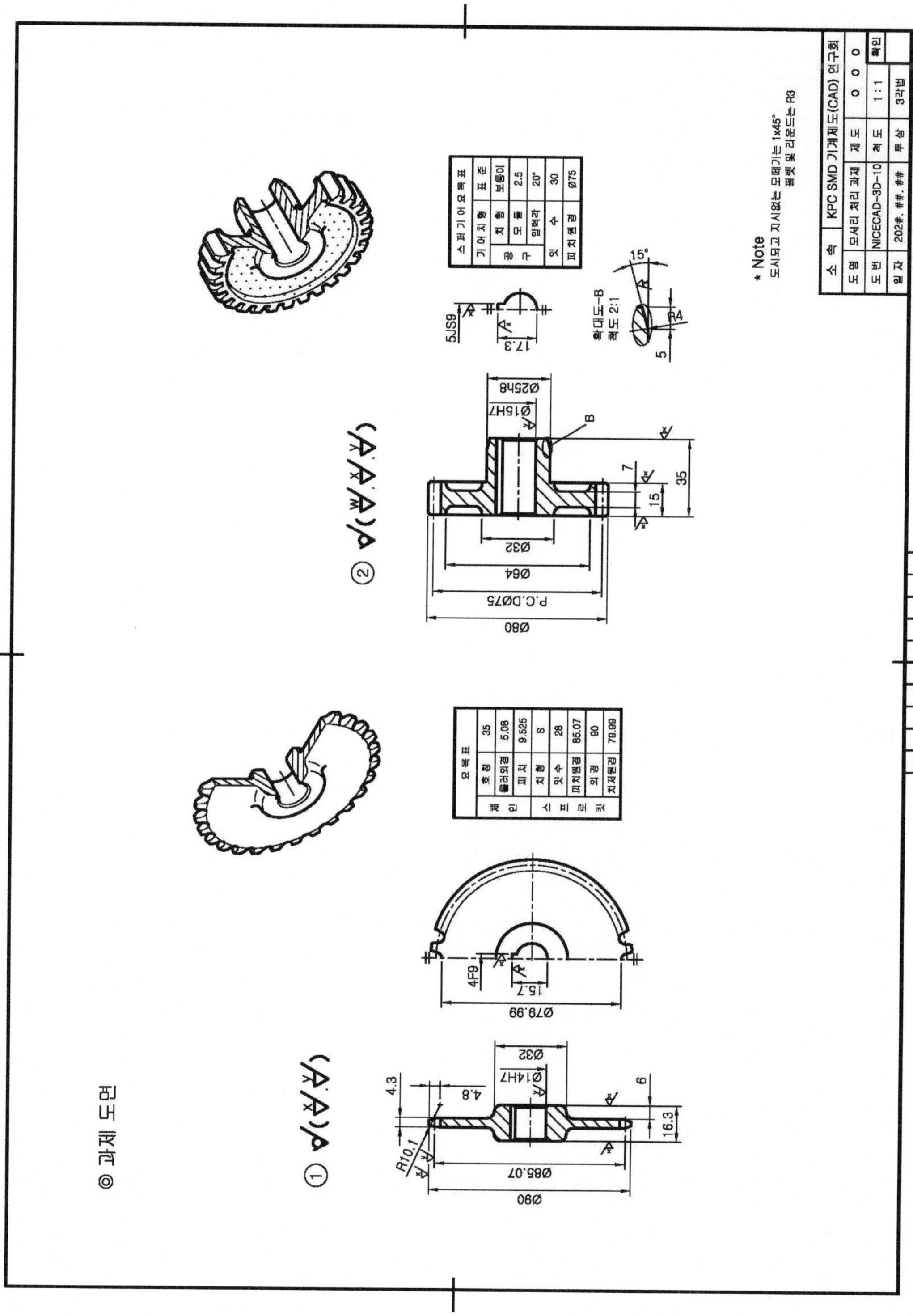
◎ 과제 도면
①
②
* Note
도시되고 지시없는 모떼기는 1x45°
필렛 및 라운드는 R3
확대도-B
척도 2:1
KPC SMD 기계제도(CAD) 연구회
모서리 처리 과제
NICECAD-3D-10
1:1
3각법

CHAPTER 05

비주얼 스타일과 렌더링

학습목표

- 특징 형상 설계를 이용하여 요구되어지는 3D 형상모델링을 완성할 수 있다.
- 요구되는 목적에 맞도록 3D 모델링의 음영처리된 이미지를 작성할 수 있다.

1 비주얼 스타일(Visual Styles)

(1) VSCURRENT 명령

현재 뷰포트의 뷰 스타일을 설정하는 명령

위 아이콘을 클릭하여 솔리드 모델의 가시 유형을 선택한다.

명령: VSCURRENT Enter↵
옵션 입력 [2D 와이어프레임(2)/와이어프레임(W)/숨김(H)/실제(R)/개념(C)/음영처리(S)/모서리로 음영처리됨(E)/회색 음영처리(G)/스케치(SK)/X 레이(X)/기타(O)] 〈개념〉:

2D 와이어프레임(2)

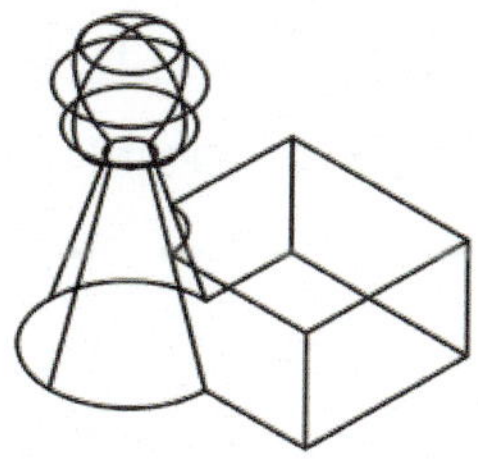

경계를 나타내는 선과 곡선을 사용하여 객체를 표시한다.
래스터와 OLE 객체, 선종류 및 선가중치를 볼 수 있다.

와이어프레임(W)

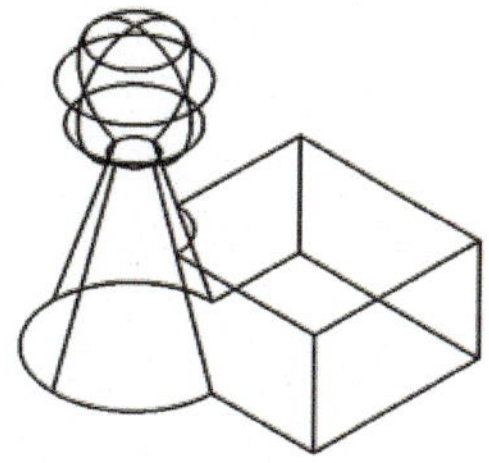

경계를 나타내는 선과 곡선을 사용하여 객체를 표시한다.
음영처리된 3D UCS 아이콘을 표시한다.

숨김(H)

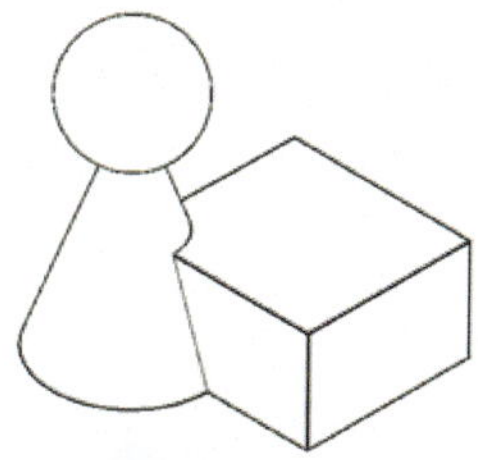

객체를 3D 와이어프레임 표현을 사용하여 표시하고 뒷면을 표현하는 선을 숨긴다.

실제(R)

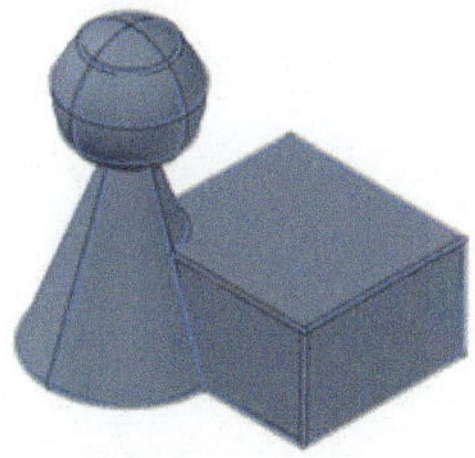

객체를 음영처리하며 다각형 면 사이의 모서리를 부드럽게 만든다.
객체에 부착한 재료가 표시된다.

개념(C)

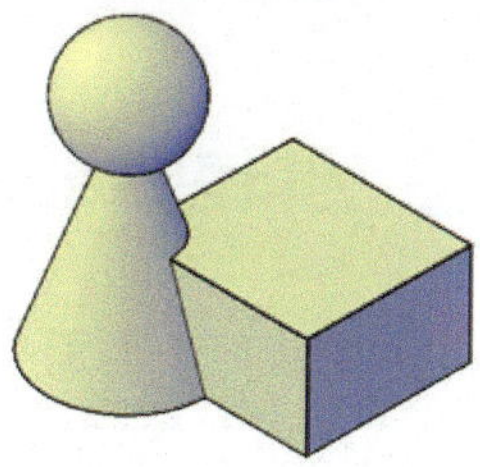

객체를 음영처리하며 다각형 면 사이의 모서리를 부드럽게 만든다.
음영처리는 차가운 색상과 따뜻한 색상간의 변환을 사용한다.

(2) VISUALSTYLES 명령

뷰 스타일 관리자 창이 표시되는 명령

명령: VISUALSTYLES Enter↵

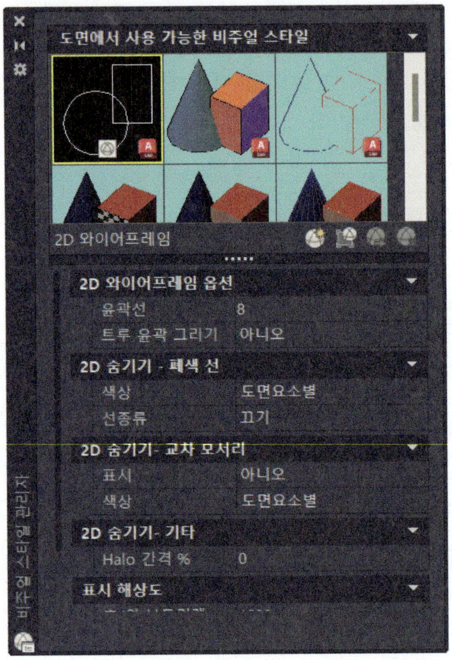

2 렌더링(Rendering)

(1) RENDER 명령

3차원 와이어 프레임이나 솔리드 모형의 포토리얼 리스틱 또는 사실적으로 음영 처리된 이미지를 작성하는 명령

뷰(V) 메뉴에서 렌더(E)를 선택한 후 렌더(R) 선택

명령: RENDER Enter↵

■ **렌더 윈도우는 다음 세 개 창으로 나뉘어져 있다.**

- 이미지 창 렌더 이미지를 표시한다.
- 통계 창 오른쪽 창에는 렌더링에 사용되는 현재 설정값이 표시된다.
- 사용 내역 창 맨 아래에는 현재 모형에서 렌더링된 이미지의 최근 사용 내역과 렌더링 진행을 표시하는 진행 상태 표시기가 제공된다.

■ **렌더링을 작성한 각 도면에 대해 각각 다른 렌더 윈도우가 열린다. 한 도면의 렌더링은 항상 해당 렌더 윈도우에 나타난다.**

■ **렌더 윈도우에서 다음 작업을 수행할 수 있다.**

- 이미지를 파일에 저장한다.
- 이미지 사본을 파일에 저장한다.
- 현재 렌더링에 사용된 설정을 검토한다.
- 모형의 렌더링 사용 내역을 추적한다.
- 렌더링 사용 내역으로부터 이미지를 소거, 삭제 또는 소거 및 삭제한다.
- 렌더 이미지의 단면을 줌 확대하고 이미지를 초점 이동한 다음 다시 줌 축소한다.

파일(F) 메뉴

저장 또는 사본 저장을 하거나 종료한다.

뷰(V) 메뉴

상태 막대와 통계창을 표시한다.

도구 메뉴

렌더 이미지를 줌 확대 및 줌 축소하는 명령을 제공한다.

(2) POINTLIGHT 명령

조명을 설치하는 명령

명령: POINTLIGHT Enter↵
원본 위치 지정 〈0,0,0〉: ⇨ 좌표값을 입력하거나 마우스로 선택한다.
변경할 옵션 입력 [이름(N)/광도 비율(I)/상태(S)/광도 측정(P)/그림자(W)/감쇠(A)/필터 색상(C)/종료(X)] 〈종료〉:

이름(N)

광원의 이름을 지정한다.

광도 비율(I)

광원의 조도 또는 밝기를 설정한다.

상내(S)

광원을 켜거나 끈다.

그림자(W)

광원이 그림자를 만들도록 한다.

감쇠(A)

거리가 멀어짐에 따라 빛이 감소하는 정도를 조정한다.

필터 색상(C)

조명의 색상을 조정한다.

종료(X)

명령을 종료한다.

(3) LIGHTLIST 명령

모형의 조명 윈도우를 열어 조명을 추가 및 수정하는 명령

명령: LIGHTLIST Enter↵

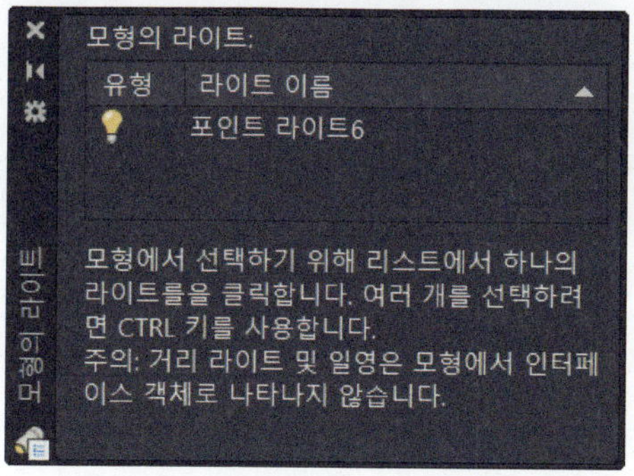

(4) MATEDITOROPEN 명령

재료를 관리, 적용 및 수정하는 재료 검색기 및 편집기를 나타내는 명령
뷰(V) 메뉴에서 렌더(E)를 선택하고 재료 편집기(M)를 선택한다.

명령: MATEDITOROPEN Enter↵

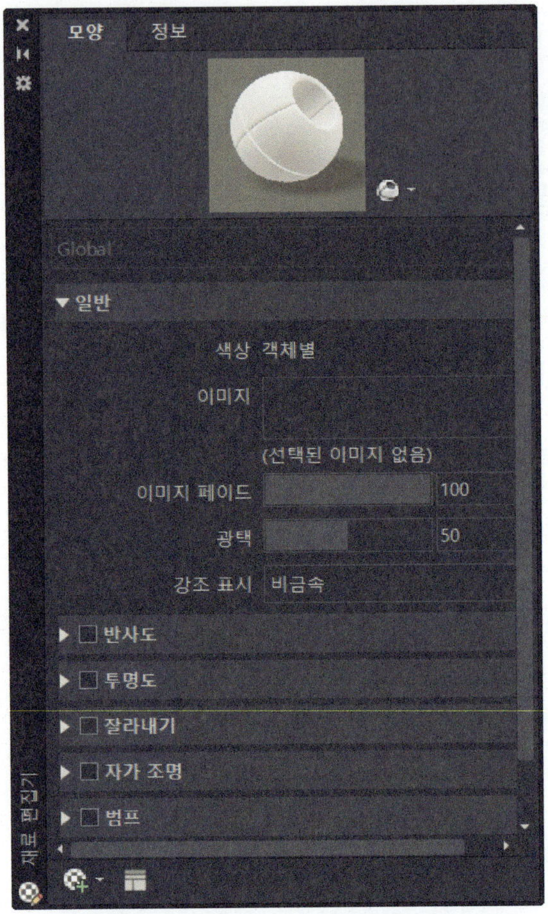

(5) MATERIALMAP 명령

재료 맵퍼 맞물림 도구를 표시하여 면 또는 객체의 매핑을 조정하는 명령
뷰(V) 메뉴에서 렌더(E)를 선택하고 매핑(A), 평면형 매핑(P) 등등 선택

명령: MATERIALMAP Enter↵
옵션 선택 [상자(B)/평면(P)/구형(S)/원통형(C)/매핑 복사(Y)/매핑 재설정(R)]〈상자〉:
면 또는 객체 선택: ⇨ 매핑할 객체를 선택한다.
면 또는 객체 선택: ⇨ 마우스 우클릭으로 진행한다.
매핑 승인 또는 [이동(M)/회전(R)/재설정(T)/매핑 모드 전환(W)]:
⇨ 옵션을 입력하거나 마우스 우클릭으로 종료한다.

상자(B)/평면(P)/구형(S)/원통형(C)/매핑 복사(Y)/매핑 재설정(R)

매핑을 할 객체의 유형을 선택한다.

이동(M)

맵을 이동하기 위해 모눈 이동 도구를 표시한다.

회전(R)

맵을 회전하기 위해 모눈 회전 도구를 표시한다.

재설정(T)

맵에 대한 UV 좌표를 기본값으로 재설정한다.

매핑 모드 전환(W)

주 프롬프트를 다시 표시한다.

(6) ADVANCED RENDER SETTINGS 명령

렌더링 설정을 구성하는 데 사용되는 렌더 사전 설정 관리자 팔레트를 표시하는 명령
뷰(V) 메뉴에서 렌더(E)를 선택하고 고급 렌더 설정(D) 선택

명령: RPREF Enter↵

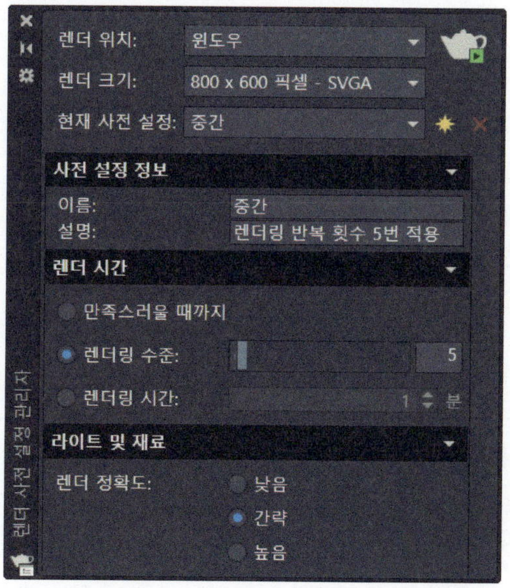

렌더링 위치

렌더러가 렌더링된 이미지를 표시하는 위치를 결정한다.
•윈도우: 현재 뷰를 렌더 윈도우로 렌더링한다.
•뷰포트: 현재 뷰포트에서 현재 뷰를 렌더링한다.
•영역: 현재 뷰포트에서 지정된 영역을 렌더링한다.

렌더 크기

렌더링된 이미지의 출력 크기와 해상도를 지정한다.

렌더

3D 솔리드 또는 표면 모형의 사실적 이미지 및 사실적으로 음영처리된 이미지를 작성한다.

현재 사전 설정

뷰 또는 영역을 렌더링할 때 사용할 렌더 사전 설정을 지정한다.

사본 작성

선택한 렌더 사전 설정을 복제한다.

삭제

도면의 현재 사전 설정 드롭다운 리스트에서 선택한 사용자 렌더 사전 설정을 제거한다.

사전 설정 정보

선택한 렌더 사전 설정의 이름과 설명을 표시한다.
•이름: 선택한 렌더 사전 설정의 이름을 지정한다.
•설명: 선택한 렌더 사전 설정의 설명을 지정한다.

렌더 시간

렌더링된 최종 출력을 작성하기 위해 렌더러가 반복하는 레벨 수 또는 시간 길이를 조정한다.
•만족스러울 때까지: 취소될 때까지 렌더링이 계속된다.
•수준별 렌더: 렌더 엔진이 렌더링된 이미지를 작성하기 위해 수행하는 레벨 또는 반복 수를 지정한다. (RENDERLEVEL 시스템 변수)

•시간별 렌더: 렌더링된 이미지를 반복적으로 정련하기 위해 렌더 엔진에서 사용하는 시간(분)을 지정한다. (RENDERTIME 시스템 변수)

라이트 및 재료

렌더링된 이미지에 사용되는 조명 및 재료 계산의 정확도를 조정한다.
(RENDERLIGHTCALC 시스템 변수)

•낮음: 단순화된 조명 모형으로, 가장 빠르지만, 사실감이 떨어진다. 전역 조명, 반사 및 굴절이 꺼진다.

•제도: 기본 조명 모형으로, 성능과 사실감 사이의 균형을 유지한다. 전역 조명이 켜지고 반사 및 굴절이 꺼진다.

•높음 고급 조명 모형으로, 느리지만 사실감이 향상된다. 전역 조명, 반사 및 굴절이 켜진다.

▌과제 도면 모델링 하기

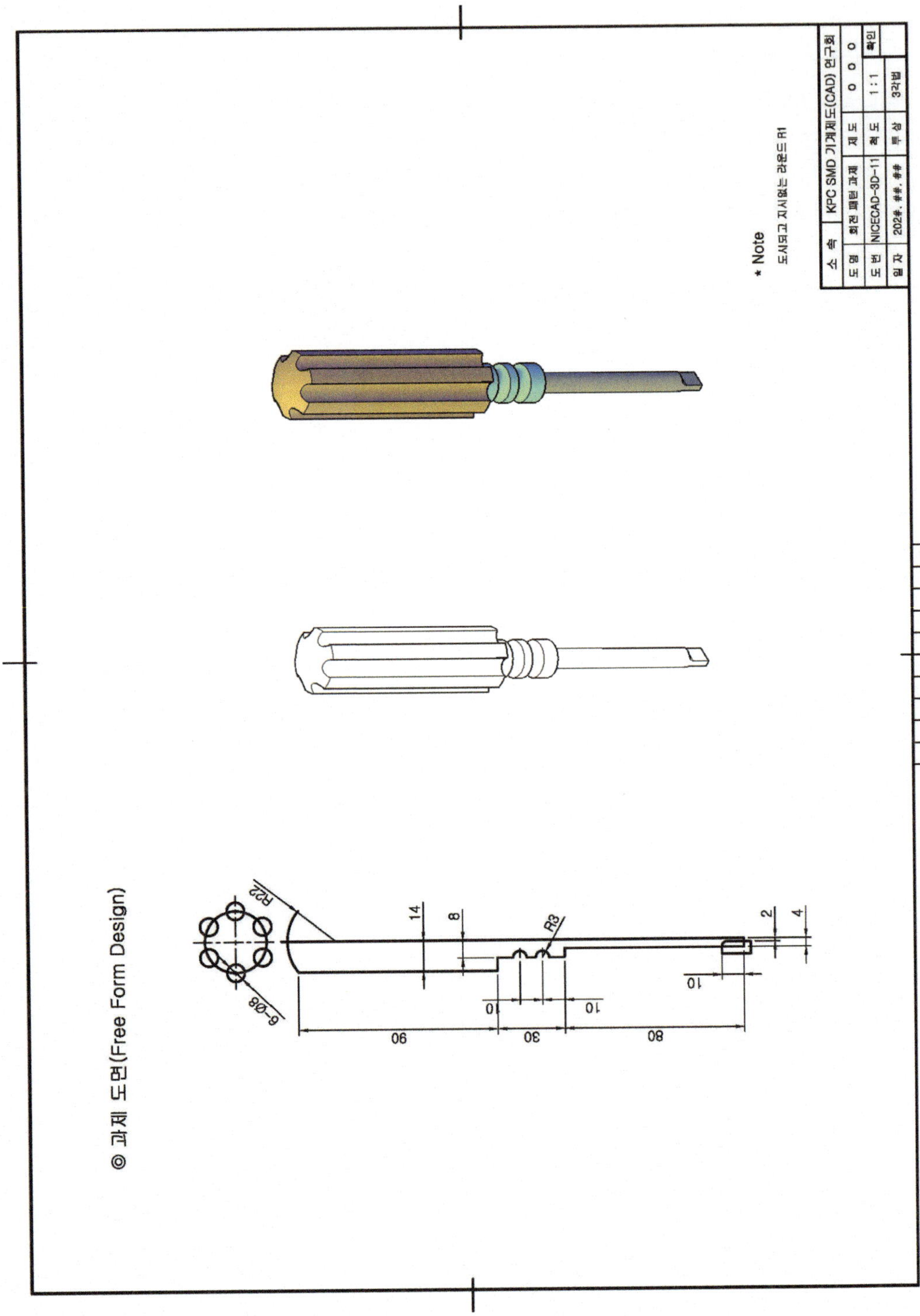

소 속
KPC SMD 기계제도(CAD) 연구회
도 명
회전 패턴 과제
제 도
○ ○ ○
도 번
NICECAD-3D-11
척 도
1:1
일 자
202#. ##. ##
투 상
3각법
확인
* Note
도시되고 지시없는 라운드 R1
◎ 과제 도면(Free Form Design)
R22
6-Ø8
R3

과제 도면 모델링 하기

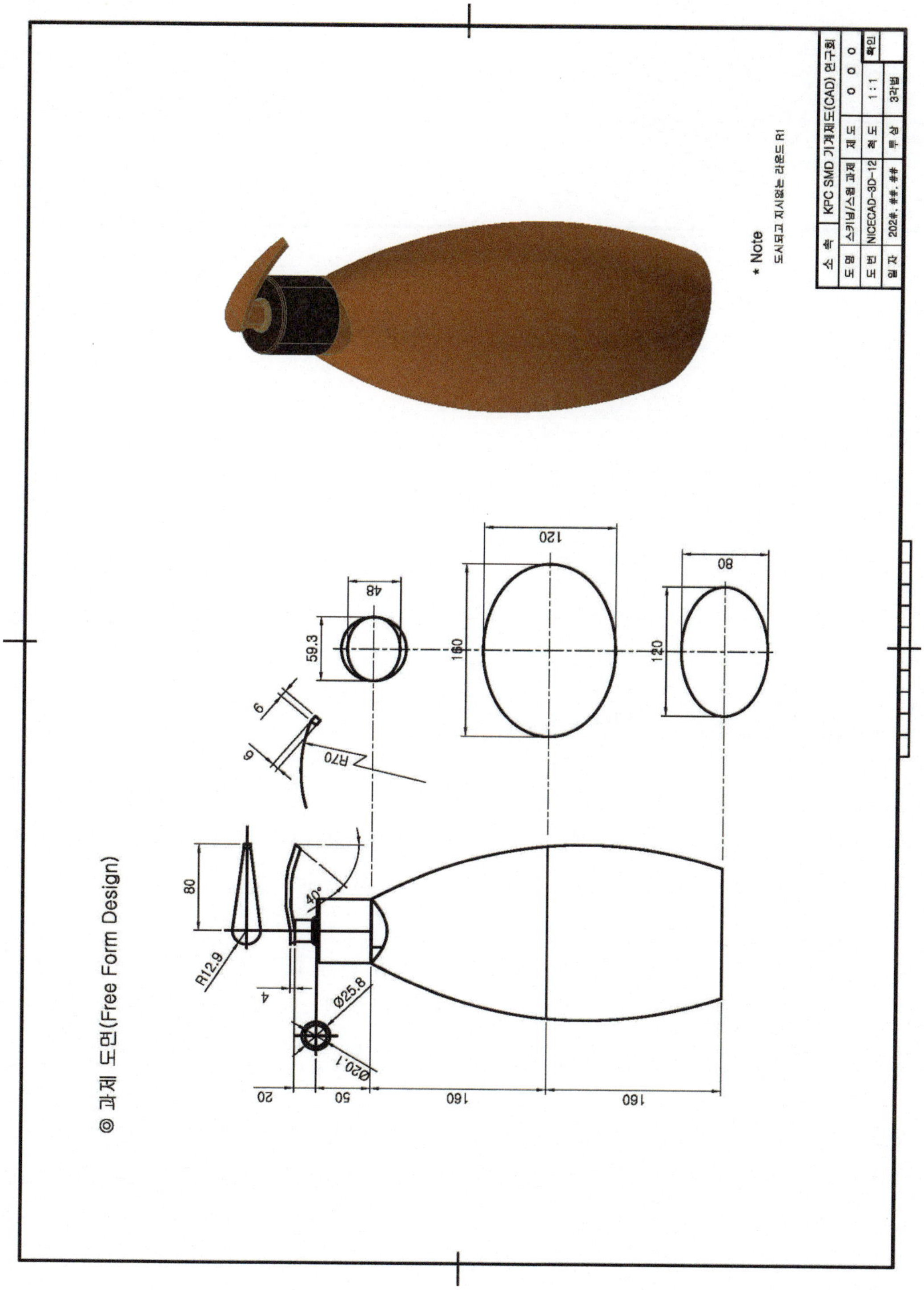
◎ 과제 도면(Free Form Design)
* Note
도시되고 지시없는 라운드 R1
소 속 KPC SMD 기계제도(CAD) 연구회
도 명 스키닝/스윕 과제
제 도 ○ ○ ○
도 번 NICECAD-3D-12
척 도 1 : 1
일 자 202#. ##. ##
투 상 3각법
확인
R12.9
80
4
Ø25.8
Ø20.1
40°
R70
6
6
59.3
48
160
120
120
80
20
50
160
160

CHAPTER 06

파일 표준화 및 이미지 파일

학습목표

- 요구되는 데이터 형식에 맞도록 내보거나 저장할 수 있다.
- 이미지의 정보를 찾기, 삽입, 명명, 정의할 수 있다.
- 작업된 도면의 용도 및 활용성을 파악하고 분류하여 저장할 수 있다.

1 파일 표준화로 저장(Export)

CAD/CAM 시스템은 컴퓨터를 이용하여 원하는 제품의 데이터를 자신의 고유 데이터 시스템 구조에 맞게 저장할 수 있다. 그래서 다른 시스템 간의 교환을 필요로 한다면 작성한 제품의 데이터를 다른 시스템에 적합한 데이터로 변경 후 저장해야 한다.

현재 CAD/CAM 시스템이 다양하게 개발되어 시스템 간에 데이터 공유가 필요하게 되었다. 만일 표준화된 규약이 없다면 각각의 시스템에서 작성된 데이터 간의 교환이 이루어질 수 없으므로 시스템 간의 데이터 표준화가 필수가 되었다.

일반적인 데이터 표현 방식은 크게 2차원 도면 데이터와 3차원 형상 데이터로 구분되는데 이러한 데이터를 저장하는 구조는 각각의 시스템마다 다르다. 그러므로 2차원 도면 데이터 또는 3차원 형상 데이터를 교환할 경우에는 데이터 형식을 송신하는 데이터 구조로 변환해 줘야 한다. 데이터 표준화 파일 형식으로는 IGES, DXF, STEP, STL 등이 있다.

(1) EXPORT 명령

현재 도면의 객체를 다른 파일 형식으로 저장하는 명령

파일(F) 메뉴에서 내보내기(E) 선택

명령: EXPORT Enter↵

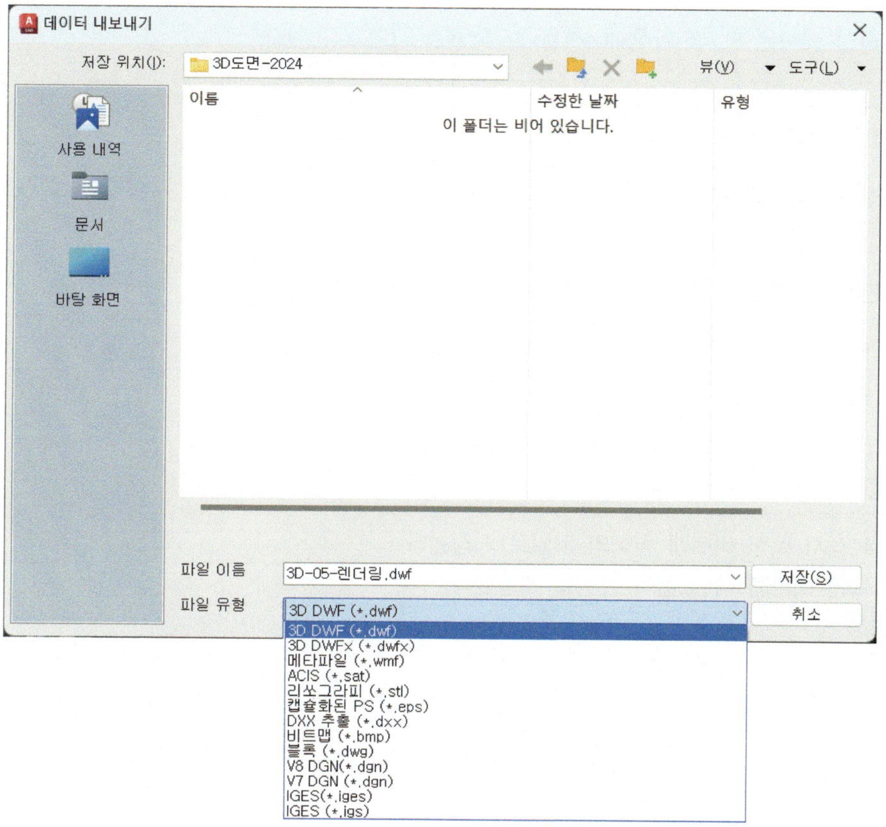

3D DWF(*.dwf)

- 도면을 다른 CAD 시스템에서 읽을 수 있는 도면 정보를 포함하는 DXF 파일로 내보낼 수 있다.
- Autodesk Design Web Format 출력유형을 사용한다.

메타파일(*.wmf)

- 객체를 Windows 메타 파일로 저장하며 WMF 형식은 여러 가지 Windows 응용프로그램에서 사용된다.
- Microsoft Windows® 메타파일 출력유형을 사용한다.

ACIS(*.sat)

•특정 객체 형식을 ASCII(SAT) 형식의 ACIS 파일로 내보낼 수 있다.
•ACIS 솔리드 객체 파일로 출력유형을 사용한다.

리쏘그라피(*.stl)

•솔리드를 ASCII 또는 이진 파일로 저장한다.
•STL 파일 형식은 SLA(Stereolithography Aparatus)와 호환된다.

캡슐화된 PS(*.eps)

캡슐화된 PostScript 파일 출력 유형을 사용한다.

DXX Extract(*.dxx)

•블록과 연관된 정보 문자인 속성 데이터를 파일에 추출한다.
•속성 추출 DXF™ 파일 출력 유형을 사용한다.

비트맵(*.bmp)

•객체를 장치 독립 비트맵 형식의 파일로 저장한다.
•장치 독립 비트맵 파일 출력 유형을 사용한다.

블록(*.dwg)

•객체 또는 블록을 새로운 도면 파일에 저장한다.
•도면 파일 출력 유형을 사용한다.

(2) SAVE AS 명령

현재 도면을(오토캐드 파일 형식이나 파일 표준화 형식으로) 새로운 파일 이름으로 저장하는 명령

파일(F) 메뉴에서 다른 이름으로 저장(A)을 선택한다.

명령: SAVEAS Enter↵

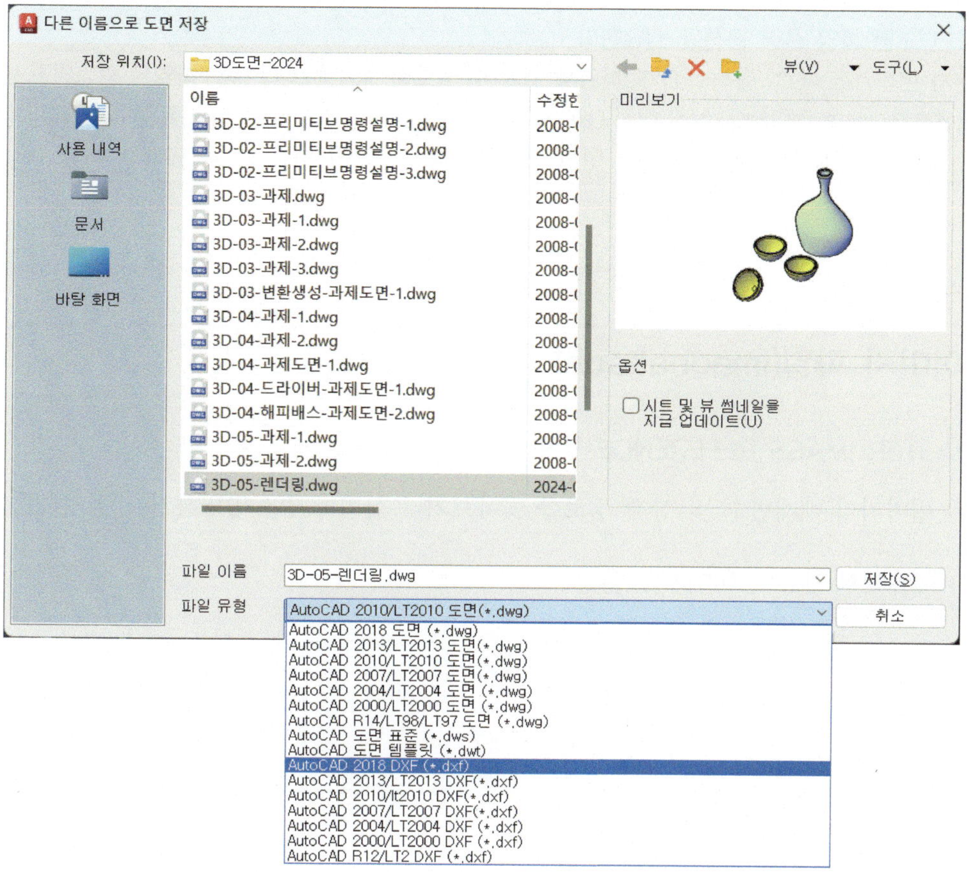

AutoCAD 도면 표준(*.dws)

- 도면 표준 파일이다.
- 표준을 설정하려면 도면층 특성, 치수 스타일, 선종류 및 문자 스타일을 정의하는 파일을 작성한 다음 파일 이름 확장자가 .dws인 표준 파일로 저장한다.

AutoCAD 도면 템플릿(*.dwt)

- 웹 또는 인트라넷 네트워크에서 도면을 게시하는 데 사용할 수 있는 2D 벡터 파일이다.
- 각 DWF 파일은 하나 이상의 도면 시트가 포함할 수 있다.
- 특정 도면의 설정값으로 작성된 지정 도면을 템플릿 파일로 저장하여 도면을 작성할 때마다 다시 작성할 필요가 없이 파일 불러오기만으로 도면 작성할 때 선택하는 확장자이다.
- DWF 파일에서는 실시간 초점이동 및 줌 기능이 지원되며, 도면층 및 명명된 뷰의 화면표시를 조정할 수도 있다.

AutoCAD 2018 DXF(*.dxf)

- 도면 교환 파일 출력 옵션을 설정한다.
- 문자 편집기로 ASCII 형식의 DXF 파일을 읽을 수 있으며, ASCII 형식 DXF 파일은 광범위한 범위의 응용프로그램과 호환된다. 이진 형식 DXF 파일은 ASCII DXF 파일의 모든 정보를 좀 더 압축된 형식으로 포함한다. ASCII 형식 파일보다 이진 형식 파일을 더 빨리 읽고 쓸 수 있다.

2 이미지 파일(Imageattach)

(1) RASTER IMAGE REFERENCE 명령

부착된 이미지의 매개변수 및 상세 정보를 찾아보거나 삽입하거나 명명하거나 정의하는 명령

삽입(I) 메뉴에서 레스터 이미지(I) 선택

명령: IMAGEATTACH Enter↵

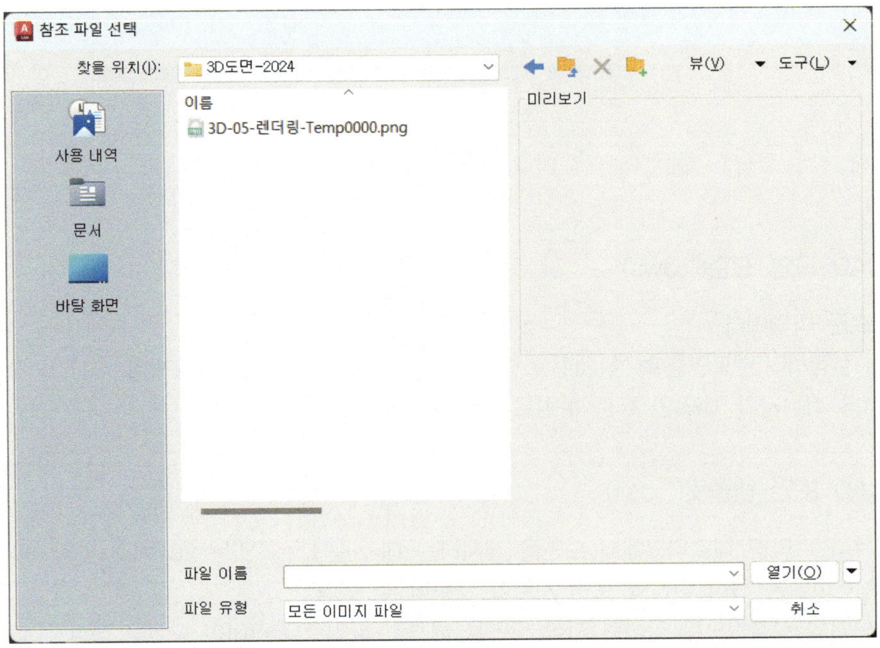

모든 이미지 파일 형식

모든 파일(*.*)

모든 파일 형식이다.

Autodesk Animator(*.fli,*.flc)

애니메이션에서 사용되는 동영상파일 형식이다.

CALS Type I (*.cal,*.mil,*.rst,*.cg4,*.gp4,*.cals)

CALS 파일을 받아들일 수 있는 플로터에 대한 형식이다.

GIS-GeoSPOT(*.bil)

GeoSPOT(BIL 파일은 상호연관 데이터를 포함하여 HDR 및 PAL 파일과 함께 같은 디렉토리에 있어야 한다.)

Graphics Interchange Format(*.gif)

애니메이션이나 웹사이트에서 아이콘을 만들 때 사용되는 파일 형식이다.

Image Systems CCITT Group 4(*.ig4)

이미지 시스템 그룹 4 파일 형식이다.

JPEG File Interchange Format(*.jpg)

연합 사진 전문가 그룹으로써 GIF의 단점을 개선한 그래픽 파일 형식이다.

Macintosh PICT(*.pct,*.pict)

Macintosh 그림 파일 형식이다.

Portable Network Graphics file(*.png)

휴대용 네트워크 그래픽 파일 형식이다.

RLC(*.rlc)

런 렝스 압축된 파일 형식이다.

Tagged Image File Format(*.tif,*.tiff)

태그식 이미지 파일 형식이다.

Truevision Targa(*.tga)

트루 비젼 래스터 기반 데이터 형식이다.

Windows Bitmap(*.bmp,*.dib,*.rle)

Windows 및 OS/2 비트맵 형식이다.

ZSoft PC Paintbrush(*.pcx)

PC 그림붓 그림 파일 형식이다.

3 PDF 파일(pdfattach)

(1) PDFATTACH 명령

PDF 파일을 현재 도면에 언더레이로 삽입하는 명령

삽입(I) 메뉴에서 PDF 언더레이(P)... 선택

명령: PDFATTACH Enter↵

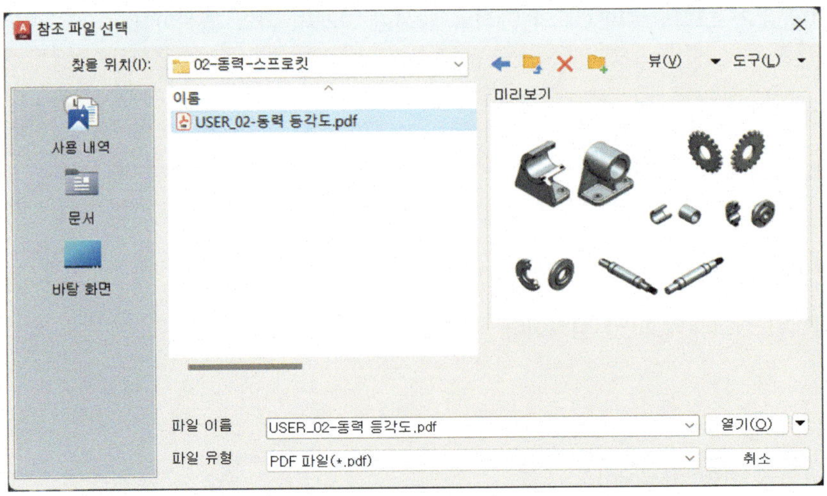

(2) PDFFRAME (시스템 변수)

PDF 언더레이 프레임(틀 선)의 표시 여부를 결정하는 시스템 변수

참고) 초기값 "1"

값	설명
0	PDF 언더레이 프레임이 표시되지 않고 플롯하지는 않는다.
1	PDF 언더레이 프레임을 표시 및 플롯이 된다.
2	PDF 언더레이 프레임을 표시하지만 플롯하지는 않는다.

명령: PDFFRAME Enter↵

PDFFRAME에 대한 새 값 입력 〈1〉: 0 ⇨ 프레임이 보이지 않고 플롯 되지도 않음

모형 재생성 중.

▌과제 도면 모델링 하기

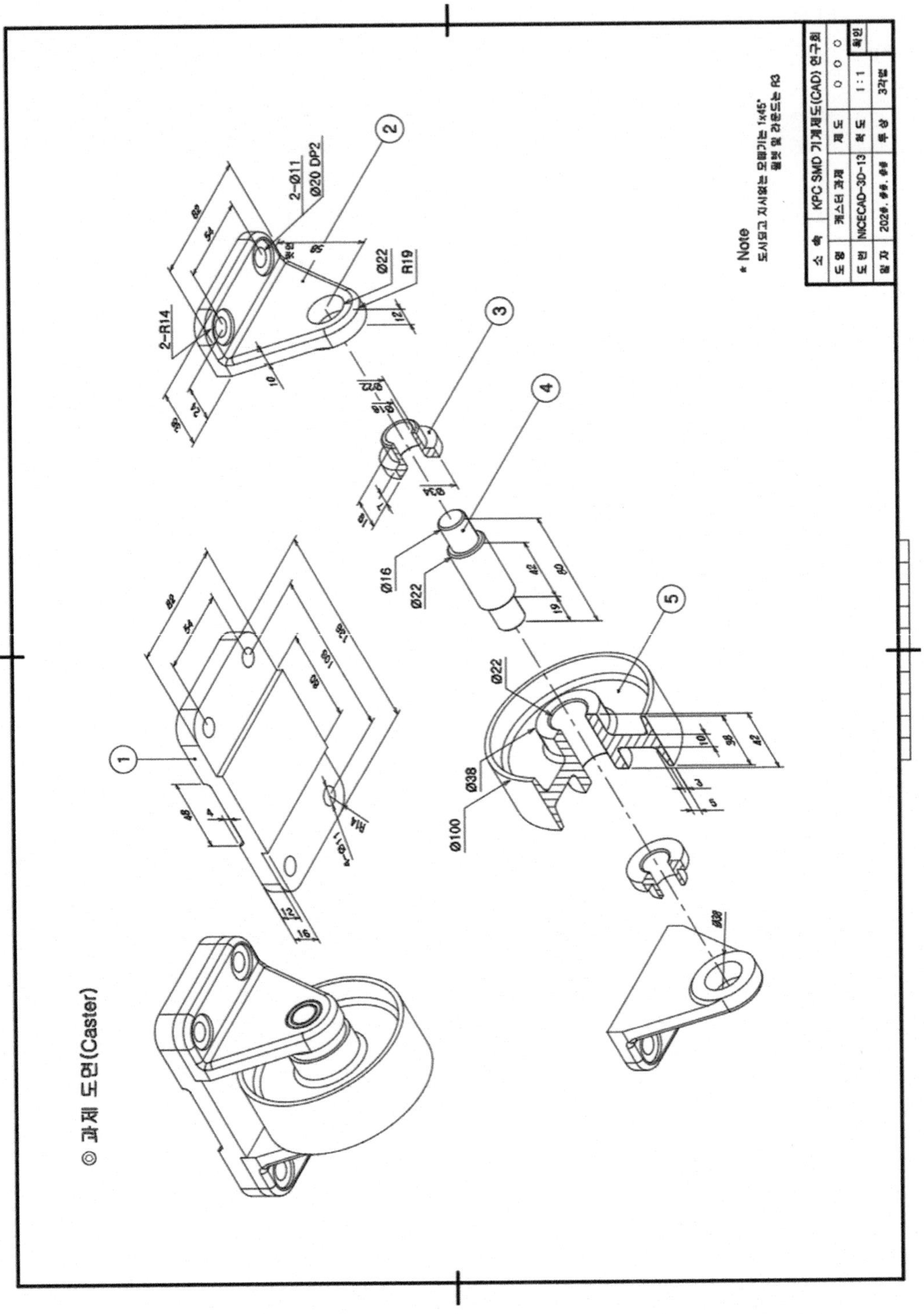
◎ 과제 도면(Caster)
* Note
도시되고 지시없는 모떼기는 1x45°
필렛 및 라운드는 R3
소 속
KPC SMD 기계제도(CAD) 연구회
도 명
캐스터 과제
제 도
○ ○ ○
도 번
NICECAD-3D-13
척 도
1 : 1
투 상
3각법
확인

CHAPTER 07

도면화(Drawing) 처리 명령들

학습목표

- 작업 환경에 적합한 템플릿을 제작하여 도면의 형식을 균일화시킬 수 있다.
- 도면 영역에 대한 각각의 용도 및 특성을 파악하고 이를 변환할 수 있다.

1 도면 영역으로 전환 명령

(1) TILEMODE 명령

종이 영역 또는 모델영역으로 설정하는 명령

명령: TILEMODE Enter↵
Enter new value for TILEMODE 〈1〉 : 0
0 : 종이 영역으로 전환한다.
1 : 모델 영역으로 전환한다.

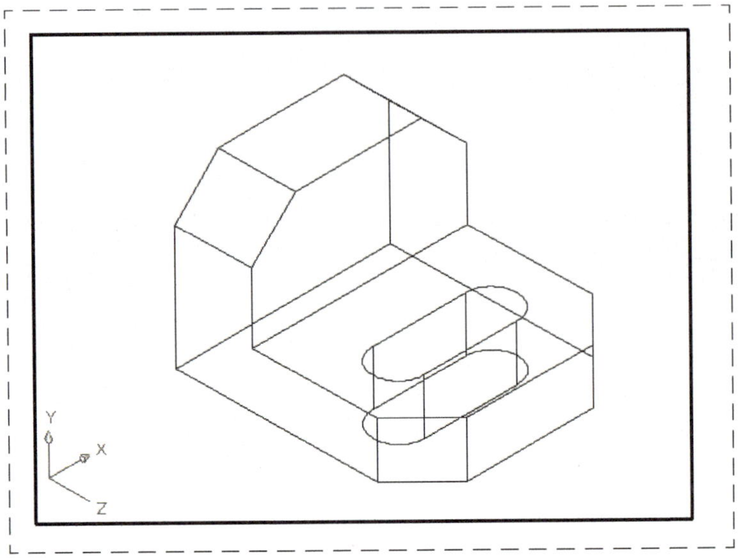

(2) MVSETUP 명령

종이 영역에서 뷰포츠의 표준 배열이나 여러 가지 배열을 설정하는 명령

> 명령: MVSETUP Enter↵
> 초기화 중...
> 도면 공간을 사용가능하게 합니까? [아니오(N)/예(Y)] 〈Y〉:
> 배치 재생성 중.
> 도면 재생성 중 – 뷰포트 캐싱.
> 기본 파일 mvsetup.dfs를 작성 중
> 디렉토리에서C:₩Users₩mkh₩appdata₩roaming₩autodesk₩autocad 2013 – korean₩r19.0₩kor₩support/.
> 옵션 입력 [정렬(A)/뷰포트 작성(C)/뷰포트 축척(S)/옵션(O)/제목 블록(T)/명령 취소(U)]:

정렬(A)

뷰포트의 뷰를 초점 이동하여 다른 뷰포트의 기준점에 정렬되도록 한다.
옵션 입력 [각도(A)/수평(H)/수직 정렬(V)/뷰 회전(R)/명령 취소(U)]:

- 각도(A) : 뷰포트의 뷰를 지정한 방향으로 초점 이동한다.
- 수평(H) : 한 뷰포트의 뷰를 초점 이동하여 다른 뷰포트의 기준점에 수평으로 정렬되도록 한다.
- 수직 정렬(V) : 한 뷰포트의 뷰를 초점 이동하여 다른 뷰포트의 기준점에 수직으로 정렬되도록 한다.

- 뷰 회전(R) : 뷰포트의 뷰를 기준점 둘레로 회전한다.
- 명령 취소(U) : 현재 MVSETUP에서 수행한 작업을 되돌린다.

뷰포트 작성(C)

뷰포트를 작성한다.

옵션 입력 [정렬(A)/뷰포트 작성(C)/뷰포트 축척(S)/옵션(O)/제목 블록(T)/명령 취소(U)]: C
옵션 입력 [객체 삭제(D)/뷰포트 작성(C)/명령 취소(U)] 〈뷰포트 작성〉:
_.UNDO 현재 설정: 자동 = 켜기, 조정 = 전체, 결합 = 예, 도면층 = 예
취소할 작업의 수 또는 [자동(A)/조정(C)/시작(BE)/끝(E)/표식(M)/뒤(B)] 입력〈1〉: _GROUP
명령:
사용가능한 배치 옵션: . . .
0: 없음
1: 단일
2: 표준 엔지니어링
3: 뷰포트의 배열
로드할 배치 번호 또는 [재표시(R)] 입력: 2
뷰포트(들)에 대한 경계 영역의 첫 번째 구석 지정:
반대 구석 지정:
X 방향에서 뷰포트 사이의 거리 지정 〈0〉:
Y 방향에서 뷰포트 사이의 거리 지정 〈0〉:

- 객체 삭제(D) : 기존 뷰포트를 삭제한다.
- 뷰포트 작성(C) : 뷰포트를 작성하기 위한 옵션을 표시한다.
- 명령 취소(U) : 현재 MVSETUP에서 수행한 작업을 되돌린다.

뷰포트 축척(S)

뷰포트에 표시되는 객체의 줌 축척 비율을 조정한다.

옵션 입력 [정렬(A)/뷰포트 작성(C)/뷰포트 축척(S)/옵션(O)/제목 블록(T)/명령 취소(U)] : s
객체 선택 : ⇨ 뷰포트를 선택한다.
객체 선택 : ⇨ 마우스 우클릭으로 진행한다.
도면 공간 단위의 수 입력 〈1.0〉:
모형 공간 단위의 수 입력 〈1.0〉:

Options

도면을 변경하기 전에 MVSETUP의 기본 설정을 한다.

옵션 입력 [정렬(A)/뷰포트 작성(C)/뷰포트 축척(S)/옵션(O)/제목 블록(T)/명령 취소(U)]: O
옵션 입력 [도면층(L)/한계(LI)/단위(U)/외부 참조(X)] 〈종료〉:

- 도면층(L) : 제목 블록을 삽입할 도면층을 지정한다.
- 한계(LI) : 제목 블록을 삽입한 다음 도면 범위의 모눈 한계를 다시 설정할지를 지정한다.
- 단위(U) : 크기와 점의 위치가 인치와 밀리미터 도면 단위 중 어느 것으로 변환될지를 지정한다.
- 외부 참조(X) : 제목 블록이 삽입될지 외부 참조될지를 지정한다.

제목 블록(T)

도면 공간을 준비하고, 원점을 설정하여 도면의 방향을 정하며, 도면 경계와 제목 블록(도면양식)을 작성한다.

제목 블록 옵션 입력 [객체 삭제(D)/원점(O)/명령 취소(U)/삽입(I)] 〈삽입〉:

Undo

현재 MVSETUP에서 수행한 작업을 되돌린다.

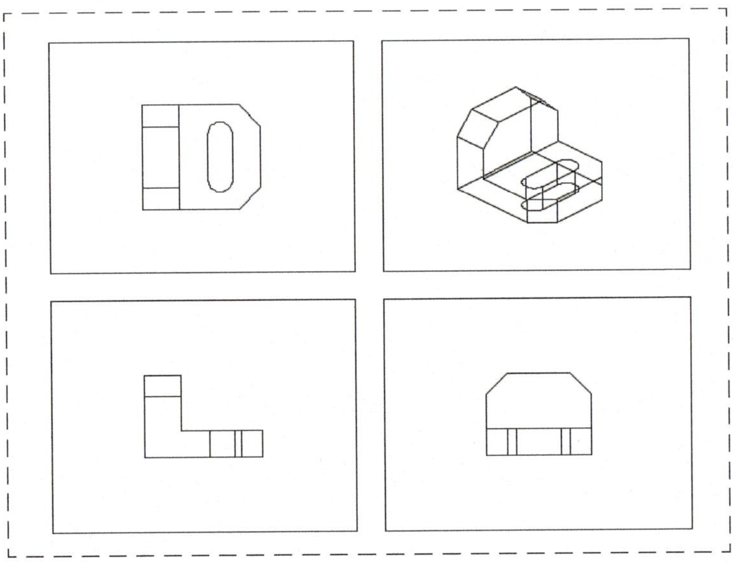

```
명령: MVSETUP
옵션 입력 [정렬(A)/뷰포트 작성(C)/뷰포트 축척(S)/옵션(O)/제목 블록(T)/명령 취소(U)]: C
옵션 입력 [객체 삭제(D)/뷰포트 작성(C)/명령 취소(U)] <뷰포트 작성>: C
_.UNDO 현재 설정: 자동 = 켜기, 조정 = 전체, 결합 = 예, 도면층 = 예
취소할 작업의 수 또는 [자동(A)/조정(C)/시작(BE)/끝(E)/표식(M)/뒤(B)] 입력 <1>: _GROUP
명령:
사용가능한 배치 옵션: . . .
 0:     없음
 1:     단일
 2:     표준 엔지니어링
 3:     뷰포트의 배열
로드할 배치 번호 또는 [재표시(R)] 입력: 2
뷰포트(들)에 대한 경계 영역의 첫 번째 구석 지정:
반대 구석 지정:
X 방향에서 뷰포트 사이의 거리 지정 <0>: 10
Y 방향에서 뷰포트 사이의 거리 지정 <1>: 10
명령:MS
명령:Z
윈도우 구석을 지정, 축척 비율 (nX 또는 nXP)을 입력, 또는
[전체(A)/중심(C)/동적(D)/범위(E)/이전(P)/축척(S)/윈도우(W)/객체(O)] <실시간>: 1
각각의 뷰포트 안을 선택하고
명령:Z
윈도우 구석을 지정, 축척 비율 (nX 또는 nXP)을 입력, 또는
[전체(A)/중심(C)/동적(D)/범위(E)/이전(P)/축척(S)/윈도우(W)/객체(O)] <실시간>: 1
명령:Z
윈도우 구석을 지정, 축척 비율 (nX 또는 nXP)을 입력, 또는
[전체(A)/중심(C)/동적(D)/범위(E)/이전(P)/축척(S)/윈도우(W)/객체(O)] <실시간>: 1
명령:Z
윈도우 구석을 지정, 축척 비율 (nX 또는 nXP)을 입력, 또는
[전체(A)/중심(C)/동적(D)/범위(E)/이전(P)/축척(S)/윈도우(W)/객체(O)] <실시간>: 1
```

2 도면 영역에서 뷰포츠 배치 및 영역 전환 명령

(1) MVIEW 또는 MV(단축명령)

배치 뷰포트를 작성하고 조정하는 명령

> 명령: MV 또는 MVIEW Enter↵
> 뷰포트 구석 지정 또는 [켜기(ON)/끄기(OFF)/맞춤(F)/음영플롯(S)/잠금(L)/객체(O)/다각형(P)/
> 복원(R)/도면층(LA)/2/3/4] 〈맞춤(F)〉:
> 반대 구석 지정: 모형 재생성 중.

뷰포트 구석 지정

직사각형 뷰포트의 첫 번째 구석을 지정한다.

켜기(ON)

선택한 뷰포트를 활성화 한다.

끄기(OFF)

선택한 뷰포트를 비활성화 한다.

맞춤(F)

인쇄 가능 영역의 모서리까지 배치를 채우는 하나의 뷰포트를 작성한다.

음영플롯(S)

배치의 뷰포트가 플롯되는 방법을 지정한다.

잠금(L)

선택한 뷰포트의 줌 축척 비율이 모형 공간에서 작업할 때 변경되지 못하도록 한다.

객체(O)

닫힌 폴리선, 타원, 스플라인, 영역 또는 원을 지정하여 뷰포트로 변환한다.

다각형(P)

지정한 점을 사용하여 불규칙한 모양의 뷰포트를 작성한다.

복원(R)

Vports 명령으로 저장된 뷰포츠를 불러오기 한다.

2/3/4

지정한 영역을 동일한 크기의 두/셋/넷 개의 뷰포트로 수평 또는 수직 분할한다.

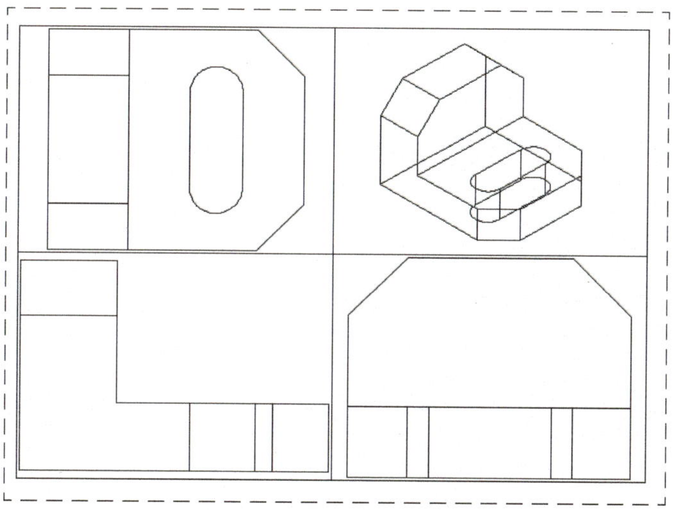

명령: MV
뷰포트 구석 지정 또는 [켜기(ON)/끄기(OFF)/맞춤(F)/음영플롯(S)/잠금(L)/객체(O)/다각형(P)/
　　복원(R)/도면층(LA)/2/3/4] 〈맞춤(F)〉: R
뷰포트 구성 이름 또는 [?] 입력 〈*Active〉: 4 ⇨ 4는 뷰포트로 저장한 것
첫 번째 구석점 지정 또는 [맞춤(F)] 〈맞춤〉:
모형 재생성 중.

(2) MSPACE 또는 MS (단축명령)

도면 공간에서 모델 공간 뷰포트로 전환하는 명령

명령: MS 또는 MSPACE Enter↵

(3) PSPACE 또는 PS (단축명령)

모델 공간에서 도면 공간으로 전환하는 명령

명령: PS 또는 PSPACE Enter↵

3 솔리드의 이미지 생성 명령

(1) SOLPROF 명령

도면 공간에서 3차원 솔리드의 윤곽 이미지를 작성하는 명령

> 이 명령을 사용하기 위해선 반드시 도면 공간에서 Mspace로 전환한 후 사용할 수 있다.

그리기(D)에서 모델링(M)을 선택한 후 설치(U)에서 프로파일(P) 선택

명령: SOLPROF Enter↵
객체 선택: ⇨ 솔리드 모델을 선택한다.
객체 선택: ⇨ 마우스 우클릭으로 진행한다.
분리된 도면층상에 가려진 윤곽선을 표시하겠습니까? [예(Y)/아니오(N)] 〈Y〉: ⇨ Y 권장
평면상에 윤곽선을 투영하겠습니까? [예(Y)/아니오(N)] 〈Y〉: ⇨ Y 권장
접선 모서리를 삭제하겠습니까? [예(Y)/아니오(N)] 〈Y〉: N ⇨ N 권장

■ **SOLPROF 명령 후 두 개의 Layer(도면층)가 자동 생성된다.**

PH-** : 숨은선의 이미지를 기록하는 Layer(도면층)
PV-** : 외형선의 이미지를 기록하는 Layer(도면층)

명령: SOLPROF
객체 선택: 솔리드 모델 선택
객체 선택: 마우스 우클릭으로 진행
분리된 도면층상에 가려진 윤곽선을 표시하겠습니까? [예(Y)/아니오(N)] 〈Y〉:
평면상에 윤곽선을 투영하겠습니까? [예(Y)/아니오(N)] 〈Y〉:
접선 모서리를 삭제하겠습니까? [예(Y)/아니오(N)] 〈Y〉: N

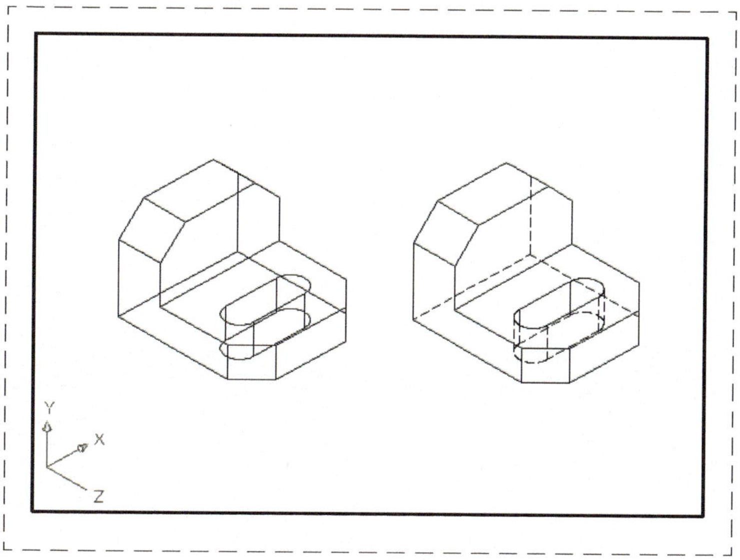

INDEX

저자와의
협의에 의해
인지 생략

NCS 기반

2D도면작성 | 형상모델링 작업을 위한

AutoCAD 실습

[ver 2024]

1판 3쇄 2026년 2월 20일

저 자 민경호 / 배성환

발행인 송광헌

발행처 복두(더)

주 소 서울특별시 영등포구 경인로82길 3-4
센터플러스 807호 (우) 07371

전 화 02-2164-2580

FAX 02-2164-2584

등 록 1993. 11. 22. 제 10-902 호

정가 : 29,000원

ISBN : 979-11-6675-488-3 93550

한국과학기술출판협회 회원사